심성내용의 신체성

Daewoo Academic Library 528

Embodied Mental Content
by Daihyun Chung
ACANET, Korea 2001

심성내용의 신체성

언어 신체성으로 마음도 보인다

정대현 지음

Embodied Mental Content

대우학술총서

528

아카넷

말리지 못할만치 몸부림하며
마치 천리만리나 가고도 싶은
맘이라고나 하여볼까

　　　　　-김소월

책을 내면서

나는 누구인가? 별을 바라보며 나도 이 물음을 묻게 된다. 고요한 밤하늘이 드러내는 우주의 신비는 나를 작아지게 하고, 그러나 없어지지 않는 나의 의식은 나의 존재를 묻게 한다. 이 물음을 물을 때마다 나는 붙잡히지 않는 나의 존재의 막연함에 당황하고 나는 나의 마음인데도 내 마음이 내게 나타나지 않는다는 사실에 또한 놀란다. 좋은 망원경을 필요로 하는 별 보기는 과학에 맡겨졌지만, 어떤 도구로도 마음을 들여다보는 것은 쉽지 않아 마음은 철학의 주제가 되었을까? 왜 마음 들여다보기는 거울을 볼 때처럼 투명한 내성이 아닐까? 어떻게 이것은 개념들의 미궁을 들여다보는 것 같은 작업일까?

어떤 전통은 마음의 원초적 자리를 빈 자리, 무(無)라고 한다. 마음 현상을 한 겹씩 벗기다 보면 분석적으로 도달하는 결론일 것이다. 욕심으로 인식된 〈산은 산이 아니〉지만, 무심에 나타난 〈산은 산〉인 것이다. 다른 전통은 마음의 원초적 자리를 영혼이라고 한다. 마음이 생각 활동의 장이라면 생각의 주체가 논리적으로 전제되어 있어야 할 것이다. 나의 존재를 제외하고는 모든 것을 의심할 수 있다는 명제는 확실한 자아라는 원자적 개인을 탄생시켰고 합리성이라는 보편적 마음으로 의심할 수 없는 인식에 도달하도록 도왔다는 것이다.

프레게가 시작한 언어철학은 언어 의미의 탐구였지만 마음의 이해에 조명을 하게 되었다. 프레게는 사물적 언어의 의미론을 단단한 진리조건으로 규명할 수 있지만 심리적 언어의 의미론은 진리조건을 얻기도 어렵고 기본적인 논리조건을 만족시키는 데도 문제가 있는 것으로 보았다. 심리언어의 의미론 탐구는 마음이 언어의 그물망을 통하여 접근될 수 있다는 가능성을 제시하였다. 현대 언어철학과 심리철학은 이러한 배경으로부터 마음 내용을 하나의 주제로 주목하였다고 생각한다.

이 책은 개인적으로 가장 많은 시간을 들인 작업의 결과이다. 심리언어의 주제로 20학기 이상의 세미나를 하였다. 오랜 세월이 걸린 까닭은 최근에야 하나의 관점에 도달할 수 있었기 때문이다. 자연히 공부해 나가는 과정에서 이 책의 형성에 도움을 받은 분들이 많다. 소흥렬, 신옥희, 남경희, 이상화, 이규성, 김혜숙, 한자경, 이지애 교수는 이대 철학과에서 같이 봉직하면서 토론, 격려, 자문, 자료, 비판 등으로 도움을 주었다. 그리고 이 책의 중요한 부분들은 한국분석철학회와 한국철학회에서 발표되면서 여러 동료들이 토론, 비판, 관찰로 기여를 하였다. 가능하면 한국철학자와의 대화를 많이 하고자 하였지만 자료나 지면의 한계로 제한이 있었다. 심재룡, 길희성, 이강수, 이규성 교수는 〈마음〉의 여러 가지 의미를 보여줌으로, 이것이 〈mind〉와 동의어일 수 없다는 것을 깨닫게 하였다. 이명현, 김혜숙 교수는 마음의 이해를 음양적으로 구성하는 계기를 주었다. 이화여자대학교와 이상화 교수는 1997-98년의 연구년을 가능케 하였고, 럿거즈와 nyu의 철학과 그리고 김재권 교수 세미나에서 많은 배움을 얻었다. 같이 세미나를 하였던 이대, 서강대, 연대 철학과의 대학원생들의 진지한 토론들을 기억한다. 대우재단과 한국학술협의회 김용준 이사장은 이 책을 학술논저로 지원하였다. 익명의 선정위원, 평가위원

책을 내면서

의 작업이 있었고 그리고 박은진 박사의 사후 도움이 있었다. 그리고 아카넷의 친절한 협조가 있었다. 여러분들에게 감사를 드린다.

나의 부모(정규오·문인순)님께 이 책을 헌사한다. 심성내용의 주제를 이만큼 공부할 수 있었던 것은 두 분의 심성으로 길러진 이 심성의 까닭으로 믿는다. 이제는 연로한 두 분의 몸과 마음이 강건하시기를 기원한다.

2001년 11월 14일
정대현

[차례]

제2부 존재론적 접근

제3부 **언어적 조명**

제4부 신체론적 탐색

제1 장
문제제기 : 내 마음 나도 몰라

로봇이 〈나는 생각한다, 고로 나는 존재한다〉라고 말하고 있었다. 오래 전에 본 한 삽화의 내용이었다. 이 삽화가 놀라웠던 것은 데카르트의 이 명제가 사람을 다른 동물로부터 구분하는 기준으로 사용되었기 때문이었을 것이다. 사람만이 생각하는 마음을 가졌고 다른 존재들은 그렇지 않은 것으로 믿었던 이원론 전통이 있었다. 그러나 상당한 시간이 흐른 지금도 아직 해결되지 않은 것이 있다. 데카르트의 기준을 따라 로봇도 마음을 가지고 있다고 해야 하는지 아니면 데카르트의 철학에 따라 로봇은 마음이 없다고 해야 하는지가 선명하지 않다.

〈로봇도 생각을 하나요?〉라고 유치원생이 묻는다면 오랜 인간 지성사의 현재의 시점에서 우리는 명쾌하게 답할 수 없음에 당혹감을 느낄 것이다. 마음은 지성사에서 하나의 중요한 주제를 이루어 왔기 때문이다. 유학이 수양을 위해 심성(心性)에 주목하였고,[1] 불교가 진

---

1) 이상은, 「인성과 물성의 문제」, 『유학과 동양문화』, 범학도서, 1976, 80-82쪽; 윤사순, 「심성설 위주의 이론 탐구」, 『동양사상과 한국사상』, 을유문화사, 1984, 183,

1

여(眞如)에 이르기 위해 심과 무심(無心)을 동일시하는 구조를 만들었다면,[2] 서양 전통은 인간을 규정하는 이성의 거주처로서 마음을 선호하였다. 전자의 두 입장은 수행 실천에 무게를 두고 후자는 논리에 관심을 두었기 때문일까? 정작 마음이란 무엇인가에 대한 물음에 대해서는 인간 지성사가 명쾌하게 공유하는 대답을 갖지 못하고 있다.

마음 개념이 철학에서 심각하게 고려된 것은 〈내 마음 나만 알 수 있고 나는 모를 수 없다〉라는 명제가 제기된 데카르트의 근세 이후이다. 그리고 20세기 후반에 들어 마음 개념에 대한 체계적 연구가 이루어지면서 〈내 마음 나도 모를 수 있다〉라는 명제에 도달하고 있다고 믿는다. 이 책에서는 마음 개념에 대해 철학적 논의들이 어떻게 이루어져 왔고 어떤 문제들이 있으며 어떤 대안이 가능한가를 탐구할 것이다. 이 장에서는 이 책의 논제를 제안하고 이를 위해 이 책의 문제제기를 하고자 한다.

제1절 나의 마음: 모더니즘과 포스트모더니즘

마음 개념은 다른 개념처럼 철학적으로 다양하게 문제제기가 될 수 있을 것이다. 관점이나 차원 또는 주제를 무엇으로 선정하는가에 따라 문제제기도 달라지기 때문이다. 여기에서는 마음에 대해 모더니즘과 포스트모더니즘이 취하는 태도를 대비하여 마음의 문제가 현대적 차원에서 어떻게 파악될 수 있는가를 시사하고자 한다. 두 사조들

177-193쪽; 금장태, 「심학과 심경」, 『유학사상과 유교문화』, 전통문화연구회, 1995, 47-60쪽.
2) 길희성, 「심성론」, 『지눌의 선사상』, 소나무, 2000, 109-138쪽; 『印度哲學史』, 민음사, 1984; 심재룡 편저, 「유식종: 모두 마음뿐」, 『중국불교철학사』, 철학과 현실사, 1994, 82-112쪽; 우에다 요시부미 지음, 박태원 옮김, 「심에 대하여」, 『대승불교의 사상』, 민족사, 1989, 163-204쪽.

이 대비되는 까닭이 있다. 첫째, 마음의 탐구에서 가장 먼저 다가오는 것은 나의 마음일 것이다. 그리고 나의 마음을 내가 알 수 있는가라는 문제는 한편으로 자명하게 보이면서 다른 한편으로 당혹스러운 것이다. 둘째, 마음에 대한 탐구에서 왜 심성내용개념에 주목하는가를 보이기 위해서는 현대적 논의가 다른 방식의 문제제기보다 더 효과적으로 보이기 때문이다. 셋째, 국내의 상당히 많은 학자들과 지성인들이 모더니즘과 포스트모더니즘에 대해 매우 강한 의견을 이러저러한 방식으로 가지고 있다고 생각된다. 이에 대한 이유들 중의 하나는 한국 지성사가 심학을 중심으로 이루어지는 불교와 유학의 영향으로부터 벗어나기 어렵다는 데서 찾을 수 있을 것이다. 편의를 위해, 마음에 관한 한, 모더니즘은 〈내 마음 나만 안다〉라는 명제로 규정될 수 있고 포스트모더니즘은 〈내 마음 나도 몰라〉라는 문장으로 대표될 수 있다는 것을 제안하고자 한다.

최근 들어 〈포스트모더니즘〉이라는 단어는 건축에서부터 철학에 이르기까지, 의상에서부터 문학에 이르기까지, 거의 모든 인간표현양식에서 상대주의적 경향들을 시사하는 이름이 되었다. 상대주의는 고대시대에 장자나 소피스트들에 의하여 지지되었다: 동일한 대상이 동일한 감각의 상이한 사람들에게 상이하게 지각된다; 동일한 대상이 동일한 사람의 상이한 감각에 상이하게 지각된다; 인간지성은 상대적 지각 이외에는 의존할 수 없다 등의 명제로 나타나 있었다. 그러나 현대판 상대주의는, 진리란 체계 특정적 술어이다(타르스키); 동일한 현상에 대한 경쟁적인 두 이론들 중 어느 것이 옳은가를 판단할 사실이란 없다(콰인); 이론선택을 위한 비교는 불가능하다(쿤); 언어들이란 각기 세계를 만드는 방식들이다(굿맨) 등에서 보이는 것처럼 보다 정밀해지고 논리화되었다.

포스트모더니즘을 이러한 수준에서 일반적으로 사용할 때는 별로 문제가 없다. 그러나 이러한 기술을 조금 더 정확하게 또는 규정적으로 이해하고자 할 때는 문제가 발생한다. 상대주의는 이론의 다원성을 함축하고 이론의 다원성은 현대 학문의 조건이 되었다고 한다면, 현대인과 포스트모더니스트는 외연적으로 같을 뿐 아니라 내포적으로도 동일하여 동어반복적인 공허한 개념이 되고 만다는 점이다. 그리고 포스트모더니즘이 현대의 담론에 기여한 바가 있다고 믿는다면 포스트모더니즘을 상대주의로 규정하는 것은 흥미 있는 것이 아닐 것이다. 그러나 상대주의 말고 포스트모더니즘을 어떻게 규정할 수 있겠는가? 그래서 어떤 사람은 〈포스트모더니즘은 어떠한 정의도 거부하기 때문에 정의될 수 없는 것으로 이해되어야 한다〉라는 역설을 제안하는지도 모른다. 그러나 이러한 개념적 혼란은 철학적 성찰을 필요로 한다고 생각한다.

〈포스트모더니즘〉이라는 단어는 모더니즘에 대한 하나의 반응을 나타낸 것이라고 생각한다. 〈포스트〉라는 접두어는 뒤에 온다라는 뜻이므로 모더니즘에 대한 반대나 대립일 필요는 없고, 그러한 흐름으로부터의 어떤 전향적 발전을 포용할 수 있다는 함축을 나타내는 단어이다. 그렇다면 이를 〈탈근대성〉이라는 단어로 번역하는 것은 반근대성 또는 근대성과의 단절을 요구할 필요가 없다는 구조에서 수용될 수 있을 것이다. 그러므로 포스트모더니즘적 표현양식은 반근대성을 포함할 수는 있지만 이를 필요로 하지는 않는다는 것이다.

〈모더니즘〉이라는 명칭의 입장은 철학 이외의 여러 분야에서 나타난다. 사회이론, 신학, 문학, 미술, 건축 등에서 보인다. 그러나 이러한 여러 분야에서 나타나는 모더니즘은 공통된 성질을 갖지는 않는다. 어떤 분야에서는 인간의 사유능력이나 양심의 자유, 어떤 분야에서는 토착적 표현양식의 진실성 등을 그 표징으로 삼았다. 부르주아 문화의 획일성을 거부하거나 서구의 자본주의를 부정하는 것을 〈모더니즘〉의 한 양식이라고 한 것도 문화의 중앙집권에 반대하는 토착 존중의 표현의 시각일 것이다. 토착존중은 물론 개인존중의 집단적 표현 이외의 다른 것이 아니다.

　모더니즘이 신학에서 나타나는 과정은 이 문맥에서 시사적이다. 이 단어가 19세기 신학에서 사용된 것이 그 최초이기 때문이다. 그 단어의 발생은 성서 이해에 대한 논쟁의 문맥이었다. 성서는 하나님의 계시인가? 그리하여 인간적 요소는 배제된 오류가 있을 수 없는 자료인가? 아니면 성서도 저자의 문화역사적 환경에 의하여 조건화된 문헌인가? 그리하여 이는 역사비평주의적 해석학의 대상이어야 하는가? 전자의 해석학은 성서를 신적 지성의 결정체, 즉 무시간적이고 비역사적이긴 하지만 성서 저자를 기계적 도구로 사용하여 인간언어에 성육신된 하나님의 말씀으로 보는 시각이다. 후자는 성서도 〈그 저자들이 역사 속에서 스스로 생각하였다〉라는 입장으로부터 구성된 인간문헌 그러나 종교적 내용을 담은 것이라는 것이다.

　〈모더니즘〉이라는 단어가 사용되는 이러한 문맥들을 살펴보는 동안 우리는 이 단어가 데카르트 철학의 핵심을 지시하고 있다는 생각을 버릴 수가 없다. 데카르트는 중세의 신학의 시녀로서의 철학을 만학의 기초로서의 철학으로 옮겨 놓은 사람이다. 이러한 작업은 인간 사유의 신 중심적 성격을 배격하고 인간중심적 성격의 합리성의 부각에 의하여 이루어졌다. 그리하여 데카르트는 역사에 근세의 문을 열어 준 철학자로 기억되는 것이다. 모더니즘이 여러 분야에서 표출될 때 상호간에 유기성이 없는 것처럼 보이지만 데카르트의 철학과 관련하여 볼 때 그들은 하나의 체계의 부분적 양상으로 나타나며, 그리하여 밀접한 유기성을 갖게 된다. 그러한 유기성 속에서 다음과 같은 모더니즘의 명제들을 제안하여 볼 수 있을 것이다: 나의 존재만이 의심될 수 없다(개인의 확실성); 나는 생각하는 존재이다(의식의 사적 특권); 지식은 이성적이다(보편적 합리주의); 세계의 모든 존재자들은 마음과 물질의 두 요소로만 구성된다(이원론); 내 마음은 나만 알 수 있고 내가 모를 수는 없다(인식론적 우선성).

예술에서의 토착성이나 의상에서의 개성의 강조는 보편주의와 상
치되는 것이 아닌가? 어떻게 이들을 모더니즘의 표현으로 볼 수 있
는가? 이것은 데카르트가 위의 다섯 명제에 부여하는 구조의 해독에
의하여 답하여진다: 나는 이성적 존재이고 나의 사유는 자율성을 갖
는다. 그리고 이성이란 심층적인 논리의 형식이다. 그러므로 데카르
트가 주장하는 보편성은 모든 현상들의 우유적 합일이 아니라 궁극
적으로 수렴되리라는 논리의 형식이다. 그렇다면 우리는 데카르트에
서 표면적 긴장을 지적할 수 있을 것이다. 위의 몇 명제들이 함축하
는 개인주의적 명제 〈인간은 원자적 개인이다〉와 위의 보편적 합리
주의 명제이다. 그러나 이러한 긴장은 초견적일 뿐 데카르트의 체계
안에서 쉽게 해소된다고 생각한다. 논리의 양식으로서의 보편주의와
인식의 양식으로서의 개인주의는 양립할 수 있을 것이다.

모더니즘의 원초적 명제인 〈나는 생각한다, 고로 나는 존재한다〉라
는 문장이 함축하는 〈나의 존재만이 의심될 수 없다〉의 개인의 확실
성에 기초한다면, 포스트모더니즘의 핵심 명제는 〈언어는 사회적 예
술이다〉라는 명제에서 찾을 수 있을 것이다. 모든 것을 의심할 수
있지만 〈나는 존재한다〉라는 명제는 의심할 수 없다라는 구조는, 이
문장의 의미가 사유자의 관념에 의하여 부여된다는 것을 전제한다.
단어의 의미는 그 단어가 불러일으키는 관념이라는 것이다. 이에 반
하여 사회적 예술로서의 언어관은 언어의 의미가 언어 공동체에 의
하여 부여된다는 점을 수용하는 것이다. 이러한 의미이론에서는 〈김
씨는 이씨를 질투한다〉라는 명제는 사회적으로 평가되어 참이 되어
도 김씨 당사자는 인정하지 않는 상황이 가능하고, 〈내 마음 나도
몰라〉라는 명제를 함축하게 된다. 그러므로 이러한 의미이론에 의하
면 원자적 인간론보다는 연대적 인간론이 도출되고 〈감성은 총체적
이다〉 그리고 〈구체적인 것은 생활양식에 나타나는 일상성이다〉라는
명제를 수용할 수 있게 된다.

6

제2절 같은 마음: 심성내용 주제의 부상

모더니즘과 포스트모더니즘의 마음 개념에 대한 위에서의 기술이 정당하다면, 다음의 물음들이 제기된다: 어느 쪽이 더 설득력이 있는가? 누가 옳다고 해야하는가? 어떻게 평가할 수 있는가? 이러한 물음들에 대한 초견적 반응은 두 입장이 취하는 의미이론의 설득력에 따라 그들의 마음 개념도 평가된다는 것이라고 보인다. 모더니즘은 관념적 의미이론에 입각하여 〈내 마음 내가 모를 수 없다〉라고 하고, 포스트모더니즘은 사회적 의미이론에 입각하여 〈내 마음 나도 모를 수 있다〉라고 한다면, 의미이론의 성패에 따라 그들의 마음 개념도 정당성 여부의 평가를 받는다는 것이다.

그러나 마음 개념이 실제로 의미이론으로부터 연역되거나 정당화될 수 있을 것인가? 이 물음에 대해서는 부정적일 수밖에 없다. 내 마음을 알거나 모르거나 간에 마음에 대한 인식론적 입장을 취하기 위해서는 마음의 동일성 기준이 전제되어야 한다. 마음의 동일성 기준의 논의들은 여러 가지 형태로 진행될 수 있지만,[3] 우선적인 것은 마음의 전형적인 활동으로서의 믿음의 동일성일 것이다. 믿음의 동일성에 대한 기준으로서 외연성, 동의성, 무분별성의 세 가지 기준을 고려할 수 있을 것이다.

믿음의 동일성에 대한 기준으로서의 외연성은 표면적으로 설득력

---

3) 백종현은 〈경험일반을 가능케 하는 조건들이 동시에 경험의 대상들을 가능케 하는 조건늘이다〉라는 정험철학 Transzendendtalphilosophie 넝제로써 칸트의 심니철학을 조명한다. 인식의 정험성은 칸트의 위대한 기여이고 아직도 시공과 개념이 인간의식의 어떤 형식이라고 할 수 있지만 그것이 인간의 보편 형식으로 개입하는가에 대해서는 이제 논의를 필요로 한다고 생각한다. 마음의 동일성 기준을 형식적으로 구성할 것인가 아니면 내용적으로 제안할 것인가? 이러한 물음에 조명할 수 있다면 많은 도움을 얻을 것이다. 백종현, 「실재와 경험적 인식」, ≪철학≫, 1990 가을(34), 77-100쪽; 백종현, 「칸트의 현상존재론」, 『서양근대철학』, 철학과 현실사, 2001, 107-130쪽.

이 있다. 다음의 두 문장들을 보자: 김씨는 조지 부시 미국 대통령이 전임자보다 보수적이라고 믿는다; 이씨는 미국의 43대 대통령이 전임자보다 보수적이라고 믿는다. 만일 조지 부시 미국 대통령이 미국의 43대 대통령이라면, 외연론자는 한국의 일상언어에서 〈김씨와 이씨가 동일한 믿음을 가지고 있다〉고 말한다는 것에 주목한다. 외연론자는 김씨와 이씨의 믿음의 부속문장들, 즉 〈조지 부시 미국 대통령이 전임자보다 보수적이다〉와 〈미국의 43대 대통령이 전임자보다 보수적이다〉의 진리치가 동일하다는 사실에 믿음의 동일성 기준의 근거를 둔다.

그러나 외연성 기준에 대해 반론이 제기될 수 있다. 김씨는 〈조지 부시 미국 대통령이 전임자보다 보수적이다〉라는 문장에는 동의하면서도, 〈미국의 43대 대통령이 전임자보다 보수적이다〉라는 문장에는 동의하지 않을 수 있는 것이다. 그는 우선 두 문장이 동치라는 것을 모를 수 있다. 그렇다면 그의 믿음은 기본적으로 인식적이라는 것이고 인식은 어떤 문장하에서 그 내용이 표출되는가에 의존한다. 둘째, 두 문장은 같은 의미가 아니라는 것이다. 왜냐하면 첫 번째 문장의 〈조지 부시〉는 조지 부시를 지칭하지 않을 수 없지만 두 번째 문장의 〈미국의 43대 대통령〉은 조지 부시가 아니라 알 고어를 지칭했을 수도 있다는 것이다. 민주당 후보인 알 고어가 공화당 후보 조지 부시를 대통령 선거에서 이겼을 수도 있었기 때문이다. 외연론에는 문제가 있는 것이다.

외연성 기준에 대한 대안은 동의성 기준일 수 있을 것이다. 임의의 두 믿음이 동일할 수 있는 기준은 그 믿음이 표출되는 두 문장의 의미가 동일하다는 것이다. 예를 들어 〈이씨는 철학 강사들 중 많은 총각은 매력적이라고 믿는다〉와 〈박씨는 철학 강사들 중 결혼하지 않은 많은 성인 남자는 매력적이라고 믿는다〉를 비교할 수 있다. 동의론자는 두 믿음이 동일한 까닭은 〈철학 강사들 중 많은 총각은 매력적이다〉와 〈철학 강사들 중 결혼하지 않은 많은 성인 남자는 매력적이다〉라는 두 문장이 같은 의미라는 것이다. 두 문장은 어떤 가능세계에서도 같은 값을, 즉 동의성을 갖기 때문이라는 것이다.

동의성 기준에 대해서도 문제가 제기된다. 존스와 스미스가 기초 한국어를 배우고 있다면 존스는 위의 매력성 문장 중 첫번째에는 동의하면서도 두번째에는 동의하지 않을 수 있고, 스미스는 그 반대일 수 있다. 두 사람은 어떤 면에서 같은 믿음을 가지고 다른 면에서 같은 믿음을 갖는다고 할 수 없다. 믿음의 동일성 기준으로서의 동의성에 문제가 있는 것이다. 두 사람은 두 문장이 같은 의미라는 것을 모르기 때문이다.

혹자는 우리의 논의에서 〈동일한 외연성〉이나 〈동일한 의미성〉으로 충분하지 왜 당사자들이 동일한 믿음을 갖기 위하여 이들을 모르는 상황이 반례를 구성할 수 있는가에 의문을 제기할 것이다. 그러나 다음의 세 문장으로 이루어진 삼단논법을 고려하자: 존스는 철학 강사들 중 많은 총각은 매력적이라고 믿는다; 스미스는 철학 강사들 중 결혼하지 않은 많은 성인 남자는 매력적이라고 믿는다; 존스와 스미스는 같은 믿음을 가지고 있다. 이 삼단논법에 대해 존스는 스미스의 믿음에 반대할 수 있고 스미스는 존스의 믿음에 반대할 수 있다. 두 사람의 각각의 믿음에 대한 반대에 〈두 문장의 의미가 같다〉라는 사실은 도움이 되지 않는다. 첫째, 모든 동의성을 모든 사람들에게 확인한다는 것은 불가능하다. 둘째, 동의성이 확인되는 경우에도 여러 가지 이유로 한 표현보다 다른 표현을 선호하거나 배제할 수 있는 것이다.

그렇다면 동의성 기준에 대한 대안으로 무분별성 기준을 고려할 수 있을 것이다. 이것은 두 믿음이 같기 위해서는 믿음이 표출되는 문장들은 분별할 수 없어야만 한다는 라이프니츠 원리의 적용이다. 무분별성은 외연이나 의미만이 아니라 이들이 표출되는 방식에서도 분별할 수 없어야 한다는 것이다. 표현되는 단어나 그 순서가 같아야 되고 이 표현들이 나타나 사용되는 언어체계가 같아야 한다. 공동체 언어와 개인 언어를 구분해야 한다면, 이 표현을 사용하는 화자도 같아야 한다라고 요구할 것이다. 무분별성을 더욱 강하게 요구하는 경우, 그 표현이 사용되는 시간도 같아야 한다라고 할 것이다.

　믿음의 동일성 개념은 마음을 탐구하는 데에 중요한 출발점으로 보인다. 그러나 외연성이나 동의성 기준은 너무 약하고 무분별성 기준은 너무 강하다. 이 기준에 의하면 모더니즘과 포스트모더니즘의 마음에 관한 관점들은 평가하기 어려운 것이다. 그렇다면 어떤 대안을 제시할 수 있을 것인가? 설득력 있는 대안이 제시되고 있지 않는 상황에서 자연스럽게 물을 수 있는 것은, 믿음의 내용이 무엇이기에 믿음의 동일성 기준조차 제시하기 어려운 것인가라는 물음일 수 있다. 믿음이 마음의 한 활동이라면, 심성내용은 무엇인가라는 물음이 된다. 마음에 대한 물음이 보다 구체적이기 위해서 심성내용으로 전환되는 것은 자연스러운 것으로 보인다. 마음의 물음이 심성내용의 물음으로 전환되는 까닭을 두 가지 가설로서 관찰할 수 있을 것이다.

　첫 번째 가설은 〈대상 내용이 대상 본질을 결정한다〉는 것이다. 인격이 사람의 됨됨을 보여주듯이 마음에 본질이 있다면 심성내용이 그것을 보여줄 것이라는 가설이다. 왜냐하면 대상 자체 또는 마음을 직접적으로 접근하는 방식에는 어려움이 있기 때문이다. 마음에 실체적 본질이 있는가? 있다면 어떻게 접근할 수 있는가? 그러나 마음의 실체적 본질을 상정하는 데는 무리가 있다. 그러한 상정을 어떻게 정당화할 수 있는가? 역사적으로 마음의 실체성 이론들이 없지 않았지만 그 이론들은 얼마나 성공적이었는가? 이들은 공허하다거나 무모하다라는 비판을 받지 않았던가? 그렇다면 대상내용 또는 마음이 가지고 있는 심성내용을 통하여 마음에 접근하는 방법은 보다 구체적이고 적실한 것으로 보일 수 있다.

마음의 물음이 심성내용의 물음으로 전환되는 까닭을 얻을 수 있는 두 번째 가설은 〈언어의미와 심성내용은 분리될 수 없다〉는 것이다. 믿음의 동일성 기준의 세 후보가 모두 문제가 있는 것을 보았지만, 아직도 자명한 것은 어떤 심성내용도 언어 없이는 표상되기 어렵다는 점이다. 심성내용은 언어를 통하여 접근할 수 있는 것이다. 심성내용은 언어의미로 그 표상이 충분하지 않을 수 있지만 언어 없이는 도대체 표상되기 어렵다는 것이다. 다른 한편으로, 언어의미는 사회적으로 주어진다는 것을 인정한다고 할지라도 믿음이나 행위의 정당화는 심성내용과 독립하여 주어질 수 없다는 것이 지지될 수 있을 것이다. P와 Q가 외연적으로나 의미론적으로 김씨에게서 나타나는 동일한 믿음이라고 할지라도 김씨가 전자를 수용하고 후자를 수용하지 않을 때, 후자를 필요로 하는 합리화는 성립하지 않는 것이기 때문이다.

제3절 책의 논제: 심성내용의 신체성

프레게는 심성내용을 체계적으로 다루기 시작한 최초의 철학자라고 할 수 있다. 예를 들어 믿음의 내용이 최소한의 논리적 규칙을 준수하는가에 대한 물음을 묻고 있었다. 어떤 내용이 최소한의 논리적 규칙을 따르지 않는다면 그것은 말하여질 수 없고 의사소통의 대상에서 벗어나기 때문일 것이다. 프레게는 논리적 규칙을 준수하는 방식으로 심성내용을 해석하고 구조화하는 작업을 시작하였다.

심성내용에 대한 그 후의 작업은 이러한 프레게의 논리적 시각과 무관하지 않은 것으로 보인다. 한편으로 물리주의는 심성내용 개념이 시사하는 이원론적 함축에 부담을 가질 수밖에 없었다고 생각한다. 심성내용에 대한 물리주의에 일관된 자연주의적 관점이 가능하다고 생각한 것이다. 다른 한편으로 심성내용은 언어 의미를 두뇌와 관련하여 좁게 해석할 것인가 아니면 두뇌 밖의 세계와 관련하여 넓게 해석할 것인가에 대한 논의들이 있었다. 관념론적 의미이론을 수용할 수 있는가 아니면 세계와의 관계에서 의미가 조명될 수 있는가를 탐구한 것이다.

이 책은 그러한 논의들이 심성내용에 대해 많은 조명을 하였고 후일의 논의를 활성화하는 데 기여하고 있다고 믿는다. 소개는 필요하지만 수용 가능성은 의문이다. 그 논의들은 여러 면으로 논의될 것이 많다고 보이기 때문이다. 이러한 상황에서 이 책은 〈심성내용은 신체적이다〉라는 논제를 대안으로 제안하고자 한다. 이러한 논제를 지지하기 위해서는 어떤 마음도 다른 마음으로부터 분리될 수 없다는 것을 주장할 수 있어야 할 것이다. 마음과 마음의 연결은 몸을 통하여 이루어지는 것이고 마음의 사회적 내용은 몸들이 이루어내는 언어공동체에 의하여 구성되는 것이다. 결국 마음이란 사회적 내용의 개인적 체험의 장이라고 생각한다.[4]

---

4) 남기창은 사적 언어의 가능성 여부에 초점을 두어 심리언어의 문제를 제기하고 있다. 만일 〈사적 언어〉를 그 언어의 규칙이나 규칙 준수의 기준을 개인의 사적 의식에 정초하는 구조라고 한다면 그 구조는 화자의 경우에 있어서 〈규칙을 지킨다〉와 〈규칙을 지킨다고 믿는다〉의 구별을 허용하지 않기 때문에 언어일 수 없다라는 것이다. 비트겐슈타인의 사적 언어 불가능성 논변이다. 남기창은 이 논변에 주목하여 명료화의 기여를 하였다. 그의 그러한 작업 중 한 가지 의문은 〈공동체 기준〉에 대한 특정한 해석에 관한 것이다. 고립된 로빈슨 크루소가 기준을 갖는다면 그 기준은 좁은 것이거나 넓은 것일 것이다. 좁은 기준은 그의 개인적 사적 의식에서 그가 찾는 것이라고 할 때 크루소가 고립되어 있거나 않았거나 간에 그의 사적 언어는 불가능할 것이다. 그러나 넓은 기준이 그의 개인적 의식 이외의 구조에서 찾아지는 것이라면 크루소가 고립되어 있거나 않거나 간에 그 기준은 공동체 접근적인 것이다. 그렇다면 〈공동체 기준〉이란 크루소가 고립되어 있는 경우 성립하지 않는다는 남기창의 가정은 의문스럽다. 〈공동체 기준〉을 〈고립된 크루소〉와 대비적으로 해석한 결과가 아닐까 생각한다. 남기창, 「크루소의 언어는 사적 언어인가?」, 『언어철학연구 I: 비트겐슈타인과 언어』, 박영식 외 편, 현암사,

제1장 문제제기 : 내 마음 나도 몰라

이러한 논제를 지지하기 위해서 책이 선택한 길은 멀고 험난하다. 제1부에서는 심성내용에 대한 논리적 탐구를 소개하고 있다. 프레게와 러셀이 논리적 최소조건을 만족하기 위해 어떤 장치들을 도입하고 있는가를 본다. 그러나 콰인과 카플란은 프레게와 러셀의 노력은 심성내용의 논리적 불투명성에 의해 실패한다고 보고 불투명성을 해소하는 여러 가지 시도들을 수행하였다. 바와이즈와 페리는 상황 의미론을 구성하여 접근하고자 한다. 그러나 크립키는 심성내용에 대한 어떠한 논리적 탐구도 어렵다는 점을 최소한의 언어적 장치로 보여주고 있는 것이다.

제2부에서는 심성내용에 대한 존재론적 접근을 살펴본다. 물론 물리주의적 존재론의 관점이다. 이것은 심성내용이 근본적으로 뇌의 어떤 상태여야 하지 않는가라는 관점이다. 현대과학의 성공은 그러한 철학적 관점을 지지하는 듯 보였고 20세기의 특정한 기간 동안 이 관점은 주류를 이루었다. 그리고 아직도 인지과학적 관심으로부터 많은 지지를 얻고 있다. 김재권의 환원주의는 그러한 관점의 대표적 사례일 것이다. 또한 드레츠키와 밀리칸은 심성내용에 대한 인과론적 또는 진화론적 의미론을 표시 indicating 개념에서 선택하여 상당한 조명을 하였다. 그러나 차머스는 심성내용에 대한 물리주의적 접근의 어려움을 설득력 있게 제시하였고 이러한 논의는 자연주의적 시각에도 그대로 적용될 수 있다고 생각한다.

제3부는 심성내용이 언어라는 장치를 통하여 조명될 수 있는가를 탐구하는 논의들로 구성되어 있다. 데이빗슨은 믿음의 명사절이 어떻게 사용되는가를 관찰하여 하나의 제안을 한다. 그리고 포돌과 버지에 의하여 대표되는 소위 심성내용이 좁은가-넓은가의 논쟁은 지난 몇 년 동안 주목을 받아 온 주제이다. 심성내용이 어떻게 사람의 뇌

1995, 211-252쪽.

를 떠나서 제시될 수 있는가라는 의문을 제시하는 포돌은 뇌에서 발생하는 심성내용의 좁은 의미를 우선시한다. 그러나 버지는 언어가 사회적이라면 심성내용도 결국 그럴 수밖에 없다는 넓은 이론을 지지한다. 좁은 내용은 말해질 수도 없다는 것이다. 그리고 럿거즈 학파는 인지과학의 가능성이 요구하는 좁은 모델을 유지하면서도 어떻게 언어의 사회성 논제에 반하지 않을 수 있는가를 탐구한다.

3부에서 다룬 이러한 많은 논의들은 서로 다른 방식으로 심성내용의 논의에 기여하고 있다. 그러나 이들은 강약의 차이는 있지만 모두 이원론의 범주 안에서 수행되고 있다고 보인다. 논리적 모델은 결국 외연 논리에 근거한다는 점에서 사물성의 논의가 아닐까? 그리고 존재론적 접근은 물리주의나 자연주의를 표방한다는 점에서 이원론과 구분되어야 한다. 그러나 물리주의라는 입장을 선택하는 것은 데카르트가 이분화한 선택지 중에서 하나를 선택한 결과이다. 데카르트가 제시하는 선택지는 이원론적 함축을 벗어나기 어렵다는 점에서 이원론의 표지를 달고 있는 것이 아닐까? 그리고 언어적 접근도 비슷한 처지에 놓여 있다고 보인다. 언어 의미가 좁은가 넓은가의 논의는 단순히 뇌의 안인가 밖인가의 문제라기보다는 개념적인가 사물적인가의 논의의 연장으로 보인다. 그렇다면 언어적 접근이나 럿거즈 학파의 중재 시도도 이원론의 테두리를 벗어나지 못하고 있는 것이 아닐까?

책의 논제를 위해 앞의 3부의 논의들이 부정적 작업이라면, 제4부는 책의 논제에 대한 긍정적이고 적극적인 작업이다. 서양언어는 일반적으로 세계를 물질과 정신의 두 가지 실체로 나누고, 사람도 그러한 이분법에 의하여 이해하고 있는 것이다. 사람은 근본적으로 〈mind〉이고 사람이 지금 가지고 있는 〈body〉는 우연적이라는 것이다. 그래서 살아 있는 사람들은 〈mind〉와 〈body〉의 두 실체로 되어 있다는 것이다. 그러나 동양언어, 더 구체적으로 한국어는 그러한 이

분법을 가지고 있지 않다고 생각한다. 이분법보다는 음양론을 내세우
는 것이다. 사람은 〈마음〉과 〈몸〉을 두 요소로서 갖는 것이다. 마음
에도 몸의 요소가 들어 와 있고 몸에도 마음의 요소가 들어와 있는
것이다. 최근에 어떤 사람들이 〈마음〉과 〈몸〉을 〈mind〉와 〈body〉의
번역어쯤으로 사용하거나 사람의 두 부분으로 생각하는 것은 음양론
의 전통에 이원론의 이질적인 형이상학을 덧씌우는 폭력이라고 생각
한다.

많은 의미이론은 일반적으로 관념적이거나 외연적이었다. 이원론의
형이상학적 틀이 그대로 이어져 오고 있는 것이다. 이원론을 극복한
다고 하면서도 그 형이상학적 잔재를 없애지 못하는 까닭은 그러한
형이상학에 찌든 오랜 언어전통의 쓰임새 때문이라고 보인다. 그러나
동양언어는 처음부터 그러한 이원론의 전통으로부터 비교적 자유로
웠고, 음양론 구조의 의미이론은 통합적 인격성의 의미이론에 보다
쉽게 도달할 수 있을 것으로 보인다. 신체성 안에 인격의 통합성이
이미 들어 와 있기 때문이다. 그리하여 〈몸으로 생각한다〉는 명제는
서양 언어전통에서 모순명제가 되지만 동양언어에서는 자연스러운
일상적 경험이 되는 것이다. 결국 심성내용은 그러한 몸들이 이루어
내는 몸가짐의 연결망으로 표시될 수 있다고 생각한다.[5]

---

5) 〈심성〉이라는 용어 선택에 대한 변명이 필요한 것 같다. 〈정신적 성질〉, 〈정신적
내용〉이라는 표현 대신에 〈심성적 성질〉, 〈심성적 내용〉이라는 용어를 선호하는
데는 언어적 고려와 철학적 고려가 있다. 먼저, 한국어의 일상 어법에서 〈정신〉은
마음 또는 심(心)의 특정 방식의 현시를 나타낸다고 보인다. 〈민족정신〉이나 〈시
대정신〉에서처럼 개인적이기보다는 공동체적 현상을 시사하는 경향이 있다. 그러
나 〈심성〉은 마음 현상 일반을 나타낸다. 마음 현상이 연구의 시작 단계에서 공
동체적이기보다는 일차적으로 개체적인 구조를 가질 것이다. 〈심성〉은 〈율곡의
심성〉에서처럼 개인이나 개체적 현상을 나타낸다고 보인다. 가려움, 느낌 같은 의
식현상이나 믿음, 소망 같은 심리현상이 모두 개인적인 〈심성현상〉이라고 말하는
것은 어색하지 않지만, 이를 〈정신현상〉이라 부르는 것은 자연스럽지 않다고 생
각한다. 〈심성적〉이나 〈심적〉은 이 책에서 대체적으로 사용되고 있지만 〈심성적〉
은 마음의 특정한 성질을 노출시키는 경우에 더 선호되고 있다.

다음으로 철학적 고려를 할 수 있을 것이다. 〈정신〉은 서양언어에 들어 있는 이 원론의 흔적을 가지고 있다고 생각한다. 최근 서양철학에서도 〈spirit〉, 〈soul〉보다 〈mind〉를 선호하는 것은 이것이 형이상학적 함축을 덜 가지고 있다고 믿기 때문일 것이다. 동양언어의 〈마음〉이나 〈심성〉은 이원론이나 초월적 존재론의 전통과 거리를 둔 어법을 가지고 있다고 믿는다. 인지과학이나 심리학에서 〈mental〉을 〈심성적〉으로 번역하는 것도 특정한 형이상학적 전통과 거리를 두고자 하는 선택으로 보인다. 그렇기 때문에 〈심성인과〉라는 표현은 마음이 인과적인가의 여부에 대한 토론에서 중립적인 용어이지만, 〈정신인과〉라는 용어는 그렇게 들리지 않는다.

〈심성〉을 선호하는 이러한 고려는 〈정신〉 또는 다른 어휘를 선호하는 이유들이 제시되어 상대적으로 평가되어야 할 것이다. 어휘의 선택에 따라 철학의 방향이나 성향이 달라져 각기 기여할 수도 있지만, 그렇지 않다면 다수의 한국 철학자들이 선택하는 어휘를 따르고자 한다.

제 1 부

논리적 탐구

제2장
명제태도 : 프레게와 러셀

〈명제태도〉란 프레게가 제기한 문제를 러셀이 지시하고자 한 명칭이다. 이것은 주체가 취하는 〈믿는다〉, 〈바란다〉, 〈두려워한다〉, 〈의심한다〉, 〈긍정한다〉, 〈부인한다〉 등이 나타내는 태도들이 어떤 내용을 목적적 명제로 삼는다는 것이고, 그 내용이 어떤 논리적 질서에 따라 행동하는가 하는 탐구의 문제이다. 명제태도가 언어를 체계화하는 데 있어서 문제를 일으킨다는 것은 분명하다. 외연적 언어가 논리 규칙을 준수하고 있는 데 반하여 명제태도의 심성내용의 언어는 그렇지 않기 때문이다. 특히 프레게는 일인칭 단수 대명사로 나타난 심성내용의 주관성의 심각성을 인식하고 있었다.

하나의 예를 들어보자. 〈최한기〉와 〈혜강〉이라는 단칭명사들은 동일한 대상을 지칭한다. 그렇다면 〈김씨는 최한기가 『기측체의』의 저자라고 믿는다〉라는 문장에서 〈최한기〉는 〈혜강〉과 외연적 논리 구조에서는 대치될 수 있어야 한다. 그러나 그렇지 않다. 〈김씨는 최한기가 『기측체의』의 저자라고 믿는다〉라는 문장은 참일 수 있지만, 대치로 결과된 〈김씨는 혜강이 『기측체의』의 저자라고 믿는다〉라는

19

문장은 거짓일 수 있기 때문이다. 이러한 상황은 자연언어가 논리적 투명성을 확보하는 데 있어서 하나의 장애가 된다. 프레게는 이러한 문제를 제기하면서 명제태도의 문맥에서 대상의 성격을 간접적 문맥에서 이해할 것을 제안하였다. 그러나 러셀은 프레게의 방식이 문제 있다고 보았고 이러한 문제를 극복하기 위한 대안을 내놓았다. 러셀은 그 대상에 접근할 때 그 대상의 단칭명사를 술어적으로 환원할 것을 주장한다.

제1절 프레게: 대치율을 준수하는 심성내용

복잡한 언어현상을 어떻게 설명할 수 있는가? 이를 위해 프레게는 하나의 특정한 관점을 선택한 것으로 보인다.[1] 그것은 라이프니츠의 한 명제에서 나타난다: 어떤 것들이 서로 대치되어서 진리치의 변화가 없다면 동일한 것이다. 이것은 소위 대치율로 알려진 것으로서 모든 외연적 체계가 수용하는 명제이다. 프레게는 일차적으로 이 명제에 맞춰 언어현상을 정리하고 조정하며 연결하려고 한 것으로 보인다. 대치율 Rule of Substitution이란 보다 자세하게 〈만일 두 표현이 동일한 지시체를 갖는다면 한 표현은 다른 표현이 나타나는 어느 문장에서도 진리치의 변경 없이 이를 대치할 수 있다〉는 것이다. 예를 들면 다음과 같다: 3+14=17; 14=2×7; 가 참이라면, 3+(2×7)=17도 참이다.

대치율은 왜 필수적인가? 대치율은 의미론체계의 한 규칙(S)이지만 이것의 상대역으로서 통사체계의 대치율(S')을 다른 하나의 규칙

---

1) G. Frege, "Function and Concept", pp. 21-41; "On Concept and Object", pp. 42-55; "On Sense and Reference", pp. 56-78; "What is a Function", pp. 107-116; *Translations From The Philosophical Writings of Gottlob Frege*, ed. & tr., Peter Geach & Max Black.

으로서 갖는다: 하나의 공리나 정리 안에 나타나는 어떤 변항을 다른 적형식에 획일적으로 대치하여 얻은 결과는 공리이거나 정리이다. 다음이 그 예이다: Q → (P v Q)가 공리라면, (R & S) → (P v (R & S)); Q → (-(Q & -R) v Q)도 공리이다. (S')이 통사체계에서 필수적인 것처럼 프레게는 (S)도 의미론체계에서 필수적인 것으로 보았다고 할 수 있다.

프레게는 언어현상에서 대치율에 대한 반례들을 보았다. a=b와 b=c의 두 명제가 주어지면 대치율을 받아들이는 경우 a=c를 결론지을 수 있다. 그러나 또한 우리는 위의 세 명제에 동일한 대치율을 적용하여 a=a를 추론할 수 있다. 그러나 〈a=c〉와 〈a=a〉는 진리치에 있어서 다르다. 전자는 거짓일 수 있고 따라서 참이라면 정보의 내용을 담고 있다. 그러나 후자는 참이기만 하며 그리하여 우리가 아직 모르는 내용을 담고 있지 않다. 대치율이 유지되기 위해서는 이러한 차이는 대치율과 일관되게 설명되어야 한다.

다른 종류의 한 반례는 명사가 아니라 문장과의 관계에서 발생한다. 다음의 두 개의 삼단논법을 보자. 첫 번째는 〈금성은 태양에 의하여 반사된 물체이다; 금성=태백성; 고로 태백성은 태양에 의하여 반사된 물체이다〉로 구성된 것이다. 두 번째는 〈김씨는 금성은 태양에 의하여 반사된 물체라는 것을 믿는다; 금성=태백성; 고로 김씨는 태백성은 태양에 의하여 반사된 물체라는 것을 믿는다〉로 되어 있다. 대치율의 적용은 두 경우 같이 일어나고 있다. 그러나 전자는 타당하고 후자는 부당하다. 후자는 김씨가 금성=태백성이라는 것을 믿지 않을 수 있기 때문에 부당하다. 그러므로 언어현상을 대치율과 같은 외연적 원리에 의해 체계적으로 이해하려는 경우 위와 같은 두 삼단논법의 차이는 어떤 방식으로든 설명되어야 한다.

프레게는 위와 같은 반례들을 설명하기 위하여 어떻게 했는가? 그는 표현들에서 뜻과 지시체를 구별하고 있다. 〈금성〉과 〈태백성〉이라는 표현들이 나타내는 지시체들은 동일하지만 이들의 뜻은 같지 않다는 것이다. 지시체란 표현들에 의해 지시되는 대상이고 따라서 여러 표현들이 하나의 대상을 공유할 수 있다. 그러나 뜻이란 보통의 경우 대상이 나타나는 방식에서 주어진다. 대상 제시의 방식이 다양한 만큼 다양한 뜻의 표현이 가능하다. 물론 어떤 표현은 뜻은 가지고 있지만 대상은 갖지 않을 수 있다. 〈둥그런 사각형〉이나 〈용〉 그리고 〈환웅〉 같은 표현들은 임의의 대상이 얼핏 제시되는 방식, 즉 그 뜻은 가지고 있다. 그러나 이들이 나타내리라고 보이는 지시체는 가지고 있지 않다. 그리고 언어 사용자인 우리가 표현의 뜻을 어떻게 알 수 있는가? 프레게에 의하면 그 표현이 들어 있는 언어를 사용하는 자는 그 뜻을 안다는 것이다.

뜻과 지시체의 구별은 문장단위에서도 제안되고 있다. 문장이 나타내는 생각 또는 명제는 그 뜻이고 그 명제로써 그 문장이 가질 수 있는 지시체는 참 또는 거짓이라는 소위 진리치이다. 다음의 네 문장을 보자: 최한기는 『기측체의』의 저자이다; 정약용은 『용비어천가』의 저자이다; 나는 지금 커피를 마시고 싶다; 홍길동은 현재 서울 시장이다. 첫 번째와 두 번째는 각각 참과 거짓이다. 그러나 세 번째는 화자가 누구인가에 따라 문장의 뜻은 동일할지라도 진리치는 달라진다. 마지막으로 네 번째는 뜻은 있지만 진리치는 없다. 〈홍길동〉이 지시하는 대상이 없기 때문이다.

프레게는 뜻과 지시체의 이러한 구별을 가지고 앞의 반례들을 어떻게 설명하는가? 먼저 a=c와 a=a를 보자. 여기에서의 문제는 이 동일성 문장들을 단순히 대상들 간의 관계의 문장으로 해석하는 데서 발생하고 있다. 그러나 프레게의 구별에 의하면 표현들은 대상을 지시할 수도 있지만 그 대상을 제시의 방식, 즉 그 뜻에 따라 지시한다는 것이다. 그러므로 a=c는 지시체들의 동일성 문장으로 해석되지만 a=a는 지시체뿐만 아니라 이 문장이 구조적으로 보다 강하게 함의하는 뜻의 동일성 문장으로 해석되어야 하는 것이다. 그러므로 동일항 대치율을 적용할 때 구체적 문맥들이 단순한 지시체의 동일성인지 또는 뜻까지를 포함한 동일성을 요구하는지를 분별하여야 한다는 것이다.

두 번째 반례는 어떻게 설명될 수 있는가? 프레게에 의하면 〈믿는다〉, 〈원한다〉, 〈안다〉 등과 같은 동사들 앞에 나타나는 표현, 즉 부속 문장들은 보통의 문장들이 갖는 뜻과 지시체를 갖지 않는다는 것이다. 예를 들어 다음의 문장들을 보자: 김씨가 최한기는 『기측체의』의 저자라고 믿는다; 이씨가 정약용은 『용비어천가』의 저자라고 믿는다; 박씨가 홍길동은 현재 서울 시장이라고 믿는다. 이들 세 사람은 믿음의 부속 문장들의 진리치 조건에 관계없이 그 부속문장들이 나타내는 내용 명제를 믿을 수 있다.

부속문장의 진리치 여부는 본문장의 진리치 여부에 영향을 받지 않는다는 것을 알 수 있다. 프레게는 이것을 근거로 일상성과 간접성을 나눈다. 어떤 문장이 더 큰 문장의 부속 문장으로 나타날 때 이 부속 문장의 지시체를 그 문장의 간접 지시체라 하고 이것은 그 문장의 일상적 뜻에서 찾아진다. 그리고 명사의 간접적 지시체는 그 일상적 뜻에서 발견된다. 그렇다면 반례 안에서 〈믿는다〉라는 문장 속의 〈금성〉의 지시체는 이 명사의 일상적 뜻이고 동일성 문장 속의 〈금성〉의 지시체는 이 명사의 일상적 지시체이다. 반례를 일으켰다고 하는 삼단논법은 프레게의 구별을 따르면 단순히 부당할 뿐 아니라 단어 사용의 혼란을 범하고 있는 것이 된다. 따라서 문제는 해소된다.

간접문맥에서의 표현은 그 일상적 뜻을 그 지시체로 삼는 것을 흔히 프레게의 이론으로 간주한다. 그러나 카플란은 이것은 부정확한 해석이라고 한다.[2] 이것은 프레게가 인용문맥이나 다른 것에 대해 말

---

2) David Kaplan, "Quantifying In", *Words Objections*, eds., D. Davidson & J.

한 것을 고려하지 않은 해석이라는 것이다. 그리고 이것은 두 개의
다른 명제를 혼동한 결과라는 것이다.

(1) 간접문맥에서의 표현은 그 일상적 지시체를 갖지 않는다.
(2) 간접문맥에서의 표현은 그 일상적 뜻을 지시한다.

전자는 참이지만 후자는 거짓이라는 것이다. 그러한 잘못된 해석은
내포 논리의 문제점에 집착한 나머지 프레게의 간접문맥에 대한 취
급의 힘과 미를 간과한 데 기인한다는 것이다.

프레게의 간접문맥에서의 처방은 간단하다는 것이다: 복합표현의
지시체는 그 부분들의 지시체의 한 함수이다. 이 원리를 이용하여 간
접문맥의 표현이나 문장의 지시체를 발견할 때까지 찾으라는 것이다.
바로 이 방법으로 프레게는 인용표시는 한 요소가 그 자체를 지시하
게 하는 간접문맥을 구성한다는 발견을 하였고, 카르납은 개별적 개
념 individual concepts을 발견할 수 있었다는 것이다.

이리하여 프레게는 간접문맥에서도 양화를 허용할 수 있게 된다.
그러나 이 양화는 표현들에 대한 양화이고, 이러한 것은 다음의 구별
을 통하여 간접문맥 일반에 적용할 수 있게 된다는 것이다. 간접문맥
에서의 표현들은 〈변항으로서 사용된 기호〉와 〈상수, 즉 그 자체를
지시하기 위하여 사용된 기호〉로 나뉜다는 것이다. 전자를 위하여
〈*〉를, 그리고 후자를 위하여는 〈#〉를 사용하여 다음을 표현할 수
있을 것이다.

(3) (∃x)(*x는 5보다 크다*는 산수적 진리이다)
(4) (∃x)(#x는 간첩이다#라고 랄프는 믿는다)

Hintikka, Dordrecht, Reidel, 1969, pp. 206-242 ; *The Philosophy of Language*, ed., A. P. Martinich, Oxford University, 1985, pp. 349-370.

그리고 카플란은 다음과 같은 작업을 하여 프레게의 방법의 효율성을 보일 수 있을 것으로 생각한다. 의미의 존재론적 성격은 표현의 그것만큼 안정적이지 않다. 그러나 카플란은 프레게의 방법을 여기에도 적용할 수 있을 것으로 생각한 것이다. 의미가 유도하는 간접문맥을 표시하기 위하여 ⟨m⟩을 사용하자.

(5) ⟨형제⟩의 의미 = m같은 부모에게서 태어난 남자 동기m

그러면 (3)에서 사용한 방법을 의미 기호 ⟨m⟩에도 적용할 수 있으리라는 것이다. 이 방법에 의하면 의미 기호로 산출된 문맥은 불투명한 것이 아니라 그 문맥에서의 그 표현은 자신의 의미를 지칭하리라는 것이다. 그렇다면 양화는 그 문맥의 의미로 작동될 수 있다. 이러한 해석에 의하여 도달한 의미는 별도의 의미 기호 ⟨M⟩에 의해 나타낼 수 있다고 믿는다.

(6) (∃x)(∃y)(Mx는 y를 찾다M＝My는 x에 의해 채였다M)

이러한 분석의 힘은 콰인이 ⟨의미의 이야기⟩를 ⟨표현의 이야기⟩로 대치하여 존재론적 경제성을 주장한 것에 대한 반박으로서 나타난다. 이러한 재기(再記)의 분석은 그 대칭성을 어느 방향으로나 사용할 수 있다는 것을 보여주고, 이것은 존재론적 통찰을 가능케 한다는 것이다. 그러나 그가 제시하는 구분의 설득력을 보이기는 하지만, 카플란의 통찰이 프레게의 명제태도에 대한 궁극적 해결의 단서일 것인가는 의문으로 남는다.

제2절 러셀: 배중율을 준수하는 심성내용

프레게가 시작한 언어에 대한 외연적 이해의 노력에 대해 러셀은
보다 과감한 전략을 취하고 있다.[3] 러셀은 대치율뿐만 아니라 어떠한
문장도 참이거나 거짓이다라는 배중율을 언어 이해의 거점으로 삼고
있기 때문이다. 그리하여 배중율을 받아들인다면 어떤 문장 p도 참이
거나 거짓이므로 그 부정 -p도 거짓이거나 참이다. 달리 말하여 p와
-p는 동시에 참이거나 거짓일 수 없을 뿐 아니라 진리치를 갖지 않
을 수 없다는 것이고 각기 하나는 참이고 다른 하나는 거짓이라는
것이다. 러셀은 프레게보다 더 적극적인 외연론적 프로그램을 전개하
고자 하는 것이다.

러셀은 프레게의 이론 안에서 문제점들을 보고 있다. 〈현재 프랑스
의 그 왕은 현명하다〉라는 문장을 보자. 프레게는 이 문장이 뜻은
가지고 있지만 진리치는 없다고 할 것이다. 그리고 프레게는 이 문장
의 부정인 〈현재 프랑스의 그 왕은 현명하지 않다〉에 대해서도 동일
한 해석을 할 것이다. 그리하여 러셀은 프레게에게서 배중율의 침범
을 보고 배중율이 지켜질 수 있는 언어 이해의 구조를 모색하고자
한다.

이러한 구조의 모색은 프레게가 설명하고 있지 못한 다른 두 문제
들도 조명하리라고 믿는다. 하나는 부정적 존재 문장에 관한 문제이
다. 〈현재 프랑스의 그 왕은 존재하지 않는다〉라는 참 문장에 대해
프레게는 위에서와 같은 논리로 〈현재 프랑스의 그 왕〉이라는 표현
이 아무런 대상도 지시하지 않으므로 참도 아니고 거짓도 아니라고
말해야 한다. 다른 하나의 문제는 하나의 논의의 형식으로 말해질 수

---

3) Bertrand Russell, *Introduction to Mathematical Philosophy*, London:
George Allen, 1919, pp. 167-180; "Descriptions", *The Philosophy of
Language*, ed., A. P. Martinich, Oxford University, 1985, pp. 213-219.

있다: 조지 4세는 스콧이 『웨이벌리』의 그 저자인가를 알고자 한다; 스콧이 『웨이벌리』의 그 저자이다; 고로 조지 4세는 스콧이 스콧인가를 알고자 한다.

프레게에 의하면 이 논의는 타당한 것으로 보인다. 첫째 전제에서 조지 4세가 알고자 하는 것은 〈스콧〉의 간접지시체가 〈'웨이벌리'의 그 저자〉의 간접지시체인가라는 것이 되기 때문이다. 그리고 그 왕은 두 표현들의 간접지시체들이 동일하지 않다는 것을 알게 될 것이고 그의 이 지적 호기심이 의의가 있다면 이 논의의 결론을 받아들여야 할 것이다. 결국 러셀에 의하면 프레게가 뜻과 지시체의 구별에 의해서는 너무 많은 것을 설명하고 있는 것은 아니라는 것이다.

그러면 이러한 문제들을 조명하기 위하여 러셀은 어떠한 전략을 취하는가? 그는 한정기술어귀의 제거를 제안한다. 보통의 모든 고유명사는 어떤 한정어귀의 생략으로 간주된다. 하나의 예를 들어보자. 〈이화여대의 그 총장은 여성이다〉의 주어의 자리에 하나의 한정기술어귀가 있다. 〈이화여대의 그 총장 the president of Ewha Womans University〉이라는 한정기술어귀는 〈정확하게 하나의 대상이 있고 그가 하나의 이화여대 총장이다〉에 의하여 제거된다. 여기에서 주의해볼 것은 〈하나의 이화여대 총장이다〉라는 표현은 하나의 술어일 뿐이라는 것이다. 제거하려고 하였던 한정기술어귀는 주어의 자리에만 나타나기 때문에, 이것의 술어에로의 환원 가능성은 의의가 크다. 〈정확하게 하나의 대상이 있다〉라는 표현은 〈적어도 하나의 대상이 있다〉와 그리고 〈최대로 하나의 대상이 있다〉라는 두 문장의 연접에 의해 얻어진다. 그러면 〈R〉을 〈하나의 이화여대 총장이다〉라는 술어라 하고 〈L〉을 〈여성이다〉의 생략어라 한다면 위의 예문은 다음과 같이 일차 술어논리로 번역될 수 있을 것이다: $(\exists x)(Rx \ \& \ (y)(Ry \rightarrow x=y) \ \& \ Lx)$.

한정기술어귀의 이러한 제거는 앞의 문제들을 어떻게 설명하는가?

먼저 배중율에 대해 보자. 〈현재 프랑스의 그 왕(K)은 현명하다(W)〉라는 문장은 $(\exists x)(Kx \,\&\, (y)(Ky \rightarrow x{=}y) \,\&\, Wx)$로 번역되고 이것의 부정인 〈현재 프랑스의 그 왕은 현명하지 않다〉라는 문장은 $-(\exists x)(Kx \,\&\, (y)(Ky{\rightarrow}x{=}y) \,\&\, Wx)$로 풀이된다. 전자는 〈정확하게 하나의 대상이 존재하고 그가 하나의 프랑스의 왕이고 그리고 현명하다〉를 뜻한다. 또한 후자는 〈하나의 프랑스의 왕이면서 현명한 대상은 정확하게 하나 존재하지 않는다〉를 의미한다. 이러한 해석에 의해 전자는 거짓 그리고 후자는 참이라는 진리치를 부여받는다. 프레게와는 달리 러셀의 구조에서는 배중율이 지켜지는 것을 본다.

비존재 문장에 대해서도 한정기술어귀가 술어로 환원되기 때문에 〈현재 프랑스의 그 왕은 존재하지 않는다〉에서의 주어는 환원된 술어에 의해 나타나는 변항의 값을 표시할 뿐이다: $-(\exists x)(Kx \,\&\, (y)(Ky \rightarrow x{=}y) \,\&\, Bx)$. 여기에서 존재(B)를 술어로 보거나 말거나 간에 참이고 이것은 프레게의 입장보다 더 그럴듯해 보인다. 그리고 조지 4세의 호기심의 문제에 대해서도 러셀은 간단히 설명하는 것처럼 생각된다. 조지 4세는 〈스콧〉이라는 고유명사를 〈1771년에 태어나고 '월터'로 불리며 작위를 받은 그 시인〉의 약자로 사용하는 것이고 결국 이 한정기술어귀는 제거되어 술어화된다. 그러면 왕의 호기심은 러셀의 언어로는 〈정확하게 하나의 대상이 존재하고 이것이 1771년에 태어나고 '월터'로 불리고 작위를 받고 또한 '웨이벌리'를 저술하였다〉가 참인가의 여부에 관한 것이다.

제3절   내 마음의 내용: 나는 부상당했다

개별자를 나타내는 단칭명사들 중의 또 하나는 색인사 indexicals 또는 지시사 demonstratives이다. 이들은 이름이나 정관사어귀가 갖는 문제와 관련은 있지만 다른 차원의 문제를 가지고 있다. 프레게는 〈사유〉라는 논문에서 그 문제성을 최초로 제시하고 있다.[4]

(7) 나는 부상당했다.
(8) 라우벤은 부상당했다.
(9) 라우벤은 1925년 9월 13일 엔엔면에서 태어났다.
(10) 라우벤은 엔엔병원장이다.

라우벤이 (7)을 말하였고 이것은 참이라고 하자. 가너가 라우벤이 누구인가를 (9)만으로 알고서 (8)을 말한 경우가 있다면 (7)과 (8)은 프레게에 의하면 같은 명제(생각)를 나타낸다. 그러나 피터는 라우벤이 누구인가를 (10)으로만 알고 (8)을 말한 경우, (7)과 (8)은 다른 문장일지라도 같은 명제를 나타내지만 가너의 (8)과 피터의 (8)은 같은 문장이 사용되었다고 해도 다른 명제를 나타낸다는 것이다. 그리고 링겐스가 라우벤이 누구인가를 모르고서 (8)을 말한 경우가 있다면 (7)과 (8)은 같은 명제를 나타내지 않을 뿐 아니라 다른 두 사람의 (8)과는 다른 명제임은 물론 다른 언어가 되어버린다. 프레게는 이러한 여러 가지 당혹스런 문제를 극복하기 위하여 모든 고유명사의 사용자에게 그에 대한 정확하게 하나의 뜻만을 가질 것을 요청한다. 그러나 이러한 요청은 대상의 현현presentation의 양식의 다원성에 대한 과다한 제한이 된다.

위의 경우들은 라우벤의 청자들이 모두 화자의 이름을 아는 경우에 한정되어 있다. 그러나 이것으로는 라우벤의 〈나〉에 대한 일반적 고찰이 될 수 없다. 라우벤의 이름을 모르는 사람도 라우벤이 누구인가를 모르는 사람도 (7)을 들었을 때 이를 이해할 수 있고 이러한 이해의 구조가 그러한 일반이론 안에 포함되어야 하기 때문이다.

---

4) G. Frege, "The Thought", *Logical Investigations*, ed. & tr., Peter Geach, pp. 1-30.

프레게는 라우벤의 언명을 다음과 같이 규정한다. 라우벤이 (7)을 말할 때 〈나〉의 지시체는 자기자신이고 그 뜻은 자신의 자신에 향한 현현 양식이라는 것이다. 그리고 이러한 현현 양식은 누구와도 공유될 수 없다는 것이다. 그러나 그가 (7)을 언명할 때 그는 청자들이 (7)이 표현하는 자신의 생각을 파악하여 줄 것을 의도한다. 그러한 의도를 만족하기 위하여 그는 〈나〉를 청자들이 이해할 수 있는 그러한 뜻으로 사용하여야 한다는 것이다. 청자가 (7)의 뜻을

(11) 지금 나에게 말하고 있는 그는 부상당했다.

라는 문장의 뜻에서 파악할 수 있으리라는 것이다. 프레게는 (7)과 (11)이 같은 뜻 또는 같은 명제(생각)가 아니라는 사실에 대해 강한 불만[5]을 가지고 있다. 프레게는 다음과 같은 함축을 피하기가 어렵다고 판단하였기 때문이다.

(12) 〈나〉와 같은 표현은 공유할 수 있는 뜻이 없다.
(13) 〈나〉와 같은 표현이 들어 있는 문장에 의해 표현된 명제는 타인에게 전달될 수 없다.

프레게는 이러한 상황이 언어의 한계에서 오는 것이 아닌가라고 묻고 있다.
포비스는 명제태도의 프레게적 개념을 도입하여 라우벤의 언명 (7)의 문제를 설명하고자 한다. 라우벤이

(7) 나는 부상당했다.

---

5) 위의 책, p. 13, n. 4.

의 문장을 사용하여 그의 생각(명제)을 전달하고자 하였을 때 그가 의도한 것은 청자들이

(14) 지금 청자에게 말하고 있는 화자는 부상당했다.

라는 것이 아니라는 것이다. 왜냐하면

(15) 나는 지금 청자에게 말하고 있는 화자이다.

라는 것은 정보적이므로 (7)과 (14)는 같은 뜻을 갖고 있지 않기 때문이다. 포비스는 명제태도를 도입하여 라우벤이 (7)을 말할 때 그의 청자가 파악하고자 의도한 것은

(16) 그(라우벤)는 그가 부상당했다는 것을 말하고 있다.

라는 것이다. (7)의 〈나〉의 지시체는 라우벤이고 그 뜻은 라우벤에게 만 접근 가능한 것이다. 그러나 (16)의 두 번째 〈그가〉의 지시체는 청자에게는 접근 가능하지 않은 (7)의 〈나〉의 일상적 뜻이지만, 그 뜻은 〈지금 청자에게 말하고 있는 화자〉라는 것이다. 포비스는 이러 한 구조가 프레게의 일인칭 대명사의 원초성을 유지하면서 프레게적 구도 안에서 문제를 해결하는 것이라고 생각한다. 그러나 이러한 접 근의 문제는 두 가지로 지적될 수 있을 것이다. 첫째, 라우벤이 말하 고자 한 것은 그 자신이 부상당했다는 것이지 〈나〉의 일상적 뜻이 그렇다는 것은 아니라는 점이다. 둘째, 프레게나 포비스의 접근은 지 칭 개념에 의한 것이기 때문에 지칭 개념이 가지고 있는 모든 문제 들을 그대로 가지고 들어온다.

제3장
지칭의 불투명성과 신선성

명제태도라는 심리언어에 대해 프레게는 동일율을, 러셀은 배중율을 적용할 수 있어야 한다는 믿음에서 출발하였다면 콰인은 보다 포괄적인 기준을 제시하고 있다. 어떤 언어도 일차술어논리로 표현될 수 있어야 한다는 믿음이다. 지칭의 투명성의 조건이다. 콰인은 필연성이나 가능성 같은 양상언어가 그러한 조건을 만족할 수 없는 것으로 판단하여 일찍이 포기하였지만 명제태도의 언어에 대해서는 오랫동안 고심하였다. 심리언어의 불투명성을 극복하기 위해 명제태도의 두 가지 의미를 구분하였다. 그러나 내포적 접근은 직접적인 것은 아니지만 간접적 모순에 빠진다는 사실에 당황하고, 언어적 접근은 선결 문제를 요구하는 어려움에 빠진다는 것을 보았다. 카플란과 크바트는 콰인의 내포적 접근의 모티프에 의해 처치의 지시술어를 도입하여 화자의 관점으로부터의 지시술어 개념을 구성하고, 화자의 의도를 술어 개념에 부여하는 방식을 탐구한다. 그러나 심리언어이건 물리언어이건 간에 언어의 논리란 언어의 외연적 구조의 일반화에 목표가 있다면, 〈의도적 지시술어〉라는 장치는 어떤 추리는 정당화할 수 있지만 일반화되기는 어려운 것이다.

제1절 콰인의 지칭 불투명성[1]

1.1 명제태도의 두 가지 의미

명제태도에 대하여 프레게가 내포적 접근을 하였다면 러셀의 처방은 명제태도의 내용을 외연적인 구조에서 설명하려는 접근으로 보인다. 프레게는 명제태도의 내용을 언어의 뜻에서 채우려 하였고 러셀은 표현의 지시체에서 내용을 찾으려고 하였기 때문이다. 이러한 러셀의 처방은 카르납이나 셰플러의 언어적 처방을 유도한다고 보인다: 박씨는 유니콘이 있다고 믿는다; 박씨는 〈유니콘〉에 의해 지칭되는 대상이 있다고 믿는다; 박씨는 〈유니콘이 있다〉라는 표현을 참으로 믿는다.

그러나 이러한 기술론적 또는 언어적 처방을 명제태도 일반에 적용할 수 있는가라는 문제가 제기된다. 이 문제에 대해 콰인은 철저한 의문을 제기한다. 이제 그의 자세한 논의를 들여다보도록 하겠다. 콰인은 두 철학자의 이러한 차이와 관계를 파악하고 있었다. 그는 이러한 차이를 근거로 명제태도의 두 가지 의미를 구분한다.

  (1) 어니스트는 사자사냥을 한다(Ernest is hunting lions).
  (1가) 어니스트가 사냥하고자 하는 하나의 사자가 있다.

---

1) Quine, W.V.O. "Quantifiers and Propositional Attitudes", *Journal of Philosophy*, 1956, vol., 53, pp. 177-187; *From a Logical Point of View*, Harper, 1953(허라금 옮김, 『논리적 관점에서』, 서광사, 1993); *Word and Object,* Wiley, 1960; *Ways of Paradox,* Random House, 1966; *Ontological Relativity,* Columbia University Press, 1969.

(1나) 어니스트는 사자야 어떻게 생겼건 간에 스포츠로서 또는 소일로서
   사자사냥에 필요한 장비로써 사냥을 한다.

(2) 나는 하나의 범선을 원한다(I want a sloop).
(2가) 내가 원하는 하나의 범선이 있다.
(2나) 나는 범선 무소유자의 상태로부터 벗어나기를 원한다.

콰인은 두 문장들 (1)과 (2)는 각기 (가)나 (나)로 해석될 수 있다
고 한다. (가)로 해석하는 경우 〈사냥한다〉와 〈원한다〉의 주체자는
외부의 대상, 즉 어떤 사자나 범선과 어떤 관계에 있다. 그래서 이들
은 다음과 같은 존재양화의 문장으로 번역될 수 있다.

(1가e) ($\exists$x)(x는 사자이고 어니스트는 x를 사냥한다)
(2가e) ($\exists$x)(x는 범선이고 나는 x를 원한다)

그러나 (나)로 해석되는 경우 주체자가 그러한 관계에 들어갈 수
있는 외부의 대상이라는 것은 우연하게 있을 수도 있지만 엄밀하게
없어도 된다. 왜냐하면 (나)에서는 사자나 범선이 실제로 없다고 할
지라도 사냥이나 원하는 일은 벌어질 수 있기 때문이다. 그래서 어떤
사람들은 유니콘을 사냥할 수도 있었고 불노초를 원했을 수도 있었
을 것이다. 그래서 (가)의 경우는 이 동사들의 관계적 the relational
의미를 나타내고 (나)는 사념적 the notional 뜻을 표현한다. 관계적
의미의 존재양화에 내응하는 사념적 뜻의 번역은 나음과 같이 제시
된다.

(1나e) 어니스트는 노력한다: ($\exists$x)(x는 사자이고 어니스트는 x를 잡는다)
(2나e) 나는 원한다: ($\exists$x)(x는 범선이고 나는 x를 소유한다)

1.2 지칭적 불투명성

콰인은 사냥이나 소원 같은 대상적 행위동사에서의 이러한 구별을 명제태도 동사에도 적용하여 본다. 그리고 어떠한 문제가 있는가를 주시한다.

(3) 랄프가 어떤 사람은 간첩이라고 믿는다.
(3가) (∃x)(랄프가 x는 간첩이라고 믿는다)
(3나) 랄프는 믿는다: (∃x)(x는 간첩이다)

(4) 윗토드는 어떤 사람이 대통령이길 원한다.
(4가) (∃x)(윗토드는 x가 대통령이길 원한다)
(4나) 윗토드는 원한다: (∃x)(x가 대통령이다)

이 문장들에서 관계적 의미와 사념적 의미가 구별되고 그 차이가 큰 것이 보인다. 그러나 문제는 다음의 경우에서 발생한다.

(Q) a는 문장 〈S〉를 부인하고 그리고 a는 명제 S라는 것을 믿는다.

이러한 형식의 경우가 가능하다는 것은 다음의 예에서 볼 수 있다.

(5) 랄프는 갈색모자를 쓴 그 사람이 간첩이라고 믿는다.
(6) 랄프는 해변에서 본 그 사람이 간첩이라고 믿지 않는다.
(7) 갈색모자를 쓴 그 사람 = 해변에서 본 그 사람

(5)와 (6)의 두 믿음들을 관계적으로 해석할 때 랄프와 관계를 갖을 사람은 여기에 없다. 두 문장은 각기 동일한 오트커트라는 사람에 관한 것이지만 믿음을 사념적으로 해석하여 여기에서의 종속절들은

양립한다. 믿음을 오트커트에 대한 관계로 해석할 여지는 없어진다는 것이다. 따라서 이들은 (3나)가 보이는 대로 믿음의 문맥내부 within 적으로 존재양화될 수는 있지만 (3가)가 시사하는 것처럼 믿음의 문맥개입 into적으로는 존재양화될 수 없다는 것이다. 결론적으로 〈믿는 다〉라는 동사는 지칭적으로 불투명하다 referentially opaque는 것이다.

그러나 믿음의 문맥개입적으로 양화를 하지 않는다고 하지만 (3가)가 표현하는 적절한 내용이 있는 것은 무시할 수가 없다. (1가)와 (2가)도 이를 말해 주고 있다. 콰인은 이를 위해 내포적 접근의 가능성을 탐구한다.

1.3 내포적 접근

명제태도에 대한 내포적 접근이란 명제태도를 내포의 이름으로 대치한다는 것이다. 이것은 궁극적으로 러셀, 카르납 등의 접근방식으로 보이며 프레게의 제안과도 맥을 같이하는 것으로 생각된다. 명제태도의 문장에서 예를 들어 믿음이란 믿는 자와 어떤 종속절 that clause에 의해 명명된 내포와의 관계라는 것이다.

이 작업을 위해 두 가지를 지적한다. 첫째는 내포의 정도이다. 이 정도는 자유 변항의 수에 의해 결정된다는 것이다. 자유 변항이 하나도 없는 종속절에 의해 명명된 내포의 내포성 정도는 0이고, 한 문장에 하나의 변항을 가진 채 그 변항에 의해 명명된 것은 1이고 〈z(z는 스파이이다)〉가 그 예가 된다. 〈xy(x는 y를 저주한다)〉는 내포의 정도를 2로 갖는다. 둘째로 지적하는 것은 믿음이 여러 자리 관계일 수 있다는 것이다. 다음에서 (8)은 믿음이 믿는 자와 한 명제와의 두 자리 관계를 나타내며 (9)와 (10)은 각기 세 자리 그리고 네 자리 믿음의 관계를 표현한다.

(8) 랄프는 오트커트가 간첩이라는 것을 믿는다.

(9) 랄프는 오트커트에 대해 z(z는 간첩이다)라는 것을 믿는다.

(10) 톰은 시세로와 차탈린에 대해 xy(x는 y를 저주한다)라는 것을 믿는다.

민음은 전통적으로 간주되어온 것처럼 두 자리의 관계가 아니라 세 자리 이상의 관계로 보아야 한다고 제안된다. 그러면 두 자리 관계의 (3가)는 세 자리 관계의 (3다)로 고쳐진다.

(3가) (∃x)(랄프는 x가 간첩이라는 것을 믿는다)

(3다) (∃x)(랄프는 x에 대하여 z(z가 간첩이다)라는 것을 믿는다)

후자는 랄프가 믿는 간첩이 적어도 한 사람 있다는 것을 전자와는 다른 방식으로 말하고 있다. 후자는 한 대상이 한 가지 방식으로 규정될 때 믿을 수 있지만 다른 방식으로 규정될 때 믿지 않을 수 있다는 것을 허용한다. 예를 들어 두 문장에서 사용된 〈간첩〉이라는 단어에 대해 전자는 이것이 〈스파이〉라는 단어로의 교체를 허용하지만 후자는 그렇지 않다는 것이다. 이것은 (Q)가 제기하는 문제를 회피할 수 있게 한다. 이것은 또한 앞의 (나)의 문제를 새롭게 조명한다: 김씨가 금성은 태양에 의해 반사된 물체라는 것을 믿는다; 금성=태백성; 고로 김씨가 태백성은 태양에 의해 반사된 물체라는 것을 믿는다. 김씨가 금성에 대하여 x(x는 태양에 반사된 물체이다)라는 것을 믿는다; 금성=태백성; 김씨가 태백성에 대하여 x(x는 태양에 반사된 물체이다)라는 것을 믿는다. 전자의 논의는 부당하지만 후자의 그것은 정당하다는 것이다. 그러나 콰인은 아직도 전자가 문제라고 본다. 우리는 앞에서

(9) 랄프는 오트커트에 대해 z(z는 간첩이다)라는 것을 믿는다.

라는 것을 보았다. 그리고 (6)을 근거로

(11) 랄프는 해변에서 본 그 사람은 간첩이 아니다라고 믿는다

가 참이라고 간주하자. 그러면 이것은 그 주인공이 오트커트라는 사실을 기억하여 두 자리 관계에서 세 자리 관계로 변형될 수 있다.

(12) 랄프는 오트커트에 대해 z(z는 간첩이 아니다)라는 것을 믿는다.

물론 콰인은 (9)와 (12)가 랄프에게

(13) 랄프는 오트커트에 대해 z(z는 간첩이다 그리고 z는 간첩이 아니다)라는 것을 믿는다

라는 모순된 믿음을 부여하는 것을 함축한다고 생각하지 않는다.

그러나 콰인은 결론적으로 믿음의 문맥은 지칭적으로 불투명하고 믿는다. 믿음의 문맥을 삼자 관계로 해석하는 경우에도 이를 문맥 개입적으로 양화하는 경우에는 (9)와 (12)에서와 같은 근접-모순 near contraries 상황에 빠진다는 것을 경고한다.

1.4   내포성을 반대하는 이유

콰인은 이러한 문제가 어디에서 비롯되었는가를 확신하고 있다. 그것은 외연논리가 아니라 내포논리를 따르는 데서 연유된다고 믿는다.[2] 그리하여 이러한 양화에 일반적인 제동을 건다. 콰인은 명제태

---

2) 정성호는 지칭론의 내포적 접근이나 표상론적 접근보다는 현시론적 접근을 권고한다: x는 S에게 현시된다 =df. x는 S에 의해서 하나의 대상으로서 개별화된다. 그의 개별화는 속성이나 술어에 의한 것이 아니라 지시적 지칭 demonstrative

도의 표현들을, 존재적 필연성을 포기했던 것처럼 포기하지는 못하면서도, 언어체계 안에서 이들의 논리적 구조를 보일 수 있다는 것에 회의를 표시한다. 이러한 그의 입장은 심리언어에 부정적 태도를 취하여 왔던 그의 내재적 행동주의와 문맥을 같이 하는 것으로 보인다.

이하에서 내포성에 대한 하나의 체계적 반대 이유를 살펴보도록 하자. 콰인에 의하면 내포성은 규정하기 어려운 것으로 생각된다. 내포성을 어떻게 형식화할 수 있는가? 콰인은 내포성에 의한 개별화원리는 기껏해야 다음과 같은 형식으로 주어질 것이라고 한다: S와 S′ 각각의 내포가 동일하다 ↔ S와 S′이 논리적으로 동치이다. 그리고 콰인은 논리적 동치라는 문제가 내포성의 문제만큼이나 심각한 것으로 간주한다.

콰인은 한 표현의 내포는 대응되는 외연에 의하여 대치되지도 않는다고 한다. 어떤 사람이 그리핀을 사냥하지 않고 유니콘을 사냥하고자 한다면 콰인이 제시한 x(x는 그리핀을 발견한다)라는 성질과 x(x는 유니콘을 발견한다)라는 성질은 상이한 것이어야 한다. 그러나 그리핀과 유니콘은 동일한 집합, 즉 공집합이다. 그렇다면 이 사람의 태도를 구성하는 데 있어서 외연적 집합보다는 내포적 성질이 필요할 것이다.

콰인은 내포적 접근, 즉

(14) a는 x에 대하여 y(--y …)를 믿는다.

---

reference에 의한 것이다. 러셀의 친숙적 지식이 요구하는 지시사의 사용이나 크립키의 고정지시어가 규정하는 직접적 지시론 direct reference을 연상케 하는 지칭론이다. 그러나 현시적 지칭론은 명제태도론이나 심성내용론의 논의에 어떤 방식으로 기여할 수 있을 것인가? 정성호, 「대상 지칭: 현시와 표상」, 『수반의 형이상학』, 김재권 외 편, 철학과 현실사, 1994, 445-490, 458쪽(x is identified as an object by S =df. x is presented to S).

라는 접근보다는 진리치의 단위가 되는 문장적 접근, 즉

(15) a는 〈y(--y …)〉가 x에 의하여 만족되고 있다는 것을 믿는다.

라는 방식이 매력적일 수 있는가를 묻는다. 이것은 명제태도의 주체자가 인용된 문장을 사용하거나 말하는 것을 함축하지 않는다. 그리하여 〈쥐의 고양이에 대한 공포〉는 〈쥐는 고양이에 대하여 y(y가 근방에 있고 자기를 위협한다)가 참이라고 믿는다〉는 것을 함축하지 않는다는 것이다. 앞에서 분석한 것처럼 특정한 명제 p를 믿는 다는 것과 이 명제 p를 믿지 않는다는 것의 경계는 애매하기 때문이다. 그러나 만일 우리가 명제의 믿음에 대해 말할 수 있고 특정한 문장에 의하여 명제가 표현될 수 있다는 것을 인정할 수 있다면, 진리치를 말할 수 있는 문장에 의하여 내포를 대치할 수 있는 것처럼 보인다.

문장적 접근에 대하여 콰인은 언어의 상대성을 고려한다.

(16) a는 언어 L의 〈p〉가 참이라고 믿는다.
(17) a는 언어 L의 〈p〉가 표현하는 명제를 믿는다.

양자는 표면적으로 동치인 것으로 보인다. 그러나 엄밀하게 분석하면 전자는 후자를 함축하지만 후자는 전자를 함축하지 않는다. 이것은 문장적 접근의 한계이다. 그리고 콰인은 한 걸음 더 나아가 여기에서 언급되는 언어 개념의 명료성을 문제삼는다. 언어란 무엇인가? 언어의 동일성 기준은 무엇인가? 그러한 기준을 제안할 수 있는가? 믿음의 애매성을 설명하기 위하여 언어 개념을 도입하지만 더 복잡한 애매성이 기다리고 있다는 것이다.

제2절 카플란의 신선지시어[3]

2.1 기호들의 세 가지 사용방식: 〈열〉의 경우

(18) 열은 아홉보다 많다.

(19) 열무는 고추보다 크다.

(20) 〈열은 아홉보다 많다〉는 산수적 진리이다.

(21) 〈열은 아홉보다 많다〉는 필연적이다.

(22) 헤겔도 열은 아홉보다 많다고 믿었다.

기호의 사용에는 첫째로 〈일상적 방식〉이 있다. 이것은 (18)에서처럼 〈열〉이라는 기호가 (가) 지시적이며, (나) 동일성 대치율이나 존재일반화에 열려 있으며, (다) 이 기호를 포함하는 문장의 의미에 기여적이다. 둘째로는 〈우연적 방식〉이 있다 이것은 (19)에서처럼 〈열〉이라는 기호가 (라) 철자적 orthographic이며, 우연적일 뿐이어서 앞의 (가, 나, 다)의 사항들이 적용되지 않는다. 셋째는 〈중간적 방식〉이라 불릴 수 있다. 이것은 (20, 21, 22)의 인용문, 양상문 그리고 명제태도문에서처럼 〈열〉이라는 기호가 (가, 나, 다, 라)의 네 성질을 모두 적용받지 않는 상황에서, 프레게처럼 일상적으로 설명하려는 경우와 콰인처럼 이를 우연적 방식으로 처리하려는 경우로 나뉜다.

2.2 콰인의 전략:

(23) 열은 그 다음에 〈아홉보다 많다〉라고 적어 얻은 결과는 산수체계의 공리가 되는 성질을 갖는다.

---

3) David Kaplan, "Quantifying In", *Words and Objections*, eds., D. Davidson & J. Hintikka, Dordrecht, Reidel, 1969, pp. 206-242 ; *The Philosophy of Language*, ed., A. P. Martinich, Oxford University, 1985, pp. 349-370.

(24) 열은 필연적으로 이것이 아홉보다 많다라는 성질을 갖는다.
(25) 열은 헤겔도 아홉보다 많다라고 믿었던 그러한 수이다.

(23, 24, 25)는 (18)에서처럼 (가, 나, 다)의 적용을 받는 것으로 보인다. 그러나 콰인은 이들은 (20, 21, 22)에서처럼 논리 부재적 도식 non-logical apparatus으로 본다. 예를 들어 콰인은 (24)에 대해 본질주의적 해석의 문제성을 지적하면서 그 논리 부재성을 보이려고 한다.

(I) 열 = 나의 가장 친한 친구의 형제자매의 수
(24I) 나의 가장 친한 친구의 형제자매의 수는 필연적으로 이것이 아홉보다 많다라는 성질을 갖는다.

(24)는 참이지만 (24I)는 거짓이라는 것을 보아 동일성 대치율을 적용받지 않는 (24)는 논리 부재적이라 한다. 그리고 콰인은 (25)에 대해서도 다음과 같은 문제를 제기한다.

(R) 랄프는 오트커트가 간첩이라고 믿는다.
(26) 랄프는 어떤 사람이 간첩이라고 믿는다.
(26a) 랄프는 간첩이 있다고 믿는다.
(27) 어떤 사람은 랄프가 그도 간첩이라고 믿는 그러한 사람이다.

(R)로부터 (26)은 추리될 수 있고 (26)은 (26a)로 재기될 수 있지만 (27)은 (R)로부터 추리될 수 없다는 것이다. (R)의 〈오트커트〉는 여기에서 (19)의 〈열〉의 우연적 방식에 준하여 그 사용방식을 설명하려고 한다. 따라서 (R)의 〈오트커트〉는 (가, 나, 다)의 적용을 받을 수 없다는 것이다.

2.3 프레게의 관점

중간적 문맥이 있다는 생각은 프레게에 의하면 혼란에 기인한 것으로 간주한다. 이 혼란은 표현들이 항상 그 통상적 지시체를 갖는다는 가정에서 발생한다는 것이다. 그러나 중간적 문맥이 있다라는 사람, 예를 들어 콰인에게 프레게는 다음과 같은 예를 제시할 수 있다는 것이다.

(28) FDR은 공직선거에 여러 번 등장하였지만, FDR은 텔레비전 방영 프로그램에 한 번 등장하였다.[4]

이에 대한 자연스런 분석은 〈FDR〉의 첫째 발생은 특정한 사람을 지시하고 둘째 발생은 특정한 텔레비전 쇼를 지시한다는 애매성의 지적이라는 것이다. 이러한 애매성이 제거된 분석에 의하면 표현들은 그 일상적 지시체들을 갖는다는 것이다. 그러나 콰인은 그의 표준에 충실하여 〈… 텔레비전 방영 프로그램에 한 번 등장하였다〉를 지칭적으로 불투명한 문맥이라고 하여 두 번째의 'FDR'은 순수하게 지칭적이 아니라고 판단하고, 〈'FDR'이라 명명된 텔레비전 방영 프로그램 쇼〉로 재기되어야 한다고 한다.

프레게와 콰인의 차이는 종류의 차이라기보다는 정도의 차이로 보인다는 해석이 있다. 프레게가 〈표준적으로 지칭적〉인 것과 〈비표준적으로 지칭적〉인 것을 대조하는 데 반하여, 콰인은 〈순수하게 지칭적〉인 것과 〈지칭적으로 불투명〉한 것을 대조한다. 프레게가 비표준적으로 지칭적인 문맥을 〈간접적(ungerade, indirect, oblique)〉이라고 하는 것에 반하여, 콰인은 이를 〈불투명 opaque〉이라고 이름짓는다.

---

4) Although FDR ran for office many times, FDR ran on television only
   once.

따라서 프레게는 간접적 문맥의 경우에 특별한 비외연적 논리를 요구하지도 않고 존재일반화의 상황에서 라이프니츠의 법칙에 제한을 가하지도 않는다. 그는 다만 문제의 애매성에 주의를 기울일 것을 요구한다.

2.4 카플란의 프레게적 확장

⟨N⟩은 하나의 한 자리 성질을 나타내고 ⟨B⟩는 하나의 두 자리 관계를 표시한다고 하자. 그러면 (21)과 (22)는 각기

(29) N (⟨열은 아홉보다 많다⟩);
(30) B (헤겔, ⟨열은 아홉보다 많다⟩);

로 번역된다. 그리고 ⟨Nec⟩는 하나의 두 자리 술어이고 ⟨Bel⟩은 하나의 세 자리 술어라 하자. 그러면 (24)와 (25)는 특정한 방식으로 해석되어 각각

(31) Nec (⟨x는 아홉보다 많다⟩, 열)
(32) Bel (헤겔, ⟨x는 아홉보다 많다⟩, 열)

로 재기된다. 프레게는 (29)와 (30)이 비표준적으로 지칭적이라는 것을 보이기 위해

(33) N (*열은 아홉보다 많다*)
(34) B (헤겔, *열은 아홉보다 많다*)

로 재기하고자 할 것이다. 그러나 프레게의 (33)과 (34)는 카플란의 (31)과 (32)와 매우 다르다. 이제 그 차이를 보자.

(35) 열은 나의 가장 친한 친구의 형제자매의 수이다.

(36) (∃y)(y는 나의 가장 친한 친구의 형제자매의 수이다
    & Nec(〈x는 나의 가장 친한 친구의 형제자매의 수이다〉, 열))

(33a) (∃y)(y는 나의 가장 친한 친구의 형제자매의 수이다
    & N(*열은 아홉보다 많다*))

(33b) (∃y)(y는 나의 가장 친한 친구의 형제자매의 수이다
    & N(*y는 아홉보다 많다*))

　

　(35)는 카플란의 (31)과 더불어 (36)을 산출하지만, 프레게의 (33)과 더불어는 (33a)나 (33b)밖에 주지 못한다. (33a)에서는 양화사가 N 문맥 안의 아무것도 묶어내지 못하고 (33b)에서는 어떤 표현에 의해서도 혹성의 수가 제시되지 않고 있다. 여기에서 프레게의 문제점은 양화양상논리의 특징이라 할 수 있는 한 가지 점을 결핍하고 있는 것이라고 지적된다. 그것은 N 문맥의 내부와 외부에서 발생하는 하나의 변항의 반복적인 발생을 처리할 수 있는 장치가 없다는 것이다.

　이러한 상황에서 〈D〉라는 처치의 지시술어 Church's denotation predicate를 사용할 수 있을 것이다. 열이라는 수와 〈열〉이라는 숫자는 전혀 다른 실체이다. 그러나 양자는 하나의 관계에 의해 밀접하게 연결될 수 있다. 즉 하나는 다른 하나의 지시술어라는 관계이다. 그러면 이러한 빛에 의해 (36)과 (31)과 (32)에 대한 프레게적 해석은 각기 다음의 문장들로 재기될 수 있다.

(37) (∃y)(y는 나의 가장 친한 친구의 형제자매의 수이다
    & (∃a)(Da, y) & N(*a는 아홉보다 많다*))

(38) (∃a)(D(a, 열) & N(*a는 아홉보다 많다*))

(39) (∃a)(D(a, 열) & B(헤겔, *a는 아홉보다 많다*))

2.5 지시술어 D의 확장

(40) Bel(랄프, 〈x는 간첩이 아니다〉, 오트커트)

(41) Bel(랄프, 〈x는 간첩이다〉, 오트커트)

(42) Bel(랄프, 〈x는 간첩이고 동시에 간첩이 아니다〉, 오트커트)

(43) (∃a)(D(a, 오트커트) & B(랄프, *a는 간첩이 아니다*))

(44) (∃a)(D(a, 오트커트) & B(랄프, *a는 간첩이다*))

(45) (∃a)(D(a, 오트커트) & B(랄프, *a는 간첩이고 동시에 간첩이 아니다*))

콰인은 (40)과 (41)이 합하여 (42)를 함의하지 않는다고 하며, 카플란도 (43)과 (44)이 함께 (45)를 함축한다고 생각하지 않는다. 그러나 카플란은 이러한 엉거주춤한 처리에 만족하지 않는다. 그는 D가 이름과 대상의 관계만을 표상하고 랄프가 개입할 수 있는 여지를 닫아 놓고 있는 데 주목한다.

카플란은 두 자리 지시술어 대신에 세 자리 지시술어 R을 제안한다. 랄프와 이름 a와 대상 x의 세 자리 항목들의 어떤 관계라는 것이다. 여기에는 두 가지 요소가 있다. 하나는 〈랄프에게 있어서 a는 x의 이름〉이며 다른 하나는 〈이름이 랄프에게 있어서 신선 vivid〉하다는 것이다.

그리고 하나의 구별을 할 수 있다. 이름의 서술적 내용과 이름의 발생적 성격이다. 전자는 사용자와 독립하여 이름이 갖는 성질이며 후사는 ㄱ 이름의 발생에 사용자가 인과적으로 관련되어 있는 성질이다. 전자는 사진과 어떤 사람이 얼마나 닮았는가를 이야기할 수 있는 유사 resemblance의 관계이고, 후자는 그 사진이 그 사람〈의〉 사진이라는 인과의 관계라는 것이다. 양자의 차이는 범인의 몽타주와 산타클로스의 사진의 차이와 같다. 여기에서 신선함이란 이름의 발생에서부터 비롯되는 인과적 성질들에 의하여 이름의 전출가능성을 허

용하는 성질이며, 유사성이란 그 이름과 그 이름이 표상하는 대상의
관계를 결정하는 성질이다. 그러므로 양자는 개념적으로 분리되어야
한다. 카플란은 R을 다음과 같이 규정한다: R(a, x, 랄프) ↔ (a는 x
를 랄프에게 재현한다) ↔ (a는 x를 표시한다, a는 랄프에게 있어서 x
의 이름이다, 그리고 a는 충분히 선명하다). 이러한 지시사 개념을 적
용하면 (36)은 다음과 같이 재기된다. 위의 세 가지 필요충분조건은
랄프가 믿는 사람들의 범위를 제한한다. 이 조건들은 랄프가 〈마음에
두고 있는〉 사람들에 대해서만 믿음을 갖도록 한다는 것이다.

(46) (∃a)(R(a, 오트커트, 랄프) & B(랄프, *a는 간첩이다*))

제3절 크바르트의 지향전출[5]

3.1 콰인의 첫 번째 실패

콰인은 믿음의 지칭 불투명성의 문제를 특이한 방식으로 구성하였
다. 그는 믿음을 세 자리 관계로 해석하면서 그 중에서 내포성이 그
한 자리를 차지하는 방식으로 처리하였던 것이다.

(47)   랄프는 〈오트커트가 간첩이다〉라는 것을 믿는다.
(48)   랄프는 오트커트에 대해 〈간첩이다〉라는 것을 믿는다.
(47가) 랄프는 〈(∃x)(x는 간첩이다)〉를 믿는다.
(48가) (∃x)(랄프는 x에 대해 〈간첩이다〉라고 믿는다)

---

5) Igal Kvart, "Quine and Modalities De Re: A Way Out", *Journal of Philosophy*, 1982, pp. 295-328.

콰인은 후자의 짝은 실제적인 차이가 있고 전자의 짝은 논리적으로 다르다고 할지라도 양자의 전출 추리관계는 〈일반적으로 타당〉하다고 생각하였다. 그러나 이러한 (47)로부터 (48)에로의 전출 추리에 대해 슬레이Robert Sleigh는 의문을 제기한다. 이러한 전출이 가능하기 위해서는 다음과 비슷한 과정의 단계들이 필요하다는 것이다[6]: 간첩들이 있다; 어떠한 두 사람의 간첩도 키가 정확하게 같지 않다; 키가 가장 작은 간첩도 하나의 간첩이다; 랄프는 첫째 전제를 믿고, 그리고 첫째로부터 둘째 전제를, 둘째로부터 셋째 전제를 각기 추리할 수 있다고 믿는다; 랄프는 〈키가 가장 작은 간첩도 하나의 간첩이다〉라는 것을 믿는다; 랄프는 키가 가장 작은 간첩에 대해 〈간첩이다〉라는 것을 믿는다.

3.2 콰인의 두 번째 실패

콰인은 카플란의 신선지시어 개념을 〈'a'는 고정지시어이다=def.($\exists$x)N(x=a)〉라는 크립키의 고정지시어 개념에 준하여 〈'a'는 샘에게 신선지시어이다 =def. ($\exists$x)Bs(x=a)〉라는 개념으로 형식화한다. 그리고 이러한 신선지시어에 의하여 (47)로부터 (48)에로의 전출을 위한 보조 전제를 (49)에 대한 해석 (50)에서 찾는다. (47)과 (48)은 (51)과 (52)로 각기 일반화된다.

(49) 이떤 사람에 대하여 s는 그가 a라는 것을 믿는나(($\exists$x)Bs(x=a));

(50) s는 a가 누구인가에 대한 의견을 갖고 있다 s has an opinion who a is;

(51) Bs 〈Fa〉

(52) Bs 〈F〉 of a

6) Robert Sleigh, "On a Proposed System of Epistemic Logic", *Nous*, 1968, pp. 391-398.

그러나 콰인은 〈누구인가에 대한 의견을 갖고 있다 having an opi-
nion who〉라는 표현은 상황 의존적이며 이해에 상대적이며 그 자체
로 공허하다고 주장한다. 그리하여 이러한 전제를 받아들일 경우 신
선지시어뿐 아니라 (47가)의 언어적 de dicto 문장과 (48가)의 존재적
de re 문장과의 차이도 공허하게 된다는 것이다. 결국 콰인은 이러한
관찰에 의하여 존재적 믿음은 물론 다른 명제태도 그리고 양화양상
논리를 포기하게 된다는 것이다.

그러나 크바르트에 의하면 이러한 콰인의 사유과정은 의문스럽다
고 한다. 이러한 결론에 도달하는 데 있어서 콰인은 전출을 위하여
결손 전제를 제시한다. 그러나 콰인은 여기에서 두 가지의 오류를 범
하고 있다고 한다.

첫째는 (49)를 (50)으로 해석하는 것은 오류라는 것이다. (49)와
(50)의 의미의 차이는 여러 가지로 지적될 수 있다는 것이다. (가)
도넬란의 〈마티니 음주자〉의 예에서는 (50)은 언어적으로 이해하여
참이지만 존재적으로 풀이할 때 거짓이라는 것이다. 도넬란의 예는
다음이다: 로버트는 폴 뉴먼이 어떤 파티장의 구석에서 마티니를 마
시고 있다고 믿었다; 그러나 실제로 폴은 마티니잔으로 물을 마시고
있었다; 그러나 누군가가 로버트에게 폴 뉴먼이 누구인가라고 물었을
때, 로버트가 그에게 〈저 구석에서 마티니를 마시고 있는 사람이 폴
뉴먼이다〉라고 말하는 경우이다. (나) 크바르트의 〈스미스의 누이〉의
예에서는 (50)은 존재적으로 참이지만 언어적으로 거짓이라는 것이
다. (50)은 이처럼 존재적 해석과 언어적 해석 간에 간격이 있지만
(49)는 그러한 차이를 갖지 않는다는 것이다. (다) 〈지갑 소매치기〉
의 예에서는 (49)는 참이지만 (50)은 존재적으로나 언어적으로 거짓
이라는 것이다. (라) 〈동네 도둑〉의 예에서는 (50)의 언어적 해석은
참이지만 그 존재적 해석이나 (49)는 거짓이라는 것이다.[7]

---

7) 〈스미스의 누이〉의 예: s는 그의 유일한 이웃과 알고 지내지만 그녀가 존 스미

콰인의 두 번째 오류는 (49)나 (50)을 결손 전제로 간주하였다는 사실이다. (바) 그러나 〈능변가〉의 예로부터 우리는 다음과 같은 (49)에 대한 반례를 구성할 수 있다는 것이다[8]: Bs 〈E¬xMx〉; (∃x) Bs(x=¬xMx); Bs 〈E〉 of ¬xMx. 이 반례에 의하면 두 전제들은 참이지만 결론은 거짓이라는 것이다. 둘째 전제는 결론의 참을 유지하여 주는 결손 전제가 아니라는 것이다. 그리고 (50)은 언어적으로 결손 전제일 수 없다. 위와 같은 〈능변가〉의 예를 이용하여, Bs 〈E ¬xMx〉; s는 ¬xMx가 누구인가에 대한 의견을 갖고 있다 de dicto; Bs 〈E〉 of ¬xMx;의 참인 전제들과 그러나 거짓인 결론을 구성할 수 있다. 그리고 (50)은 존재적으로도 결손 전제가 아니라는 것이다. 둘째 전제를 존재적으로 해석할 때 s는 물론 그의 이웃이 누구인가에 대한 의견을 물론 갖고 있으므로 두 전제들은 참이지만 이에 의해 참인 결론이 유도되지 않는다는 것이다.

스의 누이라는 것을 모르지만 그녀의 이름, 직업, 취미 등을 안다. 이 경우 그는 존 스미스의 누이가 누구인가에 대해 존재적 의견은 갖지만 언어적 의견은 갖지 못한다. 〈지갑 소매치기〉의 예: s는 키 큰 사람이 그의 지갑을 순간적으로 소매치기하고 재빨리 군중 속으로 사라지는 것을 보았다. 그는 그 소매치기가 누구인가에 대해 존재적이거나 언어적인 의견을 갖고 있지 않지만, 그 사람에 대해 그가 소매치기라는 것을 믿는다. 〈동네 도둑〉의 예: 도둑 피해를 자주 당하는 러시아의 한 산골 동네 주민들은 그 동네에 적어도 하나의 도둑이 있고 그리고 다른 동네처럼 KGB 요원이 한 명 있다고 믿는다. 어느 날 동네 사람들은 도둑이 털린 현장에서 KGB 요원의 전형적 휴대품을 발견하였고 도둑과 요원이 동일인이리고 결론짓고, 동네 도둑이 누구인가에 대한 언어적 의견을 갖게 되었다. 그러나 도둑은 없었고 아이들의 장난이었을 뿐이고, KGB는 실수하여 그 동네에 요원을 배치하지 않았다.

8) 〈능변가〉의 예: s는 한 명의 남자 이웃을 알고 지내지만 그가 능변가라는 것을 모른다. s는 어떤 파티장에서 한 사람이 구석에서 마티니를 마시면서 능변가라고 생각한다. 그러나 실제로 구석의 그 사람은 물을 마시고 있을 뿐이고 s는 몰랐지만 그 순간 그의 남자 이웃만이 파티장의 다른 쪽에서 유일하게 마티니를 마시고 있었다.

3.3 단순 전출

크바르트는 표시 denoting와 지칭 referring의 크립키적인 구별을 수용한다. 이들을 둘 다 포섭하는 포괄적인 술어로는 〈지시 designating〉를 사용한다. 단칭명사들이 대상을 〈표시〉하고 화자들이 단칭명사에 의하여 대상을 〈지칭〉한다는 것이다. 흔히 단칭명사는 화자가 지칭하는 것을 지시한다. 〈갈색모자를 쓴 그 사람〉이라는 단칭명사는 갈색모자를 쓴 그 사람을 〈표시〉한다. 그리고 랄프는 〈갈색모자를 쓴 그 사람〉이라는 단칭명사로써 갈색모자를 쓴 그 사람을 〈지칭〉한다.

크바르트는 이 구별을 사용하여 〈의도지칭함수 IRs('a', 'Fa')〉의 개념을 도입한다. 이것은 단칭명사 〈a〉와 s의 믿음 〈Fa〉에 있어서 s가 의도 intend하는 〈a〉의 지칭체 reference를 선정하는 함수이다. 이러한 함수를 결손 전제로 취하면 다음과 같은 전출을 얻을 수 있다.

(51) Bs 〈Fa〉
(52) IRs(〈a〉, 〈Fa〉) = a
(53) Bs 〈F〉 of a

여기 (52)는 s의 〈a〉에 의해 지칭하는 것과 〈a〉가 표시하는 것이 일치하는 단순한 경우이다. 그리고 (51)의 믿음과 (53)의 믿음이 각기 언어적 믿음(Bd)과 존재적 믿음(Br)이라는 것을 인정하여 다음과 같은 타당한 전출을 얻게 된다는 것이다: IRs(〈a〉, 〈Fa〉) = a; Bds 〈Fa〉; Brs 〈F〉 of a

3.4 전출의 확장

그러나 앞의 많은 사례들에서 의해 볼 수 있었던 것처럼 표시체와 지칭체가 나뉘는 경우가 허다하다는 것이다. 이러한 분리의 경우 〈능변가〉의 예에서 보이는 대로: Bds 〈E ¬xMx〉; IRs(〈¬xMx〉, 〈E ¬xMx〉) ≠ ¬xMx; IRs(〈¬xMx〉, 〈E ¬xMx〉) = ¬xCx; -Brs (〈E〉, ¬xMx);의 경우들이 성립하여 앞의 단순 전출의 도식은 적용되지 않는다. 크바르트는 이러한 상황에서 새로운 것을 제안한다. 존재적 믿음의 술어의 범위 안에서는 주체자에게 낯선 〈최초의 단칭명사〉를 사용하기보다는 주체자에게 친숙한 〈의도된 지칭체를 표시하는 단칭명사〉를 사용할 것을 제안한다. 그러면: Bds 〈E ¬xMx〉; IRs(〈¬xMx〉, 〈E¬x Mx〉) = ¬xCx; Brs (〈E〉, ¬xCx);의 타당한 전출이 얻어진다는 것이다. 이것을 일반화하면 다음과 같다.

(54) Bds 〈Fa〉

(55) IRs(〈a〉, 〈Fa〉) = b

(56) Brs (〈F〉, b)

이러한 확장 전출도식에 대해 다음과 같은 〈가장 키 작은 간첩〉의 반례가 제시될 수 있다: Bds 〈S ¬xShx〉; IRs(〈¬xShx〉, 〈S ¬xShx〉) =¬xShx; Brs (〈S〉, ¬xShx). 여기에서 단칭명사 〈¬xShx〉는 도넬란의 지칭적 사용이 아니라 그의 속성적 사용의 표현이라는 것에 주목할 수 있다. 그렇다면 둘째 전제는 거짓이다. 그리고 여기에서의 전출은 유지되지 않는다는 것이다. 그러나 크바르트는 〈의도지칭함수의 값의 자리는 언제나 지칭적이다〉라는 것에 주목하여 의도지칭함수는 〈부분함수〉라는 점을 인정한다. 그렇게 되면 확장된 전출도식은 의도지칭함수가 값을 갖는 논의들의 경우에만 적용된다는 것을 볼 수 있다. 그리고 이것은 자연스런 귀결이라는 것이다.

3.5 의도지칭함수에 대한 반사실적 접근

의도지칭함수 명제(55)의 성격을 보다 분명하게 할 필요가 있다. 이를 위한 한 가지 물음은 이것이다. s가 Fa를 믿을 때 〈Fa〉 안에 나타나는 단칭명사 〈a〉와 〈a〉가 표시하는 대상 b와의 관계는 무엇인가? 이것은 개별자 b가 s의 〈Fa〉라는 문장에 의해 규정되는 믿음의 상태에 갖는 인과관계에 의해 조명되리라는 것이다. 그러한 믿음의 상태와 이와 관련된 특정한 행동의 성향 간에는 어떤 법칙적인 관계가 있으리라는 것이다. 〈오트커트의 경우〉는 대상과 인과적 관계를 갖고 있지만, 〈가장 키 작은 간첩〉의 경우는 어떤 대상과도 인과관계를 갖고 있지 않다는 것이다.

인과관계의 실재성은 다음과 같은 두 가지 예의 대조를 통하여 지적될 수 있을 것이다. 〈철로변 안개〉의 경우

(57) Bds〈T ¬xRRx〉
(58) IRs(〈¬xRRx〉, 〈T ¬xRRx〉) ≠ 공무(空無)

이고 따라서 전출은 얻어질 수 없다. 〈오트커트 2세〉의 경우에도

(59) Brs(〈T〉, 오트커트 2세)
(60) Brs(〈T〉, 〈¬xRRx〉)
(61) IRs(〈¬xRRx〉, 〈T ¬xRRx〉) = (¬xRRx v 오트커트 2세)

에서 (61)이 거짓이기 때문에 존재적 믿음들 (59)와 (60)이 모두 거짓이라는 것이다. 이러한 예들은 의도지칭이 아무런 대상과도 인과적으로 관련이 없는 데서 그러한 결과를 갖게 된다는 것이다.[9]

---

9) 〈철로변 안개〉의 경우: s는 어느 날 저녁에 안개 낀 철로변에 서 있었다. 그의 4미터 앞의 안개는 짙어서 5미터 너머를 볼 수 없었다. 그러나 4미터 앞의 안개는

그러면 s의 〈Fa〉믿음과 대상 b가 갖는다는 인과관계의 성질은 무엇인가? 이를 위해 반사실적 조건을 들여다볼 수 있을 것이다.

(62) 만일 b가 존재하지 않았다면, s는 시간 t에 〈p1〉 믿음의 상태에 있지 않았을 것이다.

(63) 만일 오트커트가 시간 t 그리고 장소 l에 존재하지 않았다면 랄프는 t에 〈p1〉 믿음의 상태에 있지 않았을 것이다.

(64) 만일 가장 키 작은 간첩이 존재하지 않았다면 s는 〈가장 키 작은 간첩은 하나의 간첩이다〉라는 것을 믿지 않았을 것이다.

(65) 만일 가장 키 작은 간첩이 존재하지 않았다면 s는 〈가장 키 작은 간첩은 하나의 간첩이다〉라는 것을 아직 믿었을 것이다.

(63)은 참이고 (64)는 거짓이며 (65)는 참이다. 이러한 관찰은 일반화 (62)를 개연성 있는 것으로 제안하게 한다.

크바르트는 이러한 반사실적 해석은 존재적이며 그리고 이것은 양상개념을 도입한다는 비판을 고려한다. 그는 생물적 동일성 genidentity의 개념을 도입하여 단순한 외연적 구조에서 반사실을 설명할 수 있음을 보일 수 있다고 주장한다.[10] 일단 이러한 작업이 완수되면 그 다음 단계에서는 양상개념을 다시 들여 올 수 있다고 한다. 콰인의 양상개념에 대한 두려움은 이러한 구조에 의해 탈출구를 찾을 수 있다는 것이다.

특별한 모습을 하고 어떤 빛의 효과도 첨가되어 그의 7미터 앞에 키 큰 남자가 서 있는 것처럼 보였다. 그 안개 효과는 7미터 앞의 키 큰 남자라는 선명한 인상을 그에게 남겼고 그는 철로변의 그 남자는 키가 크다라고 믿었다. 〈오트커트 2세〉의 예: 〈철로변의 안개〉의 경우가 확장된다. s는 그가 바라본 방향에서 보지 못하였지만 7미터 앞에 오트커트 2세가 있었고 그는 키가 컸다. 그리고 오트커트 2세는 s가 보았던 안개 모습에 영향을 주지도 않았다.

10) 이지애, 〈크바르트: 자연-분지 유형 반사실문의 진리조건〉, 「반사실문 분석을 통한 본질 개념의 해석」, 이화여자대학교 석사논문, 1989, 32-42쪽.

제4장
상황의미론적 탐구 : 바와이즈와 페리

바와이즈와 페리는 기존의 의미론들이 지칭, 진리, 가능 세계의 장치 등에 의존하였을 때의 한계에 주시하면서 의미의 구조를 상황 situation들의 관계에서 밝힐 것을 제안한다.[1] 자연언어에서의 발화 utterance라는 것은 표현의 의미와 발화가 이루어지는 상황들의 어떤 구조에서 부여된 해석interpretation이라는 것이다. 그리고 여기에서 상황의 개념이 중요할 수밖에 없는 것은 해석이라는 것도 상황들의 어떤 모음일 뿐이며, 표현의 의미라는 것도 한 종류의 상황인 발화와 서술된 상황의 두 자리 관계 이외의 다른 것이 아니기 때문이라는 것이다. 바와이즈와 페리는 이러한 상황의 개념에 기초한 의미론을 구성하여 그 동안 언어철학의 과제가 되어 왔던 태도의 문제에 조명할 것을 시도한다. 이러한 상황의미론에 입각하여, ⟨P를 본다⟩라는 것을 지각의 논리로 분석하고 ⟨P를 믿는다⟩라는 것은 개념논리로 조명된다. 피에르가 동일한 도시에 대해 ⟨Londres est jolly⟩라고 믿으면서 동시에 ⟨London is not pretty⟩라고 믿는 것은 상황의미론으로

---

1) Jon Barwise and John Perry, *Situations and Attitudes*, MIT Press, 1983.

긴장 없이 조명된다는 것이다. 그러나 〈피에르의 두 믿음이 인지적으로 어떻게 일관될 수 있는가를 보이는 것〉이 우리의 궁극적 과제가 아닐 것인가?[2)]

제1절 상황이론

1.1 상황의 개념

상황은 종류에 따라 사태 states of affair라는 정적인 상황(s, s)과 사건 events이라는 동적인 상황(e, e)으로 분류될 수 있다. 그리고 상황은 또한 차원에 따라 실재적 real 상황(s′, s′′, s′′′, … ; e′, e′′, e′′′, …)과 추상적 abstract 상황(s′, s′′, s′′′, … ; e′, e′′, e′′′, ….)으로 구별된다. 상황에서의 원초자들은 개별자와 관계와 시간 공간의 자리로 선택할 수 있다. 개별자들(a, b, c, …)은 모든 개별자들의 모음(A)의 요소가 된다. 관계는 〈비가 내릴 때의 장소가 처해 있는 상태〉에서처럼 0-자리 관계, 〈잠자다(철수)〉나 〈파랗다(하늘)〉에서처럼 1-자리 관계, 〈사랑하다(철수, 영희)〉나 〈위에 있다(찻잔, 책상)〉에서처럼 2-자리 관계일 수 있다. 〈Rn〉은 n-자리 관계들의 모음을, 〈Un Rn ^〉이나 〈R〉은 모든 관계들의 모음을, 〈r, r′, …〉은 R에 적용되는 변항들을 나타낸다. 그리고 시간과 공간의 자리들의 모음을 나타낼 때 〈L〉을 사용하고, 〈l, l′, l′′, …〉은 L에 적용되는 변항들이다. 〈l< l′〉은 〈l은 시간적으로 완전히 l′을 선행한다〉를, 〈l∘l′〉은 〈l은 시간적으로 l′와 겹쳐 있다〉를, 〈l @l′〉은 〈l은 공간적으로 l′와 겹쳐 있

---

2) 이익환도 이 책에 대한 서평에서 비슷한 비판을 하고 있다. 이익환, 「Jon Barwise and John Perry, Situations and Attitudes」, ≪언어≫, 1986년 12월, 제11권 제2호, 316-322, 321쪽.

다〉를 나타낸다. 그리고 시간과 공간을 구분하여 나타낼 수도 있다. li = 〈p, t〉이고, 단 p는 공간의 한 자리이고 t는 시간의 한 자리이다. 〈l ⊑t l′〉은 〈l은 시간적으로 l′ 안에 포함된다〉를, 〈l ⊑s l′〉은 〈l은 공간적으로 l′ 안에 포함된다〉를, 〈l ⊑ l′〉은 〈l은 시공적으로 l′ 안에 포함된다〉를, 〈lu〉는 〈가장 큰 보편적 시공의 자리〉를 나타낸다.

앞의 상황들이 상황 개항 또는 구체적 상황을 나타낸다면, 또한 추상적 상황을 필요로 하는 것을 알 수 있다. 〈한강의 얼음〉은 구체적 시간 공간 안에서의 상황 개항을 나타낼 수도 있지만, 경우에 따라 추운 해의 겨울마다 발생하는 상황들을 추상하여 나타낼 수도 있다. 달리 말해, 많은 상황 개항들은 동일한 유형에 속할 수 있다. 예를 들어 내가 이 의자에 대해 갖는 관계, 즉 나의 이 의자에 앉음이라는 것은 과거에도 가졌던 관계이다. 이러한 상황 유형의 개념은 사물들이 시공의 자리로부터 추상되어서도 특정한 상황에 놓여 있을 수 있는 방식을 표상 가능하게 한다. 하나의 구성적 나열 a constituent sequence y = 〈r, x1, …, xn〉, 단 x1, …, xn은 대상들이고 r은 관계 모음의 요소이다. 하나의 상황 유형 S = 〈y, i〉, 단 y는 구성적 나열이고 i는 0(비실현) 또는 1(실현)이다. 예를 들 수 있다. 하나의 상황 유형은 〈알마가 봅을 사랑하지만 알마가 찰스를 사랑하지 않는다(S: = {〈〈r,a,b〉,1〉, 〈〈r′,a,c〉,0〉})〉이고, 구체적 상황은 〈알마가 봅을 사랑하지만 알마가 찰스를 사랑하지 않는다(in S: r,a,b; yes & r′,a,c; no)〉 또는 〈봅은 알마를 사랑하는가가 규정되지 않았다(in S; r,b,a; undefined)〉일 수 있다. 하나의 상황 유형 S가 일관coherent 될 수 있는 필요충분조건은 〈S가 어떠한 구성적 나열에 대해서도 동시에 두 가지 값을 부여하지 않는다, S가 두 개의 상이한 대상들을 동일한 것으로 표상하지 않는다, 그리고 S는 어떠한 것도 그 자신과 다르다고 표상하지 않는다〉는 것이다. 그리고 두 개의 상황 유형들, S와 S′이 양립적일 수 있는 필요충분조건은 〈이들의 합집합이 일관된다〉는 것이다.

상황은 이 세계에서의 실현이 정적인가 동적인가에 따라 사태이기
도 하고 사건이기도 하다. 〈경부고속도로는 4차선이다〉와 같이 〈4차
선이다〉라는 성질이 일상적으로 과정 없이 〈경부고속도로〉에서 실현
되는 경우 사태이고, 〈경부고속도로는 정체되어 있다〉와 같이 〈정체
되어 있다〉라는 성질이 일상적으로 과정을 통하여 〈경부고속도로〉에서
실현되는 경우 사건이다. 그렇다면 사태 S = 〈l, S0〉, 단 l은 시공의
자리이고 S0은 하나의 상황 유형이다. 그리고 〈사실〉과 〈현실〉이 구
분된다. 〈S는 사실 factual이다〉에 대한 충분조건은 〈만일 a1, …, an
이 r의 관계를 갖는 S유형의 상황이라면 시공간의 자리 l에서 a1,
…, an 은 r의 관계를 갖거나, 또는 만일 a1, …, an이 r의 관계를 갖
지 않는 S유형의 상황이라면 그러면 시공간의 자리 l에서 a1, …, an
은 r의 관계를 갖지 않는다〉이다. 그러나 〈S는 현실 actual이다〉에
대한 충분조건은 사실의 충분조건뿐만 아니라 그 역도 성립하는 경
우이다.

〈상황 S는 상황 S′의 부분 part이다〉에 대한 규정은 〈S와 S′은 동
일한 자리를 점유하고 S의 유형은 S′의 유형 안에 수용 contained 되
어 있다〉로 제안된다. 여기에서 〈수용〉은 집합론적 포함 inclusion ⊆
이지만 〈부분〉은 포함이 아니다. 담화 discourse 상황은 단 하나의 화
자가 있는 한 종류의 사태 S이다. D = 담화 상황들의 모음이고, 〈d,
d′, d″, …〉은 D에 적용되는 변항들, 〈Ad〉는 d의 화자, 〈ld〉는 d의
담화가 발생하는 자리이다. 한 일련의 사건들 a course of events e =
〈l,y,i〉, E = 모든 일련의 사건들의 모음, 〈e, e′, e″, …〉는 E에 적용
되는 변항들이다. 〈e*〉는 함수로서 다음과 같이 정의된다: l ∈
domain(e*) ↔ 〈l,y,i〉 ∈ e for some y, i; e*(l) = { 〈y,i〉: 〈l,y,i〉 ∈
e}. 그렇다면 e*(l)은 하나의 상황 유형이고 따라서 일련의 사건 e는
L로부터 모든 상황 유형들의 모음으로 가는 하나의 부분함수 a

partial function이다. 〈e0은 e1의 하위집합 subset이다〉에 대한 필요
충분조건은 〈e0*의 각 사태들이 e1*의 어떤 사태의 부분이다; e0은
e1의 부분이다; 또는 e0⊆e1〉이다. 예를 들어, e0={l, 배고프다, 몰리,
1; 1′, 먹다, 몰리, 1}, e1={l, 배고프다, 몰리, 1; 1′, 먹다, 몰리, 1; 잠
자다, 잭키, 1; 1′′, 배고프다, 몰리, 0}.

하나의 추상적 상황이란 하나의 집합이며 지각되지 않지만 다른
추상적 상황에 대해 인과적 관계에 들어가지도 않는다. 이것은 자연
안에 발생하지 않으며 정상적 집합이 갖는 성질들을 갖는다. 이와 대
조적으로 실재적 상황이란 집합이 아니라 실재의 부분이며 따라서
시공간 자리 l을 가지고 서로간에 인과적 관계에 있을 수 있다. 그러
므로 실재적 상황은 원초자들이나 추상적 상황보다 형이상학적으로
그리고 인식론적으로 선행된다. 그렇다면 추상적 상황들의 체계는 실
재적 상황들과 어떻게 관련되는가? 추상적 상황들은 우리가 그 형식
적 이론을 어떻게 세계에 맞춤 to fit onto the world 것인가를 보임
으로써 발화들에 해석으로서 부여된다.

상황들의 한 구조 **M**은 다음의 조건들을 만족하는 사실적 사건들
의 모음 M과 현실적 사건들의 모음 M0로 구성되어 있다: 모든 현실
적 사건(e ∈ M0)은 일관된다; 어떠한 현실적 사건의 모든 부분도
사실적이다; 어떠한 두 개의 사실적 사건들도 어떤 보다 큰 현실적
사건의 부분들이다; 만일 C가 M에 있어서 제한조건이라면 M은 C를
준수한다. 여기에서 다음과 같은 것이 가정 supposition되고 있다. 추
상적 상황과 현실적 상황 사이에 냇어시는 관셰란 분류적 classifies
이다. 왜냐하면 대상들과 n-자리 관계들과 시공의 자리들은 실재적
상황들과 추상적 상황들을 연결해 줄 수 있기 때문이다. 이들은 실재
적 상황의 경우 균일자들 uniformities이며 추상적 상황의 경우 구성
자들 constituents이다.

〈e는 e′를 분류한다〉의 필요충분조건은 〈a1, ···, an이 시공간 l에

관계 r을 갖는 유형이 상황 e에 들어 있으면 a1, …, an이 시공간 l에 관계 r을 갖는 e′이 얻어진다〉또는 〈a1, …, an이 시공간 l에 관계 r을 갖는 유형이 상황 e에 들어 있지 않으면 a1, …, an이 시공간 l에 관계 r을 갖지 않는 e′이 얻어진다〉는 것이다. 〈e는 사실적이다〉의 충분조건은 e가 어떤 실재적 상황 e′을 분류한다는 것이다. 〈e는 e′에 (정확하게) 대응한다〉의 필요충분조건은 e가 e′을 분류하고 e′을 분류하는 어떠한 e′도 e의 부분이라는 것이다. 〈e는 현실석이다〉의 충분조건은 e가 어떤 실재적 상황에 대응한다는 것이다.

실재란 무엇인가? 만일 하나의 구조 **M** 안에 있는 모든 일련의 사건들이 그 안의 한 일련의 사건 w의 부분이라면 w는 **M**의 한 세계이다. 만일 **M**이 하나의 세계 w를 갖고 독특unique하며 M0의 성원이라면 w는 **M**의 온전한 세계the world이다. 여기에서의 세계의 개념은 우리가 보통 실재라고 부르는 것에 대한 수학적 개념으로서 최대실재상황the maximal real situation을 뜻한다. 실재상황에 대한 전혀 다른 모음들이 동일한 사실적 상황들을 허용한다. 그 까닭은 특정한 추상적 상황은 두 개의 실재 상황들을 정확하게 분류할 수 있으면서도 그 중의 하나와만 대응될 수 있기 때문이다.

정보의 존속성persistence에 대해 알아보자. 〈사건들의 모음 p는 정보 존속적이다〉의 충분조건은 $((e \in p \ \& \ e \sqsubseteq e') \rightarrow e' \in p)$이다. 예를 들어 볼 수 있을 것이다. p는 여기에서 { el in e at li: 앉음, a; 예}이고 e′은 a가 1986년의 성탄절 정오에 내 책상에 앉음일 수 있다. MF는 사건들의 모음이고 MO는 어떤 MF들에 적용되는 두 자리 관계라고 하자. 그리고 e와 e′을 MF의 사실적 사건들이라 하자. 그러면 〈MO는 M^에 대하여 정보 부여적informational이다〉에 대한 충분조건은 e′은 e로부터의 하나의 의미선택이다(e MO e′). 예를 들어 연기가 자욱한 상황들의 모음인 하나의 MF를 상정할 수 있고 여기에서 e는 연기상황이고 e′은 불일 수 있다.

1.2 사건 개념

사건이 개별자와 관계와 시공간이 확정적으로 구성되어 있다면, 사건 유형은 그 중의 어느 하나가 미확정적인 것이다. 개별자 미확정자 (a*, b*, …), 관계 미확정자(r*, s*, …), 시공간자리 미확정자(l*, l'*, …) 중의 하나가 유형을 구성하는 것이다. 미확정자가 이론 안에서 수행하는 역할은 상황 유형과 사건에서 1과 0이 수행하는 것처럼 단순히 분류적이다. 따라서 존재론적 주장을 하는 것이 아니므로 의문스럽게 볼 필요는 없을 것이다. 사건 유형은 진정한 개별자, 관계 그리고 위치 이외에 위의 미확정자의 어떠한 조합에 의해서도 주어진다. E, E′, E′′, …은 사건 유형에 적용되는 변항들이다. 따라서 그 예들은 E(a,r,l), E′(a*,r,l), E′′(a*,r*,l), E′′′(a*,r*,l*), … 등이 된다.

E를 위한 하나의 정착 anchors은 E에 들어 있는 미확정자들 중의 어떤 것에 진정한 개별자나 관계나 자리를 부여하는 하나의 함수이다. 그리하여 E에 들어 있는 미확정자 x* 대신에 정착 f(x*)의 값을 대치하여 새로운 사건 유형을 얻을 수 있다. E에 들어 있는 모든 미확정자들에 대한 하나의 정착은 E에 대한 〈하나의 전체정착 a total anchor〉이라고 한다. 하나의 사건 e가 하나의 사건 유형 E에 속한다는 것은 무엇을 뜻하는가? 어떤 정착 f에 대해 만일 E[f]가 e의 부분이라면 그러면 e는 E에 속한다는 것이다. 예를 들어보자.

이러한 사건 유형 개념은 다음과 같은 애매성의 상황을 분석하는 데 사용할 수 있다. 예를 들어 〈짐은 그의 비옷을 발견하였나〉라는 문장에서, 먼저 〈그의〉가 짐을 선행자로 갖는 경우는 다음과 같이 분석된다: E: = at l*, 발견, a*, b*, 예; 에 속한다, b*, a*, 예; 비옷, b*, 예. 다음으로 〈그의〉가 화자가 지칭하는 다른 사람을 표시하는 경우는 다음의 분석을 갖는다: E′: = at l*, 발견, a*, b*, 예; 에 속한다, b*, c*, 예; 비옷, b*, 예. 그리고 화자가 짐을 지칭하고 있다는 것을 모르면서도 그를 지칭하는 경우: E에 속하는 어떠한 사건도 E′에 속하지만 그 역은 성립하지 않는다. E[a,b]는 E′[a,b,a]이지만 E[a,b,c]는 a=c가 아니라면 E[a,b]이 아니다.

역할이란 사건과 개별자의 짝들의 집합이다: x*E = ⟨x*, E⟩, 즉 사건과 그 사건 안에서 역할의 담지자로서의 개별자가 갖는 관계이다. 예를 들어 타자의 역할이란 타격과 타자의 짝이 이루는 집합이다. 예를 들어 E가 다음처럼 주어진다고 하자: E: = 1*, 피곤, a*, 예; 배고픔, a*, 예; 철학자, a*, 예. 그러면 역할들은 다음과 같은 미확정자들이다: a*E = ⟨a*, E⟩; 1*E = ⟨1*, E⟩. 그리고 D: = 1*, 말한다, a*, 예; 말을 건다, a*, b*, 예; 의 경우일 때 화자의 역할 = ⟨a*, D⟩; 청자의 역할 = ⟨b*, D⟩이 발생한다. r* = ⟨x*, E⟩이라는 역할이 주어졌을 때 어떤 x가 e라는 사건에서 역할the role r*을 가진다는 것은 무엇을 뜻하는가? 만일 e가 E라는 유형에 속할 수 있는 유일한 길이 x*가 x에 정착하는 것이라면 그러면 x는 e 안에서 역할 r*을 갖는다는 것이다.

역할들 r1*, r2*, …, rn*을 근거로 구성된 사건 유형 E(r1*, r2*, …, rn*)이 주어진다고 하자. 그러면 E에 대한 하나의 문맥contexts은 E에 들어 있는 모든 역할들이 독특하게 규정되는 임의의 상황 e로 정의된다. e는 여기에서 r1*, r2*, …, rn*의 모든 것을 각기 독특하게 규정한다. Ee는 E에 들어 있는 역할들이 구체자들에 의해 대치된 결과이고 e가 E에 대한 문맥이라면 하나의 사건 유형이 된다. 예를 들어, E(피타자, 구타자, 1*구타, 1*)은 피타자가 1*에서 구타자를 고소하는 사건의 유형이다. E를 위한 문맥은 e로서 여기에 구타자, 피타자, 구타의 자리에 대한 독특한 부여가 주어진다. 여기에서 역할이란 우리의 이론 안에서의 분류적 역할일 뿐 이 세계에서의 인과적 역할을 하는 것은 아니다. 임의의 역할 r* = ⟨x*, E⟩은 우리가 어떠한 사건 유형이나 미확정자를 사용할 것인가의 우리의 선택에 의존한다.

색인적 사건 유형을 구조화할 수 있을 것이다. 상황이란 알려지거나 보여지는 것에 대응하여 인지자들을 객관적으로 분류할 수 있도록 한다. 그러나 심성적 상태는 상이한 사람들이 상이한 자리에서 상이한 것들을 믿을 수 있게 한다. 그렇다면 우리는 심성적 상태나 대상을 분류할 수 있는 대상을 우리의 이론 안에서 필요로 한다. 퍼트넘 류의 예는 도움이 된다. 각각 지구와 쌍둥이지구에 사는 해리0과 해리1은 정확하게 동일한 심성적 상태를 가지면서 다음을 그 스스로 말한다고 하자: 조지는 바보이다. 그러나 그들이 믿는 것은 상이하다고 다음과 같이 분석된다: e: = l, 바보, 조지0, 예; e′: = l, 바보, 조지1, 예. 우선 그들이 〈조지〉로써 지칭하는 사람이 다르고 그리고 한 사람은 바르고 다른 사람은 그를 수 있다. 그러나 그들이 이를 믿음으로써 공통적으로 갖는 내용도 있다는 것이다: E: = l*, 바보, a*, 예. 그들은 하나의 유형에 속하는 다른 사태들을 믿는 것이다. 이 동일한 유형은 두 경우에서 각각 달리 정착되어 있다는 것이다.

색인사적 사건 유형에는 자리잡은 개별자들 located individuals이 있다. 그것은 다음과 같이 분석된다. LI: = l*, 현존 present, a*, 예. 그러면 〈나〉나 〈여기〉라는 색인사 유형은 다음과 같이 구조화된다: i* = 역할 〈a*, LI〉 = 그 수행자 = 나; h* = 역할 〈l*, LI〉 = 그 수행자의 자리 = 여기. 예를 들어 〈의 좌측에 있음〉은 〈z의 관점으로부터 x는 y의 왼편에 있다〉라는 세 자리 관계의 명사라고 하자. 그러면 이 사건 유형은 다음과 같은 구성을 갖는다: E: h*, 의 좌측에 있음, a*, b*, c*, 예.

주목의 대상 the object of attention이라는 개념도 구조화될 수 있다. ALI: = h*, 주목하다, i*, b*, 예. 그러면 〈t* = 〈b*, ALI〉 = 이것〉으로 나타난다. 역할 t*는 주체자가 특정한 상황에서 주의를 주는 〈대상이라는 역할 the role of being the object〉을 결정한다. 예를 들어 앨리스가 톰을 구타하는 상황에서 두 사람 모두 이 사건을 보고 그리고 이를 믿는 경우가 있다. 두 사람의 경우는 각기 다음과 같이 달리 나타내진다. E1: = h*, 구타, t*, I*, 예; 사람, t*, 예. E2: = h*, 구타, i*, t*, 예; 사람, t*, 예. E1은 하나의 지각적 그리고 믿음의 상태를 분류한다. 이것은 앨리스가 처한 상태는 아니고 톰이 처한 상태이다. 그러나 E2는 이를 달리 분류한다.

제2절   상황의미론

2.1   의미

〈잭키는 몰리를 물고 있다〉라는 문장은 다른 화자들에 의해, 상이한 기회에, 상이한 잭키와 몰리들에 대해 여러 번 반복하여 사용될 수 있고 이러한 의미에서 〈능률적 efficient〉이라고 부를 수 있다. 조는, 조니에게 이 문장을 말하는 발화 u 속에서, 〈잭키가 조니의 개이기 때문에 조니가 어떤 조치를 해줄 것을 원한다〉라는 상황 S를 기술하고 있다는 것이다. 그렇다면 u와 같은 발화들에 들어 있는 제일성 uniformities들; S와 같은 상황들에 들어 있는 제일성들; 두 가지 제일성들에 적용되어 u에 의미를 부여하는 제약들;을 기술할 수 있어야 한다. 그러나 이러한 제일성들과 제약들을 가려내기 위해서는 구체적 발화들로부터 그들의 담화상황과 화자연결을 끌어내야 한다.

담화상황을 어떻게 끌어낼 수 있는가? 두 철학자들 A와 B가 서로에게 〈나는 옳고 당신은 그르다〉라고 말하는 경우를 상상하자. 담화상황 DU는 발언 D의 상황과 발화 U의 상황으로 구성되어 있다. D: = l*, 입을 연다 speaking, a*, 예; 말한다 saying, a*, g*, 예; 발언자 = 〈a*, D〉; 발언자리 = 〈l*, D〉. U: = l*, 말을 건다 addressing, a*, b*, 예; u* = ⟨b*, U⟩. DU = 1*, 입을 연다, a*, 예; 말한다, a*, g*, 예; 말을 건다, a*, b*, 예; 담화자 = ⟨a*, DU⟩; 청자 = ⟨b*, DU⟩; 담화자리 = ⟨1*, DU⟩; 표현 = ⟨g*, DU⟩. 담화상황은 이러한 네 가지 언어적 역할이 독특하게 정착하는 상황으로 정의된다. 그러므로 모든 담화상황은 하나의 DU의 유형에 속하면서 독특한 담화자(철학자 A), 청자(철학자 B), 담화자리(문장이 발화된 자리), 그리고 표현(문장)을 갖는다.

지칭체의 개념은 다음과 같은 사건 유형을 통해 분석될 수 있다. REF: = 1*, 입을 연다, a*, 예; 말한다, a*, g*, 예; 말을 건다, a*, b*, 예; 지칭한다 referring-to, a*, g*, a1*; 예. 하나의 사건 유형 REF가 주어지면 지칭체의 역할 ref*는 ⟨a1*, REF⟩로 정의된다. 그리고 지칭상황 c는 그 ref* 역할이 독특하게 채워지는 상황으로 정의된다. 그리하여 c(g) = c 안에서의 g의 지칭체가 된다. 예를 들어 다음과 같은 지칭상황 c에서, c⟨잭키⟩ = 잭키가 된다. c: = 11, 입을 연다, 조, 예; 말한다, 조, ⟨잭키⟩, 예; 말을 건다, 조, 조니, 예; 지칭한다, 조, 잭키, 예. 하나의 발화는 지칭어귀들 g로부터 그 지칭체들 c(g)에로 이르는 하나의 부분함수를 발생시킨다. 이 함수는 발화에 있어서의 ⟨화자연결⟩이라 불린다. 바로 이 함수가 발화 u를 기술된 상황 S에 연결하는 함수이다.

지칭체의 역할 ⟨JACKIE*, REF⟩이 채워지지 않는 경우를 보자. E: = 11, 입을 연다, 조, 예; 말한다, 조, ⟨잭키⟩, 예; 말을 건다, 조, 조니, 예; 지칭한다, 조, 재키, ref*, 에. rcf*가 채워지지 않을 수 있는 두 가지 방식이 있다. 하나는 조가 아무것도 지칭하지 않는 경우이다. 그러면 조의 발화는 아무런 상황도 기술하지 않는다. 둘째는 조가 두 개의 다른 그러나 비슷한 잭키가 동일하다고 생각하고서 이들을 지칭하는 경우이다. 그러므로 (1)의 발화는 ⟨잭키⟩가 하나의 독특한 대상을 지칭하는 데 사용될 것을 요구한다.

화자의 관점은 다음의 두 가지 상황에 의해 구별될 수 있다. 하나는 조니는 조가 누구에 관해서 그리고 무엇에 관해서 말하고 있는가를 알고 있고 그리고 조의 발화에 의해서 잭키가 몰리를 물고 있다는 것을 믿게 되는 상황이다. 둘째의 상황은 다음과 같다. 조니는 조의 말을 믿지만 이 발화는 조니에게서 조의 개에 대한 최초의 〈접촉 encounter〉인 상황이다. 그러면 조니가 알게 된 것은 다음과 같은 유형 E이다: E: = 1, 문다, 잭키, b*, 예.

합성가능성을 통해 어귀들의 의미가 얻어진다. 어떤 어귀 g의 의미는 담화상황, 연결, 하나의 환경 s, 그리고 기술된 상황의 네 자리 관계, 즉 〈d, c [g]s, e〉 이다. 여기서 환경이란 무엇인가? 하나의 표현 U는 하나의 발화 u에서 발생한다고 하자. 그러면 u는 하나의 담화상황과의 연결만이 아니라, g의 발화가 기술되는 상황 e와 결합해주는 다른 상황적 요소 s를 또한 제공한다. 시제적 어귀의 한 경우는 〈d, c [IS BITING MOLLY]a, e〉 ↔ e: 1, 물고 있다, a, 몰리, 예, 단 몰리=c(몰리); 1(=c(있다)) o ld. 무시제적 어귀의 의미의 경우는 〈d, c [BITING MOLLY]s, e〉 ↔ e: 1s, 문다, as, 몰리, TVs, 단 몰리=c(몰리). 무시제적 문장의 의미의 경우는 〈d, c [JACKIE BITING MOLLY]1s, e〉 ↔ e: 1s, 문다, 잭키, 몰리, 예, 단 몰리=c(몰리); 잭키=c(잭키). 합성가능성의 원리는 다음을 가정한다: 하나의 표현 g는 이것을 포함하고 있는 표현 h의 의미들에 조직적 systematic 기여를 한다.

대명사와 접속사의 의미는 다음과 같이 표현된다. 〈d, c [나]as, e〉 ↔ as = ad; 〈d, c [너]as, e〉 ↔ as = bd; 〈d, c [그녀]as, e〉 ↔ as = c(HER); 〈d, c [N]as, e〉 ↔ as = c(N); 〈d, c [g 그리고 h]e〉 ↔ c의 외연 c'은 다음과 같다: 〈d, c' [g]e 그리고 d, c' [h]e〉.

진술 statement은 직설법이 문장의 발화로 정의된다. 진리와 지속성 persistence은 문장의 성질이 아니라 진술의 성질이다. 지속성은

상황과의 관계 속에서 다음과 같이 규정된다: 〈사건 e들의 집합 P는 지속적이다〉의 충분조건은 〈e ∈ P and e ⊆ e′〉이 e′ ∈ P를 함축한다는 것이다. 만일 e가 하나의 사건이라면 그러면 e가 부분인 바의 e′들의 집합은 지속적이라는 것이다. 예를 들어 P가 { e | e: l, 앉다, a, 예}라는 집합인 경우이다.

강한 결과와 약한 결과가 구별된다. 만일 G에 의해 기술되는 모든 상황이 H에 의해 기술된다면 H는 G의 강한 결과이고 그리고 G와 H가 동일한 해석을 갖는다면 이들은 강한 동치이다. 그리고 만일 G가 참인 어떠한 상황구조에서도 H가 참이라면 H는 G의 약한 결과이고 만일 이들이 동일한 상황구조에서 참이라면 이들은 약하게 동치이다.

〈…라는 것을 뜻한다〉라는 표현이 들어 있는 문장의 의미는 다음의 예문에서 보이는 대로 사건유형의 의미와 사건의미로 나눠 고려할 수 있다.

(1) 잭키의 몰리를 물음은 언제나 잭키가 겁먹었음을 의미한다.
(2) 저 자동차가 구석에 정차되어 있음은 조가 집에 있다는 것을 의미한다.
(3) 그것은 P라는 것을 의미한다.

문장(1)로써 이루어지는 진술은 두 개의 사건유형들 간에 하나의 제약을 기술한다. 이 제약이 사실이라면 이 진술은 참이고 그렇지 않으면 거짓이다. 그 제약은 다음과 같다: C: = u, 관련한다, E(1), E′(1), 예; 단 E: = l, 문다, 잭키, 몰리, 예; E′: = l, 겁먹다, 잭키, 예. 문장 (2)로써 이루어지는 진술은 구체적 사건에 관하여 기술한다. (3)은 (2)의 일반화이다. 그러면 (3)의 형식의 문장들의 의미는 다음과 같이 정의된다: 〈d, c [그것은 P라는 것을 의미한다] e〉 ↔ e0 =

c(그것은) e의 부분이고, 그리고 모든 ei에 대해 〈d, c [P] ei〉이 있어서 〈e: l, MO, e0, ei, 예〉이다.

2.2 단칭명사론

〈the president of the U.S.〉, 〈the King of England〉, 〈the Senator from California〉의 세 표현들을 고려하면 세 가지 다른 의미적 개념을 구별할 수 있다고 한다. 정관사어귀에 의한 기술의 조건, 그로 기술된 대상, 하나의 해석을 위한 구성물의 세 가지이다. 위의 표현들에 대한 기술의 조건들은: A'. being president of the U.S.; B'. being King of England; C'. being the Senator from California이고, 이 정관사어귀들에 의해 기술된 대상은: A''. Ronald Reagan; B''. Nobody; C''. No particular one이다. 그리고 사건에 나타나는 어떠한 대상이나 성질 그리고 관계, 자리 해석을 위한 구성물들이다. 모든 사건 e에서 d,c [P]e에 나타나는 모든 것은 d, c에 있어서 P의 해석을 위한 구성물이라는 것이다.

(4) THE PRESIDENT OF THE US IS SNEEZING.

문장 (4)에서 정관사어귀에 대해 기술조건, 대상 그리고 구성물의 세 요소는 어떻게 관련될 것인가? 이에 대해 전통적 이론들의 입장을 간단히 살필 수 있을 것이다. 러셀은 미국의 대통령이 정확히 하나 있고 there is one and only one president of the US 그리고 이 사람이 재채기를 하는 경우 (4)라는 진술은 참이라고 한다. 이러한 이론에서 러셀은 대상이 아니라 기술조건을 해석의 구성물로 삼는다는 것을 알 수 있다. 그리고 스트로슨은 (4)가 참이거나 거짓이기 위해서는 기술어귀에 의한 기술대상을 가정 presupposition해야 한다고 하여 대상을 해석의 구성물로 삼는다. 그리고 도넬란은 정관사어귀에 대한 지칭적-속성적 사용을 구별한다.

그러나 바와이즈와 페리는 다른 제안을 한다. 정관사어귀와 색인사는 모두 개별자를 일별 identify 하기 위하여 상황을 사용한다는 점에서 유사하다. 정관사어귀는 상황들로부터 이 기술을 만족하는 독특한 대상으로 가는 함수를 일별하는 것으로 간주하는 것이 자연스럽다. 여기에서 함수 자체라기보다는 함수의 값으로 보이는 대상을 해석의 구성물로 보는 것이다. 색인사들도 담화의 상황으로부터 개별자로 가는 함수로 보아야 하기 때문이다. 〈I〉라는 색인사의 사용은 동일한 함수를 나타내지만 상이한 상황들에서 상이한 대상들을 지시한다. 마찬가지로 정관사어귀도 동일한 의미를 가지고 있지만 다른 담론의 상황에서 다른 개별자를 지시할 수 있다는 것이다. 정관사어귀의 의미를 다음과 같이 일반화하여 볼 수 있을 것이다. 〈d, c [THE P]as, e〉 ↔ 〈d, c [P]as, e〉이고 기껏 하나의 b가 있어서 〈d, c[P]bs, e; & 상황들 e로부터 개별자들 a로 가는 부분함수가 있다. 예를 들어 e는 딤플이 나를 물었던 사건에 대응한다고 하자. 그러면 d, c [나를 물었던 그 개]e = 딤플.

정관사어귀는 두 가지 종류의 해석을 허용한다. 가치 독립적 value free 해석과 가치 부과적 value loaded 해석의 두 가지이다. 전자는 정관사어귀의 속성적 사용의 해석에서처럼 상황에서 개별자에게로 가는 하나의 부분함수이다. 그리고 후자는 그 지칭적 사용의 해석에서처럼 어떤 특정한 자원상황에 적용된 함수의 값이다. 그러니 두 기지 해석들은 이름이나 대명사에서는 흔히 동일한 것이 된다.

정관사어귀의 의미는 d,c [THE P]s,e의 네 자리 관계로 일별될 수 있다. d와 c를 고착하면 자원상황과 개별자의 관계에 대한 가치 독립적 해석을 얻을 수 있고, 적절한 자원상황을 고착하면 하나의 개별자라는 가치 부여적 해석을 얻게 된다. 어떠한 단칭명사도 비슷한 방식으로 그 의미가 얻어진다. 단 한 가지 차이는 가치 독립적 해석은 여기에서 함수라기보다는 하나의 관계가 된다.

(5) A DOG THAT BIT HIM

(6) MY DOG

d와 c가 주어진다면 (5)에 대한 가치 독립적 해석은 다음에서 보이는 하나의 개별자 a와 하나의 사건 e 사이의 관계일 뿐이다. 여기서 a는 하나 이상 있을 수 있다. 그리고 비슷하게 (6)에 대한 가치 독립적 해석도 a′와 e′의 관계가 된다. e: 1, 개, a, 예; 문다, a, c(HIM), 예. e′: 1′, 개, a′, 예; 소유한다, ad, a′, 예; 1′⊙1.

단칭명사는 도넬란이 시사한 대로 여러 가지 다른 방식으로 사용될 수 있다. 단칭명사의 지칭적 사용은 비교적 명확하다. 자원상황이 지각적으로 접근 가능할 때, 하나의 단칭명사는 기술된 상황에서 하나의 개별자를 지시하는 데 사용될 수 있다. 엄밀하게는 자원상황으로 사용될 수 있는 상황을 〈접근 가능하다〉라고 부른다. 그러나 이것은 너무 엄정하다. 실제로는 화자가 주목할 수 있는 can focus attention 상황은 접근 가능한 것으로 보인다.

(7) THE MAN WHO DRINKS MARTINI IS KIND TO HER.

e: lo, 말한다, ad, THE MAN WHO …, 예; 자원상황, so, THE MAN WHO …, 예. 이것을 발화의 연결상황의 부분으로 간주하고 c(THE MAN WHO …) = so라고 할 수 있을 것이다. 발화된 모든 단칭명사에 대해 오직 하나만의 자원상황이 있다고 할 이유는 없다.

단칭명사는 또한 속성적으로 사용될 수 있는 것이다.

(8) THE PLAYER THAT WINS THE RACE WILL BE THE RIGHT WING.

e: 우익을 맡다, d, c [THE WINNER OF THE RACE]e, 예. 가치 독립적 해석은 하나의 상황을 〈제약〉하고 하나의 개별자를 선정하여 다른 상황으로 〈기부〉한다. 이러한 해석은 기술조건에 의하여 자원상황이 정의되지 않는다면 개별자를 허용하지 않는다. 이리하여 정관사 어귀는 제약-기부적 표현이 된다. 정관사어귀의 이러한 속성적 사용과 지칭적 사용을 구별하기 위하여 기호를 사용할 수 있다.

(9) THE P IS Q-ING.

속성적 사용의 경우는 [(THE P)j IS Q-ING]j이다. 지칭적 사용의 경우는 [(THE P)0 IS Q-ING]1인데, 명사가 자원상황 e0에서 가치부여적 방식으로 해석될 때의 사건 e1을 기술한다.

단칭 명사는 내부 속성적inner attributive으로도 사용된다. 버터접시에 있는 페르시아고양이 털을 가리키면서 내가 다음과 같이 말했다고 하자.

(10) THAT MEANS THAT A PERSIAN CAT IS IN THE HOUSE.

여기의 한 페르시아 고양이는 다음의 어떠한 상황에 있는가? (i) 기술된 상황, (ii) 어떤 외부의 자원상황, (iii) 버터에 들어 있는 고양이털의 상황으로부터의 의미선택들인 모든 상황들 중의 어떤 것인가? 그러나 d,c,[A PERSIAN CAT]의 의미는 어떻게 평가되는가? 이 표현은 (i) 기술된 상황 e1에서 평가되지도 않고, (ii) 어떤 외부의 자원상황 (e0(=c(THAT))에서 평가되지도 않는다. 이것은 (iii) 버터에 들어 있는 고양이 털의 상황 e0으로부터의 의미선택들인 모든 상황들 e2에서 평가된다는 것이다. 명사어귀의 그러한 사용을 내부 속성적 사용이라고 부를 수 있다. 그리고 이는 다음과 같은 하위글자로써 표시된다. 0은 외부적 자원상황을 지시한다; 1은 발화가 전체로서 기술하는 상황을 지시한다; 2는 하나의 내부 속성적 사용을 나타낸다.

(11) [THAT MEANS THAT ((A PERSIAN CAT)2 IS IN THE HOUSE)2]1.

(12) [SARAH SAID THAT ((THE COACH)j WAS TALL)2]1.

정관사어귀 j를 어떠한 숫자로 택하는가에 따라 해석이 다양하게 달라진다. j=0인 경우, 코치는 어떤 외부적 자원상황 e0에서 결정된다. j=1인 경우, 그 진술이 전체로서 기술하는 상황이 하나의 코치를 그 안에 갖도록 제약된다. 마지막으로 j=2인 경우, 코치라는 성질이 사라의 발화에 대한 해석의 부분으로 된다.

정관사어귀가 동격적 appositive으로 사용되는 경우를 보자.

(13) JIM WAS CHASING MOLLY, THE DOG THAT BIT ME.

여기에서 정관사어귀는 지칭적으로도 속성적으로도 사용되지 않고 있다. 이것은 동격적으로 사용되어 몰리에 대해 부가적인 것을 말하고 있다. 여기서는 하나의 상황을 먼저 고착한 다음에 한 개별자를 선별하는 대신에, 하나의 개별자를 먼저 선별하여 이것이 기술되는 조건을 만족하도록 기술된 상황을 제약한다. 그리하여 (13)에 대한 해석은 다음과 같다. e: 1, 쫓고 있었다, c(짐), c(몰리), 예; d, c [THE DOG THAT BIT ME] E = c(몰리), 단 1 = c(있었다).

정관사 어귀가 함수적 functional으로도 사용된다. 정관사어귀의 가치 독립적 사용은 상황으로부터 개별자에게 가는 하나의 부분함수이다. 이 함수는 그 논항arguments의 제약과 그 값value의 기부의 여러 가지 조합에 의해 사용되는 것을 볼 수 있다. 정관사는 또한 함수 자체의 성질이 포함된 문장에 의해 기술되어 사용되는 것을 다음의 예the Partee Puzzle에서 볼 수 있다.

(14) THE TEMPERATURE IS NINETY.
(15) THE TEMPERATURE IS INCREASING.
(16) THEREFORE, NINETY IS INCREASING.

우리가 (15)를 말할 때 THE TEMPERATURE의 가치 독립적 해석에 대한 함수를 언급하는 것이지, 특정한 자리에서의 그 값을 언급하고 있는 것이 아니라는 것이다. 함수는 증가하지만 수는 증가하지 않기 때문이다. 이를 위한 표기도 도입된다.

(15)′ ((THE TEMPERATURE)f IS INCREASING).

제3절 봄의 의미론

3.1 태도로서의 봄

태도동사들은 크게 두 가지로 사용된다. 첫째는 사람들의 생각과 행위에 대한 설명으로써 사용된다. 태도 보고들은 사람들의 심리적 상태를 기술한다. 그런데 이 상태들은 그의 다른 심리적 상태들과 법칙적으로lawlike 연결되어 있기 때문에 이들이 설명의 구조에서 사용된다. 믿음과 욕망 등과 같은 우리의 일상적 심리적 개념들은 그들의 인과적 또는 기능적 역할들을 통하여 간접적으로 그러한 상태에 도달할 수 있기 때문이다. 둘째로 태도동사들은 외부세계에 대한 근거로 사용된다. 믿음과 욕망은 사람에 대한 어떤 상황을 보이고 보는 것과 아는 것은 사물세계에 대한 어떤 상황을 나타내기 때문이다.

프레게와 러셀이 태도동사들의 논리적 행동의 성격에 관심을 기울였다는 것은 잘 알려진 사실이다. 예를 들어 다음과 같은 형식의 대치율을 보자.

(PS) 만일 a 가 P(t1)에 태도를 갖고 t1=t2라면 그러면 a는 P(t2)에 태도를 갖는다.

프레게는 PS는 태도동사의 문맥에서는 타당하지 않다고 하면서 그러한 부당성의 이유를 의미론적 설명에서 찾는다. 태도문맥의 삽입문장 embedded sentence에서의 표현들은 그들의 통상적 지시체를 지시하지 않고 그 뜻들을 지시한다는 것이다. 이리하여 프레게는 〈의미론적 순결 semantic innocence〉을 포기한다. 러셀은 PS는 옳다고 판정한다. 그는 그의 기술이론을 문제의 경우에 적용하여, PS의 여기에서의 응용 여부의 문제가 발생하지 않기 때문이다. 그 대신 러셀은 이를 위해 하나의 대가를 치른다: 기술어귀와 이름들은 그 의미론적 값을 개별자들에게서 갖는 통사적 단위이다. 프레게는 포기하지 않는 이러한 상식을 러셀은 포기하게 되는 것이다.

바와이즈와 페리는 논리적 동치는 대치될 수 있다는 원리(LS)는 거짓이라고 한다.

(LS) 만일 a가 P에 태도를 갖고 P와 Q가 논리적 동치라면, 그러면 a는 Q에 태도를 갖는다.

이 원리가 틀린 까닭은 진술이란 사물적인 상황에 관한 것이기 때문이라는 것이다. 예를 들어

(17) MELANIE SAW JIM EAT AN ANCHOVY.

(18) MELANIE SAW JIM EAT AN ANCHOVY AND SARAH EAT A PICKLE OR SARAH NOT EAT A PICKLE.

의 문장들을 보자. (17)과 (18)은 논리적으로 동치이지만 (17)의 발화로부터 (18)의 발화는 귀결되지 않는다는 것이다. 전자로부터는 멜라니가 사라를 보았다는 것을 알 수 없지만 후자로부터는 알 수 있기 때문이라는 것이다. 이러한 고려들에 의하여 태도에 관한 순결한 의미론을 위한 조건을 제시할 수 있다고 한다: 태도보고에 들어 있는 삽입문장들은 통사적 단위들이며 거기에 있는 표현들은 다른 문맥에서처럼 행동한다; 이름, 대명사, 그리고 정관사어귀들은 개별자들을 그 의미론적 값으로 갖는다; LS는 거짓이다.

태도동사들은 하나의 문장을 삽입한다. 이것은 전통적으로 〈명제〉라고 불리웠다. 이것은 여러 가지로 해석되어 왔다: 사태, 문장, 문장의미, 프레게적 뜻, 심성적 표상, 가능세계들의 집합. 그러나 이것이 무엇인가에 대해서는 아직 의견이 수렴되지 않는다.

우리는 명제가 없이도 태도에 관한 이론을 구성할 수 있다고 생각한다. 이 이론의 원초자들은 모두 실재적 사물이다: 개별자들, 성질들, 관계들, 그리고 시공의 자리들. 그리고 이들과 집합이론으로부터 우리는 추상적 대상들, 이를테면 상황 유형, 사건, 사건 유형 등으로 구성되는 하나의 우주universe를 구성할 수 있다. 우리의 목표는 의미론의 모든 요소들이 이러한 추상적 대상들 중의 하나가 되도록 하는 것이다. 이리하여 우리의 주장은 다음과 같다: 태도보고는 주체 the agent와 상황들과의 관계에 관한 정보를 부여한다; 이러한 관계

들은 주체의 인지적 상태에 의해 지지되어야 한다.

봄 seeing이란 주체와 어떤 명제와의 관계에 대한 보고인가? 아니면 주체와 어떤 상황과의 관계에 대한 보고인가? 우리는 여기에서 후자가 전자보다 더 자연스러운 것으로 주장하고자 한다. 다음의 진술 (19)에 대해 두 가지 종류의 증거 evidence (20)과 (21)이 제시될 수 있다.

(19) 닉슨은 우드가 워터게이트 테이프의 핵심적 부분을 지우는 것을 보았다.

(20) 우드는 워터게이트 테이프의 핵심적 부분을 지웠고 닉슨은 이것을 보았다.

(21) 닉슨은 우드가 워터게이트 테이프의 핵심적 부분을 지웠다는 것 (that)을 보았다.

(20)과 (21)의 차이는 무엇인가? (20)에서는 닉슨이 다음과 같은 것을 주장할 수 있다: 그는 그것이 워터게이트 테이프인 것을 몰랐다; 그녀가 그것을 지우고 있었다는 것을 몰랐다; 그것이 결정적 부분이라는 것을 몰랐다. (20)을 위해서는 닉슨이 눈을 뜨고 있었고 그리고 작동하는 눈이었고 그리고 그러한 종류의 사건이 그의 앞에서 일어났다는 것만을 보이면 충분하다는 것이다. 그러나 (21)을 위해서는 닉슨이 무엇을 인식하였으며 어떠한 생각이 그때 그의 머리에서 일어났는가를 보여야 한다는 것이다.

이러한 두 가지 종류의 증거의 구별은 인식적으로 중립적 neutral 이거나 적극적 positive인 지각보고들의 구별을 허용한다. 인식론적으로 중립적인 지각적 보고는 그 삽입된 문장에서 적신적 부정사 naked infinitive나 동명사 gerundive의 형태로 나타난다. 이들은 정상적인 동사변화를 하지 않는다. 왜냐하면 지각된 것은 지각의 행위와 동시에 일어나거나 그렇다고 생각되기 때문이다. 그리고 이러한 적신적 지각보고들에 적용되는 논리의 형태들은 다음과 같다. 진실성 (Veridicality: 만일 b가 P를 본다면 그러면 P이다); 대치성(Substitutivity: 만일 b가 P(t1)을 보고 t1=t2라면 b는 P(t2)를 본 것이다); 존재일반화(Existential Generalization: 만일 b가 P(the Q)를 본다면 그러면 b가 P를 보게 되는 바의 어떤 것이 있다, 만일 헬렌이 학과장이 전화하는 것을 보았다면 헬렌이 보았던 전화하는 사람이 존재한다); 부정(Negation: 만일 b가 -P를 본다면 그러면 b는 P를 보지 않은 것이다); 연접분배(Conjunction Distribution: 만일 b가 (P & Q)를 본다면 b는 P를 보고 그리고 b는 Q를 본다); 선접분배 (Disjunction Distribution: 만일 b가 (P v Q)를 본다면 b는 P를 보거나 b는 Q를 본다).

(22) MELANIE SAW JACKIE BITE ME.

위와 같은 적부적 문장의 의미는 어떻게 규정되는가? 이를 위해 단계적으로 알아보자. 문장들은 상황들에 대한 부정관사적 기술처럼 행동한다. 이와 비슷하게 적신 부정사적 문장들은 상황들에 대해 부정관사적 기술처럼 행동한다. 그리하여 이들의 의미는 담화상황, 화자연결, 자리 그리고 기술된 상황의 네 항들의 한 관계가 된다. 적부적 지각진술에는 시제가 없기 때문에 적부적 사건의 자리와 담화의 자리의 양자의 관계에 대한 제약이 주어지지 않는다.

⟨d, c [JACKIE BITE ME] l, e⟩ ↔ ⟨d, c [JACKIE] x⟩, ⟨d, c [ME] y⟩, & (e: l, biting, x, y, 예⟩.

적부적 봄 $seeing_n$은 하나의 인과적 관계이고, 정보유지적 관계이고 그리고 하나의 사실적 관계이다. 아래 같은 경우, 우리는 동일한 것 (e″)을 보았다고 하여 참이면서 동시에 상이한 것들(e와 e′)을 보았

79

다고 하여 참이 된다. e: 1, 현존하다, 잭키, 예; 달린다, 잭키, 예; 움직인다, 잭키의 왼쪽 발, 예. e′: 1, 현존하다, 잭키, 예; 달린다, 잭키, 예; 움직인다, 잭키의 오른쪽 발, 예. e″: 1, 현존한다, 잭키, 예; 달린다, 잭키, 예. SEES JACKIE BITE ME의 의미는 다음의 네 요소들의 한 관계이다: 하나의 담화상황(ME에 대한 지시체를 부여한다); 화자연결(이름들의 지칭체들과 SEE의 자리를 부여한다); 하나의 개별자(보는 자); 기술된 사건(어떤 개별자가 어떠한 장면을 어떠한 자리에서 보는가를 분류한다).

적부 문장의 시공적 자리는 어디에서 오는가? 여기에는 두 가지 선택이 가능하다. 첫째는 이 자리를 주동사, 즉 봄의 시공적 자리와 동일하게 간주하는 것이고 둘째는 임의적 자리들을 범위로 하여 양화하는 것이다. ⟨d, c [SEES JACKIE BITE ME]a, e⟩ ↔ ⟨d, c [JACKIE BITE ME]l, e′⟩, 단 e: l, seeing, a, e′, 예; l = c(SEES) o ld. ⟨d, c [SEES JACKIE BITE ME]a, e⟩ ↔ ⟨d, c [JACKIE BITE ME] l′, e′⟩, 단 e: l, seeing, a, e′, 예; l = c(SEES) o ld. 이리하여 우리는 다음의 표현의 의미를 제시할 수 있게 된다. ⟨d, c [MELANIE SEES JACKIE BITE ME]e⟩ ↔ ⟨d, c [MELANIE]a⟩ & ⟨d, c [SEES JACKIE BITE ME]a, e⟩.

장면을 보는 것과 개별자를 보는 것의 관계는 무엇인가? 일반적으로는 위의 표현으로부터 다음이 도출되는 것 같다: MELANIE SAW JACKIE; MELANIE SAW ME. 그러나 당신은 나를 보지도 않으면서 당신의 처가 나에게 편지 쓰는 것을 볼 수 있고, 조앤을 보지 않고도 조앤이 곰에게 사격하는 것을 볼 수 있다. 개별자를 본다는 것의 의미는 다음과 같이 규정된다. ⟨d, c [SEES JACKIE]a, e⟩ ↔ ⟨d, c [JACKIE]b⟩, 단 e′: l, 현존하다, b, 예; e: l, 보다, a, e′, 예; l = c(SEES) o ld.

80

3.2   봄의 상황

봄t의 보고는 일반적으로 지각을 통한 지식의 획득을 기술한다. 이
것은 일차적 봄과 이차적 봄으로 구별될 수 있다. 일차적 primary 봄
t 보고는 그 획득이 직접적임을 나타내며 그 이차적 secondary 보고
는 그 획득이 지각에 의존하지만 그가 보는 것에 의해 알게 된 내용
에 의해 증가된 것을 나타낸다.

(23p) 나는 나무가 심하게 흔들리고 있다는 것을 보았다(p).
(23s) 그래서 나는 바람이 불고 있다는 것을 보았다(s).
(24p) 수지는 태너 도서관이 비어 있다는 것을 보았다(p).
(24s) 그래서 수지는 헬렌이 태너 도서관에 없다는 것을 보았다(s).

어떤 보고(25)가 일차적 보고라는 함축은 다음 (25A)와 (25B) 중
의 한 방법에 의해 취소될 수 있다.

(25) 조니는 고양이 한 마리가 쥐 한 마리를 쫓고 있다는 것을 보았다.
(25A) … 그러나 그는 고양이가 쥐를 쫓는 것을 보지 못했다.
(25B) … 그러나 그는 고양이를 보지 못했다.

이러한 관찰을 일반화할 수 있을 것이다. P*가 P의 적신적 부정사
의 삽입문장이라면,

(26) 만일 (A)가 일차적 봄t의 보고로 사용된다면 그러면 (B)를 추리할
    수 있다:
(A) a는 P가 있다는 것 that을 본다;
(B) a는 P*를 본다.

대치성 원리와 존재일반화 원리에 대해 알아보자. 프레게적 뜻과 러셀의 논리적 형식의 관념들은 하나의 순결한 의미론의 발전에 장애가 되어 왔다. 프레게의 경우는 중복적iterated 태도문장은 물론

(27) 멜라니는 짐을 보았고 멜라니는 그가 앤초비를 먹고 있었다는 것을 믿었다.

와 같은 경우를 그의 뜻이라는 장치를 가지고 설명할 수 없다. 이러한 장치는 이름이나 대명사를 처리하는 데 충분하지 않고 정관사어귀를 취급하는 데 필요하지도 않다. 가령 (26)이 어제 발생한 사실이라고 하자. 그런데 오늘 멜라니가 짐을 처음으로 만나고 그를 알아보지 못한 상황에서 짐이 다음과 같이 말한다고 하자.

(28) 그래서 당신은 그가 앤초비를 먹고 있었다는 것을 믿는다.
(29) 그래서 당신은 내가 앤초비를 먹고 있었다는 것을 믿는다.

(29)의 경우 프레게나 러셀은 이러한 대치성의 적용의 주저를 설명할 수 없게 된다. 그러나 나는 짐에게 그리고 짐은 멜라니에게 각기 다음과 같이 말할 수 있다는 것이다.

(30) 멜라니는 당신이 앤초비를 먹고 있었다는 것을 믿는다.
(31) 당신은 내가 앤초비를 먹고 있었다는 것을 믿는다.

여기에서 보이는 것은 대치율 적용의 주저는 하나의 단순화된 의미론적 설명을 갖지 않는 것처럼 보인다는 것이다. 이 주저는 단순히 표현의 종류만이 아니라 특정한 상황에서 태도보고를 하는데 이용되는 사용의 유형과도 관련된다는 것이다. 대치율이 이름과 대명사의

경우 일반적으로 타당하지만 다음과 같은 경우에는 오도적이다: 대치된 태도보고가 행동을 설명하거나 예측하는 데 사용되는 경우; 태도의 담지자가 태도의 대상에 대해 두 개의 상이한 개념을 갖는 경우; 개념의 차이가 예측이나 설명되는 행동과 문제가 되는 경우. 물론 여기에서는 개념이 무엇인가가 문제가 된다.

대치성 원리의 적용의 실패는 어떻게 나타나는가?

(32) 멜라니는 노란 고양이가 잭키와 놀고 있었다는 것을 보았다.

(33) 노란 고양이 = 스크러피라 불리는 고양이

(34) 멜라니는 스크러피라 불리는 고양이가 잭키와 놀고 있었다는 것을 보았다.

여기에는 타당한 해석과 부당한 해석이 있다. 정관사어귀들을 지칭적으로나 외부-속성적으로 사용하는 경우 타당하다. 그러나 이들을 태도의 담지자가 태도의 대상에 관해서 어떻게 생각하는가를 기술하기 위하여 사용되는 내부-속성적으로 사용하는 경우에는 부당하다. 내부-속성적 해석의 가능성은 우리가 주어진 정보를 인식적epistemic으로나 의견적doxastic으로 취급할 때는 언제나 발생한다. 다음의 경우를 보자.

〈그 페르시아 고양이가 유리잔을 깨뜨렸다〉의 상황에 대해, 〈그것은 그 페르시아 고양이가 유리잔을 깨뜨렸다는 것을 의미한다〉라고 말하는 경우가 있다. 이리한 말은 세 가지 다른 해석에 열려 있다. 지칭적 해석(그것은 (그 페르시아 고양이)0이 유리잔을 깨뜨렸다는 것을 의미한다)1; 외속적 해석(그것은 (그 페르시아 고양이)1이 유리잔을 깨뜨렸다는 것을 의미한다)1; 내속적 해석(그것은 ((그 페르시아 고양이)2가 유리잔을 깨뜨렸다는 것을 의미한다)2)1 이 그것이다. 〈d, c [그것은 그 페르시아 고양이가 유리잔을 깨뜨렸다는 것을 의미한다)e1 ↔ e0은 e1의 부분이다; & 모든 e2에 대해, 만일 e2: MO, e0, e2, 예, 라면, d, c [그 페르시아 고양이가 유리잔을 깨뜨렸다]e2. 지칭적 해석과 외속적 해석의 경우 대치가 되지만 내속적 해석의 경우 대치가 되지 않는다.

대치율이 실패하는 멜라니 경우로 돌아가 보자. 이들을 내부-속성적으로 해석하여 보자. (32)를 SAWp를 갖는 경우로 하면, 멜라니가 지각직으로 알고 있는 징면에서 젝기와 놀고 있는 하나의 노란 고양이가 있다는 것이다. (34)를 SAWs를 갖는 경우로 하면, 멜라니가 보고 그리고 알고 있는 것들과 일관되는 모든 상황 안에서 그가 보고 있는 고양이는 스크러피라는 이름을 갖고 있는 것이다. 이러한 두 경우는 다음과 같은 특징을 갖고 있다. 멜라니가 본 것을 기초로 하여, 그는 시각적으로 알고 있는 것과 양립 가능한 일련의 상황들에 의해 포착되는 정보를 가지고 있다는 것이다.

어떠한 실재론적 이론도 정관사어귀를 내부-속성적으로 사용할 경우 대치성 원리를 적용하도록 하지 않는다. 그 이유는 무엇인가? (33)은 두 개의 함수가 동일한 값을 갖는 하나의 현실적 상황이 있다는 것만을 확언한다. 이에 반하여 (34)는 멜라니가 보고 알고 있는 것과 양립하는 모든 상황에서 두 함수가 동일한 값을 갖는다는 것을 함축한다. 그러나 이러한 (34)의 해석은 전혀 다른 다음과 같은 논의를 요구한다.

(32) 멜라니는 노란 고양이가 잭키와 놀고 있었다는 것을 보았다.

(33) 멜라니는 노란 고양이 = 스크러피라 불리는 고양이라는 것을 보았다.

(34) 멜라니는 스크러피라 불리는 고양이가 잭키와 놀고 있었다는 것을 보았다.

봄t 보고는 주체자가 (가) 하나의 현실적 상황을 보고 (나) 이것을 그가 세계에 대해 알고 있는 것과 결합함으로써, 알게 된 것이 무엇인가에 대한 정보를 부여한다. 이 보고는 주체자의 시각의 영역 안에서 대상들과 성질들의 범주화에 의해 규정된다. 따라서 이것은 주체자 a와 사건 e의 관계를 a가 지각적으로 바르게 범주화한대로 표현한다.

(35) a ST e ↔ a는 e가 경우이다는 것을 지각적으로 감지한다.

그러나 다음과 같은 문장들의 관계를 보자.

(36) 사라는 조나 짐이 그녀의 계란을 먹었다는 것을 본다.
(37) 사라는 조가 그녀의 계란을 먹었다는 것을 보거나 사라는 짐이 그녀의 계란을 먹었다는 것을 본다.
(38) 사라는 조가 그녀의 계란을 먹었다는 것을 보지 않았거나 사라는 짐이 그녀의 계란을 먹었다는 것을 보지 않았다.

(36)은 (38)과는 일관되지만 (37)과는 일관될 수 없다. 왜 그러한가? 이를 설명하기 위해서는 봄t의 구조를 더 들여다보아야 한다. SO의 논리는 ⟨s: 1, SO, a, e1, 예⟩의 충분조건은 e1이 a가 보고 아는 것과 양립한다; ⟨s: 1, SO, a, e2, 아니오⟩의 충분조건은 e2가 a가 보고 아는 것과 양립하지 않는다는 것이다. 그러면 ⟨s: 1, SO, 사라, e1, 예⟩의 경우에 어떤 함축이 있는가? 사라가 알고 있는 장면 e0은 e1의 부분이다; e0이 e1을 배제한다는 것은 참이 아니다; & e0 MOc e1, 단 c는 사라의 관심과 욕망에 의해 활성화되고 그리고 사라가 적응한 제약들의 집합이다.

부분적 partial 정보의 개념을 기억하면, 모든 e1들이 이 방식이나 저 방식으로 분류되어버린다고 상정해서는 안 된다는 것을 알 수 있다. 이러한 부분적 분류의 개념이 주어진다면 우리는 다음과 같은 물음을 제기할 수 있다: 어떠한 상황에서 우리는 사라에 대해 다음을 말할 때 정당한가?

(39) 사라는 P라는 것을 보았거나 사라는 P라는 것을 보지 않았다.

바와이즈와 페리는 여기에서 선택지option와 가능지alternative의 구별을 하고자 한다. 〈e는 a에게 하나의 시각적 선택지이다〉의 충분조건은 〈예: s: SO, a, e, 예〉이고; 〈e는 a에게 한 시각적 가능지이다〉의 충분조건은 〈아니다: s: SO, a, e, 아니다〉. 여기에서 봄t를 위해서는 P가 a의 모든 시각적 선택지에서 나타난다는 것을 아는 것만으로는 충분하지 않다. 사라는 그의 많은 선택지를 그러한 것으로 분류하지 않을 수도 있기 때문이다. 그러므로 봄t를 위해서는 P가 그의 모든 가능지들에서 나타나며 그리고 P가 나타나지 않는 어떠한 가능지도 선명하게 제외하는 것이 필요하다. 예를 들어보자.

(40) 수지는 태너 도서관이 비었다는 것을 보고(p), 그래서 수지는 헬렌이 태너 도서관에 없다는 것을 본다(s).

수지는 헬렌을 찾고 있다. 그리고 만일 수지가 헬렌을 모른다면 헬렌을 찾을 수도 없다. 수지가 현실적으로 보고 알고 있는 상황 e는 도서관이 비어 있는 상황이다. 그러나 이것은 수지의 시각적 가능지들 중의 하나는 아니다. 왜냐하면 이것은 그녀가 알고 있는 모든 것을 포함하고 있지 않기 때문이다. 그러나 수지의 모든 가능지들 e'은 헬렌이 태너에 없다는 것을 포함한다. 왜냐하면 그 이외의 모든 것은 수지가 본 것, 수지가 헬렌을 찾고 있다는 사실, 수지가 헬렌이 빈 도서관에 있을 수 없다는 것을 안다는 사실들에 의해 제외되기 때문이다.

(41) 조니는 스크러피가 버터 안에 있었다는 것을 본다. 그러나 조니는 스크러피가 버터 안에 있다고 보지 않는다.

조니가 본 상황 e는 하나의 사건이라면 그가 알고 있는 것은 이보다 더 많은 내용을 갖는다. 그의 가능지들 모두는 버터에 든 스크러피를 포함하지만 그 이외의 것들은 그가 보고 아는 것들에 의해 단순히 제외된다. 이제 우리의 문제의 표현의 의미를 규정해 보도록 하자. 〈d, c [SEES THAT P]a, e〉↔ a의 시각적 가능지들 중의 모든 경우에 P가 적절한 시공의 자리에 성립한다; & 모든 e'에 대하여 〈d, c [P]e'〉이거나 또는 〈e: at 1 = c(SEES), SO, a, e', 아니오〉 이다. 〈d, c [DOESN'T SEE THAT P]a, e〉↔ e'이 있어서 〈d. c [P]e'〉이고 〈e: at 1: =c(SEES), SO, a, e', 예〉이다.

제4절 심성상황표상

4.1 인지의 분류

간접분류란 이 책의 중심적 주제였다. 즉 이것은 하나의 상황을 다른 상황으로 분류하기 위하여 패턴과 제약을 활용하는 것을 뜻하였다. 제약이란 후자의 상황으로 하여금 전자의 상황에 대한 정보를 포함하도록 한다. 예를 들어 우리는 추상적 상황으로 실재적 상황을 분류하였고 이것의 가능성은 바로 그러한 제약의 구조에 근거한 것이었다. 하나의 태도보고도 간접분류의 예가 된다. 삽입문장에 의해 기술된 상황은 태도주체의 인지적 상황을 일상 언어심리학 Folk Psychology의 제약을 활용하여 분류하기 때문이다. 이러한 보고에서 사용된 태도동사는 어떠한 제약이 적합한가를 나타낸다.

모든 상황은 어떤 정보를 담고 있다. 그리고 이것은 세 가지 모습으로 나뉜다. 하나의 상황은 일반적으로 과거의 상황, 현재의 상황, 미래의 상황을 나타낸다. 이들은 각기 회고적 정보, 현재 표현적 정보, 전망적 정보를 담는다. 이러한 정보의 모습들에 대해 세 가지 예를 들어본다.

첫째 예는 수준 높은 장기가 진행되는 경우이다. 이것은 장기규칙들에 의해 제약된다. 따라서 이 게임의 어떠한 상황도 세 가지 정보의 모습을 담고 있고, 우리는 두 대국자들의 계획과 심성상태를 미루어 볼 수 있다. 둘째 예는 두 개의 양철 분무통 aerosol can의 경우이다. 하나는 곤충분무기이고 다른 하나는 머리분무기이다. 왜 우리는 양철통에 곤충이나 머리털이 없는데도 이들 양철통을 분류하는데 〈곤충〉과 〈머리〉라는 단어를 사용하는가? 태도보고에서처럼 우리는 여기에서도 양철통에 없는 것을 사용하여 양철통에 있는 것을 분류한다. 〈곤충에게 어떤 화학약품을 분무〉하는 사건과 〈곤충이 죽은〉 사건 간의 하나의 법칙적 제약을 활용하여, 그러한 곤충을 지칭함으로써 그러한 화학약품을 분류하는 것이다. 셋째 예는 대화 상황이다. 매리가 존에게: 어디서 이 모든 모기가 들어오고 있지요? 존이 매리에게: 내가 방금 문을 닫았어요. 존은 그의 대답에서 두 개의 제약을 활용하고 있다: 〈열려진 문만이 닫혀질 수 있다〉라는 제약은 문에 대한 회고적 정보를 부여한다; 〈모기들은 닫혀진 문을 통과하여 날수 없다〉라는 제약은 모기에 대한 전망적 정보를 제공한다.

우리는 앞에서 추상적 상황을 사용하여 실재적 상황, 발화, 그리고 의미들을 분류하였다. 이를 위해 양자 간의 제약에 호소하였다. 그리고 태도의미론을 구성하기 위하여 상황과 태도주체와 상황 간의 S0, KO, BO와 같은 관계를 사용하고자 하였다. 그러나 여기에서는 심성

을 표상하고 그리고 이러한 심성표상들을 연결하기 위하여, 태도보고
에 나타난 것을 근거로 인지적 상황들의 간접분류를 사용하고자 한
다.

4.2 심성표상

심성적 상태나 활동은 그 자체로 물리적인 것은 아니지만 물리적
세계에서 인과적 역할을 갖는다. 그 까닭은 심성적 사건들은 사실상
물리적 사건이고, 유기적 개별자들에 나타나는 제일성들 uniformities
이고, 사건들이 인간 육체의 부분 사이에 관련하는 복합적 관계들에
의해 표상될 수 있기 때문이다.

여기에서는 심성적 상황들 중에서 의도, 행위 등은 다루지 않고 시
각이라는 지각과 믿음만을 취급하고자 한다. 지각과 믿음은 일반적으
로 하나의 주체가 어떤 자리에서 육체적 조건에 관련하는 상황들이
다, 어떤 무엇에 관한(of) 것이어서 보다 넓은 세계에 접속 anchor되
어 있다, 그리하여 보고동사들로써 간접적으로 기술되는 데 적합하다.

하나의 유기체와 환경 사이에는 이원성 duality의 관계가 있다. 유
기체와 환경은 하나의 풍부한 구조를 가지고 있다: 유기체의 필요와
능력은 그 유기체가 인식하는 어떠한 제일성들과 상관관계에 있다.
그리하여 유기체의 구조적 특징들은 그 환경의 구조적 특징과 대응
되어 있다. 유기체는 자신과 관계 있는 환경의 요소들을 처리하고 적
응하는 방식으로서 진화해 온 것일 것이다.

〈e0: l, ST,a, e, 예〉. 여기에서 e는 여러 가지 유형일 수 있다. 따
라서 관찰자는 e의 e0의 지각을 표상하기 위하여 사건유형을 사용할
수 있을 것이다. 개별자나 자리들을 미확정자나 역할을 가지고 추상
할 수 있다는 것이다. E(f)가 e의 부분이도록 E가 e0에 접속하는 관
계에서라면, 우리는 E와 f를 사용하여 그러한 지각을 표상할 수 있을

것이다. 그러한 추상 과정에 의해 유발된 a와 e의 관계를 〈표상된 지 각 represented perception〉이라 부르고 〈Sr〉라는 기호로써 표기한다.

〈e0: 1, Sr, a, E, 예〉; 〈of, x*, f(x*), 예〉. Sr이라는 관계는 관찰자가 a는 특정한 유형의 지각을 갖고 있다고 규정할 때 그 상황으로 도입하는 관계이다. 표상지각의 첫째 부분은 〈심성의 틀 the frame of mind〉 또는 〈표상지각의 지각적 조건〉으로 불리고, 둘째 부분은 〈표상지각의 배경 setting〉이라 한다. 우리의 상식적 지각론에 의하면 일차적 지각은 표상지각의 배경 안에서의 지각적 조건으로 구성되어 있다는 것이다.

역할들 i*와 h*는 E 안에 나타날 수 있고 이들은 언제나 지각자와 그의 자리에 접속한다. E 안에 있는 다른 미확정자들은 영상 image 들을 표상하며, 지각배경에 의하여 그 환경에 적합한 대상들에 접속 한다. 이 접속관계는 궁극적으로 이 실재세계의 두 부분, 즉 심성의 어떤 운동상태 perturbation와 세계 안의 한 대상 간에 나타난다. 사 건유형은 지각에서 이원성을 활용한다: 한 지각체계를 지각의 어떤 자리로부터 특정한 종류의 환경의 지각에 알맞는 조건에 처한 것으 로 분류하고, 하나의 환경을 특정한 종류의 지각에 알맞는 것으로 분 류한다. 미확정자들의 역할은 이러한 두 가지 상호보완적 제일성들을 조정하는 일이다. 이러한 구조는 다음의 두 가지 문제를 설명한다.

지각보고는 어떻게 일상언어심리학의 일반적 도식에 들어맞는가? 〈조는 잭키가 그의 개 몰리를 물고 있는 것을 본다〉라는 지각 상황 이 있다. 이에 대한 초견적 분석은 다음이다. {〈e0: 1, ST, 조, e, 예〉; 〈e: 1, 문다, 잭키, 몰리, 예〉; 〈개, 잭키, 예〉; 〈개, 몰리, 예〉}. 그러나 조의 심성틀을 어떻게 분류할 것인가? e는 특정한 사건에 독특하고 구체적이어서 같은 유형간의 다른 사건들과의 관계를 보여주지 못한 다. 그렇다면 사건유형과 표상지각을 적용하여야 한다. {〈e0: 1, Sr, 조, E, 예〉; 〈of, t1*, 잭키, 예〉; 〈of, t2*, 몰리, 예〉; 〈E: = at h: 문다, t1*, t2*, 예〉; 〈개, t1*, 예〉; 〈개, t2*, 예〉}.

두 번째 문제는 진실성원리가 어떻게 구성될 수 있는가라는 것이다. 이를 위해 다음의 관찰로부터 시작하여 보자. 만일 우리의 지각구조가 완전히 신뢰할 수 있는 것이라면, 다음과 같은 제약이 사실적이 된다. {〈C: = lu, 관계한다, E, E1, 예〉; 〈E: = l*, Sr, a*, E*, 예〉; 〈anchors, f*, E*, 예〉; 〈E1: = the anchoring of E* by f*〉}. 그러나 우리는 우리의 지각을 완전히 신뢰할 수 있는 것이라고 생각하지 않는다. 위의 제약은 어떠한 조건하에서만 사실적이다. 그렇다면 다음의 조건을 위의 정의에 부가하여야 한다: 사건유형 E0이 있고 E0은 사실적이고 e는 유형 E0에 속한다.

이러한 분석이 주어진다면, 다음과 같은 구별이 가능하다. 정상적 환경 안에서의 지각사건은 우리가 〈사건-의미〉라 부르는 것을 가지며, 심성의 틀은 사건-유형의미를 갖는다. 예를 들어 조의 지각적 사건은 잭키가 몰리를 무는 것을 뜻하지만, 이 때의 그의 심성틀은 그의 면전에서 어떠한 종류의 사건유형이 발생한다는 것을 뜻한다. 이러한 관계를 기호로 옮기기 위하여, 〈d〉는 지각자를 나타내고, 〈c〉는 지각배경에 의해 마련되는 접속함수이다: 〈d, c{E} e〉 ↔ E[d, c]는 e의 부분이다.

〈같은 것을 보다〉라는 지각적 상황을 고려할 수 있다. 특정한 축구에 대한 나의 영상들은 각기 두 가지 뜻에서 동일한 축구에 대한 것이다: (가) 지각배경이 각 영상을 그 앞의 영상처럼 동일한 공에 접속하기 때문에 각 후자의 영상은 각 전자의 영상처럼 동일한 공에 관한 것이다; (나) 사람들이 동일한 대상을 볼 때 정상적 상황에서 나타나는 계기적 succeeding 영상들 간의 관계가 있다.

(나)에서의 영상들이 갖는 관계를 〈시각적 연결 visually linked〉이라 부른다. 그러나 하나의 대상을 동일한 것으로 인식할 수 있다는 가능성은 영상들이 시각적 연결을 갖지 않는다는 것을 뜻한다. 시각

적 연결의 영상들은 심성틀을 표상하는 다양한 사건유형 안에서 단일한 미확정자를 사용하여 표상될 수 있다. t*, t1*, … 등은 시각적 미확정자들이며, 영상을 표상하며 관찰자가 보는 장면의 대상들에 접속하여 있다. {⟨e: l, Sr, a, E, 예⟩; ⟨of, t*, 축구공, 예⟩; ⟨of, t1*, 잔디, 예⟩; ⟨of, t2*, 우체통, 예⟩; ⟨E: = h*, on t*, t1*, 예⟩; ⟨축구공, t*, 예⟩; ⟨잔디, t1*, 예⟩; ⟨우체통, t2*, 예⟩; ⟨의 좌측에 있다, t*, t2*, 예⟩}; {⟨e′: l′, Sr, a, E1, d, 예⟩; ⟨of, t*, 축구공, 예⟩; ⟨of, t1*, 잔디, 예⟩; ⟨of, t2*, 우체통, 예⟩; ⟨E1: = h*, on t*, t1*, 예⟩; ⟨축구공, t*, 예⟩; ⟨잔디, t1*, 예⟩; ⟨우체통, t2*, 예⟩; ⟨의 좌측에 있다, t*, t2*, 아니오⟩; ⟨의 앞에 있다,t*, t2*, 예⟩}; { l ⟨ l′}.

이러한 사건 e는 하나의 복합적 지각이다. 여기에서 사용된 시각적 미확정자는 영상들의 시각적 연결을 표상하도록 사용되었지만, 그 영상들이 동일한 대상에 관한 영상이라는 것을 함의하지는 않는다. 왜냐하면 언제나 다음과 같은 사건이 가능하기 때문이다: ⟨e: l′, of, t, 대체된 축구공, 예⟩.

믿음과 관념을 표상할 수 있다. 믿음들은 복합적 사건-유형들이다. 그 구성요소들은 우리가 ⟨관념 idea⟩이라 부르는 것들이다. 관념들은 지각적 영상들처럼 이상적으로는 사물에 관한 것이지만 아무것에 관한 것이 아닐 수 있다. 지각을 지각조건과 지각배경으로 나누었던 것처럼 믿음도 믿음조건과 믿음배경으로 나눌 수 있을 것이다. 믿음조건들은 (가) 표상된 믿음(represented belief, Br)이라는 관계; (나) 도식; (다) 사건-유형들의 집합으로써 분류된다. 그리고 표상믿음관계는 다음과 같이 정의된다: Br =df. e0, in ⟨e0: l, Br, a, S, 예⟩; ⟨of, x*, b, 예⟩.

여기에서, x*는 도식 S 안에 들어 있는 미확정자들의 범위를 나타내며 b는 x*가 올바로 접속하는 종류의 사물이다. (1)과 같은 형태의 사실이 믿음조건이고, (2)의 형식의 사실이 믿음의 배경이고, S 안의

미확정자들은 e0의 관념들이다. 그렇다면 〈조는 잭키가 그의 개 몰리를 물고 있다라고 믿는다〉라는 심성상태는 다음과 같이 분석된다. {〈e0: l, Br, Joe, E, 예〉; 〈of, a*, 잭키, 예〉; 〈of, b*, 몰리, 예〉; 〈E: = h*, 문다, a*, b*, 예〉; 〈에게 속한다, b*, I*, 예〉; 〈개, a*, 예〉; 〈개, b*, 예〉}. 믿음상태들은 정상적인 경우 접속되어 있다. 그러나 이것은 필연적이 아니다.

(42) 내가 축구공이 잔디에 있는 것을 보았다고 나는 생각했다.

(43) 내가 전에 본 축구공이 아직 거기에 있다고 나는 믿는다.

(42)에서 나의 관념은 어떤 축구공에 관한 것이 아니고 아무것에도 접속되어 있지 않을 수도 있다. 그러나 (43)의 경우 나의 관념은 그 축구공에 접속되어 있다. 그러나 두 경우 모두 나의 관념과 나의 영상 간의 관계들은 동일하다.

〈형성적 연결 formative linking〉이라는 관계개념을 제시하여 보자. 이것은 축구의 영상과 그로 인해 형성된 관념과의 관계이다. 이것 역시 하나의 공통된 미확정자를 사용하여 표상된다. {〈e: l, Sr, a, E, 예〉; 〈Br, a, E1, 예〉; 〈E : = h*, on t1*, t2*, 예〉; 〈축구공, t1*, 예〉; 〈잔디, t2*, 예〉; 〈E1: = E plus h*, 같다, 1*, h*, 예〉}; {〈e1: l2, Br, a, E2, 예〉; 〈E2: = 1*: on, t1*, t2*, 예〉; 〈축구공, t1*, 예〉; 〈잔디, t2*, 예〉}; {1* 〈 h*}.

믿음의 유지는 동일한 상태에 있나는 것을 허용하시 않고 인과적 역할을 가질 수 있는 변화된 상태를 요구한다. 만일 나의 믿음이 l2〉l에 E1에 의해 표상된다면 혼란이 초래된다. 왜냐하면 나의 믿음은 축구공이 1에 잔디 위에 있다는 것에 대한 것이 아니기 때문이다. 동일한 믿음을 유지하기 위해서는 나는 나의 심성틀을 바꾸어야 한다.

재인 recognition의 분석을 위해서는 개념 concepts과 재인의 양상

modes을 필요로 한다. 〈관념〉은 믿음의 도식 S 안에 나타나는 하나의 미확정자를 지시하는 것으로 사용하였다. 이에 대해 〈개념〉은 〈o*, S(o*, …)〉의 짝을 지시하는 것으로 사용된다.

{〈e0: 1, Br, a, S, 예〉; 〈of, x*, b, 예〉; …}. e0과 같은 상황에서 f가 o*를 제외한 e0의 모든 미확정자들의 접속을 부여한 경우, a는 b에 대한 S[a, 1, f]라는 개념을 갖는다라고 할 수 있다. 그리고 t 가 b에 접속되어 있는 e에서의 시각영상이라면 a가 〈E: = h*, 같다, o*, t*, 예〉라는 믿음을 가진 경우 〈o*, S〉라는 새념은 e 안에서 b에 적용되어 있다라고 할 수 있다. 이러한 구조에서 x에 대한 어떤 개념은 x에 대해 틀린 정보를 담을 수 있다. 축구공에 대한 나의 재인은 다음과 같은 구조를 가지고 있다: 내가 어제 본 잔디 위에 있는 축구공에 대한 나의 믿음, 이것은 그 축구공에 대한 하나의 개념을 나에게 제공한다; 이번에는 지붕 위에 있는 그 축구공을 봄; 그 공에 대한 나의 처음의 개념을 이 공에 적용하고 그럼으로써 이것이 동일한 축구공이라는 믿음에 도달.

개념들은 제약-유형들을 내준다. {〈C/i*, h*, t*: = 1, 관계한다, S′(… t*…), E, 예〉; 〈E: = h*, 같다, t*, o*, 예〉; 〈S′은 S의 부분이다〉}. 이러한 제약유형을 우리는 재인 양상이라 한다. 하나의 개념은 많은 재인 양상을 허용하기도 하고 또 아무것도 갖지 않을 수도 있다. 몰리에 대한 조의 개념은 조가 몰리를 볼 때 몰리를 재인하도록 한다.

고유명사들은 재인의 명목적 양상 nominal modes을 나타낸다. 이것은 누가 또는 무엇이 말하여지고 있는가를 말할 수 있게 한다. {〈C/i*, h*, t*: = 1, 관계한다, S′(… t*…), E, 예〉; 〈E: = h*: 지칭한다, t*, o*, 예〉; 〈S′은 S의 부분이다〉}.

자아개념과 자아재인의 능력에 대해서도 말할 수 있다. 인지 cog-nition란 시공 안에 하나의 관점으로부터 인지조건들을 사건유형으로써 표상함으로써 발생한다. 나의 모든 지각과 믿음들은 나와 나의 현재의 자리에 대하여 정보와 오보를 가지고 있다. 나의 어떤 믿음 S가 주어진다면, $\langle i*, S \rangle$는 나의 나에 대한 개념이고, $\langle h*, S \rangle$는 나의 현재 자리에 대한 개념이다. 나는 나 자신과 나의 자리에 대한 다른 나의 개념을 가질 수 있다. 앞의 나의 개념과 뒤의 나의 개념은 연결되지 않은 상태이다. 예를 들면 나는 거울의 나를 보면서도 이를 알지 못할 수 있다; 신문에서 나에 대한 기사를 읽으면서 이를 인식하지 못할 수 있고; 나의 현위치를 가르치는 지도상의 지점을 지적하면서도 이를 분별하지 못할 수 있다. 나는 나 자신에 대해 두 개의 다른 개념들을 가질 수 있다. 정상적인 $\langle i*, S \rangle$와 상이한 $\langle a*, S' \rangle$를 가질 수 있다. 이들이 동일한 개별자, 즉 나에 대한 개념들이라고 인식하고 도식들을 S+S′으로 결합하였을 때만 비로소 나는 두 개념을 하나로 통합한 것이 된다. 이것을 〈믿음의 적용〉이라고 부른다.

  믿음적용의 일반적 경우를 보자. 멜라니는 짐에 대해 통합되지 않은 세 개의 다른 개념들을 갖고 있다. 첫째는 멜라니가 짐이 안초비를 먹는 것을 멀리서 본 경우이고, 둘째는 멜라니가 짐이 얼마나 유명한 경주 자동차 운전자인가에 대해 많이 들은 경우이고, 셋째는 멜라니가 짐을 방금 처음으로 만난 경우이다. 멜라니의 첫째와 둘째 개념들은 모두 짐에 관한(of) 것이지만 짐에게 지금 적용되고 있는 것은 아니다. 그리고 둘째의 경우 짐이 그의 경주용 장비를 입고 경주용 차에 타고 있다면 멜라니는 그를 재인할 수도 있을 것이다. 그러나 지금 당장 멜라니는 짐을 전에 한 번도 만난 적도 들은 적도 없는 그러나 괜찮은 녀석으로 취급한다.

  상식심리학은 우리가 여러 가지를 믿는 바의 대상들을 어떻게 취급할 것인가에 대하여 많은 원리들을 가지고 있다. 그러나 이러한 원리들은 우리가 그 믿음에 포함된 재인 양상을 통하여 그 대상들을 재인하는 경우에만 적용되고 그렇지 않으면 그 원리들은 적합하지 않다. 일반적으로 믿음의 주체, 인지적 상태나 활동에 허용되는 정보란 b에 관한 것이지 b 자체에 관한 것이 아니다 information about b, not b himself. 만일 a가 b가 러시아음악에 관한 대가라는 것에 설득되었다면 a는 b가 그러하다는 것을 믿을 것이다. 그러나 이것은 a가 b에 관해 가지고 있는 모든 개념이 수정된다는 것을 함축하지 않는다. 이것은 다만 a가 이 정보를 그 개념에 연결할 수 있는 재인 양상을 포함하는 개념들에만 수정을 가능하게 한다.

일관적 믿음이라는 것이 있다. 우리는 일반적으로 사람은 합리적이며 그의 믿음은 어떤 의미에서 일관된다고 가정한다. 여기에서 두 가지 종류의 불일관성 incoherence을 구별한다. (가) 하나의 믿음상황 e0이 〈인지적으로 일관적이다〉라는 것은 e0의 모든 믿음도식들의 합이 일관적이라는 것이고 그렇지 않으면 〈인지적으로 불일관적이다〉라는 것이다. 그리고 (나) e0이 〈외연적으로 일관적이다〉라는 것은 믿음배경에 의해 접속된 모든 믿음도식들의 합이 일관된다는 것을 뜻하고, 그렇지 않은 경우 〈외연적으로 불일관적이다〉라고 한다. 그렇다면 외연적으로 일관된 어떠한 믿음상황도 필연적으로 인지적 일관성을 유지하지만 그 역은 성립하지 않는다.

예를 들어 크립키의 믿음의 난제를 보자. 크립키는 여기에서 두 가지 종류의 불일관성의 구별을 추적하지 않는 것이 문제라는 것을 지적할 수 있다. 피에르는 런던에 대해 두 가지 다른 개념들을 가지고 있으며 따라서 그는 인지적으로 불일관성을 갖지 않지만 외연적으로 불일관성을 갖는 것이다.

4.3 태도보고

태도보고는 태도주체의 믿음 S를 그 해석 e에 관한 정보를 제시함으로써 간접적으로 기술한다는 점을 주장하여 왔다. 그러나 여기에는 두 가지 다른 접근 방식이 있다. 두 접근방식을 규정하고 이에 대한 예를 들어 양자가 비교되도록 하겠다. {⟨e0: 1, BO, a, e, 예⟩ ↔ 모든 S와 f에 대하여 ⟨e0: 1, Br, a, S, 예⟩; ⟨of, x*, f(x*); 예⟩; ⟨f를 확장한 g 는 e 가 유형 S[a, 1, g]에 속하는 방식이다⟩}. {⟨d, c{ BELIEVES THAT P} a, e0⟩ ↔ 적어도 하나의 S와 f가 있어서 ⟨S, f⟩는 1=c(BELIEVES)에서 a가 ⟨d, c{ P}⟩를 믿는 방식이다}; {⟨e0: 1, Br, a, S, 예⟩; of, x*, f(x*), 예⟩}; {⟨d, c{DOES'NT BELIEVES THAT P} a, e0⟩ ↔ 적어도 하나의 S와 f가 있어서 ⟨S, f⟩는 1=c(BELIEVES)에서 a가 ⟨d, c{P}⟩를 믿지 못하는 방식이다}; {⟨e0: 1, Br, a, S, 아니오⟩; ⟨of, x*, f(x*), 예⟩}.

(44) 린나는 그의 아기 에린이 배고프다고 믿는다.
(45) 바바라는 그의 아기 베스가 배고프다고 믿는다.
(46) 자기 아기가 배고프다고 믿는 어머니는 아기를 먹일 것이다.

BO의 관계의 수준에서는 (44)와 (45)의 제일성이 나타나지 않는다. 왜냐하면 두 어머니가 각기 다른 사건에 BO의 관계를 가질 뿐이기 때문이다. 그러나 그들의 Br이 다음의 E에 관련을 맺게 함으로써 그 공통점에 이를 수 있다:

(47) ⟨E: = h*, 의 아기이다, a*, I*, 예⟩; ⟨배고프다, a*, 예⟩.

두 어머니는 그들의 믿음조건이 이 세계에 어떻게 접속하는가에 따라 다른 믿음을 갖게 된다. 그리고 E는 동일한 한 어머니의 상이한 자리에서의 상황들의 공통성을 나타낼 수 있다.

(48) [((자기)1 아기)2가 배고프다]2고 믿는 (어머니)1은 아기를 먹일 것이다.

정상적으로는 대부분 (46)의 전건에 적합하게 (47)의 방식으로 믿는다. 그러나 다른 종류의 접속이 발생(예 육아원실험)할 수 있다. 그렇다면 정상적인 경우에 적용되는 다음과 같은 제약조건을 제시할 수 있다. {⟨C: lu, 관계한다. E1, E2, 예⟩; ⟨E1: = 1*: 어머니, b*, 예⟩; ⟨Br, b*, E, 예⟩; ⟨E 위에서 서술된 대로⟩; ⟨E2: = 11*: 먹인다, b*, a*, 예⟩; ⟨1* ⟨ 11*⟩}.

제5장
크립키의 믿음

심리언어를 이해할 수 있는 기초를 마련하기 위하여 프레게와 러셀은 논리적 원리를 적용할 수 있는가에 주목하는 한편, 콰인은 그 실패를 지칭의 불투명성에서 진단하였다. 바와이즈와 페리는 의미 일반을 상황의 구조에서 확보할 수 있는가에 주목하여 상황 의존적인 지칭 개념을 탐구하고 있었다. 그러나 나는 크립키가 그의 논문[1] 한 편을 통하여 논리적 접근의 불가능성을 보였다고 생각한다. 과거의 철학자들이 보았던 믿음의 문제는 논리나 지칭의 문제가 아니라 믿음 자체의 문제일 수 있다는 크립키의 논의는 그러한 방향을 시사한다고 보이기 때문이다. 크립키는 어떤 언어론에서도 거부하기 어려운 번역원리와 탈인용원리만으로 믿음이 문제를 제기하고 있기 때문이다.

크립키 논문의 함축은 크다고 생각한다. 심리언어에 논리적 구조를 부여할 수 없으면 이 언어는 계산성을 가질 수 없고 따라서 계산성

---

1) Saul Kripke, "A Puzzle About Belief", *Meaning and Use*, ed., A. Margalit, Dordrecht: Reidel, 1979.

에 기초를 두어야 하는 강한 의미의 인공지능은 또한 어려워진다. 이 논문의 발표 시점을 기점으로, 인공지능의 주제는 상층하향적 접근의 논리학이나 언어철학보다는 하층상향적 접근의 과학철학에서 탐구하게 되었다고 보여진다. 약한 의미의 인공지능이 현실적이기 때문이다. 그리고 명제태도에 대한 논리적 접근의 어려움은 언어철학의 매력을 감퇴시켰고, 그 자리에 또 하나의 하층상향적 접근의 심리철학이 들어서게 되었다고 믿는다.

제1절 기본원리

1.1 대치율

믿음에 대한 논리적 탐구에서 중요한 단위는 명제이다. 그러나 명제란 무엇인가? 명제의 내용은 어떻게 확정되는가? 명제내용의 동일성 기준은 무엇인가? 존 스튜어드 밀은 대치율을 통하여 그 기준을 제시한 것으로 보인다. 즉 하나의 문장에서 동일 대상의 이름, 예를 들어 〈시세로〉와 〈털리〉는 대치되어도 진리치는 물론이고 의미도 변하지 않는다고 생각한 것이다. 그리하여 〈시세로는 게으르다〉와 〈털리는 게으르다〉는 동일한 명제를 나타내는 두 개의 다른 문장이라는 것이다. 이름의 경우는 지식(…라는 것을 김씨는 안다), 믿음(…라는 것을 이씨는 믿는다), 양상(…라는 것은 필연적이다) 등의 문맥에 대치율이 일관적으로 적용되고 이로써 얻어진 문장은 동일한 명제 또는 동일한 명제내용을 표현한다.

그러나 〈최소의 소수〉와 〈존스의 선호수〉가 동일한 대상을 나타내는 경우를 고려하여 보자. 이 때 우리는 〈최소의 소수는 짝수이다〉와 〈존스의 선호수는 짝수이다〉라고 말할 수 있다. 그러나 이들을 양상의 문맥에 적용하였을 때, 두 가지 해석의 가능성 때문에 문제가 발생한다. 양상이 언어적 de dicto 해석과 존재적 de re 해석을 받을 수 있다는 것이다. 예를 들어 〈존스의 선호수는 짝수이다〉라는 문장을 양상문맥에 넣었을 때 〈존스의 선호수는 필연적으로 짝수이다 Jones' favorite number is necessarily even〉가 얻어진다. 그러나 이것은 다음과 같은 두 가지 해석에 열려 있다: 존스의 선호수가 짝수라는 것은 필연적이다 It is necessary that Jones' favorite number is even; 존스의 선호수에 관하여 말한다면 그것은 필연적으로 짝수이다 Jones' favorite number is such that it is necessarily even. 후자는 대물적 문장으로서 참일 수 있지만 전자는 대언적 문장으로서 참일 수 없다는 것이다.

그러나 〈최소의 소수〉라는 표현의 경우 사정이 다르다. 〈최소의 소수는 짝수이다〉라는 문장을 양상문맥에 넣었을 때 〈최소의 소수는 필연적으로 짝수이다〉가 얻어진다. 그리고 이것은 대언적 해석과 대물적 해석으로 나뉜다: 〈최소의 소수가 짝수이다라는 것은 필연적이다〉와 〈최소의 소수에 관하여 말한다면 그것은 필연적으로 짝수이다〉가 그것이다. 〈최소의 소수〉라는 표현의 양상문장에 대한 대물적 해석이나 대언적 해석은 〈존스의 선호수〉가 제기하는 그러한 문제를 발생시키지 않는다. 상황이 이러하다면 〈최소의 소수〉와 같은 공지시적 codesignative 고유명사들은 대치 가능하지만 〈존스의 선호수〉와 같은 공지시적 기술어귀들은 그렇지 않다.

밀의 명제개념이 지칭론에 근거하고 있다면 이것은 소위 현대철학에서 직접 지칭론이라는 것이고 이것은 기술론적 지칭론에 의하여 비판을 받는다. 기술론에 의하면 이름들은 그 지시체를 확정하는 대상의 현현 presentation의 양식을 갖는다. 예를 들어 〈헤스퍼러스〉와 〈포스퍼러스〉는 동일한 대상을 지시하면서도 현현의 양식을 달리 갖는다. 전자는 〈저녁에 나타나는 금성〉을, 후자는 〈새벽에 나타나는 금성〉이라는 현현의 양식을 갖는다.

그리하여 첫 번째 비판은 문장들은 공지시적인 이름들의 대치에 의하여 양상적 가치를 바꿔 버린다는 것이다. 예를 들어 〈헤스퍼러스는 헤스퍼러스이다〉와 〈헤스퍼러스는 포스퍼러스이다〉에서, 전자는 필연적이지만 후자는 우유적이다. 두 번째 비판은 공지시적인 이름들이 믿음이나 인식적 문맥에서 대치 가능하지 않다는 것이다. 〈툴리는 캐서린을 비난하였다〉와 〈시세로는 캐서린을 비난하였다〉에서 톰은 전자에 대하여는 동의하면서도 후자에 대하여는 동의하지 않을 수 있는 것이다.

그러나 크립키는 기술론에 대하여 다음과 같이 비판한다. 첫 번째 프레게는〈…라는 것 that〉이라는 명사절은 단일한 명제를 갖지 않는다고 말한다. S라는 문장과 S라는 것의 명사절은 동일한 명제를 나타내지 않는다. 그러나 이것은 프레게의 뜻과 지시체의 이론 안에서 문제점으로 지적될 수 있다. 전자가 나타내는 명제는 전자가 지시하는 진리치이지만 후자가 나타내는 명제는 그 문장의 뜻이기 때문이다. 그리하여 프레게는 〈어떤 사람은 시세로가 툴리라는 것을 모른다〉라는 것을 말할 수조차 없게 된다. 여기에서 어떤 사람에게는 알려져 있지만 다른 사람에게는 알려져 있지 않은 〈시세로는 툴리라는 것〉이 나타내는 사실이라는 것은 없다는 것이다. 그러한 사실이 있어야 프레게는 이를 말할 수 있음에 반하여 그의 이론은 그러한 사실의 가능성을 부인하기 때문이다.

두 번째 비판이 있다. 유치원생은 〈나는 아인슈타인을 좋아한다〉라고 말할 수 있다. 그러나 〈아인슈타인〉이라는 이름을 사용하는 유치원생이 아인슈타인에 대해 알고 있는 모든 것은 〈유명한 과학자〉 정도일 수 있다. 기술론자에 의하면 〈아인슈타인〉이라는 이름의 사용은 사용자가 아인슈타인에게만 적용될 수 있는 기술어귀를 알아야 한다는 것이다. 예를 들어 〈노벨상을 받은 일반 상대성원리와 특수 상대

성원리를 고안한 과학자〉라야 한다는 것이다. 그러나 언어 공동체는
그 유치원생은 그 문장을 말하는 데 있어서 그 이름을 올바로 사용
하고 있다고 할 것이다. 그리고 세 번째 지적은 앞에서 지적한 것처
럼 기술론도 믿음의 문맥에서 이름의 대치율 적용의 실패를 설명하
지 못한다는 것이다.

1.2 탈인용과 번역의 원리

믿음을 규정하는 데 있어서 한 가지 방식은 문장과 번역의 관계에
서 이를 제시하는 것이다. 어떤 문장에 대한 긍정은 그 문장이 나타
내는 명제의 믿음의 내용을 이룬다고 할 수 있기 때문이다. 그러나
문장 긍정과 믿음 내용과의 관계는 어느 정도로 제시할 수 있는가?
한 가지 제안은 〈과묵하지 않은 정상적인 화자가 숙고 끝에 진지하
게 'P'에 동의하는 경우 그리고 이 경우에만 그는 P를 믿는 것이다〉
이다. 이 제안은 〈강탈인용원리〉라 명명할 수 있을 것이다. 왜냐하면
추리적인 믿음은 진지한 동의 없이 발생할 수 있기 때문이다. 그렇다
면 이 원리는 보다 약화될 수 있을 것이다. 〈만일 정상적인 화자가
숙고 끝에 진지하게 'P'에 동의한다면 그는 P를 믿는 것이다〉가 그것
이다. 그리고 사람들이 번역을 하는 것은 〈번역의 원리〉 같은 것을
상정하고 있기 때문일 것이다. 그 원리는 다음과 같이 구성될 수 있
다: 〈만일 L1에서의 한 문장이 L1에서 진리를 나타낸다면 그 문장의
L2에서의 번역문은 L2에서도 진리를 나타낸다〉.
번역원리와 약탈인용원리를 적용한 믿음의 예를 들 수 있을 것이
다. 피에르는 불어체계의 〈Dieu existe〉라는 문장에 숙고 끝에 진지
하게 동의한다. 그렇다면 이로부터 우리는 약탈인용원리를 적용하여
불어체계 안에서 〈Pierre croit que Dieu existe〉를 추리할 수 있다.
그리고 번역원리를 응용하여 〈피에르는 신이 존재한다는 것을 믿는

다〉라고 한국어로 결론지을 수 있다. 두 개의 자연언어 간의 번역원리는 두 개인 간의 방언에도 적용된다. 김씨는 김씨의 개인방언 안에서 숙고 끝에 진지하게 〈신이 존재한다〉에 동의한다. 이 말은 화자 이씨의 개인언어 안에서 보고된 내용이다. 그러나 김씨의 문장동의로부터 약탈인용원리를 적용하여 김씨의 개인방언 체계 안에서 〈김씨는 신이 존재한다는 것을 믿는다〉로 추리될 수 있다. 그리고 이러한 김씨의 믿음은 화자 이씨의 개인방언 체계 안에서 〈김씨는 신이 존재한다는 것을 믿는다〉로 번역원리를 적용하여 번역될 수 있다.

1.3 기술론의 문제

기술론자는 인식문맥에서의 대치율을 포기할 수 있다는 논의를 제기할 수 있을 것이다. 첫째로 대치율을 가정하고, 둘째로 화자가 숙고 끝에 진지하게 〈시세로는 대머리이다〉와 동시에 〈털리는 대머리가 아니다〉에 동의한다고 가정하자. 그러면 약탈인용원리에 의하여 화자는 시세로가 대머리라는 것을 믿고 털리는 대머리가 아니라는 것을 믿는다. 그러나 이 믿음은 대치율에 의하여 화자는 시세로가 대머리라는 것을 믿고 시세로는 대머리가 아니라는 것을 믿는다는 것을 함축한다. 그러나 이것은 불가능하다. 고로 첫째 가정은 거부된다.

그러나 기술론 안에서는 대치율을 포기하는 그러한 논의가 진술될 수도 없다.

(1) 존스는 〈시세로는 대머리고 털리는 대머리가 아니다〉라고 말한다.

(2) 존스는 시세로는 대머리고 털리는 대머리가 아니라고 믿는다.

(3) 나는 시세로는 대머리고 털리는 대머리가 아니라고 믿는다.

(4) (3)은 존스의 개인언어 안에서 진리를 표현한다.

(5) 존스는 X는 대머리고 Y는 대머리가 아니라고 믿는다.

제5장 크립키의 믿음

프레게와 러셀이 옳다고 가정하자. 그리고 (1)인 경우 약탈인용원리를 사용한다고 하여도 나는 (1)로부터 (2)를 연역할 수 없다. 왜냐하면 존스와 내가 모든 이름에 동일한 뜻을 부여하지 않는다면, 우리는 공통된 개인언어를 소유하지 못할 것이다. 존스는 〈시세로〉와 〈털리〉에 다른 뜻을 부여할 것이지만 나는 그렇게 하지 않는다. 그렇다면 나는 (1)로부터 (2)를 연역할 수 없을 것이지만 존스는 (1)로부터 (3)을 그의 개인언어 안에서 연역할 수 있을 것이다. 그러나 여기에서도 나는 그러한 관계를 지지할 수 없을 것이고 고작 (4)를 말할 수 있을 것이다. 그리고 여기에 가까이 갈 수 있는 한 방식은 존스가 〈시세로〉와 〈털리〉에 부여하는 두 가지 뜻을 가지고 새로운 이름들 〈X〉와 〈Y〉를 나의 개인언어 안으로 도입하여 (5)를 끌어내는 것이다.

그러나 크립키는 대치율 없이도 믿음의 역설이 가능하다는 것을 보인다. 믿음의 문제를 지칭의 문제로 파악해온 전통에 대해 다른 차원의 문제를 제기하는 것이다. 프레게 이후 제기된 믿음의 문제의 심각성을 더 심화시키는 것이다. 믿음 역설이 탈인용 원리와 번역원리만을 사용하여 도출될 수 있다는 것이다. 이러한 도출은 직접적 지칭론에 대하여 제기되었던 〈믿음의 문맥에서 대치율이 적용되지 않는다〉라는 비판을 무력화시킨다. 믿음의 문맥의 당혹성은 대치율의 실패가 아니라 어쩌면 보다 본질적인 문제와 관련되어 있으면서도 그 문제가 아직 무엇인지조차 진단할 수 없는 그러한 당혹성이다. 다음에서 크립키의 문제제기를 따라가 보도록 하자.

제2절 믿음의 난제

2.1 여러 가지 논변

크립키는 피에르라는 교육도 받지 못하고 여행도 해 보지 못한 프랑스 시골 사람을 상정한다. 피에르는 런던에 대한 여러 가지 소문을 듣고 런던은 아름답다라는 의미의 〈Londres est jolie〉라는 불어문장을 말하게 된다. 우리는 약탈인용원리와 번역원리를 사용하여 이 불어문장으로부터

(6) 피에르는 런던은 아름답다고 믿는다.

라는 것을 추리할 수 있다. 그러나 피에르는 어떤 이유로 어느 나라에 가는지도 모르는 화물선을 타고 어느 도시인지도 모르고 런던의 빈민촌에 살게 되고 상당한 시간이 흘러 서투른 영어를 배우게 된다. 피에르는 〈런던은 아름답지 않다〉라는 의미의 영어문장이 나타내는 명제에 수긍하고, 〈런던은 아름답다〉라는 의미의 영어문장이 표현하는 명제에는 수긍하지 않는다. 그러면 우리는 이로부터 약탈인용원리와 번역원리를 다시 사용하여

(7) 피에르는 런던은 아름답지 않다고 믿는다.

는 한국어 문장을 추리하게 된다. 크립키는 (6)과 (7)을 아직도 참으로 말할 수 있는 상황에서 하나의 물음을 묻는다. 런던에 대해서 피에르는 어떤 믿음을 가지고 있는가?

동일한 문제가 다른 방식으로 제기될 수 있다. 피에르는 〈Sie New York est jolie, Londres est jolie aussi〉라고 말한다. 그렇다면 약탈

제 5 장 크립키의 믿음

인용원리에 의하여

(8) 피에르는 만일 뉴욕이 아름다우면 런던도 아름답다고 믿는다.

라고 추리할 수 있다. 그리고 피에르는 영어로 〈London is not pretty〉라고 말한다. 그리고 같은 원리에 의하여

(9) 피에르는 런던은 아름답지 않다고 믿는다.

라고 끌어낼 수 있다. 그리고 피에르는 (8)과 (9)로부터 후건부정논법을 사용하여 뉴욕은 아름답지 않다는 것을 연역하고 이를 믿을 수 있다. 그러나 피에르는 〈London〉과 〈Londres〉가 동일한 도시를 지시한다는 것을 모르는 동안 실제로 그러한 연역은 할 수 없다.

피에르가 두 이름들에 동일한 기술어귀를 사용하는 경우에도 역설은 발생한다. 먼저 두 이름에 동일한 동인적 성질identifying properties을 관련시키는 경우에도 이 난제는 발생한다. 피에르가 프랑스에서 〈Platon〉이라는 프랑스 이름이 하나의 중요한 희랍철학자라는 성질과 관련되어 있다는 것을 배운다. 그리고 후에 영국에서 〈Platon〉이 또한 하나의 중요한 희랍철학자라는 성질과 관련되어 있다는 것을 안다. 그러나 불어만을 사용할 때는 플라톤이 대머리라는 것 Platon etait chauve을 믿고 후에 영국에서는 플라톤이 대머리가 아니라는 것을 믿을 수 있다는 것이다.

그리고 동일한 선별적 동인성질the same uniquely identifying properties을 두 이름에 관련시키는 경우에도 이 난제는 발생한다는 것이다. 피에르는 프랑스에서 〈Londres〉라는 단어로 〈the capital city of Angleterre, containing le Palais de Buckingham, the residence of la Reine d'Angleterre〉라는 정관사어귀의 불어판의 이해를

가졌다. 그러나 그가 영국에 와서 사정은 달라졌다. 〈London〉이라는
단어를 〈the capital city of England, containing Buchingham Palace,
the ressidence of the Queen of England〉라는 표현하에서 파악하는
것이다. 피에르는 두 이름에 동일한 선별적 동인성질을 관련짓고 있
으면서도 이를 모를 수 있다는 것이다.

　동음이나 동철자의 경우에도 난제는 발생한다. 위에서 고유명사가
문제를 발생시키는 것에 착안하여 고유명사의 번역은 동음적 가치를 갖
도록 제한할 수 있을 것이다. 그래서 피에르의 〈Londres est jolie〉는
〈Londres is pretty〉으로 번역될 것이다. 그러나 믿음의 이 난제는
고유명사 때문에 발생하는 것이 아니다. 고유명사 간에 발생할 수 있는
이 난제는 자연종 명사 사이에서도 발생한다는 것이다: rabbit-lapin,
beech-hetre, pear-배, persimmon-감, lax-훈제한 연어, orange-밀감.
그렇다면 모든 자연종 명사도 번역 대신에 고유명사처럼 조정되어야
할 것이다.

　번역에 대한 제한을 극심하게 하는 경우에도 이 난제는 발생한다
는 것이다. 동일한 언어 그리고 동일한 이름, 동일한 철자인 상황이
있다. 피터가 동일한 사람에 대해서 다른 공동체들을 통하여 다음과
같은 믿음들을 가질 수 있다는 것이다. 피터는 피아노 연주를 하는
파데레프스키를 보았고 〈피터는 파데레프스키가 음악 재능을 가졌다
고 믿는다〉라고 참으로 말하는 경우가 있다. 그리고 몇 십 년 후에
피터는 정치가로서의 파데레프스키를 만났고 〈피터는 파데레프스키
가 음악 재능을 갖지 않았다고 믿는다〉라고 참으로 말하는 경우도
있다. 두 경우는 위의 조건을 만족하면서 발생하는 믿음의 난제이다.
유일한 제한 조건은 피터가 두 파데레프스키가 동명이인이라고 생각
하는 것이다. 그리고 그러한 생각은 얼마든지 가능한 것이다.

2.2 문제의 심각성

크립키가 제기하는 믿음 난제는 콰인의 번역불확정 원리보다 심각하다. 믿음 난제는 원초적 상황을 상정하지 않아도 되기 때문이다. 믿음 난제는 통상의 번역의 상황에서 발생한다. 동음 homophonic 언어, 즉 개인언어 idiolect 번역에서도 일어나기 때문이다. 믿음 난제는 단순히 〈경쟁적인 번역후보들이 우리의 기준을 만족한다〉거나 〈피에르의 믿음들에 관한 다른 해석들이 상황에 모두 맞다〉의 정도가 아니라, 〈그러한 해석들이 모두 확정적으로 상황에 맞지 않다〉는 것이다. 왜 그러한가? 피에르가 런던에 체류하는 동안 피에르에 대해 다음과 같은 서술을 할 수 있을 것이다.

(10) 이 시점에서 우리는 피에르의 불어 언명을 존중하지 않는다;

(11) 우리는 그의 영어 언명을 존중하지 않는다;

(12) 우리는 둘 다 존중하지 않는다;

(13) 우리는 둘 다 존중한다.

믿음 난제가 발생시키는 역설은 위의 네 가지가 가능한 설명의 전부이면서 아무것도 받아들일 수 없다는 점이다. 우리가 해결하여야 하는 문제는 이것이다: 피에르는 도대체 런던이 아름답다고 믿는가 믿지 않는가?

2.3 도넬란의 해석

도넬란에 의하면 크립키의 지칭이론은 적어도 두 가지 주장을 가지고 있다.[2] 하나는 지칭에 대한 프레게-러셀 이론은 틀렸다는 것이

---

2) Donnellan, Keith S., "Belief and the Identity of Reference", *Midwest*

고 다른 하나는 단칭명사는 그 담지자를 지시하는 기능 이외의 어떤
의미론적 역할도 갖지 않는다는 것이다. 지칭이론의 이러한 두 가지
전통은 명제태도에서 딜레마를 제시한다. 지칭이론으로서는 크립키가
매력적이면서도 명제태도를 설명하지 못하고, 러셀의 일상적 고유명
사론은 상식을 반영하는 것 같으면서 명제태도를 더 잘 조명하는 것
으로 보인다.

이러한 상황에서 도넬란은 크립키가 믿음에 관한 당혹성을 구성하
는 데 있어서 세 가지 원리를 사용한다라고 생각한다. 탈인용원리
(D), 역탈인용원리(R), 그리고 번역원리(T)이다. 이들은 각기 다음과
같다: 언어 L의 화자가 문장 〈P〉에 진지하게 동의한다면 그는 P를
믿는 것이다; L의 화자가 P를 믿는다면 그는 〈P〉에 진지하게 동의할
성향을 가질 것이다; L1의 〈P〉가 L1에서 참이라면 임의의 언어 L2
의 그 번역인 〈Q〉는 L2에서 참이다. 도넬란에 의하면 크립키는 다음
과 같이 주장한다: (i) 우리는 어떤 지칭이론도 없이 DT만을 사용해
서도 DRT가 결과한다는 동일한 역설에 도달한다; (ii) DRT의 반대
자는 그들의 논의에서 적어도 D를 전제한다.

DRT에 의하면 〈시세로〉와 〈털리〉 같은 고유명사는 동일한 의미론
적 기여를 한다. 그렇다면, 즉 DRT가 옳다면 시세로는 대머리이고
털리는 그렇지 않다고 믿을 수 있는 사람이 없을 것이다. 그러나 우
리의 직관에 의해 어떤 사람도 바로 그러한 심리적 상태에 있을 수
있다는 것을 안다. 이러한 우리의 직관은 또한 DRT에 의존한다. 왜
냐하면 우리는 DRT에 의하여 믿음의 귀인을 하기 때문이다. 그러나
크립키는 첫째 주장에 의하여 어떤 지칭이론도 상정하지 않고 DT만
을 사용하여 그러한 역설이 발생하는 것을 보인다.

크립키는 DRT를 사용하여 모순에 도달할 수 있다고 해석한다. 영
어 화자로서의 피에르의 행위를 근거로 우리는 〈그가 런던은 아름답

다는 것을 믿지 않는다〉라는 것을 추론할 수 있고 불어 화자로서의
피에르의 행위를 근거로 우리는 〈그가 런던은 아름답다는 것을 믿는
다〉라는 것을 추론할 수 있다는 것이다. 도넬란은 이러한 크립키의
논의에서 믿음의 당혹성은 언어나 표현 또는 지칭의 문제와 관련되
어 있지 않고, 믿음의 당혹성은 믿음 고유의 문제라는 것을 시사하고
있다. 역설은 언어적 상황의 독립성에 근거한다는 것이다. 불어적 상
황과 영어적 상황이 독립하여 양자를 연결할 수 있는 심리적 장치가
없다는 것이다. 도넬란은 이를 일반화하여 역설의 논리를 다음과 같
이 제시한다.[3]

(14) 두 가지 사태 A와 B는 서로 독립하여 있다.

(15) 만일 A가 B 없이 독립하여 존재한다면 P가 참일 것이다.

(16) B의 존재는 P의 진리치에 의문을 제시할 것이다.

제3절 세 가지 대응

철학자들은 명제태도의 언어가 어떻게 외연적 계산성을 유지할 수
있는가에 주목하였다. 프레게와 러셀은 논리적 원리를 적용할 수 있
는 방식을 탐구하고, 콰인과 카플란과 크바트는 지칭 불투명성을 극
복하여 논리적 원리가 적용될 수 있을 것으로 소망하고, 바와이즈와
페리는 지칭의존적인 개념을 상황 논리에서 찾았다. 그러나 크립키는
믿음의 문제가 논리나 지칭의 문제라기보다는 믿음 자체의 문제일
수 있다는 것을 번역원리와 탈인용원리라는 최소한의 전제만으로 보
이고 있다. 이러한 크립키에 대해 세 가지 반응이 있다. 마커스는 크

---

3) 일반화 기호의 근거를 다음과 같이 들 수 있을 것이다. A: 피에르의 불어 믿음
   사태; B: 피에르의 영어 믿음 사태; P: 피에르의 불어 믿음 명제.

립키의 논의를 무효화하고자 한다. 불가능한 것은 믿을 수 없다고 하여 가능한 것에 대한 믿음의 명제태도 언어에만 외연적 논리를 적용하고자 한다. 오웬스는 〈유능한 언어 사용자가 언어를 지배하는 모든 규칙을 알 수 없다〉라는 가설을 제안하여 역시 논리언어의 영역을 제한하고자 한다. 그러나 선우환은 반대 방향을 선택한다고 보인다. 〈문장은 다수의 명제를 표현한다〉라는 관점으로부터 명제태도의 논리를 조명하고자 하는 구성주의적이고 전통적인 관심보다는 명제태도의 과정을 보이고자 하는 서술주의적 길을 제안한다.

3.1 바르칸 마커스

마커스는 크립키의 믿음의 난제를 풀기 위하여 믿음에 대한 하나의 입장을 제시한다.[4] 그것은 믿음을 사람과 한 가능상태의 한 관계로 보자는 것이다. 이것은 지식을 사람과 어떤 현실상태와의 한 관계로 보는 것과 짝을 이루는 것으로 보인다. 이러한 믿음의 관점이 어떻게 크립키의 난제를 해결하는가? 마커스는 이를 위해 두 가지 논거를 제시한다. 하나는 전통적 관점에 대한 비판이고 하나는 그의 적극적 논의이다.

전통적 관점은 〈p〉의 거짓이 p를 믿는다는 것을 배제하지 않는다는 것이다. 이 관점은 일관되게 주장될 때 〈p〉의 필연적 거짓도 그 믿음의 가능성을 제외하지 않는다는 결론에 이른다. 그리하여 거짓인 동일성 명제, 예를 들어 혜강은 완당이다라는 것은 형이상학적 불가능성인데도 믿어질 수 있다는 것이다. 그리고 수학적 가설도 거짓이라면 필연적 거짓인데도 믿음의 대상이 된다는 것이다.

믿음에 대해서는 여러 가지 제약조건이 있을 수 있다고 마커스는

---

4) Ruth Barcan Marcus, "Rationality and Believing the Impossible", *Journal of Philosophy,* 1983, pp. 321-338.

말한다. 약한 제약조건과 강한 제약조건이 있다. 약한 조건은 〈이 사람은 p가 불가능하다는 것을 믿지 않으며 일관된다고 생각하는 것만을 믿는다〉이고, 강한 조건은 〈이 사람은 추리능력을 완전하게 가지며 근거에 대한 평가를 완전하게 할 수 있다〉이다. 전통적 관점은 약한 제약조건만을 요구한다는 것이다.

그러면 이러한 입장에서는 불가능한 믿음을 어떻게 설명하는가? 마커스에 의하면 여기에서는 동의와 믿음의 관계를 논리적인 것으로 채택한다는 것이다. 탈인용원리가 약(만일 어떤 자연언어에 대한 정상적 화자가 숙고 끝에 진지하게 〈p〉에 동의한다면 그는 p를 믿는다)하거나 강(어떤 자연언어에 대한 과묵하지 않은 화자가 숙고 끝에 진지하게 〈p〉에 동의할 성향을 갖는 경우 그리고 이 경우에만 그는 p를 믿는다)하거나 간에 동의와 믿음의 관계가 논리적인 것으로 되어 있다는 것이다. 약한 경우 충분조건의 관계이고 강한 경우 필요충분조건의 관계이다.

포돌의 경우를 보자. 그에게 있어서 믿음의 대상은 하나의 통사적 대상이다. 이 통사적 대상은 일상적 문장이 자연언어의 한 문장 개항인 것처럼 내적 언어의 한 문장 개항이라는 것이다. 이러한 외적 문장 개항과 내적 문장 개항은 하나의 동일한 문장유형에 속할 수 있다는 것이다. 그러므로 믿음이란 이러한 대상에 대한 어떤 태도이며 이 대상은 내적이지만 자연언어에 속하는 외적 개항 문장에 의해 표상될 수 있다는 것이다. 그러므로 믿음이란 이러한 내적 개항 문장에 대한 동의 이외의 다른 것이 아닐 수 있다는 것이다. 사람들은 이상적으로 합리적이지도 않고 이상적 지식을 갖지도 않는다는 것이다. 따라서 이들은 무지의 문맥 안에서 하나의 내적 개항에 동의함으로써 어떤 경우 불가능한 것을 믿을 수 있다는 것이다.

그러나 마커스는 포돌이 제시하는 이러한 전통적 관점에 비판을 제기한다. 그러나 이 비판은 마커스의 믿음에 대한 적극적 이론의 문맥 안에서 나타난다. 그는 탈인용원리를 다음과 같이 수정한다: 〈만일 어떤 자연언어 L에 대한 정상적 화자가 숙고 끝에 진지하게 L의 'p'에 동의하고 그리고 p가 가능하다면 그러면 그는 p를 믿는다〉.

마커스의 수정 탈인용원리는 어떻게 지지될 수 있는가? 첫째, 마커스는 동의와 믿음의 새로운 구별을 통하여 동의와 믿음 간의 논리적 관계에 대한 반례를 제시하려고 한다. 동의는 하나의 언어행위이지만 믿음은 그렇지 않다는 깃을 말힌다. 탈인용 원리는 언어 사용자에게 적용되지만 동물이나 어린이들처럼 언어를 사용하지 않는 주체나 단계들에서도 믿음의 귀인이 일어난다는 근거들이 많이 있다는 것이다. 바른 믿음이나 틀린 믿음을 갖는 데 있어서 언어사용은 필요하지 않다는 것이다.

그러나 이러한 마커스의 논의는 강탈인용원리에 대한 반론은 되지만 여기에서 요구되는 것은 약탈인용원리에 대한 반례라는 것을 지적할 수 있다. 여기에서 마커스가 보인 것은 동의가 믿음의 필요조건이 아니라는 것이다. 약탈인용원리는 동의가 믿음의 하나의 충분조건이라는 것만을 제시하기 때문이다.

물론 마커스로부터 동의가 믿음의 충분조건이 아니라는 것을 보이는 논의를 구성할 수 있다. 다음을 보자. 〈p〉에 대한 동의는 p-믿음에 대한 충분조건이다; 〈p〉에 대한 동의를 한다면 그의 어떠한 행동도 그가 p-믿음의 상태에 있지 않다는 것에 대한 근거일 수 없다; $(A \to B) \to (A \& -B)$는 불가능하다; $(A \& -B)$는 불가능하다; 한 사람의 〈p〉에 대한 진지한 동의는 그의 다른 모든 믿음들과 일관될 수밖에 없도록 이루어진다; 그러나 이것은 믿음에 대한 약한 조건이 아니라 강한 조건을 수용하는 것이 된다; 그러나 이것은 받아들일 수 없다; 그러므로 〈p〉에 대한 동의는 p-믿음에 대한 충분조건이 아니다.

수정 탈인용원리를 지지하는 마커스의 둘째 논의는 약탈인용원리

에 〈'p'는 가능하다〉라는 조건을 어떻게 첨가할 수 있는가라는 점이
다. 수정 탈인용원리는 약탈인용원리에 이 구절을 부가한 것 이외의
다른 것이 아니기 때문이다. 마커스는 다음과 같은 논거를 제시한다
고 보인다: 동의는 믿음에 필요하지도 않고 충분하지도 않다; 피에르
는 t1에 〈Londres는 아름답다〉에 동의한 것을 철회하지 않고 그리고
〈London은 아름답지 않다〉에 동의한다; 피에르는 t2에 〈Londres〉와
〈London〉이 동일한 도시를 표시한다는 것을 알고는 〈나는 Londres
가 London과 다르다는 것을 믿었음을 '주장'했을 뿐이다〉라고 말한
다; 피에르는 〈그가 t1에 Londres는 아름답고 London은 아름답지 않
다는 것을 믿었다〉는 것을 t2에 부인한다; 동의는 불가능한 연접지들
도 연접하지만 믿음은 불가능한 연접지를 연접하지는 않는다; 믿음의
대상 p는 가능해야 한다.

마커스의 수정 탈인용원리에 대한 이러한 지지는 어떠한 함축을
가지고 있는가? 피에르는 t1에 모순되는 연접지들을 각기 믿었지만
연접지들의 연접을 t1에 믿지 않았다는 것을 t2에 주장한다는 것이
다. 이러한 구조에 의해 마커스는 피에르에게 비합리성을 부여하지
않는 데는 성공하고 있지만 믿음이라는 것을 현재적으로나 전향적으
로 사용하는 것에 제한을 가하고 오로지 회고적으로만 사용하는 것
을 추천하는 것으로 나타난다.

3.2 오웬스[5]

오웬스는 크립키 난제를 해결하기 위한 선결적 고려사항으로서 해
결을 위한 어떠한 시도도 만족해야 하는 적합성조건을 다음과 같이

---

5) J. Pierre Owens, "Cognitive Access and Contradictory Beliefs", *An Unpublished Paper*, Department of Philosophy, University of Minnesota, March 1987.

제시한다: 피에르는 비합리적이 아니다 ; 약탈인용원리는 수용된다 ; 강탈인용원리는 받아들여지지 않는다. 그리고 오웬스는 난제의 발생과 해결에서 중요하다고 생각되는 일상언어의 사용에서의 네 가지 원리에 주목한다: 동일한 내용, 생각 또는 명제가 상이한 문장들에 의해 표현될 수 있다; 자연언어 L의 어떤 표현 S의 내용은 여러 가지 공공적 요소들에 의해 부분적으로 결정된다; 화자는 어떤 표현을 지배하는 모든 공공적 요소들을 완전히 모르면서도 그 표현에 대한 유능competent한 사용자일 수 있다; 약탈인용원리는 수용된다.

오웬스는 네 가지 원리가 개별적으로는 직관적이지만 연합하여서는 매우 반데카르트적이라고 한다. 데카르트적 관점은 〈온전히 합리적인 사람은 그의 믿음들에 있을 수 있는 어떠한 개념적 혼란도 분별할 수 있어야 한다〉는 것이다. 그러나 크립키의 난제는 위의 네 원리를 만족하여 그러한 데카르트적 관점에 도전하는 일종의 반데카르트적 관점을 구성한다는 것이다.

그러면 이러한 상황에서 오웬스의 처방은 무엇인가? 그는 다른 하나의 원리에 주목한다: 언어의 유능한 사용자가 되기에 충분한 지식과 언어를 지배하는 모든 적절한 규칙들에 대한 지식 사이에 간격이 있다. 오웬스는 이 원리를 포함하는 일상언어의 다섯 원리는 비데카르트적 관점을 제시한다고 생각한다. 그리하여 이 설명은 앞의 세 가지 적합 조건을 만족한다는 것이다.

3.3 선우환

크립키가 제기한 믿음의 당혹성에 대해 선우환은 흥미 있는 논문을 최근에 발표하였다.[6] 그의 시각은 새로운 것이다. 먼저 크립키의

---

6) 선우환, 「믿음에 대한 퍼즐, 명제, 그리고 직접적 지시」, 『한국철학자대회록 2000』, 한국철학회, 2000/11/24-25, 제3권 2-18쪽.

제 5 장 크립키의 믿음

당혹성을 요약하여보자. 피에르는 런던은 아름답다라는 의미의 〈Lon-dres est jolie〉라는 불어문장에 동의하고 크립키는 약탈인용 원리와 번역원리를 사용하여 이 불어문장으로부터

(6) 피에르는 런던은 아름답다고 믿는다.

라는 것을 추리하였다. 그러나 피에르는 〈런던은 아름답지 않다〉라는 의미의 영어문장이 나타내는 명제에 수긍하고, 〈런던은 아름답다〉라는 의미의 영어문장에는 수긍하지 않는다. 크립키는 이로부터 약탈인용원리와 번역원리를 다시 사용하여

(7) 피에르는 런던은 아름답지 않다고 믿는다.

는 것을 추리하였다. 크립키는 (6)과 (7)을 아직도 참으로 각기 말할 수 있는 상황에서 〈런던에 대해서 피에르는 어떤 믿음을 가지고 있는가?〉라는 물음을 묻는다.

선우환은 이에 대해 〈문장은 다수의 명제를 표현한다〉라는 처방을 제시하여 크립키가 당혹하지 않아야 할 까닭을 제시한다. 크립키의 물음에 정면으로 답하기보다는 그 물음을 제거하는 길을 택하는 것이다. 이 처방에 대한 선우환의 논법은 선명하다. 〈런던은 아름답다〉라는 문장이 다수의 명제를 표현하는 경우를 제시하는 것이다. 이 문장은 〈'Londres'라고 불리는 도시는 아름답다〉; 〈'London'이라 불리는 도시가 아름답다〉; 〈영국의 수도는 아름답다〉 등과 같이 같은 외연을 가지면서도 표현되는 다른 문장들에 의해서 다른 명제를 나타낸다는 것이다. 다른 표현은 다른 개념을 나타내기 때문이라는 것이다. 〈런던〉이 고정지시어라면 〈런던〉은 내포를 가질 수 없지만 사람들에 따라 다를 수 있는 다양한 식별어귀들을 허용한다. 그렇다면 〈런던은

아름답다〉라는 문장에 의해서 모든 사람들이 반드시 같은 이야기를 할 수 있는 것이 아니라는 것이다.

선우환의 해법에 따르면 위의 두 문장 (6)과 (7)은 각기

(17) 다음과 같은 명제 p가 존재한다: 피에르는 p를 믿고 p는 〈런던은 아름답다〉에 의해 표현된다;

(18) 다음과 같은 명제 p가 존재한다: 피에르는 p를 믿고 p는 〈런던은 아름답지 않다〉에 의해 표현된다;

로 이해된다는 것이다. 선우환의 처방대로, 피에르의 두 믿음의 명사절들이 각기 다수의 명제를 표현한다면, 예를 들어 (17)의 〈런던〉은 〈영국의 수도〉라는 개념을 나타내고 (18)의 〈런던〉은 〈영국에서 가장 큰 도시〉라는 개념을 나타낸다는 것이다. 선우환은 이러한 처방을 따르면 피에르의 두 믿음들은 모순관계는 물론 긴장관계에 들어갈 소지가 없고 당혹해야 할 까닭이 없다고 믿는 것이다. 크립키의 믿음의 당혹성이 해소된다는 것이다.

선우환의 처방이 종전의 논의보다 진일보한 점들이 있다. 선우환은 새로운 원초자를 도입하지도 않고 3항 관계가 아닌 2항 관계로 분석해낼 수 있다. 그러나 명제양화에 대한 의문이 남는다. 〈표현을 양화한다〉라는 것이 〈명제를 양화한다〉라는 것보다 더 편하게 느껴지는 이유가 무엇일까? 명제는 볼 수 없음에 반하여 표현은 볼 수 있기 때문일까? 명제는 결국 표현에 의존해서 나타내지는 이차성이기 때문일까? 선우환은 표현이 명제를 자동적으로 나타내는 것으로 간주하고 있다. 선우환의 2항 관계 정식화가 이를 전제하고 있는 것이다. 그러나 믿음이 개념적이라고 상정하는 선우환에게서 주체자의 개입 없이 주체자의 개념적 믿음의 명제가 표출될 수 있을 것인가? 주체자의 개입 없이 어떻게 하나의 문장이 다수의 명제를 표현할 것인

가? 그리고 만일 주체자를 개입시킨다면, 어떤 문장도 사람수만큼의 명제를 가질 수 있다고 해야 하지 않을까? 명제들의 범람은 믿음의 당혹성 이외의 다른 문제를 제기하지는 않을까?

존재론적 접근

제6장
물리주의와 수반론

심성내용을 외연적 의미론에 입각하여 논리적으로 해명하고자 하는 노력이 실패하고 있었다면, 이에 대한 존재론적 접근은 시도할 만한 가치가 있었던 것으로 보인다.[1] 과학의 성공은 더욱 이 방향을 가리키고 있는 것으로 보였기 때문이다.[2] 물론 존재론은 이 문맥에서 물리주의이다. 인간은 심리적으로 기술될 수 있지만 궁극적으로 인간 두뇌에 대한 물리적 기술로 연결될 수 있다는 믿음을 나타내는 것이다. 심리적 내용을 물리적 내용으로 환원, 번역, 동일시 등의 기획으로 접근한다. 문제는 심성적 성질이 미분화적이라는 데 있다. 물리적 성질은 예화라는 단순한 개념에 의하여 이해될 수 있지만, 심성적 성질은 그리 단순한 것 같지 않다. 심성적 성질에 대한 분명한 체계적

---

1) 이 주제에 대한 자상한 논의는 다음을 참조할 수 있다. 김영정, 「마음이란 무엇인가」, 『심리철학과 인지과학』, 철학과 현실사, 1996, 11-64쪽.
2) 이정모는 인지신경심리학에서의 최근 성과를 소개하고 있다. 시지각(실인증의 다양성), 주의(손상 뇌의 대칭 시야자극), 실어증(좌뇌 내의 앞뒤 부분 간의 기능), 기억(해마와 분산표상), 행동집행(전두엽의 손상), 정서(대뇌피질과 피질하 구조) 등의 연구가 소개된다. 이정모, 『인지심리학』, 아카넷, 2001, 361-391쪽.

이해 없이 심성내용을 논의하는 것은 어려운 작업일 것이다. 스마트는 이러한 점에 착안하여 심리적 성질을 물리적 성질로 번역하고, 라일이나 헴펠은 행위 명사의 의미를 행동 명사의 논리에서 찾고자 하였다. 그러나 김재권은 물리주의의 존재론적 구조를 심화하여 수반 개념을 정교하게 발전, 확장시키고 있다. 그러나 수반 개념은 결국 속성 이원론이라는 한계를 만나고, 물리주의라는 전체의 프로그램은 심각한 비판에 당면한다고 보인다.

제1절 물리주의와 행동주의

1.1 물리주의의 심성 경험

스마트는 모든 경험들이 뇌에서 발생하는 과정들과 동일하다는 것을 보이고자 하였다.[3] a와 b라는 두 대상이 동일하다라고 말하는 것은 한 대상에 대해 말할 수 있는 모든 것은 다른 대상에 대해서도 참으로 적용될 수 있다는 것을 말하는 것이다. 이러한 경우, ⟨a⟩와 ⟨b⟩는 하나의 대상에 대한 두 가지 다른 이름 또는 기술일 뿐이라는 것이다. 그러나 스마트가 스피노자처럼 모든 물리적 대상은 어떤 심리적 대상과 동일하다라고 말하는 것은 아니다. 그는 오로지 모든 심리적 상태가 어떤 물리적 상태와 동일하다는 것을 주장하는 것이다.

이러한 동일론에 대한 첫 번째 반대는 스마트가 고려하는 것처럼 심성상태는 알 수 있지만 그의 뇌의 상태는 모를 수 있다는 점이다.[4] 또는 우리가 어떤 감각을 가질 때 특정한 종류의 뇌 상태를 갖는다

---

3) JJC Smart, "Sensations and Brain Processes", *The Philosophical Review*, 68(1959): pp. 141-156.
4) David Rosenthal, "Identity Theories", *A Companion to the Philosophy of Mind,* ed., Samuel Guttenplan, Blackwell, 1995.

는 것은 우유적이라는 것이다. 그러나 스마트는 이 문제는 심각하지 않다고 생각한다. 그 지적은 〈내가 하나의 잔상을 가지고 있다〉라는 심성문장이 〈내가 A라는 뇌 상태를 가지고 있다〉라는 뇌 상태 문장과 동의어가 아니라는 것을 보이는 것이긴 하지만, 우리가 전자 문장으로써 보고하는 것이 어떤 뇌의 상태가 아니라는 것을 보이는 것은 아니라는 것이다. 또한 루이스가 지적하는 것처럼 심성 술어와 뇌 상태 술어의 간격은 프레게의 뜻과 지시체의 구분에 의하여 설명될 수 있다는 것이다.[5] 그리고 파이글은 러셀의 구분에 호소하여 감각적 경험은 〈친숙적 지식〉이고 뇌 상태에 대한 지식은 〈기술적 지식〉이기 때문에 그러한 간격이 있다고 변명한다. 스마트가 강조하는 것은 잔상이 어떤 과정의 보고라면 그것은 뇌의 과정이기도 한 과정의 보고라는 것이다. 감각 진술이 뇌 과정의 진술로 번역될 수 있는 것도 아니고, 감각의 논리가 뇌 과정의 진술의 논리와 동일하다는 것도 아니라는 점을 강조한다. 스마트가 주장하는 것은 감각이 뇌 과정 이외의 다른 것이 아니라는 점이다.

스마트가 고려하는 많은 반대 중의 다른 하나는 〈첫 번째 반대가 환원 불가능한 심성상태의 존재를 증명하지는 않지만 심성상태가 뇌 상태와 다르다는 점은 보인다〉라는 것이다. 이에 대해 스마트는 유명한 번역문을 예시한다. 〈나는 노란빛이 나는 오렌지 잔상을 본다〉[6] 라는 감각문장이 표현하는 것은 〈내가 …하고 있을 때 발생하는 것과 같은 것이 내게서 진행되고 있다〉[7]라는 신체적 문장이 표현하는 것 이외의 다른 내용은 없다는 것이다. 점선외 조건은 근본적으로 사물적 언어로 채워질 수 있다는 것이다. 스마트가 주목하는 것은 두 문장이 동일한 의미를 가지는 것은 아니지만 존재론적으로 물리적인

---

5) David K. Lewis, "Psychophysical and Theoretical Identifications", *Australasian Journal of Philosophy*, 1972, pp. 249-258.
6) I see a yellowish orange after image.
7) There is something going on which is like what is going on when …

상태의 보고라는 점이다.

감각문장에 대한 스마트의 물리주의적 번역에 대해 콘만은 하나의 문제점을 제기한다.[8] 감각문장은 화제 중립적 번역문장과 동일한 의미는 물론 동일한 진리치를 가질 수 없다는 것이다. 예를 들어 〈나는 빨강 감각을 가지고 있다〉; 〈내가 빨강을 볼 때 발생하는 것과 같은 어떤 것이 내게서 진행되고 있다〉; 〈나는 오렌지 감각을 가지고 있디〉의 세 문장을 관찰할 수 있다. 스마트는 첫 번째와 두 번째가 동일한 사태의 보고로 간주한다. 그러나 콘만은 제3의 문장이 있어서 이것이 하나는 함축하고 다른 하나는 함축하지 않는다면 두 문장은 같은 의미는 물론이고 같은 진리치를 가질 수 없다는 것이다. 콘만은 그러한 제3의 문장으로서 세 번째 문장을 제시한다. 세 번째 문장은 두 번째를 함축하지만 첫 번째는 함축하지 않는다는 것이다. 스마트의 두 문장은 같은 진리치를 가질 수 없다고 한다.

감각적 문장과 물리적 문장의 관계에 대한 스마트의 입장은 그 동일성이 정의적 관계라고 생각하는 것이다. 그러나 섀퍼는 그 정의적 관계는 선언으로써 주어지는 것이 아니라 구체적 관계를 보임으로써 얻어질 수 있다고 생각한다.[9] 그것은 다름 아니라 물리적 사태가 감각적 사태를 야기시키는 그러한 관계라야 한다는 것이다. 그렇지 않은 정의적 관계는 공허할 뿐 아니라 설득력이 없다는 것이다. 그러나 문제는 정의적 관계를 가능하게 하는 이러한 인과적 관계는 고유한 정의적 관계를 줄 수 없다는 것이 섀퍼의 지적이다. 무수하게 많은 인과적 선행 조건들이 그러한 감각적 상태를 야기할 수 있기 때문이라는 것이다. 그렇다면 스마트의 두 문장은 심적 내용이 신체적 상태와 동일하다는 주장을 확보할 수 있는 프로그램이 될 수 없다고 비

---

8) James W. Cornman, *Materialism and Sensations,* Yale University Press, 1971.
9) Jerome Shaffer, *Philosophy of Mind,* Englewood Cliffs: Prentice Hall, 1968.

판한다.

1.2 논리적 행동주의

스마트의 물리주의가 정면 대결적이라면, 행위 명사를 공략하여 그 의미론적 구조를 통하여 물리주의에 도달하고자 하는 우회적 전략을 펴는 학자들이 있다. 먼저 라일은 데카르트의 이원론을 비판한다. 데카르트에 의하면 세계란 정신적인 것과 물질적인 것으로 되어 있다. 전자는 영혼이 만들어내는 것이고 후자는 자연계에 속하는 것이다. 사람도 몸과 마음으로 이루어져 있듯이 세계의 어떤 것도 이 두 가지로 환원된다. 소위 〈이원론〉이라는 것은 그러한 입장의 이름이다.

그러나 라일은 그러한 이원론에 대하여 최초의 현대적인 비판을 제기하였다. 기독교가 〈영혼〉이라고 부르고 헤겔이 〈정신〉이라고 부르는 것은 마음의 귀신화의 다름이 아니다. 데카르트는 그러한 귀신화의 철학적 정초를 마련한 것이라고 한다. 데카르트는 마음의 역할을 배를 조종하는 선장에 비유하였다. 그러나 라일은 이것을 기계 속의 귀신이라고 꼬집는다. 마음에 대한 데카르트의 이해가 미신적 모델이라면 라일의 과학적 모델은 무엇인가? 라일은 비트겐슈타인에게서 언어분석이라는 방법을 수용하고 왓슨의 행동주의에서 유물론적 존재론을 수용한다. 심리학적 행동주의는 소위 〈심리적〉이라고 간주되는 현상이란 특정한 행동의 패턴 이외의 다른 것이 아니라는 것이다. 존재하는 깃은 물리직인 것 이외에는 없다는 것이다. 〈김민기를 좋아한다〉라는 소위 〈심리적 상태〉라는 것은 〈김민기의 음악이 나올 때 이것을 끄지 않거나 음량을 올리거나 등의 반응을 한다〉라는 덜 심리적인 행동으로 환원된다는 것이다.

그러나 좋음의 심리적 상태는 행동주의자에게는 사적이고 비관찰적인데 어떻게 이것을 환원할 수 있다는 것인가? 라일은 분석의 단

127

위를 그 심리현상 자체가 아니라 심리현상의 언어에서 취한다. 〈한국 청소년은 김치보다 피자를 좋아한다〉의 경험은 사적이지만 그 문장의 이해의 논리는 〈한국 청소년은 김치보다 피자에 손이 더 자주 간다〉라는 것이다. 행동의 구조는 공적이고 관찰적이고 계량적이다. 사회과학의 계량적 방법론은 사회언어의 환원론이 아니라 그 이해 구조론에 입각해 있다는 것이다.

라일은 심리철학에서 유물론의 현대적 문을 열었다고 생각한다. 데카르트의 물리적 이야기와 심성적 이야기의 구별은 혼동에 기인한 것이라는 것이다. 물질과 마음의 두 가지가 세계를 구성하고 있다는 이원론은 〈물가가 오른다, 건물이 오른다, 치마가 오른다, 고로 세 가지가 오른다〉라는 상승론에서 보이는 범주오류를 가지고 있다는 것이다.[10] 이러한 범주오류의 근원은 데카르트가 자신의 물음의 논리를 잘못 파악한 데서 찾아진다고 한다. 데카르트는 물어야 하는 〈행동은 어떤 표준에 의하여 이해되거나 이해되지 않는가?〉라는 물음을 묻지 않고, 〈기계론적 인과원리가 어떤 차이를 말해 주지 않는다면 다른 어떤 인과원리가 그 차이를 설명해줄 것인가?〉라는 틀린 물음을 물었다는 것이다. 전자는 심성언어의 논리를 묻는 것이고 후자는 〈기계 속에 있는 귀신의 교리〉를 요구하는 물음이라는 것이다. 라일은 행동의 언어의 논리를 묻는다는 의미에서 논리적 행동주의를 표방한다.[11]

헴펠은 검증주의 한 변형으로서 논리적 행동주의를 제안한다: 의미 있거나 검증 가능한 모든 심리적 진술은 심리적 술어는 사용하지 않고 물리적 술어만을 사용한 문장으로 번역될 수 있다. 여기에 대한 반박은 물리주의적 진술은 심성적 과정의 본질을 표상할 수 없고 다만 그 물리적 증상symptoms을 기술할 수 있을 뿐이라는 것이다. 그

---

10) 정대현, 「길버트 라일의 철학적 분석」, ≪철학연구≫, 고려대학교 철학과 편, 제 5집(1978), 183-191쪽.
11) 정대현, 「서평 : 라일 지음, 이한우 옮김, 『마음의 개념』(문예출판사, 1994, 430 면)」, ≪중앙일보≫, 1994/4/14.

러나 헴펠은 그러한 반박을 비판한다. 우리가 〈존스는 시간 t1에 질투를 한다〉라는 문장을 이해하기 위해서는 특정한 상황에서 존스의 몸이 특정한 방식으로 반응하는 경우에만 우리의 추측을 확인할 수 있고 이러한 확인과정은 〈특정한 상황에 특정한 사건들이 존스의 몸에서 나타난다〉는 것 이외의 다른 정보를 담지 않는다는 것이다. 이러한 논리를 부인한다는 것은 모순을 범하는 결과에 이른다고 한다. 왜냐하면 그러한 논리의 부인은 〈하나의 진술 S의 진리에 대한 필요충분조건이 만족된다고 할지라도 S가 거짓이라는 것이 가능하다〉라는 것을 함축하기 때문이다.

헴펠의 논의와 라일의 논의는 근본적으로 동일한 구조로 되어 있다고 생각한다. 〈시계가 잘 간다〉라는 표현과 시계바늘의 운동의 기술은 두 가지 다른 차원의 대상에 대한 이야기가 아니라는 것이다. 이들을 다른 것으로 생각하는 것은 라일의 경우 범주오류를 범하는 것이고 헴펠의 경우 가짜 문제를 제기하는 것이 된다. 두 사람 모두에게 〈시계가 잘 간다〉라는 표현의 이해 가능한 논리는 시계바늘의 운동에 대한 기술에 의하여 얻어진다는 것이다.

퍼트넘은 논리적 행동주의에 대하여 〈원인들은 결과들로부터의 논리적 구성물이 아니다〉라는 입장으로 비판을 제기한다: 우리가 〈고통〉이라는 단어로써 뜻하는 바는 일단의 반응들의 임재가 아니라 보통의 경우 그러한 반응들을 야기시키는 사건이나 조건의 임재이다. 고통이라는 원인은 고통행동이라는 결과들로부터 논리적으로 구성되지 않는다는 것이다 예를 들어 어른들은 고통행위가 없는 초금욕적 공동체의 생득 언어세계에서는 모든 고통행위가 없을 수 있다. 그렇다면 〈고통〉이라는 단어와 현상은 있지만 고통의 보고가 없는 가능한 세계를 상상할 수 있다는 것이다. 논리적 행동주의자들은 〈실험될 수 없으면 의미가 없다〉라는 강한 입장에서 〈실험될 수 없으면 어떤 뜻에서 의미가 없다〉라고 수정하여 반론을 펼 것이다. 그러나 이에

대해 퍼트넘은 〈실험될 수 없는 종합판단은 자기 모순적이다〉라고
하면서 그의 가설은 실험될 수 있다고 주장한다.

제2절 물리주의로서의 수반론: 김재권

20세기 후반의 현대철학의 지평에서 김재권은 아마 가장 일관되고
그리고 치밀한 물리주의를 옹호하는 철학자 중에서 대표적이라 할
것이다. 이를 위한 그의 철학적 작업의 노정은 철학적 담론의 언어를
구성하면서 진행된 것으로 볼 수 있을 것이다. 설명, 동일성, 사건,
수반, 환원 등의 개념들은 그가 규정하면서 또한 논의의 수단이 되었
다. 그가 한동안 심혈을 기울인 수반 개념은 물리주의의 옹호를 위한
그의 노력의 한 단면을 보여줄 것이다. 그가 물리주의를 위해 도입하
는 수반 개념은 윤리학에서 비롯된다.

2.1 윤리적 수반 개념

선 good은 단순 simple하다: 무어에게 있어서 선은 분석할 수 없는
것이고 따라서 정의 불가능하다. 우리가 어떤 행위나 사건을 선한 것
으로 인식하는 것은 그 개별자의 부분의 인식들의 종합으로서가 아
니고 그 개별자의 전체에 대한 직관에 의해서이다. 선에 대한 무어의
두 주장, 즉 단순성이라는 존재적 주장과 직관성이라는 인식적 주장
은 서로 관련되어 있다.[12] 양자는 어떻게 관련되어 있을까? 이것은
동일성은 아니고 동치성의 관계일 것인가? 그렇다면 이것은 러셀에
게 있어서 필연성과 선험성의 관계에 대비될 수 있는 것일 것이다:
어떤 문장 P가 필연적인 경우 그리고 이 경우에만 P는 선험적으로

---

12) G. E. Moore, *Ethics*, London: Oxford University Press, 1912, p. 84.

알려진다; 어떤 사건 a가 단순한 경우 그리고 이 경우에만 a는 직관적으로 알려진다.

그러나 크립키가 필연적이면서도 선험적이 아닌 경우를 골드바흐 가설에서 찾고, 선험적이면서도 필연적이 아닌 경우를 우리가 파리의 표준자를 가리키면서 〈이것은 1미터이다〉라고 말하는 상황에서 발견하였다. 러셀이 이렇듯 반박될 수 있다면 단순성과 직관성의 그러한 관련도 비슷하게 의문시될 수 있다.

하여간 무어는 위의 직관성 명제를 받아들이는 것이고 그의 과제는 선은 단순하다는 그의 기본 주장을 보이는 일이다. 그는 이것을 소위 〈개방 질문 논법〉으로 알려진 논의에 의해 시도한다고 보인다. 이 논의는 다음과 같이 구성될 수 있다: 〈선은 A이다〉라는 규정에 대해 〈선은 정말 A인가? Is goodness really A?〉라는 질문이 가능하다; 이 질문의 가능성 또는 그 비사소성은 그 주장의 부정, 즉 〈선은 A가 아니다〉가 모순이 아니라는 것을 증명한다; 〈선은 A이다〉라는 주장은 받아들일 수 있는 정의가 아니다; 모든 표현 X에 대해 〈선은 X이다〉라는 주장을 하는 경우 〈선은 정말 X인가?〉라는 질문이 가능하다; 선에 대한 어떠한 정의나 규정도 받아들일 수 없다; 선은 단순하다.

무어는 그러한 근거로 선을 〈기쁨〉, 〈공리〉, 또는 〈실용〉 등으로 규정하는 벤담, 밀, 듀이 등의 시도가 자연주의적 오류 naturalistic fallacy를 범하는 것이라고 비판한다. 프랑케나는 이것을 〈정의적 definist 오류〉라고 불러아 한다고 지적한다. 자연저 성질뿐 아니라 어떠한 성질로써의 규정도 오류일 것이기 때문이다.

윤리는 사물적인 것에 수반적이다: 무어는 선과 의 being right를 구별하여 전자는 기본적이고 후자는 파생적인 것으로 보았다. 의란 선의 최대 가능성의 실현성 productive of the greatest possible good 이라는 것이다. 무어는 수반 개념을 의에 적용하고 헤어는 선에 적용한다. 여기서는 우리의 관심에 따라 선과 의를 구별하지 않고 윤리적 수반의 개념을 규명해 보고자 한다. 두 윤리학자의 이에 대한 언급[13]을 근거로 윤리적 수반 개념을 보다 더 형식화해 볼 수 있을 것이다. 형식화하고자 하는 개념은 다음의 문장으로 표현될 수 있을 것이다: 윤리적 성질 E는 어떤 비윤리적 성질들의 집합 N에 수반한다. 이러한 수반 명제가 참일 수 있는 조건은 무엇인가? 다음의 두 조건을 보자: E는 N으로 환원될 수도 없고 N에 의하여 정의될 수도 없다; 만일 사건 x가 E이고 N으로 구성되어 있고 다른 사건 y 가 N으로 구성되어 있다면 y는 E이다.

위의 두 조건은 수반 명제에 대한 필요충분조건일 수 있는가? 양 조건은 각기 필요한 것으로 보이지만 이들은 합하여 충분한가? 문제는 둘째 조건의 〈N으로 구성되어 있다〉라는 표현이다. 이 조건은 임의의 두 대상을 흥미 있는 방식으로 연결하기에는 너무 넓은 것으로 보인다. 그렇다면 이에 대한 대치가능한 표현들을 고려해 볼 수 있을 것이다.

〈N으로만 구성되어 있다〉는 두 사건을 수반 관계에 두기에는 너무

---

13) Let us suppose, then, that we have an action X, which is right, and whose total effects are A; and let us suppose that the total effects of all the possible alternative actions would have been respectively B, C, D, and E. The precise principle with which we are now concerned may then be stated as follows. Our theory implies, namely, that any action Y which resembled X in both the two respects (1) that its total effects were precisely similar to A and (2) that the total effects of all the possible alternatives were precisely similar to B, C, D, and E, would necessarily also be right, if X were right, and would necessarily also be wrong, if X were wrong. There is, it is hardly necessary to point out, another kind of non-naturalist who thinks (quite correctly) that moral properties do not vary quite independently of non-moral properties, but are in some sense consequential or supervenient on them (R. M. Hare, *Freedom and Reason,* New York: Oxford University Press, 1963, p. 19).

강하여 양 항을 동일한 것으로 만들어 버린다. 〈N이라는 적합한 성질을 갖는다〉는 개선되기는 하였지만 〈적합〉의 조건을 따로 제시할 수 있어야 하는 부담이 있다. 그러나 이것의 매력은, 적합한 성질이 이야기의 문맥에 독립하여 보편적으로 주어질 수 없다는 구조를 반영하고 있다는 점이다. 그리고 〈N이라는 현실적인 모든 결과적 성질들과 가능한 모든 결과적 성질들을 갖는다〉는 그러한 적합의 조건을 일반화한 노력의 한 경우로 보인다. 그러나 이것은 행태주의적 또는 실용주의적 선명성은 가지고 있지만 윤리적 사건을 단순한 사물적 사건으로 만들어 버리는 것은 아닌가? 그러나 이러한 기우는 근거 없는 것으로 보인다. 환원이나 정의는 되지 않지만 구성적이라는 조건은 수반에 바로 그러한 사물적 성질들과의 관계에서 윤리적인 성질의 객관성을 확보해 주는 조건이다.

  윤리적 수반에 대한 반례는 써얼의 사실과 가치론에서 보이는가: 써얼은 사실문장 〈나는 너에게 '나는 너에게 나의 빛 5달러를 내일까지 갚겠다'라고 말하였다〉로부터 적절한 전제들을 보충하여 가치문장 〈나는 너에게 나의 빛 5달러를 내일까지 갚아야 한다〉를 연역할 수 있다고 주장한다. 그리고 이 연역은 보통의 경우 받아들여질 수 있는 것으로 보인다. 그러면 이것은 위의 윤리적 수반에 대한 반례가 되는가? 두 단어 〈정의〉와 〈연역〉은 어떠한 관계에 있는가? 정의는 연역을 함의하지만 그 역은 성립하지 않는다. 그리고 또 하나의 고려는 연역이 하나의 체계 안에서 발생한다는 사실이다. 그리고 이 체계는 윤리와 사실의 수반 관계를 주어진 것으로 반영하는 것일 수 있다. 그렇다면 써얼의 연역가능성의 논의는 내적 가능성의 지적일 뿐이고 이 체계를 구성constitute하고 있는 수반 구조에 대한 반례가 될 수는 없는 것으로 보인다.

2.2 수반과 인과성

윤리적 수반 개념을 심신관계에 도입한 철학자는 데이빗슨이고, 이를 논리화한 철학자는 김재권이다. 김은 심신관계의 법칙적 통약 불가능성을 거부하는 수반 개념에 도달[14]하고서, 이에 대한 중요한 반례들에 인과성의 어떤 요소들을 도입하여 수반 개념의 일반성을 견지[15]하고자 한다. 김이 지키고자 하는 수반 개념은 다음이다: 모든 심리적 상태나 과정들은 (종특수적 영역 안에서) 유기체의 동시적 상태에 수반한다; 각각의 심리적 사건 M에 대하여 물리적 사건 P가 다음과 같은 방식으로 존재한다: 유기체의 종특수적 영역 안에서 P의 사건 유형이 발생할 때 M의 사건 유형은 법칙적으로 동시에 발생한다.

김재권은 이들에 대한 반례로 다음의 다섯 가지 유형을 든다: 나는 50년 전 전쟁에서 전투기에 의한 피폭을 기억한다; 나는 비엔나를 생각한다; 나는 지난 주에 학장 파티에 초대되어 기분 좋았지만 학장 부인의 이름을 기억하지 못해 아직도 부끄럽다; 나는 나무를 본다; 나는 저당지불을 위해 수표에 서명을 한다. 이들은 각기 기억, 생각, 심성상태, 지각, 행위의 유형에 따라 물리적 기초 성질이 동일하면서도 수반적 성질이 다를 수 있는 경우의 가능성을 갖는다는 것이다. 예를 들어 지금 이 순간에 모든 점에서 나와 동일한 나의 쌍둥이를 만들어낸다면, 나는 50년 전의 전투기 피폭을 기억할 수 있지만 나의 쌍둥이는 자신의 경험을 〈기억〉이라는 단어로 기술할 수 없는 것이다.

김은 이 반례들을 극복하기 위하여 먼저 단순히 내적인 심리현상

14) Jaegwon Kim, "Supervenience and Nomological Incommensurables", *American Philosophical Quarterly*, 1978, pp. 149-156.

15) Jaegwon Kim, "Psychophysical Supervenience", *Supervenience and Mind*, New York: Cambridge University Press, 1993(1982).

과 그렇지 않은 심리현상을 구분한다. 치좀의 기초개념을 도입하여
〈어떤 성질 G가 이것이 소유된 시간 밖에 (이것을 가지고 있는 대상
밖에) 기초한다〉는 것을 규정한다: 필연적으로 임의의 대상 그리고
임의의 시간 x와 t에 대하여 x가 t의 전이나 후에 존재하는 경우에
만 (x와 구별되는 어떤 우유적 대상이 존재하는 경우에만) x는 t에 G
를 갖는다. 이러한 기초개념에 의하여 〈G는 내적 성질이다〉라는 것
을 정의한다: G는 이것이 소유된 시간 밖에 기초하지도 않고 그리고
이것을 가지고 있는 대상들 밖에 기초하지도 않는다. 김은 수반 개념
을 이렇게 얻어진 내적 성질에 관련시킨다: 유기체의 모든 내적 심
리적 상태는 그 유기체의 동시적인 내적 물리적 상태에 수반한다.

내적 심리적 상태의 예는 언어적 de dicto 믿음과 지시사적 de se
믿음 등이다. 〈내가 생각하고 있다는 것에 대한 나의 기쁨〉도 그 예
이다. 그리고 위의 다섯 가지 유형의 반례들은 모두 내적이 아닌 비
내적 심리상태의 예들이다. 〈존이 회장에 당선되었다는 것에 대한 나
의 기쁨〉은 후자의 예이다. 김에 의하면 비내적 심리상태는 있는 그
대로는 수반 관계에 들어갈 수 없으므로 이에 어떤 인과성을 도입하
여 내적 상태와 관련시켜 수반 관계의 일반성을 유지하고자 한다.

비내적 심리상태가 어떠한 것이건 간에 그 인과-설명적 역할은 어
떤 내적 심리적 상태에 의하여 보충될 수 있다. 어떤 개인의 지식
또는 참 믿음은 그의 행위에 대한 설명에 있어서 하나의 인과적 역
할을 한다. 예를 들어 〈만일 내가 이 손잡이를 시계 반대 방향으로
돌린다면 가스레인지에 불이 자동될 것이다〉라는 진리를 나는 믿고,
나는 가스레인지에 불이 작동될 것을 원한다면, 나는 이 손잡이를 시
계 반대 방향으로 돌린다. 나의 존재적 de re 믿음 또는 지식은 나의
행위의 생산에 있어서 나의 언어적 de dicto 믿음보다 더 효과적인
것은 아니다. 행위의 인과-설명에 관한 한 비내적 심리상태도 그 내
적 상태와의 관련성에 의해 그 동시적 물리적 상태에 수반한다.

수반 개념의 일반성을 확보하기 위해서는 몇 가지 문제들을 극복할 수 있어야 할 것이다. 첫째, 〈행위의 인과-설명에 관한 한〉이라는 제한도 제거할 수 있어야 한다. 둘째, 대언적 믿음의 인과적 우선성은 의문스럽다. 어떤 경우에 우리는 우리의 믿음이 참 믿음인지 또는 단순한 믿음인지를 구별할 수 있기 때문이다. 셋째, 이 구조에 의해서도 행위의 정당화와 합리화의 구별을 할 수 있어야 한다.

거시적 수반: 김은 심신수반 관계의 지지를 위해 우리에게 친숙한 거시적 현상에서 부수 현상적 인과관계를 보고 이를 일종의 수반적 인과관계로 해석하고 있다. 김은 부수 현상적 인과관계의 의의를 두 가지로 지적하고 있다. 앞에 나타난 거울영상은 뒤에 나타난 거울영상의 원인은 아니지만 양자간에 어떤 인과관계가 있다는 것이다. 이러한 부수 현상적 인과관계는 진정한 인과관계와 관련되어 있으며 우리의 주위에 고루 퍼져 있다는 것이다. 김은 〈거시적〉을 〈관찰할 수 있는 것과 관련된〉이라는 표현으로 이해할 것을 제안한다. 그리고 하나의 유비적 논의를 전개한다.[16]

관찰할 수 있는 현상의 모든 인과관계는 부수 현상적 인과관계의 경우들이다. 물리주의를 가정하자. 물리주의가 환원할 수 없는 M-성질의 존재를 수용한다고 가정하자. 만일 F가 하나의 환원할 수 없는 M-성질이라면 그 존재는 〈어떤 것은 F이다〉를 함의한다. 이 함의는 〈그것의 F임〉이라는 물리적으로 환원할 수 없는 하나의 사건이 있으리라는 것을 뜻한다. 그렇다면 세계는 물리적 영역과 심성적 영역으로 구별된다. 〈어떤 것의 F임〉의 원인이 무엇인가에 대한 물음에 대해 다음의 세 가지 대답만이 그 후보이다: 이 M-사건의 원인은 과학적 탐구가 접근할 수 없는 신비이다; 하나의 자율적 M-과학이 탄

---

16) Jaegwon Kim, "Ephiphenomemal and Supervenient Causation"; "Concepts of Supervenience", *Supervenience and Mind,* Cambridge University Press, 1993(1984).

생할 것이다; 물리이론이 환원할 수 없는 비물리적 사건들과 성질들을 도입함으로써 그 이론의 물리적 폐쇄성을 포기한다. 물리이론은 세계에 대한 하나의 포괄적 이론으로서 실패한다. 그러나 이것은 물리주의 가정과 모순되어 받아들일 수 없다. 환원 불가능한 성질 존재 가정을 부인할 수 있고 그러면 물리주의는 M-성질들의 환원 가능성을 주장할 수 있다. 앞의 논의에 비슷한 고려에 의하여 거시적 인과관계가 세계에 대한 환원 가능하지 않은 항목이라는 것을 거부할 수 있다.

김은 이 논의에 의하여 거시적 인과관계가 부수 현상적 인과관계라는 것을 지지하고 이것을 수반적 인과관계에 의해 파악한다. 거시적 성질 F와 G의 사이에 거시적 인과관계가 있다고 하자. 이들은 미시적 사건들 Fm과 Gm에 각기 관련되어야 하고, 그리고 이 미시적 성질들 사이에 인과적 관계가 있다는 것이 보여져야 한다. 그러나 F와 Fm이 동일하지 않은 까닭은 Fm이 결정되면 F가 나타나지만 F는 Fm 이외의 미시적 성질들에 의해서도 실현될 수 있기 때문이다. 그러나 이것은 바로 수반적 관계 이외의 다른 것이 아니다. 이러한 관계들은 다음의 명제로 요약될 수 있을 것이다: 임의의 거시적 사건 F와 G 그리고 어떤 미시적 사건 Fm과 Gm에 대하여, F가 G를 거시적으로 야기한다 ↔ F가 G를 수반적으로 야기한다 ↔ F가 Fm에 수반하고 G가 Gm에 수반하고 그리고 Fm이 Gm을 실재적으로 야기한다.

심성실재론과 환원주의: 김외 약한 수반과 강한 수반의 구별을 그 양상적 구조에 따라 먼저 선명하게 이해할 필요가 있다. A(심성 사건)는 B(물리적 사건)에 약하게 수반한다 ↔ A는 물리적 성질을 필연적으로 가지며 한 세계 안에서 B와 모든 물리적 성질을 공유하면서 A와 다른 심성 성질을 갖는 그러한 물리적 사건은 없다. A는 B에 강하게 수반한다 ↔ A는 물리적 성질을 필연적으로 가지며 B와

모든 물리적 성질을 공유하면서 A와 다른 심성 성질을 갖는 그러한 물리적 사건은 통세계적으로 없다.[17]

김은 〈심신 양조건성 논의〉에 의하여 강수반을 심신의 필연적 동연 correlation, coextension 명제로 변환한다. 김은 필연적 동연성이 심신의 동일성이나 또는 일자의 타자에로의 환원은 아니라고 한다. 약수반이 물리주의의 충분조건이라는 것을 어떻게 주장할 수 있는가? 이를 위한 선결작업은 〈물리주의〉라는 것이 무엇인가를 확정하는 것이다. 여기에는 여러 가지 구성들이 가능할 것이다.

〈모든 대상들은 물리적 존재자이다〉를 유물론의 명제로 이해한다면 소립자 현상이나 사회현상의 실재성에 부정적인 만큼 이것은 매력이 없다. 〈모든 대상들은 물리적으로 결정된다〉는 약한 수반 개념이 함의하는 것이므로 논의의 결론과 직접적인 명제가 된다. 그러나 〈모든 대상들은 물리적으로 설명될 수 있다〉와 〈모든 대상들은 물리적으로만 설명되어야 한다〉는 홍미 있는 대조를 허용한다. 전자를 택하는 경우 약한 수반 개념으로 지지가 되지만 후자를 선택하는 경우 강한 수반 개념이라야 성립된다.

왜 후자를 택하는 것일까? 전자를 택하는 경우 약한 수반으로 약한 의미의 물리주의가 얻어지기 때문이다. 약한 수반은 심리현상의 물리적 수반만을 함의하고 그 역은 성립하지 않기 때문에 동연성은 얻어지지 않는다. 그렇다면 심신의 상호 상관관계가 이루어지지 않으므로 심신 간의 법칙이 성립하지 않고 심리현상의 자율성이 확보된다. 그리고 심리현상의 자율성의 인정은 물리주의와 일관되지 않는다고 보는 것이다.

그러나 정말 양자는 일관되지 않는가? 초견적 인상과는 달리 양자

---

17) 이한구, 「수반과 설명」, 『수반의 형이상학』, 김재권 외 편, 철학과 현실사, 1995, 88-113쪽; 임일환, 「수반, 존재론적 의존성과 환원」, 『수반의 형이상학』, 김재권 외 편, 철학과 현실사, 1995, 193-235쪽; 김영정, 「수반개념의 철학적 분석」, 『심리철학과 인지과학』, 철학과 현실사, 1996, 239-268쪽.

는 일관될 수 있다고 나는 생각한다. 심리현상은 물리적 현상에 수반하므로 그 현상은 어떤 물리적 설명을 가질 수 있다고 생각한다. 그리고 그것이 심리적으로 기술되는 한에서는 체계 안에서의 자율적 설명을 가질 수 있도록 허용될 수 있을 것이다. 심리현상의 자율성은 이러한 설명의 가능성의 주장으로 이해되어야 한다. 그렇지 않고 만일 이것이 〈심리현상의 독특한 영역〉이라는 표현으로 규정될 때 이 것은 물리주의와 일관될 수 없는 입장으로 비약하게 될 것이다. 그렇다면 전자가 요구하는 것은 설명의 다원성, 즉 동일한 문제에 대하여 여러 가지 설명들이 제시될 수 있다는 것이다. 심리적 설명 이외에 경제적, 역사적, 정치적, 프로이드적, 마르크스적, 종교적 설명 등을 생각해 볼 수 있다. 그리고 이들은 물리주의 안에서 모두 물리적 설명을 가질 수 있다는 것이다.

제3절 수반 개념의 속성 이원론

수반 개념은 강수반이나 약수반 중 어떤 것을 택하거나 간에 속성 이원론을 함축한다고 생각한다. 시간 공간적으로 위치를 줄 수 있는 개별자만을 인정한다는 점에서 실체 유물론이지만, 심성적(M) 명사들이 지시하는 성질들과 물리적(P) 명사들이 지시하는 성질들이 다르다는 점에서 성질 이원론이다. 그러나 성질 이원론은 궁극적으로 심성실재론을 귀결하기 때문에 물리주의의 억제조건을 어긴다고 생각한다.

김은 〈사건〉을, 예를 들면 〈a가 P인 것 a's being P〉, 〈b가 Q인 것 b's being Q〉과 같은 표현에서 보이는 대로 어떤 성질이 개별자에게서 구체화된 것으로 보았다.[18] 그리하여 사건의 동일성을 구체적인

---

18) Jaegwon Kim, "Causation, Emphasis and Events", *Midwest Studies in*

예를 통하여 다음과 같이 정의하였다: Ma=Pb ↔ ((Ma ↔ Pb) v ((a=b & M=P))). Ma ↔ Pb는 신심 상관관계를 나타내는 명제로서 상호 작용론이나 평행론 등에서도 만족하는 조건이므로 유물론을 위한 표준일 수는 없다고 한다. 상관관계는 원하는 동일성을 함축하지 않고 동일성의 사실적 요소를 나타낼 뿐이라는 것이다. 그렇기 때문에 어떠한 관찰도 동일성이 아니라 상관관계만을 확인하거나 반박할 수 있다는 것이다.[19]

그러므로 Ma=Pb를 말하기 위해서는 ((a=b) & (M=P))를 주장할 수 있어야 한다. 그러나 김은 a=b는 받아들이지만 M=P는 수용할 수 없다고 한다. 그는 그 이유를 적어도 두 가지로 제기한다. 첫째, 후자까지 용납하면 라이프니츠의 동일성 표준 the identity of indiscernibles을 수용하여야 하고, 이것은 유물론의 토론에 아무런 도움이 되지 않는다는 것이다. 이것은 심성적 성질의 술어와 신체적 성질의 술어가 같은 의미라고 할 수는 없기 때문이라고 한다. 둘째, 〈물은 H₂O이다〉라는 명제는 그 명사들이 실체적 대상들을 지시함으로 동일성 명제일 수 있다는 것이다. 그러나 〈열은 분자들의 평균 운동 에너지이다〉라는 문장은 동일성 명제를 나타내지 않는다. 그 까닭은 이 문장에서 〈열〉은 부분들로 이루어진 사물이 아니라 특정한 체계의 열역학적 상태를 규정하는 데 사용되는 가치들의 상태 변항이기 때문이다. 열은 대상이 아니라 대상 영역의 성질이기 때문이다. 마찬가지로 〈아픔〉이나 〈고통〉은 사물이 아니라 사건이고 상태이며 유기체의 성질이다. 그러므로 심리적 사건과 물리적 사건 간의 관계는 동일성이라기보다는 상관관계로 규정될 것이다. 그러한 사건들이 미세한 환원으로 갈 수 있으나 그 경우에도 동일성보다는 상관관계라는

Philosophy, 1977, pp. 100-103; "Causation, Nomic Subsumption & the Concept of Event", *Journal of Philosophy*, 1973, pp. 217-236.

19) Jaegwon Kim, "On the Psycho-Physical Identity Theory", *American Philosophical Quarterly*, 1966, pp. 227-235.

140

것이다.

따라서 김은 M-사건과 P-사건이라는 것들이 있다고 믿는다. 그리고 사건은 개별자와 성질로 되어 있다고 한다. 이 사건들의 동일성은 그 개별자들의 동일성이며 그 성질들은 그 개별자로 인하여 외연은 같지만 아직 다른 성질들이라는 것이다. 이원적 유물론의 구조가 선명하게 드러나보인다.

김의 이원적 유물론을 수용한다고 하자. 아직 설명되어야 할 문제가 있다. 김에게 있어서 심성사건은 심성적 성질이 어떤 개별자에게서 구현된 경우이다. 그러나 물리적 성질이 물리적 개별자에게서 구현되는 것은 쉽게 이해될 수 있지만, 심성 성질이 물리적 개별자에게서 구현된다는 것은 이해되지 않는다. 심성적 성질이 구현되는 바의 개별자는 물리적 개별자가 아니라 인격적 개별자라야 한다고 보인다. 〈키가 크다〉나 〈뚱뚱하다〉와 같은 성질은 사물적 개별자에게 적용될 수 있지만 〈사랑한다〉, 〈그리워한다〉와 같은 심성적 성질은 사물적 개별자보다는 인격적 개별자에게만 적용되는 것으로 보이기 때문이다. 김은 물리적 개별자와 인격적 개별자가 동일하다는 것을 달리 보일 수 있어야 할 것이다.

김은 이러한 구체적 질문에 대해 다음과 같은 유추적 답변을 시도하였다. 그림 작품은 물리적 성질을 소유하지만 또한 비물리적 성질인 미적 성질을 동시에 소유한다는 것이다. 그러나 그의 유추적 답변은 어떤 방향을 시도하기는 하지만 나의 물음의 핵심에 답하고 있는 것 같지는 않다. 미적 성질은 물리적 성질에 대한 관람자의 반응의 결과로 간주할 수 있다. 비율이나 균형에 대해 사람들의 반응으로서 미적 성질을 이해할 수 있는 것이다. 그렇다면 그림 작품에 있어서 물리적 성질과 미적 성질은 이분적인 것이 아니라 양립적이다. 이러한 관찰이 옳다면 그의 유추 논의는 물리적 성질과 심성적 성질의 이분적 관계의 문제를 비켜가고 있다고 할 것이다.

제4절 크립키와 퍼트넘의 동일론 비판[20]

4.1 심신 동일성 명제의 이해

동일론자들은 스마트 이후 심신 동일성 명제를 원칙적으로 그 참임을 발견할 수 있다고 보고, 따라서 이는 우유적이라 하였다. 이것은 러셀과 콰인이 〈2+3=5〉에 의해 표현되는 명제는 그 언어저 관계에 의하여 필연적이지만 〈시세로=털리〉의 명제는 경험적으로만 발견될 수 있으므로 우유적이라 생각한 전통과 일관된다. 이러한 동일론에 반대하는 크립키의 논의는 보통 다음과 같이 요약된다:[21] 만일 〈A〉와 〈B〉가 고정지시어이고 〈-(A=B)〉가 가능하다면 -(A=B)이다; 동일론자가 〈아프다 being in pain〉라는 심성적 상태와 〈 α -뇌 상태에 있다 being in brain state α 〉라 불리는 신체적 상태를 관련지을 때 이 표현들은 고정지시어이다; 우리는 아프면서도 이 뇌 상태에 있지 않을 수 있고 이 뇌 상태에 있으면서도 아프지 않는 것을 상상할 수 있다; 그렇다면 앞의 두 상태는 동일하지 않다.

---

20) 데닛은 스마트의 동일론에 대한 반론들을 잘 요약하고 있다. 첫 번째, 나의 어떤 생각이 재치 있거나 유머러스하거나 퇴폐적일 때 그러한 술어들이 나의 어떤 뇌 상태에 대해 참일 수 있을 것인가? 또는 그 어떤 번역이 그러할 것인가? 두 번째, 일반화의 문제로서, 존의 고통은 그가 특정한 뇌의 상태를 통하여 체험하는 것으로 이해되지만 모든 사람들이 또는 모든 동물들이 존의 그 특정한 뇌의 상태에 들어가야만 고통을 체험하리라는 조건은 반직관적인 것이 아닌가? 셋째, 동일성의 새로운 이해에 의하여 제기된 문제로서, 만일 심성상태 M과 뇌의 상태 B가 동일하다면 이들은 필연적으로 동일하여야 하고 그렇다면 심신관계의 우유적 관계를 거부하여야 한다.

21) Saul Kripke, *Naming and Necessity,* Cambridge: Harvard University Press, 1980(솔 크립키 지음, 정대현·김영주 옮김, 『이름과 필연』, 서광사, 1986).

4.2 다수 실현가능성

동일론자가 주장해 왔고 그리고 그러해야 하는 양항간의 동일성은 강한 것이었다. 〈a는 b와 동일하다 a is identical with b〉라는 주장이다. 그러나 만일 이것이 약한 것이라면 그것은 아마 〈a는 b와 동일시될 수 있다 a can be identified with b〉와 같은 종류의 것이 될 것이다. 후자는 심성적인 것의 정체의 추구에 아무런 도움이 되지 못하고 동일론의 논의의 초점을 흐리게 한다. 이러한 문맥에서 퍼트넘의 논의[22]는 잘 이해될 수 있다: 만일 임의의 (심리적) 상태 A가 다른 (물리적) 상태 P와 Q에서 각기 실현될 수 있고 -(P=Q)라면 -((A=P) & (A=Q))이다; 사람들이 아픔을 체험하지만 다른 포유류는 말할 것도 없고 파충류와 연체류도 그러한 삶의 부분을 갖는다고 할 수 있다; 이러한 경우 동일론자가 대응시키려고 하는 사람의 두뇌 상태 B'과 다른 동물들의 신체적 상태 B'', B''', B''''들은 물리화학적으로 같지 않다; 아픔의 심성적 상태와 두뇌 상태 B'은 동일하지 않다.

임일환은 다수 실현가능성이 환원주의에 대한 반론이 되지 않는다는 점을 주장한다.[23] 심성적 성질 M1이 물리적 성질 P1에 의해서만 실현된다는 것이 환원주의의 가정이라면, 다수 실현성 논제는 다른 물리적 성질 P2, P3 등에 의해서도 그 심리적 성질이 실현된다는 것을 주장하고 있기 때문이다. 실현의 경우를 특별한 종에 한정하는 경우에도 같은 문제가 발생한다는 것이다. 이러한 상황에서 다수 실현성은 환원론에 대한 반론이 아니라고 임일환은 주장한다. 그의 논점은 M1이 {P1, P2, … Pn}에 의해서 실현된다고 말할 수 없는 억제

---

22) Hilary Putnam, *Mind, Language, and Reality: Philosophical Papers,* vol. 2, Cambridge: Cambridge University Press, 1975.
23) 임일환, 「수반, 존재론적 의존성과 환원」, 『수반의 형이상학』, 김재권 외 편, 철학과 현실사, 1994, 193-235쪽.

조건이 보이지 않는다는 점이다. (P1 v P2 v … v Pn) 이라는 선접
문이 M1을 실현하는 선접지를 충분히 나타낼 수 있다는 것이다. 그
러나 문제는 선접문의 미완성에 있다. 경험의 한계가 아니라 존재계
의 개방성으로 선접문이 확정될 수 없다는 데 있다. 그렇다면 법칙성
은 물론 규칙성조차 유지할 수 있을 것인가?

4.3 물리주의의 과제

심신관계는 아직도 무엇인가? 동일론이나 수반론은 앞의 비판들에
의하여 심성적 유형 type 대 신체적 유형의 동일성을 포기하고 낱 항
token 대 낱 항의 동일성을 지지할 수 있게 되는 것 같다. 그러나
낱항 동일성만으로는 물리주의가 추구해 왔던 심신관계의 본질의 조
명에는 불가능한 후보로 보인다. 낱항 동일성은 심성적인 것의 물리
적 이해를 불가능하게 하기 때문이다. 왜냐하면 이해란 연결, 일반화,
보편성, 또는 법칙성과 관련되어 있기 때문이다.

동일론이나 수반론이 수용되지 않을 때 유물론이나 물리주의도 거
부되는가? 그럴 필요는 없다. 기능론자는 어떠한 심성적 사건도 물리
적 기능으로 기술될 수 있다고 주장한다. 만일 이것이 정당화될 수
있다면 이는 전통적 물리주의와는 매우 다른 것이고 〈물리주의〉라고
불릴 수 있는 최소의 조건을 만족한다고 생각될 수 있을 것이다. 여
기에서 우리가 〈유물론〉보다는 〈물리주의 physicalism〉라는 용어를
선호하는 이유는 후자는 심성적 사건의 존재를 인정하는 데 있어서
부담이 없고 양자나 전자 등의 사항들을 수용하는 데 있어서 아무런
조정을 하지 않아도 되기 때문이다.

그러면 물리주의의 과제는 무엇인가? 기능론적 언어로 표현될 수
있을 것인가? 어떤 사건에 대해 심성적 기술과 기능적 기술을 적용
할 수 있을 때 두 언어적 기술 간의 관계는 무엇인가? 이 표현들에

의해 나타나는 두 존재적 사항들의 관계는 어떠한 것인가? 그리고
이들의 관계는 무엇인가? 이 물음들에 대해 기능주의의 관점으로부
터 이야기를 들을 필요가 있을 것이다.[24]

---

24) 이정모는 마음의 학문으로서의 인지신경심리학의 한계를 다음과 같이 지적하고
    있다: 〈심적 활동의 본질과 이를 기술하는 개념들의 의미와 그 범주적 한계 등
    의 규정 그리고 심적 현상의 '무엇'을 탐색할 것인가의 틀은 신경과학이 아닌 인
    지심리학이나 다른 상위추상 수준의 접근을 하는 학문에서 주어져야 한다〉 이정
    모, 『인지심리학』, 아카넷, 2001, 397쪽. 그 범주적 한계에 대해서는 이 책의 제9
    장을 참조.

제7장
기능주의와 환원주의

인간의 심성내용은 대부분의 경우 믿음, 욕망, 소망, 기대 등으로 나타난다. 그리고 이들은 특정한 명사절을 갖는다. 〈김씨는 그의 모친이 건강을 회복할 것이라고 믿는다〉, 〈이씨는 그가 금년에 논문 두 편을 출판할 것을 원한다〉 등이 그것이다. 그러나 이러한 믿음을 어떻게 이해할 것인가? 이 믿음은 기본적으로 물리적 상태인가 아니면 개념적 구조인가? 이 믿음은 한편으로는 상태론적으로 접근될 수 있고 다른 한편으로는 구조적으로 접근될 수 있을 것이다.

믿음을 상태론적으로 접근하는 자는 이를 특정한 뇌신경 상태로 보게 될 것이다. 상태론자는 물리적 성질과 심성적 성질과의 관계를 기본적으로 동일성, 실현자, 기초자, 부수론, 세거론 등의 관계에서 바라본다. 물론 두 성질의 이름들이 다른 의미를 갖는다는 것은 인정한다. 그러나 상태론자는 물리주의라는 틀을 온전하게 유지하고자 한다. 그러기 위해서는 각각의 믿음들이 심성의 구체적 상태들로 동일시될 때 물리적 상태와 개별적 관계를 맺을 수 있다고 본다. 낱개의 믿음들이 총체론적 성격을 갖는다면 물리주의의 전망은 약해진다고 염려할 수 있는 것이다.

예를 들어 보자. 〈존스는 박세리씨가 골프 챔피언이라고 믿는다〉와 〈존스는 박세리씨가 한국인 골프 챔피언이라고 믿는다〉를 비교할 수 있을 것이다. 데이빗슨은 존스의 두 믿음이 전혀 다른 두 믿음이 아니라 연결된 믿음으로 해석할 수 있는 구조를 보여주었다. 전자는 $(\exists x)Bj(Cx \ \& \ x=p)$; 후자는 $(\exists x)Bj(Cx \ \& \ Kx \ \& \ x=p)$로 번역되기 때문이나. 두 문장이 그러한 관계를 깆는다는 깃은 우리의 상식괴 논리를 단순화하는 데이빗슨의 기여일 것이다. 그러나 상태론자는 이 상황을 물리주의에 적용하려 할 때 문제를 갖는다. 물리적 질서가 그러한 진리 함수적 관계를 유지할 수 있어야 한다는 것을 보여야 하기 때문이다. 따라서 상태론자가 자연스럽게 선호할 수 있는 것은 〈박세리씨가-골프-챔피언이라고-믿는다〉와 〈박세리씨가-한국인-골프-챔피언이라고-믿는다〉라는 두 술어가 서로 관계 없는 전혀 독립된 두 개의 한 자리 술어라는 관점이다.

믿음을 구조적으로 이해하는 자는 이를 개념적으로 볼 것이다. 이러한 해석을 위해서 여러 가지 논의를 할 수 있을 것이다. 먼저 총체론적 논변을 들 수 있을 것이다. 개념론자는 어떠한 믿음도 다른 믿음을 전제한다고 가정한다. 이 가정은 쉽게 어떠한 믿음도 의미에 대한 믿음, 언어에 대한 믿음, 다른 화자에 대한 믿음을 전제하는 것으로 보여질 수 있을 것이다. 믿음의 총체론적 성격이 제안될 수 있다.

그리고 심성적 성질이 물리적 성질에 수반한다는 것을 수용한다고 하자. 그러면 후자는 전자의 실현자가 되는 것이다. 실현자와 피실현자의 관계는 대칭적이거나 대등한 관계는 아니다. 이러한 의미에서 실현자는 1차적 성질이고 피실현자는 2차적 성질이라 할 수 있을 것이다. 1차적 성질이 물리적 질서 자체로 그리고 이것만으로 구성된다고 한다면, 2차적 성질은 실현자로서의 물리적 성질에만 의존하는 것은 아닌 것으로 보인다. 2차적 성질은 물리적 성질 이외에도 배경적 조건이 개입하는 성질로 보인다. 그렇지 않다면 1차와 2차를 구분할 필요도 없을 것이다. 〈피아노 가운데 C 건반 치기〉와 〈피아노 가운데 C 소리〉의 관계는 1차와 2차의 예가 될 것이다. 전자는 물리적 성질의 사건이지만 후자는 이차적 성질의 사건이다. 배경 조건들에 의하여 영향을 받는 성질이다. 물론 물리적 성질에 의하여 〈결정〉되지만 그 소리의 내용, 이해, 평가 등은 물리적으로만 처리될 수 없는 요소들을 갖는다는 것이다. 김재권은 초기에 상태기능주의에서 출발하지만 후기로 오면서 개념기능주의를 선택하여 환원을 시도한다. 그러나 개념적 기능주의가 환원을 보장할 수 있을 것인가?

제1절 상태기능주의와 개념기능주의

1.1 계층기능주의

계층기능주의는 하나의 체계를 그 부분들로 분할하여 설명한다. 즉 전체 체계의 기능을 부분들의 용량과 부분들의 상호 관련의 방식의 술어에 입각하여 설명하는 것이다. 이러한 설명을 얻는 방식은 라이칸 William G. Lycan과 데넷 Daniel Dennett에서 예시된다. 이들은 심성상태를 위계적 구조의 거대한 회사인 것처럼 분할하여 하위단위로, 더 하위단위로 나아가 최후에는 신경생리적 단위들이 자극이나 전류의 개폐 스위치 on-off switches이도록 하는 것이다. 이러한 구조에서는 컴퓨터처럼 비생물학적 장치들에 의하여 심성내용이 구현될 수 있다고 믿는다.

1.2 인과기능주의

인과기능주의는 가장 널리 이해되고 있는 형식의 기능주의이다. 심성상태란 기존의 심성상태와 감각적 입력 내용과 행동적 출력의 삼자간의 인과적 관계로 파악할 수 있다는 것이다. 그리하여 믿음도 하나의 기능적 상태라고 하였다. 하나의 유기체가 어떤 믿음의 상태를 갖는다는 것은 그 상태가 그 유기체의 심리에서 적절한 역할을 하며, 그 상태가 그의 입력, 출력 그리고 다른 심리적 상태들과 올바른 방식으로 인과적 관계를 갖는다는 것이다. 이러한 입장에서는 믿음이 언어나 내적 표상과 독립하여 가능하다는 함축을 시사한다.

인과 기능주의는 심리적 성질의 복수적 실현가능성의 구조를 제시한다. x는 한 자리 심성적 성질 F를 시간 t에 가질 수 있다. 그러나 그 필요조건은 x가 t에 F를 실현하는 어떤 물리적 성질 R(F)를 갖는다는 것이다. 이 조건은 상이한 물리적 성질들이 상이한 유기체들에서 동일한 심성적 성질들을 상이한 유기체들에서 실현할 수 있다는 가능성을 허용한다.

루이스는 하나의 심성적 성질이 실현된다는 것이 무엇인가를 묻는다. H가 t에 K라는 유형의 유기체에 적용되는 심리이론이라고 가정하자. 그리고 H는 유한하게 공리 체계화되었다고 하자. 이 체계는 A(x, t)로 표현될 수 있을 것이다. x는 유기체, t는 시간에 적용되는 변항들이다. 그러면

(1) (t)(x)(x (t K → A(x, t)) ↔ H는 참이다

가 얻어진다. 예를 들어 고통에 대한 기능주의적 일반화를 보자.

(2) 고통은 이러이러한 인과적 역할을 가진다.

(3) (t)(x)(x (t K → 고통은 이러이러한 인과적 역할을 가진다(x, t))

그리고 H 안에서 심성적 원초자 primitives들을 T1, …, Tn이라고 한다면

(4) H = A(T1, …, Tn; x, t)

를 얻을 수 있다. 그러면 실현이라는 개념은

(5) 성질들 [P1, …, Pn] 이 t에 x에게서 T를 실현하는 경우 그리고 이 경우에만 문장 A(Y1, …, Yn)은 [P1, …, Pn]에 대해 참이다

에 의해 규정된다. 그리고 H는 n개의 원초적 심성술어들에 대해 n개의 기능적 성질들을 정의하는 데 사용될 수 있다. Tj를 유기체의 한 자리 성질(포인트)에 대한 술어라고 하자. 그러면 자연수 j번째의 기능적 성질은 F라는 성질로 다음과 같이 정의된다.

(6) x는 t에 F를 가지는 경우 그리고 이 경우에만 어떤 한 자리 물리적 성질 P가 존재하여 (i) P는 t에 x에 있어서 H의 실현에서의 j번째의 구성물이고 (ii) x는 t에 P를 갖는다.

그리고 믿음은 j번째의 심성적 술어로서 나타나는 하나의 기능적 관계로 정의된다.

(7) x는 t에 p에 F라는 관계를 갖는 경우 그리고 이 경우에만 하나의 두 자리 물리적 성질 R이 있어서 (i) R은 t의 x에 있어서 H의 실현의 j번째의 구성물이고 (ii) x는 t에 p에 대해서 R을 갖는다.

이것은 사람과 명제 간의 물리적 관계를 양화하고 있다. 그러나 믿음을 기능적으로 간주한다고 할지라도, 기능주의자들은 브렌타노의 문제를 극복하기 위해서는 사람과 명제들 사이에 비기능적인 그러나 물리적 관계가 있다는 것을 보여야 한다. 그러나 겨우 성공한 것은 복수적 실현가능성이라고 보인다.

1.3 기계기능주의

기계기능주의는 튜링 머신으로 설명될 수 있을 것이다. 〈튜링 머신〉은 실제의 기계라기보다는 계산의 추상적 표상이다. 이 기계는 〈읽기/쓰기〉 도구가 사각형들을 담고 있는 이차원의 테이프를 스캔하여 그 사각형에 들어 있는 0이나 1을 확인한다. 기계가 주어진 상태에서 사각형을 스캔하여 거기에 들어 있는 것을 지우고 0이나 1을 쓰고, 좌측이나 우측의 사각형으로 이동하여, 새로운 상태에 들어간다. 이러한 기계의 동작은 기계가 들어 있는 상태, 사각형의 글자 그리고 복잡한 목적의 명령문들에 의하여 결정된다. 튜링 기계는 하드웨어와 소프트웨어의 구분이 생기기 전의 표상이고, 소프트웨어라고 해야 한다. 기계의 모든 상태들은 입력과 출력, 기존의 상태들과 명령문에 의하여 구현되는 특정한 역할을 갖는다.

1.4 개념기능주의

개념기능주의는 블록의 램지Ramsey 문장 구성을 통하여 나타낼 수 있다고 생각한다. T를 아픔과 같은 심성상태(M(s1 ··· sn)), 감각적 입력(S(b1 ··· bn))과 행동적 출력(B(c1 ··· cn))들 간의 관계를 설명하는 하나의 심리이론이라고 하자. 이 이론은 모든 심성상태의 명사들을 단칭명사 si로, 입력들의 그것을 bi로, 출력의 그것을 ci로,

취하여 만든 문장들의 연접문 하나로 고쳐 쓸 수 있을 것이다. 따라서 그러한 심성에 대한 이론 (3)을 구성할 수 있을 것이다.

(8) T (s1 ··· sn, b1 ··· bn, c1 ··· cn)

(9) Ex1 ··· xn T (x1 ··· xn, b1 ··· bn, c1 ··· cn)

(9)는 (8)의 램지 문장이다. 램지 문장은 심성상태의 명사들 si를 변항 xi로 바꾼 것이다. 만일 x1을 〈아픔〉을 대치하는 변항이라 한다면 〈아픔〉은 다음과 같이 정의된다.

(10) Ex1 ··· xn T ((x1 ··· xn, b1 ··· bn, c1 ··· cn) & y는 x1을 가지고 있다의 경우 그리고 이 경우에만 y는 아프다)

(11) Ex1 ··· xn (T (x1 ··· xn, b1 ··· bn, c1 ··· cn) & y는 x1을 가지고 있다)

(11)은 아픔을 〈y는 아프다〉라는 술어에 의해 표현되는 성질로 생각하여 만들어진 술어이다. 그리고 〈the x Fx〉를 〈x가 F인 바의 하나의 x라는 성질〉이라는 표현이 나타내는 의미를 가졌다고 하자. 그러면 아픔은 다음처럼 규정된다.

(12) 아픔 = ﹁y (Ex1 ··· xn) T [(x1 ··· xn) & y는 xi를 가지고 있다]

블록은 하나의 예를 들고 있다. x1은 〈캬뷰레터〉이고 x2는 〈점화통〉이고 가솔린과 공기가 입력이라면 〈캬뷰레터이다〉라는 성질에 대한 기능주의적 규정은 다음과 같이 구성된다.

(13) 캬뷰레터이다 = ﹁y (Ex1)(Ex2)[(x1은 가솔린과 공기를 섞고 그 배

합물을 x2로 보낸다) & x2는 점화통이다 & y는 x1이다]

다음 과제는 램지 문장으로 구성된 기능주의가 어떻게 개념적 기능주의를 나타낼 수 있는가를 보이는 것이다. 전자는 상태기능주의나 개념기능주의에 모두 열려 있다고 생각된다. 이 과제는 성질에 관한 김재권(퍼트넘, 블록)의 논의에 근거한 것이다.

김재권은 이차적 속성을 다음과 같이 규정한다: 〈F가 기초(또는 일차적) 속성들의 집합 B에 대한 2차적 속성이 되기 위한 필요충분조건은, F가 'D(P)와 같은 속성 P를 B 안에 가짐'(여기서 D는 B의 구성 요소들에 대한 조건을 나타낸다)이라는 속성이 되는 것이다).[1] 그러나 블록은 1차 성질과 2차 성질 간의 관계에 대해 의문을 제기하였다. 투우사가 입은 망토의 붉은색이 황소를 자극한다. 황소를 화나게 하는 것이다. 이 상황에서 〈망토의 붉은색〉은 황소 화남의 1차 성질이고, 〈망토의 자극성〉은 황소 화남의 2차 성질이다. 블록은 황소 화남의 원인은 망토의 붉은색이라 할 수 있지만 망토의 자극성이라 하기는 어렵지 않는가라고 반문한다.[2] 동일한 사건에 대한 과잉결정 overdetermination의 문제가 있는 것으로 보이기 때문이다.

김재권은 블록의 의문에 대해 두 가지 종류의 평가를 내리고 있다. 긍정적 평가와 부정적 평가이다. 먼저 부정적 평가는 블록이 〈망토의 붉은색〉과 〈망토의 자극성〉을 두 개의 독립된 사건으로 잘못 해석하고 있다는 점이다. 김은 두 사건은 동일한 사건이라고 한다. 그리고 양자는 〈원인 승계의 원리〉에 의하여 동일한 결과에 작용한다는 것이다. 〈2차 속성 F가 임의 시점에서 1차 속성 H에 의해서 실현된다면, F의 이 특정 사례가 지니는 인과력은 H의 인과력과 동일하다〉는

---

1) Jaegwon Kim, *Mind in a Physical World*, MIT Press, 1998(하종호 옮김, 『물리계 안에서의 마음』, 철학과 현실사, 1999).

2) Ned Block, "Can the Mind Change the World?", *Meaning and Method*, George Boolos, ed., Cambridge University Press, 1990.

것이다.[3]

그럼에도 불구하고 블록의 물음에서 긍정적 요소를 볼 수 있을 것이다. 블록이 〈망토의 붉은색〉은 황소 화남의 원인이라 간주하면서, 〈망토의 자극성〉은 황소 화남의 원인이라 부르기를 주저하는 까닭 중의 하나는 〈황소를 향한 망토의 자극성은 황소를 화나게 한다〉라는 문장의 분석성일 것이다. 이 분석성은 개념적 기능주의를 발단시키는 중요한 요소가 된다.

김재권의 예를 따라 설명할 수 있을 것이다. 2차 속성 M은 1차 속성들 P1, P2, P3에 의해서만 실현된다고 하자. 그러면 〈M임〉은 〈P1임〉이거나 〈P2임〉이거나 〈P3임〉에 의해 실현된다는 뜻이다. 달리 말하여 〈P1임〉이거나 〈P2임〉이거나 〈P3임〉을 가질 때 〈M임〉을 가진다는 것이다. 그러나 〈M임은 P1임이거나 P2임이거나 P3임이다〉라는 것은 아니고, 〈M임은 'P1임이거나 P2임이거나 P3임'이다〉라고 해야 한다. 〈M임〉을 고유하게 동일시하는 방식은 선접문을 사용하여야 하는 것이다. 여기에 우리의 선택이 놓여져 있다. 모든 술어들은 성질을 나타내는가 아니면 어떤 술어들만 성질을 지칭하는가이다. 전자는 자유주의적 abundant, latitudinarian 입장을 나타내고 후자는 단순화론적 sparse 관점을 드러낸다. 전자는 선접적 성질도 성질이라고 하는 것이다. 그러나 후자는 〈M임〉이라는 술어는 그에 고유한 성질을 지칭하는 것이기보다는 P1임이거나 P2임이거나 P3임이다라는 성질들 중의 하나를 지칭한다는 것이다.

따라서 〈M임〉이라는 술어는 〈P1임이거나 P2임이거나 P3임이다〉라는 표현이 나타내는 선접적 성질을 표시한다기보다는 그러한 선접적 술어의 약자로 볼 수 있다는 것이다. 하나의 예를 들 수 있을 것이다. 〈나는 철학회에서 적어도 한 철학자와 악수를 하였다〉라는 문장을 보자. 〈한 철학자〉는 2차적 명사이고 이에 대한 1차적 명사들

---

3) 김재권, 앞의 책, 109쪽.

은 〈김태길, 이석희, 조요한, 한전숙, 이명현, 이영호 …〉 등의 나열
일 것이다. 1차적 명사들의 나열은 내가 지금 여기에서 완성할 수 없
을 수도 있고 화자나 청자가 나열 완성을 기다릴 시간이 없을 수도
있다. 또 모두 지루해 할 수도 있다. 1차적 명사들이 기본적이지만 2
차적 명사들은 요약적이고 단순하고 목적 선택적이다.

　2차적 명사나 술어가 목적 선택적이라는 점에 주목해 보자. 여기에
서 중요한 것은 내가 악수한 사람은 단 한 사람일 수 있다. 그리고
그 사람을 나타내기 위해서는 〈한 철학자〉라는 2차적 명사 이외에
다른 2차적 명사들이 다양하게 그러나 같은 효과로 그에게 적용될 수
있을 것이다. 〈현상학자나 분석철학자〉일 수도 있고, 〈남성철학자〉일
수도 있고 〈개념적 지혜를 사랑하는 사람〉이라는 〈한 철학자〉와 동
연의 술어일 수도 있다.

제2절　기능적 환원주의

　김재권의 물리주의는 일관된 그리고 강한 입장을 나타내왔다. 그는
초기에 사건 개념에 입각한 동일론을 발전시켰고 중기에는 수반 개
념을 발전시켜 이에 근거한 관점에서 필연적 공역의 물리주의를 모
색하였다. 그러나 최근에는 심성적 성질을 제이성질로 해석하는 개념
기능주의를 수용하여 전통적 환원주의와는 차별화되는 물리주의를
제안하고 있다.[4] 환원적이 아닌 것은 진정한 물리주의가 아니라는 그

---

4) 김여수는 환원적 분석에 대한 몇 가지 모델들을 구성하고, 언어의 기반으로서의 세
　계에 도달할 수 있는 방식으로 환원의 의미를 논의한다. 김여수, 「환원적 분석」,
　『언어와 문화』, 철학과 현실사, 1997, 75-90쪽. 조승옥은 두 가지 환원주의를 심
　층적으로 분석 대조하고 양자가 서로를 함축하는 관계가 아닌, 독립적일 수 있다
　는 점을 강조한다. 조승옥, 「존재론적 환원주의와 인식론적 환원주의」, 『수반의
　형이상학』, 김재권 외 편, 철학과 현실사, 1994, 61-87쪽. 김광수는 인간 자유의

의 신념은 그의 철학의 커리어를 통하여 일관되게 나타나 보인다.

2.1 수반 논의

김재권은 비환원적 심신론은 일관된 물리주의이기 어렵다고 생각한다. 예를 들어 비환원적 유물론은 다음과 같이 제안될 수 있다는 것이다: 모든 구체적 개별자는 물리적이다(물리적 일원론); 이러한 물리적 개별자는 물리적 성질과 동일하지도 않고 그로 환원될 수도 없는 심리적 성질을 가질 수 있다(반환원주의); 물리적인 것과 심리적인 것의 관계는 수반의 관계이다(물리적 실현론); 심성적 성질은 대상의 실재적 성질이다(심성적 실재론); P가 M을 실현한다 ↔ (P→M)은 물리적 필연성으로써 성립한다 & P는 M을 〈설명한다〉.

그러나 이러한 비환원적 유물론은 수반 개념에 의존하지만 이 개념은 이제 그 허약함으로 소기의 물리주의를 담보하지 못한다고 생각하는 것이다. 이러한 상황은 김재권 자신이 발전시켰던 수반 개념을 스스로 폐기한다는 것을 나타낸다. 그의 수반(적 원인 탈락) 논의를 보자: 수반론은 참이거나 거짓이다; 수반론이 거짓이라면 심성인과 가능성을 설명하기 어렵다; 심성 성질 M의 개항이 다른 심성 성질 M*의 개항 출현을 야기하였다고 하자; M*는 물리적 수반 기초 P*를 갖는다; 그렇다면, M*는 M에 의하여, 그리고 P에 의하여, 야기되었다; M은 P*를 야기함으로써 M*를 야기하였다; M은 그 자체로 물리적 수반 기초 P를 갖는다; P는 P*를 야기하고, M은 P에 수반하고 M*는 P*에 수반한다; M-M*과 M-P* 인과관계는 P-P* 인과관계에 근거하여 있는 부차적 apparent 관계이다; 수반론이 거짓이

어떤 환원 프로그램에 대해서도 원칙적인 반론을 편다. 인간 자유는 환원 대상이 아니라 설명 대상이라는 시각의 조건이 모든 작업의 최소조건이라고 한다. 김광수, 「하향적 인과작용」, 『수반의 형이상학』, 김재권 외 편, 철학과 현실사, 1994, 251-281쪽.

거나 참인 두 경우 모두, 심성인과는 탈락하거나 이해하기 어렵다.

김재권은 비환원적 유물론은 어떤 의미에서 궁극적으로 창발론과 운명을 같이 한다고 생각할는지 모른다. 양자의 차이에도 불구하고, 심성 성질에 대한 존재론적 성격을 위치지움에 있어서 같은 방향에 서 있다고 볼 수 있다. 창발론의 논의를 들여다보면 김재권의 비환원 주의에 대한 주저를 선명하게 볼 수 있다:[5] 기초적이며 비창발적인 개별사와 싱질들이 존재하며 이들은 물리적 대상이며 물리적 성질이 다(궁극적 물리적 존재론); 물리적 성질들이 어떤 상태의 수준에 이르 면 새로운 성질이 창발된다(성질 창발론); 창발적 성질들은 새로운 것 이어서 이들이 창발한 것으로의 환원적 또는 인과적 설명은 불가능 하다(창발자의 비환원성); 창발적 성질들은 예측할 수 없다.

2.2 계층/차원 구분논의

김재권의 수반논변에 대해 비환원론자는 〈일반화 논의〉로써 반박 을 가해온다고 한다.[6] 심성 성질의 인과력이 미시 물리적 성질의 인 과력에 의하여 배제된다면 심성과 물성의 계층적 구조를 그대로 가 지고 있는 다른 계층의 현상에서도 인과력이 배제되어야 한다는 것 이다. 미시 물리적 성질만 인과력을 갖는다면 잘못 던진 야구공이 유 리창을 깨는 경우나 지진으로 건물이 붕괴되는 경우들은 인과관계로 보기가 어려워진다는 것이다. 생물학, 화학 같은 미시 물리적 성질에 의존하지 않는 거시적 현상은 인과관계를 갖지 않는 것이 된다는 것 이다. 이러한 결과는 수용하기 어렵고 따라서 김재권의 수반 논의는 그만큼 설득력이 없다는 것이다.

---

5) Jaegwon Kim, "Downward Causation in Emergentism & Nonreductive Physicalism", *Emergence or Reduction?*, eds., A. Beckermann, et al, Berlin: De Gruyter, 1992.

6) 김재권 지음, 하종호 옮김, 『물리계 안에서의 마음』, 철학과 현실사, 1999.

김재권은 일반화 논의에 대해 계층 level과 차원 order의 구분을 제안하여 대응한다. 미시 대상과 거시 대상의 위계구조에는 … 소립자, 원자, 분자 … 등의 여러 계층이 있다. 미립자에 적용되는 스핀 spin 이나 참 charm 같은 성질은 다른 계층에 있는 원자에는 적용되지 않는다. 그러나 〈뇌 상태 α에 있다〉와 같은 사물적 성질이나 〈믿는다〉 같은 심성적 성질은 동일한 계층 안에 있는 모든 사람에게 적용된다. 원자가 미립자로 구성되어 있다고 할지라도 미립자에만 적용되는 성질을 〈계층 제한적 성질〉이라고 할 수 있다면, 김재권은 동일한 계층 안에 있는 대상에게 적용되는 〈뇌 상태 α에 있다〉는 1차원적 성질이라 하고 〈믿는다〉는 2차원적 성질이라고 하는 것이다. 김재권은 수반 논의는 동일 계층 안의 대상에 적용되는 것일 뿐 다른 계층에 속하는 대상들에 적용되는 논변이 아니라고 말한다.

2.3 종특수적 환원

김재권은 크립키-퍼트넘이 물리주의에 제기한 다수실현성 반론을 심각하게 고려한다. 이 반론은 그의 환원주의에 대한 반론이기도 하기 때문이다. 물리주의는 어떤 개별적 심성 성질 m1과 어떤 개별적 물리적 성질 p1 간에는 강한 관계가 있어야 한다고 믿는다.[7] 그 관계는 동일성, 동연성, 환원성, 법칙성 같은 관계라야 한다는 것이다. 그러나 다수실현성 반론은 그러한 강한 관계가 불가능하다는 것을 제기한 것이다. 심성 성질 m은 물리적 성질 p1만이 아니라 다른 물리적 성질 p2, p3, … 등에 의해서도 실현될 수 있다는 것이다.[8] 〈다수

---

7) Jaegwon Kim, "Multiple Realization and the Metaphysics of Reduction", *Philosophy and Phenomenological Review*, 1992, pp. 1-26: 각각의 심리적 종류 M에 대하여 유일한 물리적 종류 P가 있고 이들은 서로 법칙적 상관관계를 갖는다(상관논제).

8) 심성적 성질 M에 대하여 모든 유기체들의 유형에 공통된 물리적 상태 P라는

실현성 논제는 비환원주의를 함축한다〉라는 명제는 다음의 두 논제에 의존한다. 특정 과학이론 Tm을 물리이론 Tp로 환원하기 위해서는 Tm의 모든 종류의 명사들은 Tp의 해당되는 명사와 법칙적으로 동연을 갖는다(나겔 논제) ; 이질적 종류들의 선접은 그 자체로 하나의 종류가 아니다(포돌 논제). 이러한 상황에서 김재권은 물리적 성질을 종특수적 상황으로 묶는 처방을 내놓는다. 종특수적 상황에서는 m1과 p1 간에 강한 관계가 가능하리라는 것이다.

그의 종특수적 환원 논의를 보기 전에 먼저 그의 물리주의를 구성하는 데 있어서 기본적인 전제들을 살펴 보자. 이들은 전문가 사회가 수용하여야 하는 것이고, 그 설득력은 결과되는 설명의 설득력에 의하여 얻어지고 또한 대안의 설득력의 유무에 의해 평가된다는 것이다. 심성사건은 실재적이다(김의 심성실재론); 실재적인 것은 인과력을 갖는다(알렉산더 명제)[9]; 미시 물리적으로 동일한 세계는 거시적으로도 동일하다(헴펠의 계층성); 거시 대상 간의 수반적 인과관계는 미시 대상 간의 실재 인과관계에 수반한다(김의 수반적 인과); 환원성이 없는 심성적 인과논제의 양립불가능성(김의 환원주의).

또 하나 고려할 것은 심성적 성질 M의 유형이 종에 따라 달라야 하는가 같아야 하는가의 문제이다. 전통적으로는 예를 들어 고통의

것은 없고 유기체의 유형에 따라 M이 발생할 때마다 (Q1 v Q2 v ⋯ v Qi)이 얻어진다. 베토벤 교향곡 9번은 악보, 테이프, 레코드, 오케스트라, 컴퓨터, 점자 등에서 다수 실현된다. 다수 실현 충분성 논제(로워): e의 P임은 e의 M임을 실현한다 ↔ e가 P이고 P와 M 사이에 어떤 종류의 강한 관계가 있다.

9) Burge, Tyler, "Philosophy of Language and Mind: 1950-1990", *Philosophical Review,* 101(1992), pp. 3-51; "Individualism and the Mental", *Midwest Studies in Philosophy,* 4(1979), pp. 73-121, 102; Baker, Lynne Rudder, "Metaphysics and Mental Causation", *Mental Causation,* eds. Heil, John and Mele, Alfred, Oxford: Clarendon, 1993, p. 77; Robert Van Gulick, "Three Bad Arguments for Intentional Property Epiphenomenalism", *Erkenntnis,* 36(1992), p. 325.

개념이 종에 따라 다름에도 불구하고, 공통된 요소가 상이한 요소보다 압도적으로 많아 통합적이고 단일한 개념인 것으로 상정하여 왔다고 보인다. 그러나 김재권은 그러한 상식에 반론을 제기한다. 고통에 대한 물리적 상태를 (Q1 v Q2 v ⋯ v Qi)의 선접문이 나타낸다고 하자. 그렇다면 우리는 다음의 두 상황에 처한다고 한다: 고통은 동질적인 종류이므로 (Q1 v Q2 v ⋯ v Qi)도 그러하다; (Q1 v Q2 v ⋯ v Qi)는 이질적인 종류이므로 고통도 그러하다. 그러나 두 상황 중에서 어느 것이 더 직관적으로 설득력이 있는가를 김재권은 묻는다. 그는 후자를 선호한다. 그의 선호에 설득력이 있다면 김은 심리학이 통합된 주제의 과학이 될 수 없다고 제안한다.

김재권의 종특수적 환원[10] 논의의 대상은 분명하여진다. 그 논의는 어떤 구조로 되어 있는가? 한 개체 a가 어떤 심성적 성질 M을 시간 t에 가지고 있다면 그러면 어떤 물리적 구조유형 S와 하나의 물리적 성질 P가 존재하여 a는 t에 유형 S의 체계이며 t에 P이고, 〈S유형의 모든 체계들은 P를 갖는 시간에 또한 M을 갖는다〉는 것은 법칙적이다(Mat→(∃S)(∃P)((Sat & Pat) & (x)((Sxt & Pxt)→Mxt))))(구조제한적 상관논제). 그리고 김은 과학에서의 종류는 원인력을 근거로 개별화된다(종류의 인과적 개별화 원리)는 것과 만일 심성 성질 M이 물리적 실현기반 P 때문에 하나의 체계에서 t에 실현되었다면 M의 이 사례의 원인력은 P의 원인력과 동일하다(원인승계원리)라는 것을 수용한다. 그렇다면 다음의 명제들은 경험적인 것이라고 생각하는 것이다: S→Lm은 Lm의 S-특수적 심리법칙이다; S→Tm는 Tm이 S-특수적 심리이론(Tm의 S-특수적 모든 심리법칙들의 집합)이다; Tm은 S라는 종에 대하여 Tp로 종특수적으로 환원된다 ↔ S→Tm 이 Tp로 환원된다; S→Tm이 Tp로 환원된다 ↔ Tm의 S-특수적 법칙들

---

10) Jaegwon Kim, "Multiple Realization and the Metaphysics of Reduction", *Philosophy and Phenomenological Revieiw*, March 1992.

S→Lm이 Tp의 법칙들과 모든 심성 종류 Mi에 대하여 (S→(Mi ↔ Pi))의 연접으로부터 추리된다.

2.4 네이글식 환원의 교량법칙[11]

김재권은 물리주의가 두 가지 선택지를 가지고 있다고 생각한다. 비환원주의거나 환원주의라는 것이다. 그러나 비환원주의는 포돌, 써얼, 퍼트넘, 데이빗슨 등의 경우에서 보이는 것처럼 수반논법에 굴복하도록 되어 있다고 믿는다. 그리고 환원주의는 제거주의거나 네이글식 환원주의라고 믿는다. 제거주의는 심성인과의 심각성을 수용하지 않는다는 점에서 매력을 잃고 있고, 김은 네이글식의 환원주의를 보다 자세하게 논의한다.

네이글식의 환원은 기본적으로 교량법칙을 필요로 한다. 환원 대상이론과 환원 주체이론을 연결하는 교량법칙에 의하여 환원 대상이론의 조건들이 나열될 때 환원 대상이론의 법칙으로부터 연역적으로 환원 주체이론의 법칙이 추리된다는 것이다. 그러나 네이글의 교량법칙은 여러 가지 문제점이 있다는 것을 김은 지적한다. 첫째, 예를 들어, 환원 대상이론의 심성 성질 M에 대하여 환원 주체이론의 물리적 성질은 P1만이 아니라 Pi라는 다양한 실현자 속성을 가질 수 있고 이들 목록의 미완성 상황은 원하는 교량법칙을 허용할 수 없다는 것이다. 둘째, 네이글의 교량법칙이 얻어진다고 할지라도 이것은 기껏 쌍조건문의 양항의 상관관계의 현상의 기술일 뿐이라는 것이다. 현상의 기술은 심신관계론의 심각한 후보가 되기 어렵다. 왜냐하면 우리가 원하는 것은 양자간의 관계가 왜 또는 어떻게 얻어지는가에 대한 설명이기 때문이다. 셋째, 네이글은 적어도 표면상으로 물리주의를

---

11) 김재권 지음, 하종호·김선희 옮김, 『심리철학』, 철학과 현실사, 1997, 359-366쪽.

지지하는 논의로서 환원론을 제시하였다. 그러나 결과는 대부분의 이원론자도 수용할 수밖에 없는 심신 성질들의 병렬이다. 네이글의 교량법칙이 성립하기 위해서는 심과 신의 성질들이 단단하게 제시될 수 있어야 하기 때문이다. 그의 이론은 존재론적으로 경제적이지 않고 개념적으로도 단순화되어 있지 않은 것이다.

2.5 개념 기능적 환원

동일성 명제의 논리 확보: 네이글식 환원의 교량법칙이 존재론을 단순화하지 않는다면 동일성 명제는 그에 대한 대안이 된다고 김재권은 믿는다. 〈심성 성질 M과 물리적 성질 P가 동시에 예화되는 까닭은 이들이 어떤 방식으로 동일한 성질이기 때문이다〉라고 주장할 수 있으면, 네이글식 환원이 불러일으키는 설명의 문제는 해소된다는 것이다. 〈왜 미국 대통령 부인이 나타날 때마다 힐러리 로담이 나타나는가?〉에 대한 물음에 대한 최상의 대답은 이들이 동일인이다라는 것이다.

김재권은 M=P가 필연적이라면 M↔P는 우유적일 수 없다는 크립키의 성과에 주목하여, 기능주의적 환원 모델을 추구한다: 심성 성질 M을 물리적 기초 성질 P로 환원하기 위해서는 먼저 M을 외부적으로 해석하여 관계적 성질로 바꿀 수 있다. 달시 말해 M을 그 인과적 역할에 의하여 규정되는 2차적 성질로 해석할 수 있을 것이다. 그러면 M은 인과관계를 기술하는 조건 H 성향을 가지는 성질을 소유하는 성질이 되고, P는 바로 H를 만족하는 성질일 것이다. 이러한 구조에서는 M과 P를 동일시할 수 있을 것이다. M은 P를 가짐의 성질 이외의 다른 것이 아닌 것이다.

심성 성질의 기능주의적 서술: 김은 M이 기능적 개념이기 때문에 크립키적 고정지시어로 표시되지 않는다고 믿는다. 그럼에도 불구하고 〈M=P〉는 법칙적으로 필연적이기 때문에 〈M〉과 〈P〉는 법칙적 고정지시어라고 해석한다. 그러나 아직도 문제가 되는 것은 기능적 개념으로서의 2차적 성질 M과 물리적 성질로서의 1차적 성질 P가 어떻게 동일시될 수 있는가라는 문제이다. 이들은 외부적 성질과 내부적 성질, 역할과 그 담지자, 실현내용과 실현자의 관계에 있는 것이 아닌가?

김은 성질들의 영역을 양화할 때 새로운 성질들을 도입하는 것은 아니라고 한다. 성질들에 대한 논리적 연산에 의하여 새로운 성질을 양산해내는 것이 아니라는 것이다. 예를 들어 심성 성질 M을 구현하는 것은 (P1 ∨ P2 ∨ P3)일 수 있다. 여기에 선접문이 도입되지만 선접문은 새로운 성질을 도입하는 역할을 하는 것이 아니라 1차적 성질들이 각각 M을 구현하는 다른 조건이라는 것을 말해줄 뿐이다. M은 그 자체로 독립된 성질이 아니라 1차적 성질과의 관계하에서 구현된다는 의미에서 2차적 성질이라는 것이다. 존스의 살인자가 (스미스 ∨ 존스 ∨ 왕)이라고 한다면 그 살인자는 선접적 인격자 스미스-∨-존스-∨-왕이 아니다. 그 살인자는 1차적인 사람들 스미스, 존스, 왕 위에 군림하는 새로운 인격자가 아니라 1차적 사람들에 의하여 규정되는 2차적 위계의 대상인 것이다.

백도형은 심성 속성 M이 P1이나 P2에 의해 실현된다면 M을 더 이상 단일한 속성으로 볼 것이 아니라 M1과 M2의 두 속성으로 보아야 한다고 제안한다. 날카로운 비판이라고 생각한다. 그러나 단수 실현의 어려움 때문에 개별자 동일론이 되지 않을까 하는 염려는, 〈적절한 성질만에 의한 동일성〉보다는 〈모든 성질을 고려하여 도달된 동일성〉을 선택하여, 〈단수실현〉을 인색하게 해석한 결과가 아닌가하는 인상을 줄 수 있다. 비트겐슈타인적 동일성이 아니라 라이프니츠적 동일성을 요구하는 까닭은 이해되지 않는다. 후자는 경험세계에서 요구되기 어렵기 때문일 것이다. 백도형의 김재권 비판은 심성

성질을 〈인과적 힘〉을 갖지 않는 2차적 성질로 격하하는 김의 전략
에 대한 비판일 수도 있다.[12]

김은 〈2차적 성질〉보다는 〈2차적 개념〉으로 말하는 것이 덜 오도
적이고 간편하다고 생각한다. 〈나는 어제 한 사람의 한국 국회의원과
악수하였다〉라는 문장은 2차적 대상 기술어 〈한 사람의 한국 국회의
원〉을 포함한다. 나는 이 기술어 대신에 1차적 대상 기술어 〈박태준
v 이부영 v 김근태 v 조성준 v 이회창 v 박근혜 v …〉를 사용할 수
도 있었다. 마찬가지로 〈나는 고통 중에 있다〉라는 문장은 2차적 술
어 〈고통〉을 사용하였지만 나는 그에 대응되는 1차적 술어 〈P1 v
P2 v P3 v …〉를 사용할 수도 있었다. 그러나 1차적 대상 기술어나
1차적 술어의 사용은 간편하지 않고 오도적일 수 있을 것이다. 김재
권은 기능적 환원을 통한 심신 사건의 동일성 논제로 가기 위하여
그의 속성 예화 사건론을 포기하고, 데이빗슨적 기술적 사건론으로
기울고 있는 것으로 보인다.[13]

---

12) 백도형, 「김재권의 새로운 심신 동일론」, ≪철학적 분석≫, 한국분석철학회,
    2000 겨울(2호), 121-143쪽.
13) 김영건은 김재권의 1차적 성질과 2차적 성질의 구분에 의한 기능적 환원주의에
    대한 하나의 반례를 셀라스를 통해서 제시한다고 생각한다. 무익이족자와 인간
    은 외연적으로 동일하지만 전자가 사물적 복합 성질의 차원에서의 서술적 술어
    라고 한다면, 후자는 의미적 복합 성질의 차원에서의 처방적 술어라 할 수 있을
    것이다. 후자는 합리성, 인간성, 관계, 의무 등의 성질들로 이루어지는 구성적 술
    어인 것이다. 인간이 2차적 술어라고 한다면 그에 이르는 1차적 술어는 개별자
    의 이름으로 지칭되는 대상의 성질로 상정할 수 있지만 개별자의 모든 이름들을
    하나로 묶는다는 것은 단순하게 서술적인 것이 아니라는 데 문제가 있다. 〈모든〉
    또는 〈하나로 묶는다〉라는 것이 표현하는 구조는 의미의 구조인 것이다. 김영건,
    「사유주체와 인간: 셀라스와 칸트의 심리철학」, ≪철학≫, 1993(40), 292-429쪽.

제3절 기능주의의 문제

3.1 기능주의의 성격

기능주의는 먼저 이원론과 대조될 수 있을 것이다. 블록에 의하면 퍼트넘, 포돌, 하만의 기능주의는, 심성상태가 기존의 내적 상태와 입력과 출력외 삼자간의 기능적 역할로 규정된다는 의미에서, 기능주의가 물리주의의 거짓을 보여준다고 믿는다. 그러한 기능적 역할은 물리적 근거 이외의 근거에 의해서도 논리적으로 가능하다는 것이다. 그러나 스마트, 암스트롱, 루이스, 슈메이커는 기능주의를 삼자간의 인과적 역할로 해석한다는 점에서 기능주의가 물리주의의 참임을 지지한다고 믿는다. 인과적 역할은 물리적 관계를 전제하기 때문이다.

기능주의는 행동주의와 비교할 수 있을 것이다. 행동주의는 심성상태를 자극과 반응에 의하여 정의할 뿐 심성상태를 반응의 원인이거나 자극의 결과라고 해석하지 않는다. 심성상태는 단순히 행동의 성향일 뿐이라고 한다.[14] 그러나 기능주의는 경험이나 심성상태가 반응이나 행동의 원인이기도 하고 결과이기도 하다는 입장을 취하여 그 실재성을 당당하게 긍정한다. 기능주의는 심성상태와 자극의 관계만이 아니라 더 나아가 심성상태들 간의 관계까지를 실재적으로 해석한다.

심신 동일론은 아픔이라는 심성상태를 특정 뇌 상태 또는 C-신경섬유의 자극과 동일시하였다. 그러나 퍼트넘은 아픔은 인간의 경우 C-신경섬유의 자극으로서 실현될 수 있지만 다른 포유류나 파충류는

---

14) Ned Block and Jerry Fodor, "What Psychological States Are Not", *Philosophical Review*, 1972, pp. 159-181; 이종왕도 김재권의 기능적 환원주의가 결과하는 심신 동일성이 〈심성적인 한에 있어서 심성적 속성들의 인과적 유효성〉을 만족시키지 못하고 결국 제거주의로 전락하는 경향에 대해 염려를 표시한다. 이종왕, 「정신인과와 수반논변의 딜레마」, ≪철학연구≫, 철학연구회, 2001 봄, 145-163쪽.

인간의 C-신경섬유의 자극과는 다른 방식의 생리 조건에 의하여 아픔이 실현될 수 있다는 것이다. 아픔은 단일한 조건이 아니라 복수적인 조건들에 의하여 같은 권리로 나타날 수 있다는 것이다. 결국 아픔은 자극되는 C-신경섬유와 동일하다라고 주장하기보다는 인간의 경우에도 C-신경섬유가 자극되고 있다는 그 기능에 주목해야 한다는 것이다.[15]

3.2 인격성 반론

기능주의에 대한 반론 한 가지는 행동주의에 제기되었던 논리가 여기에도 적용될 수 있다는 것이다. 행동주의는 심성상태를 부인하는 태도를 취한다. 일종의 제거적인 전략인 것이다. 행동주의는 심성상태의 술어에 대한 의미의 구조를 행동에서 찾음으로써 일종의 논리적 환원을 추구하는 것이다. 달리 말하여 행동주의는 심성상태에 대한 일상적 믿음들을 비과학적 태도로 해석하는 것이다. 행동주의는 과학의 이름으로 일종의 〈반상식적〉 입장을 천명하는 것이다.

기능주의는 표면적으로 심성상태를 부인하지는 않는다. 그러나 기능주의가 참인 것으로 수용된다면 그 결과는 무엇을 함축하는가? 심성이란 상태와 입력과 출력의 관계적 역할이 된다. 이것은 결국 심성상태의 제거가 아닌가? 이 결과는 행동주의와 어떻게 다르다고 할 수 있는가? 예를 들어 행동주의에서 부정되는 지향성은 기능주의에서 상태들과 입력과 출력의 어떤 관계 역할 이외의 것으로 이해될 수 있을 것인가? 기능주의적으로 이해되는 지향성은 행동주의적으로 환원되는 지향성과 어떻게 다를 것인가?

기능주의에 대한 반행동주의적 비판은 소위 〈강시 논변〉을 통하여 달리 기술될 수 있을 것이다. 기능주의가 참이라고 하자. 그러면 정대현과 신경생리 기능적으로 동일한 정대현 강시가 논리적으로 가능

---

15) 임일환의 제6장에서의 다수 실현 반례에 대한 비판을 참조할 수 있다.

할 것이다. 정대현 강시는 정대현과 한 가지를 제외한 모든 면에서 동일한 경험을 할 것이고 그 예외는 정대현 강시는 현상적 경험을 하지 못하는 것이다. 그리하여 정대현이 t1에 〈나는 지금 코가 가렵다〉라고 말할 때 정대현 강시도 t1에 〈나는 지금 코가 가렵다〉라고 말할 것이다. 그러나 t1의 정대현의 경험내용과 정대현 강시의 경험내용은 다르다. 정대현 강시가 t1에 해야 하는 말은 〈정대현이 코가 가려울 때와 같은 신경생리적 조건하에 나는 들어 있다〉일 것이다. 행동주의나 기능주의는 인간이 현재 이해하고 있는 인격성의 개념을 다른 방향으로 수정하는 프로그램이라고 지적할 수 있을 것이다.

이좌용은 물리주의나 기능주의에 대한 하나의 새로운 인격성 반론을 펴고 있다.[16] 물리주의의 문제는 인과를 발생시킨 심성속성과 물리속성이 동일한 자연적 속성임에도 어떻게 합리성과 법칙성이라는 차이를 보이는가를 밝히는 것이라고 제안한다. 그러나 이좌용은 다음과 같이 말한다: 〈하나의 놀이를 '놀이'로 말하게 하는 속성은 있지만, 모든 놀이를 '놀이'로 부르게 하는 속성은 없다는 말이다. 마찬가지로, 한 심성적 속성의 예화를 실현하는 물리적 속성은 있지만, 그 심성적 속성의 모든 예화를 실현하는 물리적 속성은 없다〉. 이좌용은 심성사건은 개별적으로 물성을 갖지만 그것이 심성사건으로 이해되는 구조는 그 개인이 더불어 놀고 있는 다른 개인들, 가족, 공동체의 성원들과의 관계 속에서 얻어진다고 진단한다. 합리적 설명은 그리하여 내가 속해 있는 공동체 안에서 자기를 이해하고 설득시키려는 행위자의 관점에 서 있다고 한다.[17]

---

16) 이좌용, 「인과성과 합리적 설명」, 『수반의 형이상학』, 김재권 외 편, 철학과 현실사, 1994, 319-348쪽.

17) 하종호는 물리적 인과성과 심성적 인과성을 법칙적 인과성과 반사실적 인과성의 구분을 통하여 연결하고자 하는 시도를 부정적으로 평가하고 있다. 하종호, 「무법칙적 일원론과 심성인과」, 『수반의 형이상학』, 김재권 외 편, 철학과 현실사, 1994, 379-397쪽.

제8장
심성내용의 자연화

　물리주의가 근본적으로 마음에 대한 존재론일 뿐 심성내용에 대한 적극적 이론이 아니었다면 여기에 논의되는 자연주의는 심성내용에 대한 구체적 이론을 모색하고 있다.[1] 드레츠키는 심성내용을 인과개념이 아니라 의존 dependency 개념으로 접근하고자 한다.[2] 전

---

1) 심성내용의 자연화가 시도되기 전에 인식의 자연화 시도가 있었다. 콰인의 논문 (W. V. O. Quine, "Epistemology Naturalized", *Ontological Relativity and Other Essay*, Columbia University, 1969) 이래 여러 가지 논의가 국내외에서 있었다. 그 중 한국분석철학회가 편집한 『철학적 자연주의』(철학과 현실사, 1995)는 11개의 논문들을 게재하고 있고 인식에 관한 논문들은 다음과 같다. 김동식, 「자연주의 인식론의 철학적 의의」, 39-76쪽; 김기현, 「자연화된 인식론과 연결」, 77-103쪽; 최순옥, 「콰인의 자연주의적 인식론에 관한 논의」, 104-125쪽; 김도식, 「자연주의적 인식론의 한계」, 126-152쪽.

2) 김남두의 자연개념은 드레츠키 등이 이 장에서 제안하는 것과는 다른 종류의 〈마음 자연주의〉를 시사한다고 생각한다. 드레츠키가 마음 내용을 자연적 술어에 의해 조명할 수 있다는 자연주의를 지향한다면, 김남두는 당위나 법칙에 의하여 제약되지 않는 마음 쓰임이나 마음 흐름의 양상이 나타내는 자연주의에 주목한다. 드레츠키가 심신관계를 이원론의 구조로 나눈 다음에 제기된 마음의 존재론적 성격을 자연화하고자 하는 것이라면, 김남두는 이원론이 제기되기 전의 심신관계에

자가 물리주의적으로 좁은 개념이라면 후자는 자연사의 일부로서의 인간현상을 포함할 수 있는 자연주의적 모델의 핵심개념이 될 수 있다고 생각한 것이다. 심성내용의 자연화는 결국 의미의 자연화를 전제하는 것이고 이것은 스키너에 의해 기호와 지시체 간의 자연법칙적 관계로 제안된 것이다. 드레츠키는 이러한 스키너의 통찰을 발전시켜 제어장치, 작동적 학습, 성향, 자연표지함역, 원초믿음, 오표상 misrepresentation 등의 개념을 제안하여 자연화 개념을 구조화하고 있다. 그러나 밀리칸은 드레츠키의 의존개념은 표상 생산의 구조에 주목하게 되는 인과론에 빠진다고 염려한다. 그 대신에 진화론적 관점을 취하면 표상 소비에 초점을 맞추는 것이 정당화되고 기호와 지시체 간의 관계를 성공적으로 읽어낼 수 있다고 믿는다.

서 마음의 자연적 경향성에 대해 합리성(배분하는 자가 배분함에 있어 따라야 할 어떤 것)이라는 구조로 당위에 이르는 과정에 주목하는 것이다. 존재론적 자연주의가 마음의 과학적 설명을 목표로 한다면, 윤리적 자연주의는 마음이 윤리성에 어떻게 관련할 것인가에 관심을 갖는다. 전자가 〈자연화〉를 마음이 자연 현상을 설명하는 같은 원리로 설명하는 노력으로 파악한다면, 후자는 〈자연법〉을 〈그 정당성의 근거가 자연으로부터 주어지는 인간이 따라야 할 법〉이라는 의미로 사용하고 있다. 김남두, 「소피스트 안티폰에 있어서 법과 자연」, 《서양고전학연구》, 1988 제2집, 123-139쪽.

3) Fred Dretske, *Explaining Behaviour: Reasons in a World of Causes*, MIT Press, 1988; "Precis of Explaining Behaviour: Reasons in a World of Causes", *Philosophy and Phenomenological Research*, Vol. L, No. 4, June 1990, pp. 783-786; "Reply to Reviewers", *Philosophy and Phenomenological Research*, Vol. L, No. 4, June 1990, pp. 819-839.

제1절 드레츠키[3]

1.1 표시기능

드레츠키는 이유가 행동을 설명(문인순씨에게 달려간 까닭은 이 여인이 내 모친이기 때문이다)할 수 있는 까닭은 이유가 믿음 안에 발생(문인순씨가 내 모친이라고 나는 믿는다)하고 이 이유가 인과과정에 개입해 있기 때문이라고 생각한다. 중요한 것은 믿음이라는 것이 일종의 내적 표상으로서 발생한다는 점이다. 그러나 표상이란 무엇인가? 드레츠키는 표상(문인순씨에 대한 나의 표상)이 사태가 세계에서 어떻게 되어있는가(문인순씨가 누군가임)를 표시하는 indicate 기능의 구조로 간주한다. 그러나 표상의 의미는 이 구조가 기능으로서 나타내는 바의 내용이다. 이 구조가 이 기능을 수행하지 못할 때 오표상이 발생한다고 한다.

드레츠키는 표상체계를 1차적으로 규약적인 것과 자연적인 것으로 구분한다. 인공적인 것은 표시의 기능이 체계를 만드는 자나 사용하는 자에 의해서 부여된다. 교통신호나 일상언어가 그런 경우이다. 그러나 자연적인 것은 표시의 기능이 외부적으로 부여된 것이 아니라 내부적으로 습득된 것이다. 진화과정은 표시의 기능을 생물학적 유기체에 부여하는 과정이라고 할 수 있다. 그리하여 생물학적 유기체는 자연적 표상체계를 이룬다고 보인다. 그러나 드레츠키는 2차적으로 인공적인 표상체계도 그 표시의 기능의 부여과정들은 넓은 의미에서 진화론적인 것이라고 믿는다.

드레츠키는 표시의 기능에 대해 체계적 논의를 피하고 있지만 어떤 스케치는 하고 있다. 나타난 내용으로서의 표상과 나타낸 대상으로서의 사태 사이에는 인과적 관계가 있는가? 맥키에서처럼, 〈원인〉을 한 충분조건의 어떤 필요조건으로서 의미한다면, 드레츠키는 양자간에는 그러한 인과관계는 없다고 말한다. 두 사건 간의 인과관계는 하나가 다른 것을 나타내기 위하여 필요하지 않다는 것이다. 그러나 온도계 읽기에서 보이는 것 같은 일상적 인과개념은 도입될 수 있지만 필연적인 것은 아니라는 것이다.

그렇다면 표상과 사태 사이의 표시의 관계는 무엇인가? 드레츠키는 표시 관계도 인과관계처럼 사건 개항들 간의 관계라고 믿으면서도 이들이 표시의 기능을 갖게 하는 근거는 이들이 속해 있는 유형들 간의 관계라는 것이다. C와 F가 사태와 표상의 사건 유형이라고 한다면, c와 f는 각기 이들 유형의 개항이라고 할 수 있다. 그렇다면 C와 F 간의 올바른 관계가 설정될 때 c는 f가 있다는 것을 나타낸다는 것이다. 그러나 이러한 유형 사건들 간의 관계는 정확하게 무엇인가?

표상과 사태 사이의 유형 사건 간의 표시 관계는 의존성 dependency 관계라고 드레츠키는 말한다. 〈C가 주어질 때 F의 확률이 1이라면 또는 F없이 C가 발생할 수 없다면, C의 개항은 F의 개항이 존재한다는 것을 나타낸다〉는 것이다. F의 개항 없이 C의 개항이 발생한다면 양자의 관계는 표시의 관계가 아닐 것이다. 그러나 이러한 조건은 잘못 표시하는 것이 불가능함을 함축하기 때문에 너무 강하다고 간주한다. 오표상의 불가능성을 구조화한 이론은 진정한 표상론일 수 없기 때문이다.

드레츠키는 강한 조건을 약화할 수 있는 한 가지 방식을 유형 사건이 발생하는 개항 사건들의 구체적인 문맥에서 찾는다. 개항적 표상은 구체적인 문맥에 상대적으로 발생하고 표시하는 것을 표시한다는 것이다. 문맥의 환경이 고유한 참조 부류 the proper reference class를 결정한다는 것이다. 달리 말하여 참조 부류를 변경하면 대응되는 유형의 개항들이 표시의 위상을 달리 갖는다는 것이다. 예를 들어 꿩은 숲 속에 살고 메추라기와 같은 발자국을 남기지만 강가로는

172

가지 않는다. 그러면 참조 부류를 〈숲 속의 발자국〉에서 〈숲 속의 강가의 발자국〉으로 바꾸면 동일한 발자국이 전자의 부류에서 꿩을 표시하지만 후자의 부류에서 메추라기를 표시한다고 드레츠키는 생각한다.

1.2 믿음의 자연화

드레츠키는 믿음의 자연화를 의미의 자연화에서 끌어낸다. 만일 의미의 자연화 방향이 스키너에서 선명하게 나타났다면 포돌의 스키너 해석은 도움이 될 것이다. 포돌에 의하면[4], 심리현상에 대한 전통적 철학 상식은 적어도 두 가지가 있다: 지향성/의미론적 술어는 폐쇄적 원을 구성한다; 지향성 상태는 근본적으로 총체적이다. 전자는 심리현상에 대한 물리주의적 존재론을 거부하고 후자는 지향성 심리학의 과학적 성격을 의문시한다. 그러나 정보론적 의미론은 그러한 상식을 거부하고 지향성 상태에 대한 물리주의적이고 원자적인 설명을 시도한다. 하나의 술어와 이것이 표현하는 성질 사이의 관계에 대한 자연주의적 이론을 구성하고자 한다. 포돌은 여기에서 지향성 상태에 대한 그러한 자연주의적 접근이 어떻게 전개되어왔는가를 개괄한다.

스키너는 정보론적 의미론의 관점에 맞춰 다음과 같이 요약될 수 있다. 〈행동주의〉란 〈개〉라는 단어가 개라는 성질을 표현하고 모든 개와 개들에게만 적용되는 것으로 이해된다. 그리고 이러한 사실은 화자들의 행동적 성향에 관한 사실로 환원된다. 〈언어습득〉이란, 반응이 자극에 의해 강화되는 구조는 분별적 자극의 유형이 빈도치의 함수로서 작용하는 기제에서 반응이 나타난다는 것을 뜻한다. 그리하

---

4) Jerry A. Fodor, "A Theory of Content, I: The Problem", *A Theory of Content,* MIT Press, 1990, pp. 51-87.

여 〈개〉라는 표현의 개항이 개라는 성질을 표현하는 까닭은 화자들이 개가 주위에 있는 상황에서 〈개〉라는 표현을 발화할 때 강화되었기 때문이다. 〈의미론〉이란 위의 두 개념과의 관계 속에서 구성된다. 두 개념은 첫째 자연주의적이다. 왜냐하면 〈개〉가 개를 의미하는 조건이 자극과 반응이라는 비의미론적 용어로 규정되고 있기 때문이다. 그리고 이들은 원자적이라고 할 수 있는 것은 한 가지 반응성향을 갖는 것과 다른 반응성향을 갖는 것에 있어서 어떠한 내부적 관계를 상정하지 않고 있기 때문이다.

포돌에 의하면, 촘스키의 스키너에 대한 비판은 그의 행동주의와 언어학습론에 대해서는 효과적이지만 그의 의미론적 제안에는 영향을 주지 못한다고 생각한다. 촘스키는 구체적으로 스키너의 언어학습론의 다음과 같은 명제에 대하여 비판을 하고 있다. 언어학습의 특징적 효과는 반응의 강도를 바꾸는 것이다. 한국어를 배우기 전에는 개가 주위에 있어도 〈개〉라는 단어를 발화할 확률은 작지만 배운 후에는 확률이 증가한다는 것이다. 그러나 촘스키는 반응강도(빈도치, 농도치, 소멸저항 등)는 언어사용에 적용되지 않는다고 한다. 한국어 사용자는 개가 주위에 있어도 〈개〉라는 단어를 반복적으로, 피곤하지 않고, 큰 소리로 발화하지 않는다는 것이다.

발화란 특정한 종류의 반응이다. 그러나 촘스키는 생각이 다르다. 발화는 반응이 아니라 행위라는 것이다. 언어행위는 발화자의 믿음들의 내용에 민감하여 〈인지적 침투성〉을 가지고 있는 것이다. 그렇다면 스키너의 반응개념은 〈지향성 비밀대치자 crypto intentional〉라 할 수 있을 것이다. 언어학습은 사회적으로 치밀하게 조정된 강화시간표의 적용에 의존한다. 촘스키에 의하면 언어란 가르치지 않아도 배워지는 것으로 보인다고 한다. 그러나 스키너의 이론은 이것이 어떻게 그렇게 보이는가를 설명하고 있지 않다는 것이다.

스키너에 대한 촘스키의 비판은 스키너의 의미론에는 상처를 입히

174

지 못하고 있다고 포돌은 진단한다. 첫째, 스키너 의미론은 그의 언어학습론을 포기할 수 있다. 둘째, 언어에 대한 스키너의 설명을 거부하면서도 사유에 대해 스키너 의미론을 수용할 수 있다. 그리하여 지향성 비밀대치자로서의 반응이나 그 행동주의는 포기하면서 지향성 실재론자가 될 수 있는 것이다. 셋째, 스키너 의미론은 원자적일 수 있는 구조가 있다. 개-생각은 개-경우와 상관관계에 들어갈 수 있고 이 생각은 그 사람의 유일한 지향성인 경우에도 그러하다. 그리고 의미에 있어서 문제가 되는 것은 기호와 지시체 간의 법칙적 상관관계이다. 〈프로톤〉의 의미는 이 단어가 갖는 프로톤과의 기능적, 인과적 관계에 의하여 결정될 뿐 〈화자가 지지하는 프로톤이론에 의하여 부분적으로 결정〉(콰인)되는 것이 아니라는 것이다. 넷째, 스키너 의미론이 물리주의적인 이유는 개념이 유지되는 개항 상태는 비의미론적 성질에 대한 지칭을 통하여 분별될 수 있기 때문이다.

드레츠키는 촘스키의 비판에도 불구하고 유지될 수 있는 스키너의 자연주의를 선호한다. 구체적으로 드레츠키는 언어내용과 믿음내용의 차이에 대해 설명할 그림을 가지고 있다. 예를 들어 보자. 〈F〉(fortnight)와 〈G〉(fourteen days)가 동의어라고 하더라도 우리는 S의 F라는 믿음과 S의 G라는 믿음을 구별한다. S가 G라는 것을 믿지 않고도 S가 F라는 것을 믿을 수 있기 때문이다. 전통적으로 이러한 언어적 사용에 의하여 믿음의 내용은 동의성보다 더 세미하다고 생각되어 왔다. 그리하여 〈어떠한 두 개의 믿음도 내용에 있어서 정확하게 같을 수 없다〉라는 믿음내용 원리가 수용되어왔다. 그러나 드레츠키는 언어적 믿음의 상이성에 의하여 그 내용의 상이성을 추리할 수는 없다고 하면서 오히려 그 내용의 동일성의 가능성을 주장한다. 지향성에 대한 드레츠키의 자연주의적 해석은 믿음내용원리가 거짓이라는 것을 보인다는 것이다. 그러한 해석의 가능성은 또한 브렌타노 문제(물리적 유기체가 지향적 상태를 갖는 것이 어떻게 가능한가를 설명하는 문제)에 답하는 것이 된다.

믿음의 자연화는 다음과 같은 구성에 의하여 제안된다: 하나의 뇌 신경 상태 개항 b는 하나의 믿음이고 다른 내용보다는 F가 있다라는 내용을 갖는다 ↔ b는 유기체 O의 한 상태이다 & b는 상태유형 B 의 한 개항이고 B는 O에 있어서 F가 있다라는 것을 표지하는 자연 함역을 갖는다. B가 O에 있어서 이러한 자연표지함역 natural indication function을 갖는 까닭은 B가 O에 있어서 자연적으로 구성된 제 어장치 naturally recruited for a control duty이기 때문이다.

드레츠키는 그라이스가 의미를 자연 의미와 비자연 의미로 구분하 는 데 주목한다. 연기는 불을 자연 의미하지만, 도로표지판은 목적지 의 방향을 비자연적으로 의미한다. 연기와 불의 관계는 자연적 관계 이지만 표지판과 방향은 규약적인 관계라는 것이다. 그러나 드레츠키 는 의미의 자연화를 위하여 그라이스의 자연적 의미를 일반화하여 출발한다. 〈O의 B의 개항들은 F가 있다는 것을 표시한다 ↔ 하나의 B가 O 안에서 발생했다는 사실은 F가 있다는 것을 자연 의미한다〉 는 것이다. 드레츠키는 이러한 자연 의미론을 위하여 여러 가지 자연 주의적 개념 구성에 의존한다. 제어장치, 작동적 학습, 성향 등이 그 것이다. B가 O에서 제어장치 D를 갖는다는 것은 그 개항들이 O의 신체동작들과 관련하여 O 안에서 특정한 인과적 역할을 갖는다는 것 이다. B가 O에서 제어장치를 자연적으로 구성할 수 있는 것은 O가 작동적 학습 operant learning의 과정을 겪을 수 있기 때문이다. O 안의 D의 개항들은 O로 하여금 R이라는 보상에 수용적이게 한다. O 가 D 안에 있을 때 O의 행동들은 R에 의하여 강화된다. B의 개항과 D의 개항은 F가 있을 때 동작 M을 야기하는 데 공동으로 기여할 수 있고, O가 R이라는 유형의 보상을 받게 될 것이다. 이러한 과정 이 반복됨에 따라 B는 O 안에서 M이라는 동작을 하게 하는 제어장 치 D를 갖게 되고, O는 B와 D의 조건에서 M이라는 동작을 하는 성향을 갖는다. B가 O 안에서 제어장치를 가질 수 있는 까닭은 B의 개항들이 다른 것이 아니라 F가 있다는 것을 표시하기 때문이다. 그리하여 B는 F가 있다는 것을 표시하는 자연적 함역을 가지며 다른 내용이 아니라 F가 존재한다는 내용을 갖는다.

B의 개항들이 믿음으로 간주되기 위해서 B가 합리적 구조를 보이는 상태유형들의 그물망 속에서 어떤 자리를 차지하는데 반하여, D는 그러한 그물망을 보장해 주지 않는다. 그리하여 자연화의 전략에서 표적을 믿음에서 원초믿음 proto-belief으로 바꿀 필요가 있다. 〈물리적 상태개항 b는 원초믿음이고 다른 내용보다는 F가 있다라는 내용을 갖는다〉는 것이다. 원초믿음도 지향적 상태이긴 하지만 믿음보다는 덜 복잡한 기능을 갖는다. 양자의 차이는 내용에서가 아니라 지향성의 양상에서 나타난다. 예를 들어 F가 있다라는 믿음과 F가 있다라는 희망은 같은 내용을 가지면서 상이한 지향성의 양상을 갖는 것과 같다.

드레츠키는 여기에서 하나의 딜레마를 본다. 그 딜레마는 세 개의 명제로 나타낼 수 있다: B는 O 안에서 F가 있다는 것을 표시하는 자연 함역을 갖는다; F = G(〈F = G〉는 형이상학적으로 필연적이다); B는 O 안에서 G가 있다는 것을 표시하는 자연 함역을 갖지 않는다. 딜레마란 〈한편으로 만일 위의 세 명제가 일관되지 않고 믿음 내용 원리가 옳다면 자연표시함역 원리는 거짓이고, 다른 한편으로 만일 이들이 일관된다면 드레츠키는 '어떻게 하나의 자연과정일 한 상태의 자연적 표시함역을 결정힐 수 있는가'를 실명하지 못했다〉라는 것이다.

드레츠키는 자연표시와 인공표시의 구분을 가지고 딜레마를 벗어날 수 있을 것이다. 어떤 상태는 F가 있다는 것을 표시하는 인공함역을 가질 수 있지만 G가 있다는 것을 표시하는 인공함역은 갖지 않을 수 있다는 것이다. 인공표시는 의도된 표지이고 상태(인지자)는 F = G라는 사실을 모를 수 있기 때문이다. 그렇다면 드레츠키는 위의 세 명제가 일관되지 않다고 하고 믿음내용원리를 거부하여야 한다.

1.3 오표상[5]

드레츠키는 〈어떻게 알 수 있는가〉라는 과제의 인식론은 또한 〈어떻게 잘못 알 수 있는가〉라는 과제와 맞물려 있다고 생각한다. 인식의 자연화를 기획하는 드레츠키에게 후자의 과제는 〈물리적 체계가 사태를 오표상 misrepresent하는 것이 어떻게 가능한가〉라는 물음으로 나타난다고 믿는다. 여기에서 주목하여야 하는 문제는 〈도표 d가 세계 w를 어떻게 오표상하는가〉라는 것이 아니다. 왜냐하면 만일 우리가 다른 체계 r을 가지고 있다면 이것은 이미 표상능력을 가지고 있어서 d는 r의 표현적 연장으로 사용될 수 있기 때문이다. 체계 r이 개입하여 표상 성공이나 실패에 관여하기 때문이다. 그렇다면 d는 w가 F가 아닌데도 w가 F이다라고 오표상하는 것이다. d의 의미는 궁극적으로 r에게서 유래하기 때문이다.

드레츠키는 우리가 주목하여야 하는 과제는 〈체계의 표상력〉이라고 제안한다. 이에 대한 이해가 없이는 〈자연적으로 진화한 생물학적 체계가 어떻게 믿음의 능력을 가지게 되었는가〉에 대한 이해를 할 수 없을 것이기 때문이다. 믿음은 비파생적 표상능력이면서도 그 수행이 오표상을 산출하기 때문이다. 물론 믿음의 탐구는 의미나 지향성의 역할과 분리되어 이루어질 수 없다. 그러나 체계의 의미는 결국 퇴행의 문제를 가지고 있고 퇴행을 차단할 수 있는 방식은 자연화의 전략을 취하는 것이라고 생각한다.

---

5) Fred Dretske, "Misrepresentation", *Belief,* ed. Radu Bogdan, Oxford University Press, 1986, pp. 157-173, Reprinted in *Mind and Cognition: A Reader,* ed. William Lycan, Blackwell, 1990, pp. 129-144.

제8장 심성내용의 자연화

드레츠키는 연기와 불의 자연적 관계는 자연적 의미를 허용하지만 양자의 관계는 법칙적 lawful이기보다는 규칙적 regularities이라고 생각한다. 연기의 발생이 불의 존재를 자연적으로 의미(자)하지만 불 없는 연기도 가능하다는 것이다. 그렇다면 그 규칙성은 어떻게 구성되어 있는가? 드레츠키는 자연적 의미를 규명하는 개념으로 기능적 의미 개념을 도입한다. 예를 들어 자동차의 휘발유 계기판은 휘발유의 양에 대한 자연적 의미를 나타낸다. 그러나 연결이 느슨할 수도 있고, 배터리가 나갈 수도 있다. 휘발유 대신에 물이 들어 있을 수도 있고 전선이 끊어졌을 수도 있다. 이러한 상황에서의 계기판과 휘발유 양의 관계는 자연적 의미의 관계가 아니다. 그러한 상황에서 계기판은 오표상을 한다고 말하는 경향이 있다. 그러나 드레츠키는 여기에서 계기판이 무엇인가를 말하고 있다고 생각한다. d의 G임이 정상적인 경우 w의 F임의 자연적 의미일 때, 만일 d의 기능이 w의 조건을 나타내는 것이라면, 실제에서 w가 F이거나 아니거나 간에, d의 G임이 w의 F임을 의미한다라고 말할 수 있다는 것이다. 자연적 의미(자)가 어떻게 기능적 의미(기)로 발전될 수 있는가를 보이는 것이다.

드레츠키는 물론 기능 개념의 인위적 요소의 가능성을 보고 있다. 그리고 그 요소를 제거할 수 있는 방식을 구한다. 예를 들어 미세한 물체의 무게 계량기는 무게를 나타내는 기능을 가지고 있지만, 경우에 따라 다른 기능을 가질 수 있도록 사용될 수도 있다. 동일한 물체를 계량기에 얹고 고도에 따라 달라지는 계기판에 의하여 고도 계량기로 기능할 수도 있고, 확정된 무게의 물체를 얹어 그 계량기가 제대로 작동되고 있는가를 볼 수도 있는 것이다.

드레츠키는 〈자연적 기능〉의 경우를 원초적 체계에서 구하고자 한다. 원초적 체계는 〈필요 needs〉를 가지지만 이것은 〈욕망〉에 근거한 것이 아니기 때문에 의미나 지향성과 독립적인 것으로 생각하는 것이다. 예를 들어 북반구의 해양 박테리아의 내부 자력은 지구 북극의 자력의 방향을 표시하는 기능을 갖는다. 박테리아가 그러한 표시를 하는 행동의 과정은 박테리아가 해수 표면의 독소적인 산소로부터 멀어져 해수 심층으로 향하는 것을 포함한다는 것이다. 북반구의 해양 박테리아의 내부 자력은 지구 북극의 자력 방향을 의미(기)한다는 것이다. 그리고 이 박테리아의 오표상은 사람들이 그 박테리아에 자석을 가까이 댈 때 박테리아의 내부 자력이 지구 북극의 자력 방향이 아니라 자석의 방향을 나타내는 데서 발생한다는 것이다.

이러한 드레츠키는 포돌에 의하여 일반화되고 있다.[6] 유형 R의 대상이 유형 S의 사태의 정보를 휴대하는 관계는 S의 개항이 R의 개항을 법칙적으로 야기하는 정도이다(상관관계의 반사실적 지지성). 어떤 표상의 개항이 〈s는 F이다〉라는 정보를 계수적 형식으로 휴대한다 ↔ 〈s는 F이다〉라는 정보는 S에 관하여 개항이 휴대하는 가장 구체적 정보이다. 우리가 이해하는 엄밀한 의미에서의 오표상이라는 것은 드레츠키에서는 없는 것이 된다. 모든 표상은 인과적으로나 의존적으로 발생하기 때문이다: 정보는 S와 R의 상관관계에서 발생하는 표상 R에서 얻어지는 것이기 때문에 〈나은〉 또는 〈나쁜〉 것일 수 있지만 오표상은 없다. 경우에 따라 R의 개항이 S의 개항이 아닌 다른 것에 의하여 발생할 수 있다. 이것을 〈야생적 wild〉 개항이라 한다면 이에 의한 발생은 〈오표상〉이라 할 수 있을 것이다.

드레츠키는 다음과 같은 논의를 수용한다고 포돌은 보고하고 있다. R에 야생적 개항이 있다면 R의 S에의 법칙적 의존성은 완전하지 않다는 것으로 귀결된다. 그렇다면 어떤 R-개항들은 S가 아니라 어떤 야생적, 예를 들어 T 개항에 의하여 야기된 것이다. 그렇다면 R은 명제 S나 명제 T를 표상하는 것이 아니라 선접문 (S v T)를 표상하

---

6) Jerry A. Fodor, "Semantics, Wisconsin Styoe", *A Theory of Content,* MIT Press, 1990, pp. 31-49.

는 것이라고 해야 한다. 그렇다면 T에 의하여 야기된 R-개항은 결국 〈야생적〉이라고 할 수 없다.

〈R 유형의 표상개항이 있는 경우 그리고 이 경우에만 S 유형의 상태의 개항이 존재한다〉라는 동치문을 유지하는 구조적 장치 M을 상정하자. 그렇다면 M은 S 개항들과 R-개항들의 인과적 관계를 중개하는 장치이다. M이 정상적으로 기능할 때 R의 개항은 S라는 내용을 가질 뿐 아니라 이 개항의 내용은 만족되고 이 개항이 말하는 바는 참이다. 그러면 M이 비정상적으로 기능할 때 우리는 M이 산출하는 R-개항은 〈야생적이다〉 또는 〈오보이다〉라고 할 수 있을 것이다.

우리는 다음을 가정할 수 있다: 〈'개'는 개들과 개들만을 외연으로 갖고, 개들은 '개'를 야기한다는 것은 법칙이므로, '개'는 개를 뜻한다〉 여기에서 어떻게 오류가 가능한가? 두 가지 가능성이 있다. 첫째는 〈개들만이 '개'를 야기한다〉는 것이다. 그러면 〈개〉의 모든 개항들은 참이어야 한다. 여기에서는 오류가 가능하지 않다. 둘째 가능성은 〈어떤 비-개들은 '개'를 야기한다〉는 것이다. 예를 들어 밤중의 고양이가 나에게 〈개〉 표상을 야기할 수 있는 것이다. 그러면 〈개〉는 〈개 또는 밤중의 고양이〉, 즉 하나의 선언문적 사태를 표현할 것이다. 따라서 밤중의 고양이가 야기한 〈개〉의 개항은 참이어야 한다. 따라서 여기에서도 오류는 가능하지 않다. 그러한 가정에서는 또한 다음의 두 가지를 구분할 수 없다: (가) 선언문적인 어떤 것을 의미하는 기호의 참 개항; (나) 선언문적이 아닌 어떤 것을 의미하는 기호의 거짓 개항; 오류의 선언문적 문제는 이렇게 해서 발생한다.

선언문 문제에 대한 접근들의 공통된 기본 전략은 〈법칙적 상관관계가 의미를 결정〉하는 상황 유형1과 그렇지 않은 상황 유형2를 구분하는 것이다. 유형1에서는 성질들의 경우가 기호의 개항을 야기하지만, 유형2에서 그 성질들이 기호에 의하여 표현되지 않는 까닭은

181

표현의 외연의 대상에 의하여 야기되지 않았기 때문이다.

포돌은 상황 유형들을 이렇게 구분하는 이유를 다음과 같이 추측한다. 왜 우리는 비가 온다라는 생각을 〈비가 온다〉라는 문장을 사용하여 나타내는가? 이러한 표현방식을 가능하게 하는 생각과 사태 간의 관계는 무엇인가? 원인론적 식별방식이라는 것이 있다는 것이다. 비가 온다라는 생각을 선별하기 위하여 이러한 생각을 어떤 경우 야기하는 그 사태에 의존한다는 것이다. 그러나 지향적 상태의 개항은 〈알코올 마비〉와는 달리 여러 가지 다른 종류의 원인들을 가질 수 있다. 그렇다면 문제는 〈어떠한 상황에 대한 생각의 원인은 그 지향적 대상과 동일한가〉라는 것이다. 대답의 한 후보는 상황 유형1에서 그 일치는 발생한다라는 정의이다. 이러한 전략을 수용한다면 두 상황 유형들의 구분은 필요한 것이다.

드레츠키는 상황 유형1을 기호가 학습되는 과정에서 설명한다. 정보는 법칙적인 질서가 유지되는 상황 유형1이지만, 오보는 그러한 정보를 결여하고 있는 상황이 야기하는 기호에 의하여 나타난다는 것이다.

그러나 포돌은 다음과 같이 비판한다. (가) 정보 의미론에서는 현실적 경우만이 아니라 반사실적 상황이 중요하다. 그렇다면 학습기간 동안 S 개항의 현실적 그리고 반사실적 개항들이 S가 표현하는 성질의 동일성을 고정할 것이다. (나) 언어학습에서 무한정하게 많은 성질에 노출되지 않는 것처럼 무한정하게 많은 성질에 또한 노출된다. 예를 들어 〈개〉의 현실적 개항이 개-야기되고 있다는 사실과 들어맞으면서도 피학습자의 〈개〉의 사용이 표현하는 무한정하게 많은 선언 문적인 성질을 조우할 수 있다는 것이다. (다) 만일 밤중의 고양이를 학습기간 동안 조우하였다면 〈개〉 개항이 야기되었거나 야기되지 않았을 것이다. 전자의 경우 훈련의 결과는 〈개〉가 〈개 또는 밤중의 고양이〉를 뜻하였을 것이고 밤중의 고양이가 야기한 〈개〉의 개항은 참일 것이다. 그리고 후자의 경우 결과는 밤중의 고양이는 〈개〉 개항을 야기하지 않았을 것이다. 그렇다면 어떤 경우에도 오류의 여지는 없는 것이다.

포돌은 드레츠키의 상황 유형1에 대해 비판을 가한다. 상황 유형1은 Ps가 Ss를 야기하는 것이 법칙이라면 S는 P를 의미하는 그러한 상황이다. 그러나 S가 개항화되는 모든 상황이 상황 유형1인 것은 아니기 때문에 거짓일 수 있다고 드레츠키는 설명한다. 그러나 포돌은 이것은 드레츠키가 필요로 하는 학습상황이 아니라고 한다.

포돌은 이에 대하여 〈정상 normal〉상황론을 제안한다. 정상상황은 오류는 비정상적이고 정상은 모든 것이 제대로 된 것이라는 우리의 직관과 맞는다고 한다. 그렇다면 정상상황은 무엇인가? 정상성은 자연적 목적론, 적자 생존법에 따라 살아남은 생물학적 장치에 호소하여 구성될 수 있다. 그렇다면 유기체의 심성상태 개항은 유기체의 특정 환경에서 발생하는 사건들에 의하여 야기될 것이다. 신경 세포적 장치는 적자 생존법의 과정의 결과이고 이것은 그러한 인과적 상호작용을 중개한다. 그리하여 심성상태의 개항을 중개하는 역할을 수행하는 것이다. 인지적 신경세포적 장치와 인지적 신경세포적 상태가 존재하여, 전자의 기능은 적절한 환경상황에서 후자의 경우를 산출하는 것이다. 이러한 목적론적 접근은 선접문 문제를 조명 하지만 〈어떻게 심성상태를 기능적으로 개별화할 수 있는가?〉, 〈7은 소수이다라는 믿음은 무엇을 위한 것인가?〉와 같은 문제에 대해서는 설명을 하지 못한다.

제2절 매그로플린과 포돌

2.1 매그로플린의 비판[7]

매그로플린은 드레츠키의 인과적 내용론에 대해 의문을 제기한다. 이를 위해 그는 몇 가지 원리들을 구분한다. 먼저 〈어떠한 두 개의 믿음도 내용에 있어서 정확하게 같을 수 없다〉라는 믿음내용원리와 〈어떠한 두 개의 믿음도 내용과 믿음이 그 내용을 부호화하는 방식에 있어서 정확하게 같을 수 없다〉라는 믿음부호내용원리가 구분된다. 믿음내용원리와는 달리 믿음부호내용원리는 두 믿음들이 같은 내용을 가질 수 있는가에 대해 개방적이다. 믿음들이 같은 내용을 갖는다해도 이들이 부호화되는 방식 때문에 다를 수 있다는 것이다. 후자는 전자를 구체화하고 언어적 차원에서 접근 가능하게 한다. 내용은 개념적이기 때문일 것이다. 믿음의 내용은 믿음의 구성적 개념의 내용과 그 구성적 구조의 함역이다. H_2O가 옆에 있다는 것을 믿지는 않으면서 물이 옆에 있다는 것은 믿을 수 있다. 그 까닭은 두 믿음들이 상이한 개념적 구성요소를 갖기 때문이다.

매그로플린은 다음으로 〈어떠한 두 개의 개념도 내용에 있어서 정확하게 같을 수 없다〉라는 개념내용원리와 〈어떠한 두 개의 개념도 내용과 개념이 그 내용을 부호화하는 방식에 있어서 정확하게 같을 수 없다〉라는 개념부호내용원리를 구분한다. 물 개념과 H_2O 개념은 그 구성요소가 다르다. 그러나 이 사실은 두 개념의 내용의 상이성을 함축하지는 않는다. 두 개념은 상이하면서도 그 내용은 같을 수 있다는 것이다.

---

7) Brian McLaughlin, "Belief Individuation and Dretske on Naturalizing Content", *Dretske and His Critics*, ed., Brian McLaughlin, Blackwell, 1991, pp. 157-179.

프레게에게 있어서 동의어들의 대치율의 실패란 없다. 그 까닭은 불투명 문맥 안의 표현들의 의미는 일상적 문맥의 그 의미와 다르기 때문이다. 그러나 블록 등에 의하면 프레게의 제안은 개연적이지 않다. 불투명 문맥의 표현들은 믿음의 내용이 무엇인가를 결정하는 데 있어서 표현의 의미와 의미 이외의 다른 것이라는 두 가지 기여를 한다고 가정한다. 매그로플린에 의하면 그러한 가정은 거부되어야 한다. 둘째 기여는 믿음의 내용이 무엇인가에 대한 결정에의 기여가 아니라 그 내용이 무엇으로 부호화되는가를 나타내는 데로의 기여이기 때문이다. 그리하여 믿음의 개별화는 (가′) 명사절이 표현하는 내용과, (나′) 그 믿음이 이 내용을 부호화하는 방식에 의하여 얻어진다. (가″) 명사절은 그 의미에 의하여 그 내용을 표현하고 (나″) 부호화는 사용된 개념들의 구성적 구조constituent structure에 의하여 얻어진다. 물리적 상태의 구성적 구조란 문장의 구성적 구조와 동형적 구조라는 것이 가정되어 있는 것으로 보인다. 믿음에 대해서와 같은 방식으로 개념에 대해서도 논의를 전개한다. 매그로플린은 이리하여 믿음 또는 개념의 내용에 대한 두 요소론을 배격하고 믿음 또는 개념의 두 요소론을 주장한다.

매그로플린은 믿음이 그 내용만으로 합리화된다는 드레츠키류의 입장을 비판한다. 언어나 믿음독립적인 내용론의 논의는 다음과 같다: 합리화에 의한 설명은 내용 기초적이다; 만일 두 믿음이 상이한 합리화 역할을 갖는다면 이는 그 내용의 상이성에 의한 것이다; 만일 G가 있다라는 것을 믿지 않고 F가 있다라는 것을 믿을 수 있다면 이들은 상이한 합리화 역할을 갖는다고 말할 수 있다; 그렇다면 전자의 믿음과 후자의 믿음은 상이한 내용을 갖는다. 그러나 매그로플린은 다음과 같은 반론을 편다: 명사절을 사용하여 믿음의 내용을 나타내고 그 내용의 어떤 성질들 때문에 그 내용이 다른 믿음이나 행위, 결정, 의도 등과의 합리화적 관계에 들어가는 것은 분명하다.

그러나 그러한 성질들이 특정한 부호 아래에서 어떤 방식으로 어떤 내용이 부호화된 그러한 성질이기 때문에 그러한 합리화적 관계에 들어갈 수 있는 것이다.

2.2 포돌의 비판[8]

드레츠키의 가정은 〈기호가 선접문에 갖는 상관관계가 선접지에 대해 갖는 상관관계보다 더 나으면 기호는 선접지가 아니라 선접문을 표상한다〉라는 것이다. 그러나 이것은 〈기호의 내용을 해석하는 방법은 기호가 개항인 바의 사태가 표상하는 것이 그 기호가 상관관계를 가장 잘 맺는 바의 것이다〉라는 일종의 자비의 원리를 표상인 과론에 구조적으로 장착한 것의 결과이다. 포돌은 이를 위해 하나의 예를 들고 있다. 어떤 사람이 H_2O와 XYZ가 같이 존재하는 혹성에서 물이라는 개념을 전자의 개항들만으로 배웠다고 하자. 그렇다면 이러이러한 것은 물이다라는 믿음은 〈그것은 H_2O이거나 XYZ이다〉라는 믿음이 된다. 그렇다면 여기에는 강한 자비원리가 작동된다고 한다. 즉 R의 모든 개항들이 하나의 선접지에 의해서만 야기된다고 할지라도 R이 그 선접문을 표상하는 구조는 〈다른 선접지가 발생했었다면 그 다른 선접지는 R의 개항을 야기했을 것이다〉라는 반사실문이다. 그렇다면 포돌의 비판은 이것이다: 드레츠키의 인과적 표상론이 내포적인 까닭은 표상의 조건들이 반사실적 원인의 결과를 제약하고 있기 때문이다.

둘째는 포돌이 지지하는 것으로 지향성 없는 자연적 목적론을 상정하고 중요한 표상의 어떤 경우들은 이러한 목적론에 의존한다라고

---

8) Jerry A. Fodor, "A Theory of Content, I: The Problem", *A Theory of Content,* MIT Press, 1990, pp. 51-87; "Semantics, Wisconsin Style", *A Theory of Content,* MIT Press, 1990, pp. 31-49.

한다. 나이테는 이러한 자연적 목적론에 입각한 구조 장치에 의하여 나타났다고 생각한다. 그렇다면 세 가지 구분이 가능하다: (가) 정상적 상황에서 만들어진 나이테; (나) 〈야생적〉 나이테(어머니 자연이 비틀거렸을 때); (다) 나이테처럼 보이지만 아닌 경우(나무좀의 결과). 이러한 구분은 표상, 오표상, 비표상 non-representation의 구분을 강화한다. 이 구분은 표상을 정상성에 상대화해서가 아니라 표상을 특정한 목적에 상대화하기 때문이다. 야생적 나이테가 정상적 나이테처럼 같은 것을 표상하는 까닭은 양자가 동일한 함수(기능)를 나타내야 하기 때문이다. 여기에서 〈하여야 한다〉라는 표현의 내포성이 목적론의 핵심이다. 정상적 개항과 야생적 개항의 구분은 그러한 목적론에 의존하고 있기 때문이다. 이러한 목적론에 입각해서만 정상적 경우와 야생적 경우가 같은 것을 표상한다라고 정당화할 수 있기 때문이다. 따라서 오보의 경우도 그러한 목적론에 근거한다. 그렇다면 목적론은 얼마나 나쁜가? 목적론은 표상, 오표상, 비표상의 구분이 내포성에 의존하는 것만큼만 나쁘다.

제3절 밀리칸

3.1 의미합리주의와 인과론

밀리칸은 의미합리주의를 구성하고 이를 비판한다.[9] 합리주의자에게 뜻 sense은 감각자료 sense data와 같다는 것이다. 참된 지각과 참되지 않은 지각 사이에는 물론 차이가 있지만 유사성도 있다. 이 유

---

9) Ruth Garrett Millikan, "White Queen Psychology; or, The Last Myth of the Given", *White Queen Psychology and Other Essays for Alice*, MIT Press, 1993, pp. 279-364.

사성은 어떤 공통 요소를 설정하도록 하였고 사람들은 이러한 지각의 직접적 대상을 감각자료라 불렀다고 생각한다. 참인 문장과 거짓인 문장에 대한 생각들도 어떤 공통성을 가지고 있고 이것은 또한 사유의 직접적 대상으로서의 뜻이라고 할 수 있다는 것이다. 그러나 실재 대상 세계와 의미 세계는 합리적 지성의 오류 불가능적 지식에 열려 있다고 믿는다. 이러한 믿음은 다음과 같은 세 가지 주장에 의해 뒷받침된다고 생각한다. 의미의 동일성과 차이성은 인식적으로 주어져 있다: 합리적인 사람은 그의 생각 내용이 동일한지 다른지를 선험적으로 알 수 있다는 것이다. 다음으로 의미 단일성은 주어져 있다: 사람들은 그의 생각이 애매한가의 여부를 선험적으로 알 수 있다는 것이다. 그리고 마지막으로 유의미성은 인식적으로 주어져 있다: 사람들은 자기가 어떤 생각을 하고 있는지를 선험적으로 알고 있다.

세인스버리는 밀리칸의 의미합리주의 비판을 반박한다.[10] 그는 표현들에 대한 의미론적 사실의 선험적 지식과 비의미론적 사실의 선험적 지식을 구분한다. 전자와 후자는 각기 다음과 같이 규정되고 있다: 만일 a와 b가 동일한 뜻을 가진 단칭 표현이고 우리가 양자의 뜻을 안다면 우리는 양자가 동일한 뜻을 가진다는 것을 선험적으로 알 수 있다; 만일 a와 b가 동일한 뜻을 가진 단칭 표현이고 〈a ọ ″=″ ọ b〉가 p를 말하고 있다면 우리는 p를 선험적으로 알 수 있다. 세인스버리는 프레게가 동일성 또는 비의미론적 사실의 선험적 지식은 전제하지만 의미론적 사실의 선험적 지식을 전제해야 할 필요는 없다고 한다. 프레게의 뜻을 수용한다는 것은 의미합리주의를 함축하지 않는다고 주장한다.

밀리칸은 드레츠키의 인과론적 내용론을 비판[11]하고 있다. 밀리칸

---

10) R. M. Sainsbury, "Fregean Sense", Unpublished.
11) Ruth Garrett Millikan, "Compare and Contrast Dretske, Fodor and Millikan on Teleosemantics", *White Queen Psychology and Other Essays*

은 심성내용의 인과 의미론은 오표상의 가능성을 설명하는 것에서 과제를 규정한다. 왜냐하면 내적 표상은 그 산출을 위한 필요충분조건을 갖는 것이고, 이러한 조건적 관계가 표상 내용이 확정되는 방식이다. 오류적 표상은 필요충분조건 이외의 상황에 의해 산출된 것으로 설명될 수 있어야 하고, 과제는 올바른 표상과 오류적 표상을 야기하는 상황들을 규정하는 것이기 때문이다.

드레츠키는 표상을 자연화하기 위하여 몇 가지 명제를 가정하지만 밀리칸은 동의할 수 없다고 비판한다. 드레츠키는 〈올바른 표상들을 야기하는 상황들은 통계적으로 정상적 조건들이다〉라고 생각하지만, 밀리칸은 그러한 통계들을 모으기 위해서는 기술범주를 제시하고, 정상성원을 규정해야 한다고 지적한다. 드레츠키는 〈올바른 표상들을 위한 적절한 기술범주를 어떻게 선정할 것인가는 주어져 있는 사실이다〉라고 가정하지만, 달리 생각될 수도 있다고 한다. 정상적 평균이라는 것은 경우들의 50%이면 되는가 아니면 90%라야 하는가? 이 매개변수에 따라 〈통계적 정상성〉은 본질적으로 달라진다는 것이다. 내용 확정 상황은 비자의적으로 결정되어야 한다고 한다.

드레츠키는 〈'R'은 R의 표상이다 ↔ 'R'이라는 표상을 산출하도록 R에 반응하는 체계가 고안되어 있다〉라고 생각한다. 목적론 또는 내적 표상을 산출하는 체계의 정상기능 조건에 호소할 수 있다는 것이다. 그러나 밀리칸은 이 조건이 너무 많은 표상을 산출한다는 문제를 가지고 있다고 믿는다. 모든 기능적 체계는 정상적 원인을 근인이나 원인으로 갖기 때문에 원인들이 선집적일 수밖에 없다. 표상 유형마다에 유일한 정상 원인이 있다는 것을 보여야 하는 문제가 있다. 드레츠키는 사태들의 기능은 자체를 표시 indicate하고 온전한 지각적 상태는 어떤 유형의 사태들의 현존을 검출 detect하는 기능을 갖는다고 믿는다. 그러나 밀리칸에 의하면, 〈표상이 자연 정보를 휴대한다〉

---

for Alice, MIT Press, 1993, pp. 123-134; pp. 83ff.

는 것은 참이 아니라고 한다. 동물들의 위험 신호는 위험에 대한 자연 정보를 휴대하지 않는다는 것이다.

3.2 진화론적 의미론[12]

밀리칸은 표상 생산보다 표상 소비에 주목할 것을 제안한다. 목적론이나 기능에의 호소는 자연주의적이라고 가정하자는 것이다. 어떤 것을 내적 표상으로 만드는 것을 표상하는 기능이라고 제안한다. 그러면 표상을 사용하는 장치가 표상 방식과 표상 내용을 결정하는 것이 된다. 그러나 체계가 표상을 사용하여 표상이게 하는 것은 무엇인가? 밀리칸은 이를 위해 네 개의 명제를 제안한다.

첫째, 기능 또는 고유기능 proper function 개념은 가지고 있는 대상들의 역사에 의하여 결정된다. 선정된 기능들은 전형적인 경우들이고, 그 기능들은 고안된 디자인에 따라 수행되는 고유기능이다.[13] 둘째, 〈디자인〉은 본유성을 지칭하는 것이 아니다. 체계는 경험에 따라 바뀌도록 디자인되어 있을 수 있기 때문이다. 체계가 학습된 것을 수행하는 것은 〈디자인에 따라 행동하는 것〉이고 〈고유적으로 기능하는 것〉이다.

셋째, 〈정상적〉이라는 단어는 특정한 기능에 상대적으로 역사적으로 〈규범적〉으로 읽혀져야 한다. 정상적 설명은 기능이 역사적으로 어떻게 수행되었는가를 말하여, 과거의 실제 수행들이 자연법칙에 의해 연역되는가를 보이는 것이다. 이것은 통계적 설명이 아니다. 기능 수행에 대한 정상적 조건은 기능 수행의 정상적 설명과정에서 언급되어야 하는 조건이다. 〈정상적〉은 전형적, 평균적, 일상적 같은 것을

---

12) Ruth Garrett Millikan, "Biosemantics", *White Queen Psychology and Other Essays for Alice*, MIT Press, 1993, pp. 83-102.
13) 밀리칸의 고유기능에 대한 자세한 설명을 위해서는 다음을 참조. 민찬홍, 「자연주의와 심적 표상」, 『철학적 자연주의』, 철학과 현실사, 1995, 176-202, 195쪽.

의미하지 않는다. 많은 기능들은 희귀하게만 수행된다(희귀종 야생 씨앗은 성장에 정상적인 조건에서 착근하지 않는다; 동물들의 보호색은 생존에 별로 도움을 주지 않는다). 많은 고유기능들은 희귀한 조건하에서만 수행된다(구토 반사작용은 신체의 독소화를 방지하는 기능이다).

넷째, 표상 내용은 결정될 필요가 있다. 표상을 사용하는 체계나 그 부분은 발생된 표상을 이해하여야 한다. 자연적 기호에는 〈자연적 정보〉가 풍부하다. 만일 체계가 이 기호를 이해하지 못하고 이 기호가 관련된 정보의 담지자라는 것을 이해하지 못한다면, 이 정보는 이 체계에 그 정보로서 기여하지 못하는 것이 된다. 체계는 기호를 STU가 아니라 PQR을 나타낸다고 간주하는 장치를 가져야 한다. 체계가 기호를 PQR로 간주하는 장치의 구조를 안다고 하자. 체계의 간주가 기호의 구조로부터 체계적으로 도출된다고 하자. 그러면 체계의 언어의 의미론을 구성할 수 있다.

체계가 내적 대상을 표상으로 사용할 수 있는 두 가지 조건을 제시한다. 하나는 표상체와 표상은 상호 상응한다는 것이다. 또한 표상 소비 장치의 고유기능에 대한 정상적 장치가 표상에 반응할 때에도 상호 상응적이다. 다른 하나는 표상은 언제나 유의미한 변형을 허용한다. 비버는 꼬리로 날카롭게 물장구를 쳐서 위험을 알린다. 이 물장구는 다른 비버를 피하도록 하는 기능이다. 비버의 물장구는 위험을 뜻한다. 물장구가 위험에 대응한다라는 것은 정보소비적 비버들의 물장구에 대한 본능적 반응으로서의 고유한 기능의 정상적 조건이다. 그러나 위험이 없을 때 징보소비직 비버들은 괴하는 행동을 중난한다. 정확하게 말하면, 비버의 물장구 의미론은 〈비버의 시간 공간의 물장구는 특정한 시간 공간의 위험에 상응〉하는 것으로 구성되어야 한다.

밀리칸은 심성내용의 인과적 설명보다는 진화론적 설명을 강조한다. 드레츠키의 예에 의하면, 북반구에 사는 특정한 종의 박테리아는

북극 자력으로 이끄는 유기체 내부의 자성에 따라 방향을 틀고, 그리
하여 해수 표면의 독성으로부터 멀어지면 아래로 내려간다(남반구의
박테리아는 반대의 자성을 갖는다). 박테리아 자성의 기능은 박테리아
를 산소가 없는 물로 움직이게 하는 것이다. 박테리아 자성의 인력은
산소 없는 물의 방향을 표상하지만, 산소 없는 물의 방향이 박테리아
자성의 인력의 방향을 야기하는 것은 아니다. 박테리아의 자성이 휴
내하는 자연적 정보란 산소 없는 물이 아니라 북극의 자력과의 관계
에 관한 정보이다. 박테리아 자석을 인공적으로 조작하여 박테리아가
산소 있는 물로 가게 할 수도 있는 것이다. 이러한 관찰은 박테리아
의 행동에서 나타나는 자연표상의 의미론을 구성하는 데 있어서 정
보인과론적 접근이 부적합하다는 것을 보인다. 그러나 생물적 의미론
은 박테리아 행동을 잘 설명할 수 있다. 박테리아 자성이 표상하는
것은 박테리아가 소비하는 바의 것이고 과제를 수행하기 위하여 상
응하는 바의 내용이다. 표상이 어떻게 산출되는가는 무시하여야 한
다. 그 대신에 표상에 반응하는 체계가 어떻게 작동하는가에 주목하
여야 한다. 이 체계가 과제를 수행하기 위하여 무엇을 필요로 하는가
를 보아야 한다.[14]

인간 믿음은 생물학적 고유기능인가? 컴퓨터 본체는 프로그램과
입력에 따라 여러 가지 기능을 한다. 컴퓨터는 이러한 일들을 〈정상

---

14) 윤보석은 심성내용의 자연화는 결국 지향성의 자연화라는 시각을 가지고 있다.
일반적으로 수용되고 있는 관점이다. 그리고 이 관점을 밀리칸에 적용하여 지향
성이 진화라는 목적론적 모델에 의하여 자연화되고 있는가를 묻고 회의를 나타
낸다. 회의의 핵심은 진화는 〈목적의 불확실성〉에 갇혀 있기 때문에 행동과 목
표와의 관계가 우연적일 뿐이라는 관찰이다. 지향성과는 거리가 있다는 것이다. 전
체적인 문맥과 독립하여 볼 때 설득력 있는 지적이다. 그러나 〈내용의 자연화〉
과제에 진화론적으로 접근한다면 〈표상의 생산〉보다는 〈표상의 소비〉에 주목하
는 것이 자연스러운 것이 아닐까? 드레츠키보다 밀리칸에 끌리는 까닭은 음양론
이라는 형이상학의 선호 때문일까? 윤보석, 「지향성과 자연주의」, 『철학적 자연
주의』, 철학과 현실사, 1995, 203-216쪽.

적 조건〉하에서 한다. 달리 말하여, 컴퓨터가 손상되지 않는다면 디
자인된 대로 그 기능을 한다. 인간 본체는 구심적 신경 자극을 입력
으로 취하여 프로그램에 넣고 작동시킨다. 인간 본체는 개념을 발전
시키고 이 개념에 따라 믿음과 욕망을 획득하고, 실천적 추론을 감행
하여, 행동을 수행한다. 이러한 행동들은 어떤 종류의 시행착오적인
학습으로 이어진다. 이러한 조건들이 적절할 때 더 나은 방향의 생존
으로 나아간다. 현재의 인간 인지 체계는 인지능력을 사용하는 믿음
과 욕망을 위해 선정되었다. 인간 행동이 지향적이라면, 행동이 의지
를 수행해내는 정도와 욕망과 믿음으로부터 의지가 결과되는 정도는
우연일 수 없다. 이들이 인간 생존과 관련이 없다라고 할 수 있는가?

3.3 포돌의 밀리칸 비판[15]

포돌은 밀리칸의 목적론을 몇 가지의 명제로 요약하고 이를 비판
한다. 밀리칸은 믿음과 욕망등은 고유기능을 가지고 있다고 말한다.
밀리칸은 그 까닭을 다음과 같이 설명한다. 인간의 다양한 인지상태
생성 장치와 인지상태사용 장치들을 조정하는 일반원리들이 존재하
여야 할 것이고 이 원리들이 인간의 생존을 위하여 왜 또는 어떻게
역사적으로 작동되어 왔는가를 설명할 수 있어야 하기 때문이다. 그
러나 포돌은 〈믿음이 기능적이라면 각각의 믿음들을 개별화하는 기
능이 있어야 한다〉라는 추리나 가정은 오류라고 한다.

밀리칸은 인지상태가 그 기능들에 의하여 개별화된다고 한다. 인지
상태의 기능은 그 지향적 대상을 결정하기 때문이다. 우리가 욕망에
부여하는 기술은 욕망의 자명한 고유기능의 기술인 것이다. 그리하여 욕
망들이 그 내용에 따라 개별화된다는 사실은 〈열〉, 〈콩팥〉, 〈눈〉 등

---

15) Jerry A. Fodor, "A Theory of Content, I: The Problem", *A Theory of
Content,* MIT Press, 1990, pp. 64-87.

의 범주들이 그러한 것처럼 일상적 사실이다. 그러나 포돌은 의문을 제기한다. 기능을 통한 내용의 개별화는 왜 심성상태에서만 이루어지는가? 왜 믿음은 그 기능에 의하여 지향적 내용을 갖는데 반하여 심장, 눈, 콩팥들은 그렇지 않은가? 기능이란 정상적 결과를 이루는 형식이라고 하자. 그러면 심장이 혈액순환을 결과하기 위하여 의존해야 하는 것처럼, 〈부자가 되고 싶은 욕망〉은 무엇을 결과하기 위하여 의존해야 하는 것인가? 부자가 되고 싶은 사람들이 정상적으로 부자가 되기 위하여 노력하는 것을 보아서, 〈부자가 되기 위하여 노력한다〉를 그 후보로 제안할 만하다. 그러나 〈노력한다〉라는 것은 그 자체로 지향적 상태이기 때문에 그러한 후보가 되지 못한다라고 포돌은 지적한다.

그러나 밀리칸은 〈먹고자 하는 욕망의 고유기능은 먹는 행위를 실현하는 것〉이라고 한다. 밀리칸은 이를 일반화하여 다음과 같이 말한다: 만일 X가 Y를 야기하도록 정상적으로 간여한다면 상황이 정상적인 경우 〈만일 X이면 Y이다〉가 참일 것이다. 그러나 포돌은 이 명제가 너무 강하다고 한다. 이것이 참이라면 거지는 존재하지 않을 것이라는 것이다. 이러한 상황에서 모드린 Maudlin은 이를 약화하는 다음과 같은 시도를 한다: 만일 X가 Y를 야기하도록 정상적으로 간여한다면 X가 주어진 경우 Y의 확률은 X가 주어지지 않은 경우의 Y의 확률보다 정상적인 경우 더 높다. 그러나 포돌은 모드린의 명제는 너무 약하다고 한다. 내가 사려고 하는 전축판이 칼라스 토스카이지만 이것이 가까운 가게에 없는 경우 나는 차선책으로 밀라노프 토스카를 살 수도 있기 때문이다. 그리고 매주 한 장의 복권을 1,000원에 사면서 나는 복권당첨의 욕망을 갖는다. 그러나 이 욕망은 정상적인 경우 매주 나로 하여금 1,000원씩 더 가난하게 한다는 것이다.

선언문 문제에 대한 목적론적 방법은 밀리칸의 방식을 따르지 않아도 된다. 고유기능으로서의 지향적 상태나 그 내용을 결정하는 지

194

향 상태의 고유기능보다는 인지적 장치에 호소할 수도 있다고 포돌은 추측한다. 그리하여 다음의 명제를 가정할 수 있다고 한다: 〈인지적 장치는 조건 C가 주어지는 경우 환경적 상태와 심성적 상태 간의 인과적 관계를 중개하고 이러한 인지적 장치의 소유는 조건 C가 주어지는 경우 그러한 인과관계를 중개하기 때문에 적자생존의 특권을 부여받는다〉. 그러면 〈정상적〉은 조건 C가 얻어지는 경우의 상황을 지칭하고, 그러한 상황에서 S의 심성상태 개항이 P-개항들에 의하여 야기된다면 그러면 S 개항은 P를 의미한다. 그렇다면 C가 얻어지지 않은 경우 S 개항은 거짓일 수 있다. 이에 대한 예를 들 수 있을 것이다. 만일 개구리의 신경체계의 상태 S가 있어서, S는 NC의 경우 파리들에 의하여 야기되고, S는 환경적으로 적합한 파리를 향한 반응에 대한 N 원인이라면 진화가 개구리에게 S를 부여한 것이다.

포돌은 지향성에 대한 이러한 목적론적 접근은 선언문 문제를 해결하지 못한다고 한다. 미결정성의 문제가 있기 때문이라는 것이다. 심리상태의 지향적 내용에 대한 문제를 풀기 위하여 심리적 장치의 기능에 호소하는 경우 딜레마가 발생한다는 것이다. 뿔의 하나는 〈장치의 기능을 그 내용에 호소하여 규정하려고 하는 경우 그 내용의 애매성이나 미결정성에 노출된다〉는 것이다. 뿔의 다른 하나가 기능을 지향적으로 중립적인 방식(de re 믿음)으로 규정한다고 하면, 기능에 대한 단일한 기술을 얻겠지만 내용에 대한 경쟁적 기술들 중 어떤 것을 택할 수 없게 될 것이다. 이러한 문제에 대하여 다윈은 〈문제는 어떠한 기술하에서 파리를 먹는가가 아니라 얼마나 많은 파리를 먹는가이다〉라고 답할 것이다.

그러나 포돌은 인지적 장치에의 호소는 동치의 경쟁적 내용 기술들 중에서 선택을 해주지 않는다고 한다. 문맥은 상태를 F로 표상하도록 선택되었지만 또한 F와 동연적인 술어들 G와의 대치 가능성에 투명하여 있기 때문이다. 진화론은 〈…을 믿는다〉와 같은 내포적 문맥은 아직 제시하지 않고 있는 것이다.

포돌은 목적론적 접근에서 두 가지 핵심적 오류를 지적하고 있다. 첫 번째 오류는 기능에 대한 적자 생존의 분석을 〈한 상태의 기능은 이것이 실제로 선정된 바의 기능이다〉에서 찾고 있는 것이다. 그러나 포돌은 우리가 필요로 하는 기능이란 반사실적 분석(한 상태의 기능은 …라고 할지라도 선정되었을 바의 기능이다)에 의한 기능이라고 한다. 두 번째 오류는 한 상태의 기능이 주어지면 그 지향적 대상이 주어진다라는 생각이다. 그러나 이것은 미결정론 등의 논의에 의하여 유지되기 어렵다.[16]

---

16) 민찬홍은 드레츠키와 밀리칸에 대해 심층적으로 비교하고 나서 이 장이 제시한 것과는 달리 드레츠키의 손을 들어주고 있다. 드레츠키의 인과적 의미론이 더 자연스러운 것으로 보였기 때문일 것이다. 물론 드레츠키는 〈인과〉 개념보다는 더 느슨한 〈의존〉 개념을 원하고 있지만 그의 정보의미론이 요구하는 규칙성 조건을 만족하는 것은 인과개념이라고 생각한다. 그러나 드레츠키에 대한 의문은 매그로플린과 포돌이 지적하는 것 이외에도 지적될 수 있다. 민찬홍은 〈정보에 접근할 수 있는 다수의 채널을 가질 뿐 아니라 그 채널을 학습을 통하여 확장해 갈 수 있는 체계에 이르면 진정한 오표상이 가능해진다〉라고 말하는 드레츠키에 공감하고 있다. 억누르기 어려운 의문은 드레츠키의 〈체계의 표상력〉이나 〈규칙성〉이 어떻게 자연화에 이르면서 동시에 오류 가능성을 조명할 수 있을 것인가라는 것이다. 민찬홍, 「자연주의와 심적 표상」, 『철학적 자연주의』, 철학과 현실사, 1995, 176-202, 192쪽.

제9장
차머스의 범심론

20세기의 시작과 더불어 철학은 가치론, 인식론, 형이상학의 기존 분야에 적어도 두 개의 영역을 추가하였다. 언어철학과 심리철학이 그것이다. 언어철학이 언어와 세계의 관계를 통하여 언어의미가 무엇인가를 추구하여왔다면, 심리철학은 몸과 마음의 관계를 탐구하여 물리주의의 가능성을 확인하고자 하였다. 언어철학이 다분히 인식론적 관심을 나타낸다면 심리철학은 형이상학적인 동기를 가지고 있었다. 그러나 언어는 언어와 세계와의 관계라는 진리에 의하여 확보되지 않는다는 믿음이 확산되고, 물리주의는 심신관계를 조명하는 가설로서는 너무 제한적이라는 점이 많이 지적되어 왔다. 두 분야가 벽에 도달하면서 갖게 되는 관심은 하나의 핵심적 물음에서 만나고 있다고 할 수 있을 것이다: 〈언어와 의식은 분리될 수 있는가?〉 언어는 의식내용을 통하여 비객관적으로 조명되고 마음은 언어 주관성을 통하여 비물리적으로 이해될 수 있지 않는가라는 관심이 고조되고 있다고 보인다.

의식이라는 주제에 대한 최근의 많은 발표들은 그러한 관심을 나

타내는 것이다. 많은 글이 나왔지만 아직 이렇다 할 체계 잡힌 구조
는 보이지 않는다. 차머스도 문제제기를 하는 수준에서 머문다고 생
각한다. 여기서 차머스의 〈의식하는 마음〉[1]의 주제를 선택하는 까닭
은 마음과 언어에 대한 전통적 접근의 비생산성을 선명하게 설파하
고 있기 때문이다. 만일 언어나 마음에 대하여 체계 잡힌 철학적 구
조를 기대하기 어렵다면 이러한 전망은 언어철학과 심리철학에 대한
추구의 성격을 시사한다고 생각한다. 그것은 보다 넓은 의미에서의
이 주제에 대한 담론이 될 것이고 이것은 인간 경험에 대한 철학의
전통적 역할로부터 교화적인 역할로 바뀌어가는 경향과 맞물려 있게
될 것이다.

차머스는 마음 개념이 두 가지 요소로 구성되어 있다고 생각한다.
첫째는 마음이 느끼 feels 는 경우에 발생하는 인지 현상적 phenome-
nal인 것이다. 이것은 심성 상태의 의식적 경험으로 나타난다. 둘째
는 마음이 동작 does할 때 발생하는 심리 설명적 psychological인 것
이다. 그것은 행동을 유발시키는 마음의 인과적 역할이나 설명적 관
계로서 나타난다. 차머스는 마음의 인지 현상적 측면과 심리 설명적
측면을 혼동해온 역사를 추적한다. 데카르트(12쪽)는 나의 마음을 내
가 모를 수 없다라고 하여 무의식을 자기 모순적 개념으로 간주하게
한다. 그러나 프로이트(13쪽)는 믿음과 욕망이 의식적일 필요가 없다
고 판단하여 인지 현상적인 것은 중요하지 않다고 생각한다. 프로이
트는 심리의 인과적 모델을 도입한 것이다. 라일(14쪽)은 모든 심성
개념은 행동성향으로 분석될 수 있다고 믿었고 루이스와 암스트롱
(15쪽)은 심성 상태의 인과적 분석에 더욱 주목하였다.

차머스는 심성개념이 인지 현상적인지 또는 심리 설명적인지를 판

---

1) David J. Chalmers, *The Conscious Mind: In Search of a Fundamental
Theory*, New York: Oxford University Press, 1996. 이 장에서의 쪽 숫자는 이
책의 것이다.

별하는 기준을 제시한다.

(1) 만일 어떤 경우가 인지 현상적 성질을 전혀 갖지 않고 심성개념 M의
    경우일 수 있으면 그 M은 심리 설명적 개념이고, 그렇지 않으면 그
    M은 인지 현상적 개념이다(18쪽).

이 기준에 의하면 감지 awareness, 지각 perception, 학습, 믿음은
심리 설명적 개념이고, 의식 consciousness, 감각 sensation, 정서는
인지 현상적 개념이 된다.

이좌용은 현상적 의식과 심리학적 의식의 차머스의 구분에 대응하
는 일종의 구분을 이미 하고 있었다. 그의 구분은 여기에서 상기할
만하다[2]: 〈나는 '알아챔'의 정신사건이 실은 아마도 자신의 정신상태
를 자신에게 귀속시키는 언어적으로 '서술하는' 사건일 것이라고 믿
고 있다. 나는 자신의 정신사건과 그것에 대해 '서술하는' 정신사건을
별개의 사건으로 보고 있다〉. 이좌용은 〈알아챔〉이라는 한국어 단어
가 표현하는 것을 영어 단어 〈awareness〉에서 찾고 있다. 이것은 정
확하게 차머스가 선정한 어휘이다. 그리고 이좌용은 알아챔(나의 감
지)을 〈자신의 정신사건에 대해 서술하는 정신사건〉으로 설명하고
있다. 차머스의 의식에 대해 판단되는 것이 감지인 것과 같다.

그리하여 차머스는 심신 문제를 심리 설명적 측면과 인지 현상적
측면의 구분에 따라 두 가지로 나누고 있다. 심리 설명적 성질들은
지각, 학습, 믿음 등에서 니타니는 바와 같이 기능적이고, 인과적 역
할을 담당하는 성질들로 간주된다. 이들은 심성철학에서 그렇듯 신비
스럽지 않다는 의미에서 〈쉬운〉 문제를 구성한다고 생각한다. 무엇은
답이고, 무엇은 답이 아니라는 것을 상정할 수 있기 때문이다. 물리

---

2) 이좌용, 「자연성, 인과성, 심성 그리고 가능성」, 『철학적 자연주의』, 한국분석철
   학회 편, 철학과 현실사, 1995, 153-175, 168-171쪽.

적인 구조가 어떻게 심리 설명적 구조에서 인과적 역할을 담당하는 가를 기본적으로 추적하는 것이다. 그리고 그러한 기능적 분석을 위하여 어떤 전략이 필요하고 어떻게 이를 추적하여야 하는가를 보일 수 있다는 것이다. 그러나 인지 현상적 성질의 탐구는 심리 설명적 심성 상태가 어떻게 인지 현상적 상태를 유발하는가를 묻는다. 심-신 문제가 아니라 심-심 문제인 것이다. 여기에서는 인과적 모델이 나 기능주의적 분석이 쓸모가 없어진다. 그리하여 탐구의 방향은 신비의 베일에 가려있는 것이다. 〈지난(至難, the hardest)〉의 문제라는 것이다(25쪽).

차머스의 기본적 전략은 다음과 같이 요약할 수 있을 것이다: 물리주의는 다른 수반이 아니라 논리적 수반을 요구한다; 의식은 논리적 수반으로써 설명될 수 없고 자연적 수반으로 파악된다; 물리주의는 거짓이다; 속성 이원적 자연주의는 의식과 과학적 세계관을 일관되게 설명해 준다. 물리주의를 비판하는 차머스의 구조는 자연주의적 해결에 근거하고 이 전략은 그를 친-범심론적 입장으로 밀고 있다고 생각한다. 남는 문제는 범심론을 부담으로 보아야 하는가 아니면 다른 부담보다는 덜 한 것으로 보아야 하는가의 문제이다. 범심론적 해결은 아직 심신의 관계에 대한 물음을 잠재우고 있다고 보이지 않는다. 인간에게 예리하게 부각된 심신문제가 심성을 모든 대상에 확장했다고 해서 소멸되었다고 보이지는 않는다.[3]

---

3) 김영정은 감각질 같은 의식 현상은 비관계적이라고 해석하는 입장에 기울고 있다고 보인다. 그리하여 감각질을 기능적으로 해석하기보다는 인지과학의 주제가 아니라는 관점을 선호한다. 김영정, 「감각질의 문제」, 『심리철학과 인지과학』, 철학과 현실사, 1996, 75-85쪽.

제1절 논리적 수반과 설명

1.1 논리적 수반과 자연적 수반

차머스가 물리주의를 거짓으로 단정하고 자연주의를 제안하는 근거는 무엇인가? 차머스는 물리주의가 논리적 수반을 필요로 하고 자연주의는 자연적 수반을 요구하는 데서 그 까닭을 제시한다. 물리주의가 개념적이라면 자연주의는 경험적이기만 하면 된다는 것이다. 그가 구분하는 논리적 수반과 자연적 수반을 먼저 살펴보아야 할 것이다. A-성질은 물리적 성질과 같은 기본적 차원의 성질이고, B-성질은 생물학적 성질이나 도덕적 성질 같이 높은 차원의 성질이라고 하자. 차머스는 논리적 수반과 자연적 수반을 다음과 같이 규정한다: (B-성질들은 A-성질에 논리적으로 수반한다(35쪽)) ← (A-성질들이 같은 어떠한 두 개의 논리적 상황도 B-성질들이 다르지 않다, 또는 A-성질들은 B-성질들을 함의한다); (B-성질들은 A-성질에 자연적으로 수반한다 (36쪽)) ← (A-성질들이 같은 어떠한 두 개의 자연적 상황도 B-성질들이 다르지 않다, 또는 A-성질들과 B-성질들은 자연세계에서 완전한 상관관계를 갖는다). 참고로 김재권의 강수반과 약수반을 차머스의 수반 개념에 비교할 수 있을 것이다: (B는 A에 강하게 수반한다) ← (필연적으로 각 개별자 x와 B에 속하는 각각의 성질 F에 대하여, 만일 x가 F라면, A에 속하는 G가 있어서 x는 G이고 필연적으로 만일 어떤 y가 G라면 ㄱ y는 F이다); (B는 A에 약하게 수반힌디) ← (필연적으로 B에 속하는 각각의 성질 F에 대하여, 만일 x가 F라면, 그러면 A에 속하는 G가 있어서 x는 G이고 그리고 만일 어떤 y가 G라면 그러면 그 y는 F이다).

A-성질들과 B-성질들 간에 논리적 수반 관계가 성립한다고 하자. 그러면 크립키가 지적하고, 차머스가 인정하는 대로, A-성질들이 주

어지면 B-성질들은 논리적으로 주어지게 된다. 이들은 다른 사실일 수 있지만 첨가적 사실은 아니다. 그리고 A-성질들과 B-성질들 간에 자연적 수반 관계가 성립한다고 하자. 그러면 크립키가 시사하는 대로 절대자가 A-성질들을 확정한 다음에도 B-성질들을 만들기 위해서는 새로운 과제를 수행하여야 한다고 한다. 그러나 유물론은 세계의 모든 것이 물리적이라는 주장이고, 물리적 사실이 세계의 모든 사실을 망라한다는 주장이다. 그렇다면 유물론은 논리적 수반이라는 강한 수반으로써만 유지될 수 있다는 것이 된다.

1.2 수반적 설명과 기능적 분석

학습의 경우(46쪽): 수반적 설명은 결국 기능적 분석에 의하여 이루어진다. 차머스는 학습의 경우를 들어 그러한 관계를 조명한다. 먼저 인간의 학습을 가능케 하는 인과적 구조를 나타내는 모델을 만든다. 그러나 인간은 아직 신경생리학 분야의 현재의 조건 때문에 학습과 인과 역할 간의 대응적 구조를 제시할 수 없다. 그렇기 때문에 학자들은 반응패턴의 질적 유사성이나 반응의 시간측정과 같은 간접적 근거를 찾는다. 이러한 상태는 학습에 대한 원칙적 설명가능성에 대한 믿음이 전제되고 있고 이러한 낙관주의는 심리 설명적 개념의 기능적 성격의 결과이다.

그러나 인지 현상적 상태는 그러한 기능적 분석에 의하여 설명될 수 없다고 차머스는 주장한다(47쪽). 인간지각에 대한 기능적 설명을 제시한 후에도 남아 있는 물음은 〈왜 이러한 기능 작동에 의식이 나타나는가?〉이다. 그러나 이러한 물음은 심리 설명적 개념에는 나타나지 않는다고 한다. 〈왜 이러한 기능 작동에 학습이 나타나는가?〉라는 물음에 대해서는 〈학습이라는 것은 도대체 그러한 기능 작동 이외의 다른 것이 아니기 때문이다〉라는 대답이 있다는 것이다. 이 대답을 보다 형식화하면 다음과 같다.

(2) 학습 L의 경우 Li와 이에 대한 기능적 설명 E의 구체적 구조 Ei에
    대해, 어떤 주체가 Li를 갖지 않고 Ei를 체현한다는 것은 불가능하다.

그러나 문제는 학습에 대한 그러한 기능주의적 설명이 의식에 대
해서는 주어지지 않는 것이다. 〈어떤 지각이나 인식도 의식 없이 발
생할 수 있다〉는 것은 논리적으로 일관된다는 것이다.

논리적 수반과 환원적 설명(48쪽)은 필요충분조건 관계에 있다고
할 수 있다. 그러나 환원적 설명의 주된 기능은 신비성의 제거이고
현상의 내재적 이해 가능성에 있다. 물리법칙의 자율성과 단순성은
환원적 설명이 도달하고자 하는 관점의 기준이 된다.

1.3 개념적 진리와 필연적 진리

차머스의 기본적 가정은 〈필연적 진리는 개념적 진리다〉라는 것이
다(52쪽). 이에 대한 반론은 크립키의 〈어떤 필연적 진리(예: 물은
H_2O이다)는 선험적이 아니다〉에서 찾아진다. 차머스는 크립키의 1차
원적 반론에 대처하기 위하여 그러나 크립키를 발전시킨 2차원적 구
조를 구성하고자 한다(56쪽).

프레게에게 단어나 문장은 뜻, 생각 또는 개념을 나타내고, 이 개
념은 〈대상이 나타나는 방식〉 또는 가능세계로부터 지시체로 가는
함수나 규칙 $f:W{\rightarrow}R$ 이외의 다른 것이 아니다. 따라서 이 개념은 또
한 세계의 구체적 제시가 주어지면 외연 $f(w)$을 결정한다.

크립키는 현실세계의 지시체와 반사실 세계의 지시체가 상이한 구
조에 의하여 결정된다는 것에 주목하였다(57쪽). 〈물〉이나 〈최한기〉
라는 단어는 현실세계에서 지시체를 어떻게 나타내는가?[4] 이 단어들

은 공식적인 최초의 사용이 관련된 대상에 적용된 이후, 그 다음의 사용은 기술론적 만족의 기준이 아니라 〈인과적 연쇄〉의 관계의 기준에 의하여 이루어진다는 것이다. 그러나 이 단어들은 반사실적 세계에서 지시체를 어떻게 갖는가? 그것은 이 단어들이 현실세계에서 갖는 지시체에 따라 결정된다. 〈최한기〉라는 단어가 현실세계에서 혜강을 지시한다면 반사실세계에서도 혜강을 지시한다. 〈물〉이라는 단어가 현실세계에서 H_2O를 나타낸다면 반사실세계에서도 동일하게 지시한다는 것이다.

차머스는 크립키의 고정지시어가 현실세계와 반사실세계에서 상이하게 지시하는 방식에 천착하여 2차원적 필연성론을 제안하게 된다. 지시어가 현실세계에서 지시하는 방식을 그 개념의 1차적 내포라 하고, 지시어가 반사실세계에서 지시하는 방식을 그 개념의 2차적 내포라고 부른다. 예를 들어 〈물〉의 1차적 내포는 현실세계 w0에서 H_2O이지만, 다른 가능세계 w1에서는 그 내포가 XYZ일 수 있다. 그러나 〈물〉의 2차적 내포는 그 1차적 내포가 현실세계에서 H_2O이므로 모든 가능한 세계에서 H_2O가 된다.

두 가지 내포는 둘 다 함수 또는 규칙 f:W→R이다(60쪽). 그 일차적 내포는 현실적으로 간주되는 세계에서의 개념의 지시체를 나타낸다. 〈물〉이라는 단어의 규칙은 현실세계 w0에서 H_2O가 된다: 〈물: w0→R〉. 그러나 그 2차적 내포는 상황이 다르다. 현실세계에서의 지시체가 고정되어 있는 경우 그 2차적 내포는 반사실적인 것으로 간주되는 가능세계들에서 그 개념의 현실세계 지시체를 나타낸다: 〈물 (w0):W→R〉.

차머스는 그의 2차원적 필연성론을 구체화하기 위해 카플란과 콰인을 인용한다. 카플란으로부터 발화문맥 the context of utterance 과

---

4) 고정지시어의 지칭성에 대해서 다음을 참조. 정대현, 『필연성의 문맥적 이해』, 이대출판부, 1994, 3장, 7장, 8장, 15장.

평가상황a circumstance of evaluation의 구분을 도입하여 세계들의 관계를 조명한다. w1을 반사실적 세계라고 간주한다면 현실세계 w0을 발화문맥으로 선택하고 w1을 평가상황으로 인정한다. 〈바다에는 물이 있다〉라는 문장을 현실세계 w0에서 발화하고 이것을 〈물〉이 XYZ를 지칭하는 w1 세계에서 평가한다고 하자. 그러면 이 문장의 〈물〉은 H_2O를 지시할 것이고 이 문장은 거짓이 된다. 그러나 이 문장을 w1 세계에서 발화하고 평가한다면 그 문장의 〈물〉은 XYZ를 지시할 것이므로 이 문장은 참이 된다. 차머스는 그의 1차적 내포를 카플란의 자의(字意, character)라고 보고, 그의 2차적 내포를 카플란의 내용(內容, content)으로 해석한다. 차머스는 이러한 카플란의 구조에 콰인의 〈중심가능세계〉 개념을 도입한다. 중심가능세계는 하나의 세계와 하나의 중심으로 구성된 순서쌍이다. 중심은 명사를 사용하는 화자의 그 세계 안에서 규정된 관점을 표상한다(W* = 〈wi, v(a,t,wi)〉). 그리하여 중심은 표시된 개별자와 시간으로 구성된다. 차머스(61쪽)는 이렇게 구성된 그의 2차원적 지시론을 (F: W* x W →R; W*=〈wi, v(a,t,wi)〉, W=일상적 가능세계)라고 형식화하고, (Fv: W →R; v ∈ W*)라고 일반화한다.

그렇다면 차머스에게 있어서 한 표현의 지시 개념은 선험적으로 결정된다. 모든 후험적 요소들이 파라미터들에 이미 들어 있기 때문이다. 1차적 내포는 2차적 내포를 함축한다. 그리고 1차적 내포라는 것도 현실세계가 어떻게 언어적으로 구획되는가에 의존한다고 볼 수 있다. 여기에 의미 개념을 도입할 수 있다면, 1차적 내포는 선험적 의미이고, 2차적 내포는 후험적 의미라고 할 수 있을 것이다(62쪽). 이러한 가정을 수용할 수 있으면, 개념적 진리 또는 〈의미에 의한 진리〉라는 관점은 설득력을 가질 것이다.

〈물은 흐르는 물질이다〉라는 문장은 어떤 세계가 현실적이든지 간에 참이게 된다. 선험적 진리라는 것이다. 그러나 2차적 내포는 다음

205

의 예에서처럼 선험적 진리를 지지하지 않는 필연성의 문장을 만들
것이다: 물은 H_2O이다. 상상 가능성과 논리적 진리의 관계에 대해
언급할 수 있을 것이다. 상상 가능성은 두 가지와 관련되어 이루어지
는 개념이다. 첫째는 적합한 세계의 상상 가능성이고 둘째는 그 세계
에서의 진술의 진리치이다(67쪽): S는 상상 가능하다(참인 것으로 상
상된다) ← S는 모든 상상 가능한 세계에서 참이다. 그렇다면 상상
가능성은 두 가지로 구분될 수 있을 것이다. 1차적-2차적 내포의 구
분에 따라, 1-상상 가능성과 2-상상 가능성으로 나뉠 것이다.

〈물은 XYZ이다〉라는 문장이 XYZ세계에서 말해지고 현실세계에서
평가될 때, 1-상상 가능성에 의해서는 참이지만, 2-상상 가능성에 의
해서는 거짓이 된다. 이러한 두 가지 상상 가능성은 논리적 가능성과
형이상학적 가능성의 구분을 용이하게 한다(68쪽).

(3) S는 논리적으로 가능하다 ← S는 어떤 가능세계에서 참이다.

(4) S는 형이상학적으로 가능하다 ← S는 현실세계에서 참이다.

논리적 가능성은 1차적 내포에 의하여 평가되지만, 형이상학적 가
능성은 2차적 내포에 의하여 평가된다. 그리하여 〈물은 XYZ이다〉라
는 것은 논리적으로 가능하지만, 형이상학적으로 불가능하다. 이러한
결과는 두 경우가 동일한 가능세계들을 배경으로 하는 데서 비롯된
다. 그리고 결국 그 차이는 진술의 차원에서 의미와 진리의 차원을
달리 적용하는 데서 비롯되는 것을 알 수 있다. 내포가 두 가지라면
(69쪽) 필연성도 두 가지이고, 필연성에 기반하는 수반도 두 종류로
나뉠 것이다(70쪽).

(5) B-성질이 1차적 내포에 따라 A-성질에 논리적으로 수반한다면,
    A-성질로부터 B-성질로의 함축은 선험적이다(1-필연성 수반).

(6) B-성질이 2차적 내포에 따라 A-성질에 논리적으로 수반한다면,
A-성질로부터 B-성질로의 확인은 후험적이다(2-필연성 수반).

차머스는 두 가지 수반을 모두 넓은 의미에서 논리적 수반이라고
한다. 그러나 1-수반을 좁은 의미에서 논리적 수반이라 하고 2-수반
을 형이상학적 수반이라고 한다. 차머스는 1-수반이 환원적 설명을
가능케 하는 수반이고 물리주의가 평가되는 근거라고 하여 이를 중
심적 수반으로 취급한다. 차머스는 좁은 의미의 논리적 수반 (5)를
주장하기 위하여 다음의 세 가지 중의 한 논의가 충분하다고 믿는다:
B-성질 없이 A-성질의 체현은 상상 가능하지 않다; A-사실을 소유
한 자는 B-사실을 알 수 있다; B-성질의 내포를 충분히 분석하면,
A-진술은 B-진술을 함축한다.

차머스는 논리적 수반의 편재성을 지지하기 위하여, 상상 가능성
논변, 인식론적 논변, 분석 가능성 논변을 제시한다. 그리고 대표적인
반례의 경우들, 예를 들면, 빨강 경험, 지향성, 도덕적 성질 등의 경
우를 고려한다. 차머스의 결론은 이들 모두는 물리적 성질에 논리적
으로 수반하지만 의식은 그렇지 않다는 것이다.

제2절 의식의 비환원성

2.1 환원적 설명의 불가능성

차머스는 세계의 거의 모든 것이 물리적으로 설명될 수 있지만 의
식은 그럴 수 없다고 생각한다. 의식은 물리적인 것으로 환원될 수
없기 때문에 세계의 물리적인 모든 것을 다시 만들어내도 의식은 없
을 수 있다는 것이다. 이를 위해 차머스는

(7) 의식은 물리적인 것에 논리적으로 수반하지 않는다

라는 명제를 적극적으로 지지한다. 그는 이를 위해 여러 가지 논변을
제시한다. 이들을 차례로 고려하자. 첫째, 강시의 논리적 가능성 논변
이 있다.[5] 강시 하나가 나와 물리적으로 동일하지만 의식을 갖지 않
는 논리적 가능성을 고려할 수 있다. 나의 쌍둥이 강시는 나와 기능
적으로 심리 설명적으로 동일할 것이다. 예를 들어 나무를 지각하고,
초콜릿을 맛보고, 주의를 집중할 수 있을 것이다. 그러나 이러한 기
능들에 의식 경험이 나타나지 않을 것이다. 현상적 느낌이 없을 것이
다. 이러한 쌍둥이 강시는 현실세계에서 개연성이 없지만 그러나 이
러한 강시는 개념적으로 일관된다고 차머스는 주장한다.

그러나 이러한 논변에 대한 반론도 없지 않다.[6] 차머스는 몇 가지
의 경우를 고려한다. 생화학적 성질과 의식의 동시 발생의 패턴은 양
자의 개념적 관계로 인도할 것이다; 상상가능성 논변은 인간 두뇌의
수십억 뉴런의 관계를 상세하게 다룰 수 없다는 점을 인정할 수 있
을 것이다. 상상가능성은 가능성을 위한 불완전한 도구이다. 왜냐하
면 후험적 필연성은, 예를 들면 〈물은 H_2O라는 것은 필연적이다〉와
〈물이 H_2O가 아니라는 것은 개념적으로 일관성 있다〉라는 것을 동

---

5) 차머스가 언급하는 〈zombie〉란 사전에서 〈마법으로 되살아난 시체〉를 뜻하는
〈강시〉이다. 이것은 사람과 기능적으로 동일하게 지각하고 판단하고 언행을 수행
하지만 다른 것은 그러한 수행에 대한 현상적 자의식이 없다는 점이라고 한다.
6) 김선희는 놀랍게도 차머스에 대해 하나의 외부적인 비판을 하고 있다. 김선희는
차머스의 논변이 정당하기 위해서는 차머스가 비판하는 물리주의가 논리적이고
개념적인 명제라야 하지만 실제의 물리주의는 경험적 가설일 수 있다고 말한다.
김선희, 「의식의 주관성과 객관성」, ≪철학≫, 한국철학회, 1998 겨울(57집), 271-
299, 294쪽. 김선희는 물리주의에 대한 규정의 논의의 필요성을 지적하고 있는 것
으로 보인다. 김재권의 환원적 물리주의에 대한 고인석의 평가의 조심성도 결국
물리주의의 규정을 새롭게 요구하는 것으로 보인다. 고인석, 「심신수반을 다시 생
각한다」, 『한국철학자대회보: 2000』, 한국철학회, 2000/11/24-25, 제3권 43-51쪽.

시에 함축하기 때문이다. 그리고 마지막으로 상상가능성은 오류에 이를 수 있다는 것이다. 예를 들어(99쪽) 김씨는 크립키가 페르미의 최후 정리에 대한 반례를 발견하였다는 것을 상상함으로써 페르미의 최후 정리가 거짓일 수 있다고 상상할 수 있다는 것이다. 그러나 이 상상 가능성은 거짓이라는 것이다.

처음 두 반례는 함께 대답될 수 있을 것이다. 물리적인 것은 생화학적이거나 뉴런적인 것이거나 간에 그 자체로 의식에 개념적으로 관계할 수 없다. 그렇다면 물리적인 것은 보다 고차적인 성질을 통하여 의식에 관여할 수밖에 없을 것이다. 문제는 물리적인 성질에 의하여 어떻게 이 고차적인 성질을 실현할 수 있는가에 초점을 맞출 수 있을 것이다. 셋째 반론에 대하여서는 1차적 내포와 2차적 내포의 구분이 주어진다. 논의의 관심이 되는 가능성은 1차적 내포에 의한 가능성일 뿐이고, 후험적 필연성은 2차적 내포에 의한 것이다. 따라서 반론은 성립하지 않는다고 차머스는 생각한다. 그리고 차머스는 넷째의 반박은 오류에 근거한다고 생각한다. 김씨는 크립키의 오류를 〈크립키의 반례의 발견〉이라고 잘못 기술함으로써 그러한 반박이 얻어지는 것으로 생각한다는 것이다. 강시의 세계도 잘못 기술될 수 있다는 것이다. 그러므로 반박론자는 강시세계에서의 모순이 어디에서 발생하는가를 정확하게 기술할 수 있어야 한다고 주장한다.

〈의식은 물리적인 것에 논리적으로 수반하지 않는다〉라는 명제를 위한 차머스의 둘째 논변은 역잔상 The Inverted Spectrum 논변이다. 역잔상은 동일한 대상에 대해서 두 사람이 〈빨강〉이리고 부르면서도 한 사람은 빨간색의 경험을 하는데 반해 다른 사람은 푸른색의 경험을 하는 경우이다(100쪽). 역잔상의 현상으로부터 차머스는 물리적으로 동일한 조건의 나와 쌍둥이 강시가 상이한 내용을 경험하는 것이 가능하다는 것이다.

김영정은 역잔상 논변에 대해 〈성공하고 있지 못하다〉라고 판단하는 슈메이커의 손을 들어주고 있다. 〈감각질적 유사성이 행동적으로 감지될 수 있다〉라는 현실적으로 가능한 경우의 예에 근거한 가설에 근거한다. 그러나 차머스에 의하면, 자신의 논의는 그러한 경험적 경우가 있는가의 문제에 의존하는 것이 아니라 도대체 모든 것이 동일한 나와 나의 강시의 경우에 발생할 수 있는 역잔상의 가능성에 의존한다는 것이다. 초점은 경험가능성이 아니라 논리적 배제성이다.[7]

차머스의 셋쌔 논의는 인식 비대칭싱 논변이다. 우주의 물리적 구조에 대한 모든 것을 안다고 할지라도 이것은 의식경험에 대한 지식을 함축하지 않는다고 차머스는 말한다(101쪽). 의식에 대한 우리의 지식과 다른 현상에 대한 우리의 지식 사이에는 비대칭성이 있다는 것이다. 달리 말하여 타인의 삶이나 타인의 경제, 타인의 신장은 타인의 물리적 조건에 논리적으로 수반하지만, 타인의 의식은 그렇지가 않다는 것이다(102쪽). 만일 의식이 물리적인 것에 논리적으로 수반한다고 한다면, 이러한 인식적 비대칭성은 발생하지 않을 것이고, 일인칭 지식의 특별 경우도 주어지지 않을 것이다.

다음으로 차머스는 다른 철학자들의 논의들을 요약하여 소개한다. 잭슨Frank Jackson의 매리 논변이라는 것이 있다: 신경과학이 완성되었다고 가정하자(103쪽); 매리는 흑백색의 사물들로만 구성된 흑백색 방 안에서 양육되고 외부 물건이나 외부 F 세계를 본 적이 없다고 하자; 매리는 아직 흑백의 방 안에 체류하면서 색깔 시각 신경과학 분야에서 세계적인 권위자가 되었다고 하자; 매리가 처음으로 방을 나와 빨간색을 보았을 때 새로운 사실을 경험할 것이다; 매리는 빨간색을 본다는 것이 무엇인지를 몰랐다; 물리적 사실에 대한 어떠한 분석도 이러한 지식을 허용하지 않을 것이다; 색깔 시각의 주관적 경험의 사실은 물리적 사실에 의하여 함축되지 않는다.

---

7) 김영정, 「감각질 문제에 대한 비판적 고찰」, 『심리철학과 인지과학』, 철학과 현실사, 1996, 177-186쪽.

제9장 차머스의 범심론

네이글Thomas Nagel의 유명한 박쥐 논변도 도움이 될 것이다: 박쥐에 관한 모든 물리적 사실 N1이 밝혀졌다고 하자; 박쥐가 의식을 갖는다라는 가설은 N1과 일관된다; 박쥐가 의식을 갖지 않는다라는 가설도 N1과 일관된다; 박쥐의 물리적 사실을 안다고 할지라도 박쥐의 일인칭적 경험은 알지 못한다; 박쥐의 의식 경험의 본질은 아직 풀리지 않을 것이다. 네이글의 박쥐 논변과 잭슨의 메리 논변을 반박하고자 한다면 의식의 존재가 물리적 사실에 의하여 함축된다는 것을 보일 수 있어야 한다(104쪽). 그러기 위해서는 〈의식의 존재가 물리적 사실에 의하여 함축된다〉는 것을 보일 수 있는 종류의 의식의 개념에 대한 분석이 제시되어야 할 것이다. 그러나 이러한 분석은 아직 없다.

물리주의자는 기능적 분석이 의식을, 예를 들어 보고 기능으로 환원할 수 있을 것으로 제안한다. 그러나 차머스는 그 제안의 비생산성을 두 가지로 지적한다(105쪽). 첫째, 의식 상태가 여러 가지 인과적 역할을 할 것이지만 의식은 그러한 역할에 의하여 정의되지 않는다는 것이다. 의식을 기능적 개념으로 분석하고자 하는 시도는 주제변경이나 문제 회피가 되고 만다는 것이다. 마치 〈세계 평화〉를 〈라면〉이나 〈김밥〉으로 정의하는 것과 같다는 것이다.

둘째, 기능적으로 분석되는 어떤 개념도 의미론적 불확정성을 갖는다고 한다. 예를 들어 쥐는 믿음을 갖는가? 박테리아는 학습을 하는가? 컴퓨터 바이러스는 살아 있는가? 대답은 이 개념들의 경계를 어디에 실징하는가에 의존한다는 것이다. 그러나 의식 같은 개념은 기능적으로 분석되지 않기 때문에 이러한 의미론적 불확정성에 열려 있지 않다고 한다. 예를 들어 쥐는 의식 경험을 하는가? 의식 경험은 정의의 재량에 따라 존재하기도 하고 존재하지 않기도 하는 그러한 종류의 문제가 아니라는 것이다.

물리주의자는 〈의식의 비환원론이 정당하다면 이 논변은 생명 같은 개념에도 적용할 수 있어야 할 것이지만 생명은 환원적이고 따라서 비환원론은 참이 아니다〉라고 할 것이다(108쪽). 그러나 차머스는 유기체에 대한 모든 물리적 사실들을 안다면 그 유기체의 모든 생물학적 사실도 알 수 있게 된다고 주장한다. 예를 들어 생명체의 물리적 복제가 생명이 없이 발생할 수 있다는 것은 상상할 수 없다고 한다. 의식의 경우에 나타나는 역잔상 문제나 인식의 비대칭성 문제가 생명의 경우에는 〈역생명〉,〈타자의 생명은 근접할 수 없다〉 등으로 나타나지 않는다는 것이다. 생명은 기능적으로 분석되지만 의식은 그렇지 않기 때문이다. 〈물리적 차원과 의식 경험 간에는 설명적 간격 Explanatory Gap이 있다〉는 것이다.

혹자는 인지모델로 의식을 설명할 수 있지 않을까 하고 생각할 수 있다. 그러나 차머스는 〈인지 모델은 심리 설명적 개념만을 설명한다〉고 믿는다. 인지 모델이란 인지과정에 관련된 인과역학의 모델이다 (111쪽). 이것은 인지 주체의 행동의 인과관계를 설명한다. 학습, 기억, 지각, 행위억제, 주의, 개념획득, 언어행위와 같은 심리 설명적 개념들을 설명할 수 있다. 예를 들면 학습자의 인과적 역학관계를 반영하는 모델을 갖는다면, 그러한 역학관계를 적절한 환경 속에서 체현하는 어떠한 것도 학습을 수행하는 것이 된다. 그러나 이러한 인지모델은 의식을 설명하기에는 불충분하다. 모델의 실현이 왜 의식을 나타내는가라는 물음은 다른 문제이기 때문이다. 의식의 문제는 모델의 기술이나 분석으로 나타나지 않기 때문이다. 그렇다면 모델은 가동되어도 의식을 가지고 있는가를 알 수 없다. 모델은 테스트될 수 없다. 설사 안다고 할지라도, 모델 작동과 의식의 관계는 상관관계로 나타날 뿐 의식이 어떻게 발생하는가에 대한 대답은 되지 못한다 (112쪽).

다음의 세 가지 설명들도 만족스럽지 않다. 첫째 신경생리적 설명이 있다. 크릭과 코흐 Francis Crick and Christof Koch는 시각망에

나타나는 40헤르츠 hertz 진동에 주목하여(115쪽) 이것이 의식경험을
야기시키는 기본적 신경 요소라는 가설을 제안하였다. 이 진동은 열
종류의 정보를 통합된 전체로 묶어내는 역할을 하기 때문이라고 한
다. 예를 들어 대상의 모양과 위치가 독립적으로 처리될 수 있지만
그 상이한 신경표상들이 진동에서의 공통의 빈도치와 국면들을 가지
면서 뒷단계의 처리에 의하여 통합되고 기억에 저장된다는 것이다.
그러나 차머스는 진동과 의식 간의 상관관계를 수용할 수는 있지만
이것은 의식이 진동에 나타나는 구조나 이유를 설명하지 못한다고
비판한다(116쪽).

둘째, 신물리학의 논변을 들 수 있다. 펜로즈(1994)는 양자역학과
일반 상대성이론을 종합하여 의식을 설명할 수 있을 것으로 생각한
다(119쪽). 중력효과는 양자파동함수의 붕괴의 원인으로 추정할 수
있을 것으로 제안한다. 그리하여 자연 법칙에 있어서 비계산적 형식
성을 수용할 수 있게 한다는 것이다. 뉴런 안에서 발견되는 단백질
구조들 중에 마이크로튜불 microtubules이라는 것이 있다. 그리하여
인간인지는 이러한 마이크로튜불의 양자적 붕괴에 의존한다고 시사
한다. 마이크로튜불의 양자붕괴가 의식경험의 물리적 기초일 수 있다
는 것이다. 이 가설은 고전 물리학을 근거로 하는 설명방법과 다를
바가 없다고 차머스는 생각한다.

셋째, 진화적 관점이 있다. 의식은 이성의 진화과정상에서 나타난
것이라고 진화론은 가정한다(120쪽). 의식은 인간 생존의 불가피한
진화론적 결과라는 것이다. 만일 우리가 이러한 불가피한 진화과정을
알아낼 수 있다면 우리는 의식이 왜, 어떻게 존재하는가를 알 수 있
게 될 것이라고 생각한다. 그러나 차머스는 진화적 선택 과정은 나와
강시를 구별할 수 없다고 한다. 진화는 기능적 역할에 따라 성질들을
선택하기 때문이라는 것이다.

2.2 자연주의적 이원론

차머스는 자연주의적 이원론을 옹호한다. 심성적 성질은 물리적 성질에 의하여 함축되지 않지만 물리적 성질에 의존한다는 것이다(125쪽). 양자 관계로서 논리적 수반은 거부하지만 자연적 수반은 수용한다는 것이다. 세계는 인과적으로 폐쇄되어 있다는 점을 유지하면서 데카르트적 이원론과 차별된다고 한다. 자연주의적 이원론은 〈자연주의적〉일 수 있는 까닭을 세 가지로 제시한다. 모든 것은 기초적(물리적) 성질과 그 법칙들의 연결망의 결과라는 요청을 제시한다. 그리고 현대 과학의 결과들과 양립가능하며 또한 의식의 초월성은 없다고 믿는다(128쪽).[8] 차머스는 이러한 자연주의적 이원론을 주장하기 위하여 먼저 유물론에 대한 반박을 시도한다:

(8) 인간세계에는 의식경험이라는 것이 있다(123쪽);

(9) 논리적으로 가능한 하나의 세계는 우리의 세계와 물리적으로 동일하면서도 우리 세계의 의식의 사실은 공유하지 않는다;

(10) 의식에 관한 사실들은 우리 세계에 관한 첨가적 사실, 즉 물리적 사실 이외의 사실이다;

(11) 물리주의는 거짓이다.

차머스는 물리주의에 반대하는 위와 같은 반론을 옹호한다. 차머스는 먼저 전제 (9)에 대한 반론들을 고려한다. 의식은 창발적 속성이거나(129쪽) 동일한 대상의 한 국면일 뿐이라고 하여 의식은 유물론과 양립 가능하다고 한다(130쪽). 그러나 창발적 속성의 경우 이것은

---

8) 김효명이 흄의 철학을 자연주의라고 규정할 때 제시한 두 가지 조건은 경험적 실험성과 마음의 해부학이었다. 이것은 차머스의 자연주의에 대한 세 조건들이 그 전통적 이해와 크게 다르지 않다는 것을 보인다고 생각한다. 김효명, 「흄의 자연주의」, 『철학적 자연주의』, 철학과 현실사, 1995, 11-38쪽.

구조적이거나 기능적이어서 결과적 성질일 뿐 의식을 설명한 것이 아니게 된다. 국면이라는 경우, 국면이 물리적으로 함축된다고 하여도 논리적 수반성으로 설명되어 목적하는 바에 이르기 어렵고 함축되지 않는다고 하여도 문제가 발생한다.

존 써얼은 전제 (9)에 대해 특이한 반론을 제기한다. 그는 의식이 물리적인 것에 자연적으로 수반한다고 하여 차머스에 일견 동조하는 것으로 보인다. 그러나 그는 강시가 논리적으로 가능하지만, 의식이 단순히 뇌 상태에 의하여 야기되기 때문에, 이것이 성질 이원론에 이르는 것은 아니라고 한다. 써얼의 논변은 유추적이다.

(12) 의식은 물리적 성질에 의하여 야기되지만 물리적 성질은 아니다.

(13) 액체성은 H_2O에 의하여 야기되지만 그 자체로 H_2O인 것은 아니다.

(12)가 물리-심성 속성 이원론을 나타내는 구조라면 (13)은 물리-성향 속성 이원론을 표현할 수 있어야 한다고 써얼은 생각한다. 그러나 써얼은 후자를 수용할 수 없는 것처럼 전자도 받아들일 수 없다고 말한다. 차머스는 써얼의 논변이 잘못된 유추에 근거한 것이라고 한다. 액체성과 분자물리학적 사실간에는 인과관계가 없고 구성적 관계만 있음에 반하여 의식과 물리적 속성간에는 인과적 관계가 있다고 말한다.

차머스의 전제 (9)는 데카르트적으로 보인다는 지적이 있을 수 있다. 생각 없이는 나의 마음이 존재한다는 것을 상상할 수 없지만 나의 몸이 없이도 나의 마음이 존재한다는 것을 상상할 수 있다는 것이다. 그러므로 나의 마음은 나의 몸과 동일하지 않다. 마찬가지로 강시 세계는 의식 없이 물리적 상태를 갖는 것을 상상할 수 있다는 것이다. 그러나 이것은 물리적 상태가 의식과 동일하다는 것을 보이는 것은 아니라고 한다.

215

그러나 차머스는 그의 논변의 형식이 잘못 이해되고 있다고 한다 (131쪽). 〈의식 없이 물리적 상태를 상상할 수 있으므로 의식은 물리적 상태가 아니다〉라는 형식의 논의를 펴는 것이 아니라고 한다. 그의 논의의 형식은 다음과 같다: 〈모든 물리적 사실이 얻어진다고 하더라도 의식에 관한 사실이 얻어지지 않는다는 것을 상상할 수 있다. 그렇다면 물리적 사실은 모든 사실을 망라하는 것은 아니다〉. 논의는 동일성이 아니라 수반의 물음에 초점이 맞추어진다.

전제 (9)에 대한 또 하나의 반박은 후험적 필연성에서 나온다. 강시 세계는 논리적으로 가능하지만 형이상학적으로는 가능하지 않다는 것이다. 후자는 유물론이 거짓임을 보여준다고 한다. 물이 H_2O가 아니다라는 것은 논리적으로 가능하지만 형이상학적으로는 가능하지 않다고 한다. 그리하여 형이상학적 간격 없이 개념적 간격이 가능하다고 한다. 그러나 차머스는 논리적 가능성과 형이상학적 가능성을 구분하여(132쪽), 일차적 내포만이 설명에 적합하고, 이원론의 논의에 사용된다고 한다. 후험적 필연성에 근거한 반론은 적합하지 않다는 것이다.

다른 하나의 반박은 〈강한 형이상학적 필연성〉에 근거한 것이다 (137쪽). 크립키의 〈약한 형이상학적 필연성〉은 〈만일 물이 현실세계에서 H_2O라면 물이 H_2O라는 것은 모든 가능한 세계에서 참이다〉라는 예에서 표현되고 있다. 〈물〉이라는 고정지시어가 현실세계에서 지칭하는 대상을 모든 가능한 세계에서 그 동일한 대상을 지시하는 구조에서 얻어지는 필연성이다.

그러나 〈강한 형이상학적 가능성〉은 논리적 가능성과 구별되면서 보다 제약적인 가능성의 양상에 근거한다. 크립키의 경우에서처럼 현실세계의 명사의 의미론에 근거한 것이 아니다. 이러한 형이상학적 세계들은 논리적 세계들보다 더 적은 수이고, 진술의 후험적 필연성은 명사의 의미론과 독립하여 얻어진다고 한다. 그리하여 예를 들면

216

어떤 사람은 〈물이 XYZ이다〉라는 것은 상상할 수 있지만 이것은 가능하지 않다고 한다(137쪽). 마찬가지로 〈강시는 상상될 수 있지만 가능하지 않다〉고 한다. 강시를 상상하는 경우 강시는 잘못 기술되는 것이 아니라고 한다. 그러나 강시는 형이상학적으로 가능하지 않다는 것이다. 차머스의 이차원적 양상론에서 상상성과 가능성의 구분은 〈강한 형이상학적 필연론〉에서는 다른 차원의 구분을 구성한다.

차머스는 그러한 양상개념은 이해될 수 없는 것이라고 한다. 신이 강시 세계를 창조할 수 없다라고 하는 이유는 무엇일가? 차머스는 묻는다(138쪽). 강한 필연론자는 〈신의 창조가능성은 정합적이지만 신은 강시 세계를 창조할 수 없었다〉라고 하거나 〈신은 창조할 수 있었지만 형이상학적으로 불가능하였다〉라고 말하여야 한다(139쪽). 두 가지 방식 모두 문제가 있다고 차머스는 말한다.

차머스는 유물론이 거짓이라는 것을 보이기 위하여 앞에 소개한 잭슨의 매리 논의를 다시 살펴 볼 수 있다. 잭슨의 매리 논의에 대하여 유물론자는 매리의 새 지식은 새로운 사실에 대응되는 것이 아니라 기존의 사실을 새로운 방식으로 알게 되는 것에 지나지 않는다고 말한다(141쪽). 타이와 라이칸은 〈이 액체는 물이다〉와 〈이 액체는 H_2O이다〉의 두 문장의 내포적 차이를 인정하면서도 이들이 동일한 사실을 나타낸다고 한다. 그러나 차머스는 이러한 차이는 1차 내포와 2차 내포의 차이에 기인하는 것으로 해석한다. 이것은 결국 논리적 필연성과 형이상학적 필연성의 구분에 입각한 후자의 관점으로부터의 비판이라고 지적한다.

차머스는 로아의 1차적 내포에 의한 논변에 더 주목한다. 로아는 〈물〉과 〈H_2O〉는 동일한 성질(2차적 내포)을 표시하지만 상이한 성질(1차적 내포)을 소개한다고 지적한다. 두 개의 술어는 동일한 성질(동일한 1차적 내포)을 소개할 수 있다고 한다. 이 때 그 동일성은 선험적으로 알려지지 않을 수 있다는 것이다. 그렇다면 매리의 현상적 성질의 지식은 물리적/기능적 성질의 지식일 수 있다고 한다. 매리는 양자의 관계를 미리 알 수는 없었을 것이다(143쪽). 그러나 차머스는 두 개의 1차적 내포들이 선험적으로 알려지지 않으면서 어떻게 동일한 내포를 소개할 수 있는가 하고 의문을 표현한다. 로아의 반례는 결국 〈강한 형이상학적 필연성〉 반대의 다른 유형이라고 한다.

차머스의 논의는 다음과 같은 크립키의 논의에 비교될 수 있을 것이다(146쪽): 만일 X=Y라면 X=Y는 필연적이다(만일 물이 H_2O라면 물이 H_2O라는 것은 필연적이다, 동일성은 우유적으로 보이지만 이것은 환상적인 것이다. 물이 H_2O가 아닌 세계를 상상할 수 있다고 하는 경우 이것은 잘못 기술하는 경우가 된다); 만일 고통 = C-신경세포 발사라면 그러면 이 동일성은 필연적이다; 뇌 상태가 없이도 고통이 발생하는 가능세계를 상상할 수 있다; 현상적 의식은 물리적 성질로 환원될 수 없다; 심신 동일론은 수용될 수 없다. 크립키는 동일성, 고정지시어, 본질주의, 탈신체성 등에 호소하여 논의를 구성하는 데 반하여 차머스는 고정지시어와 논리적 수반에 호소할 뿐, 본질주의나 탈신체성은 언급하지 않는다.

반대론자는 차머스의 속성 이원론은 부수현상론을 함축한다고 할 것이다(150쪽). 우리의 현실세계에서 현상 의식을 제거하면 인과적으로 폐쇄된 세계 Z는 여전히 남는다. 그렇다면 Z에서 발생하는 모든 것은 또한 우리의 세계에서도 발생하고 Z에 적용되는 인과적 설명은 우리의 세계에도 그대로 적용된다. 그렇다면 현상적 의식은 인과적으로 쓸모가 없다는 것이 된다. 현상의식은 어떤 인과조건을 필요로 하지만 어떤 인과조건도 현상의식에 충분하지 않기 때문이다. 의식경험이 없다고 할지라도 행동은 동일한 방식으로 야기될 수 있다는 것이다. 이것은 창발론 이외의 다른 것이 아니다.

차머스는 자신의 입장을 창발론이라고 하지는 않지만 창발론이 틀렸다고 하는 설명들을 쉽게 수용할 수 없다고 한다. 경험의 인과적

적합성에 대해서는 여러 가지 논의할 점들이 있다는 것이다. 그러나 창발론을 피할 수 있는 전략을 고려할 수도 있다고 한다. 여러 가지 (151-154쪽)가 있지만 러셀의 중립적 일원론은 흥미롭다(155쪽). 세계의 기초 성질은 물리적도 아니고 심성적도 아니다. 물리적 성질과 의식적 성질은 모두 이러한 중립적 기초 성질로부터 구성된 것이라고 한다. 중립적 성질들의 본유적인 관계로부터 형상적 의식이 구성되고 이들의 외부적 관계로부터 물리적 성질이 구성된다고 한다. 이러한 구성은 스피노자의 국면적 aspects 이론을 연상케 하는 면이 있다.

차머스는 의식에 대한 세 가지 가능한 이론유형을 대조한다(165-167쪽). 첫째, 기능주의(제거주의, 행동주의)는 의식이 물리적인 것에 논리적으로 수반한다고 믿을 수 있다. 인간에 대한 물리적 또는 기능적 복사물이 의식을 갖지 않는다는 것은 상상할 수 없다고 한다. 매리는 빨강을 보았을 때 새로운 사실을 배운 것이 아니라 새로운 능력을 얻을 뿐이라고 한다는 것이다. 둘째, 비환원적 유물론(강한 형이상학적 필연성)은 강시를 상상할 수 있지만 형이상학적으로 불가능하다고 한다. 매리는 무엇인가를 배우기는 하지만 로아 스타일의 구조에 의하여 설명된다. 의식은 환원적으로 설명될 수 없지만 물리적이라고 한다. 셋째, 성질 이원론은 유물론이 거짓이고 원형적 의식 현상적 성질이 기본적이라고 제안한다. 강시는 논리적으로 형이상학적으로 가능하며 매리는 비물리적인 것을 배울 수 있다. 의식은 환원적으로 설명될 수 없으며 비환원적으로 자연의 법칙에 기반하여 설명될 수 있다고 생각한다.

차머스는 유물론을 수용하는 대표적 이유 세 가지를 들고 이들을 반박한다(169-170쪽). 첫 번째는 유물론의 단순성이다. 조건이 같다면 단순한 것을 택한다는 원리이다. 그러나 차머스는 조건이 같지 않다고 한다. 유물론은 의식을 설명할 수 없다는 것이다. 두 번째, 유물론은 다른 분야에서 성공하였다고 한다. 예를 들면 생명, 인지, 일기,

학습 같은 현상들이다. 그러나 차머스는 이들은 모두 기능적 또는 물리적 현상들이라는 것이다. 그러나 의식은 그러한 기반에 근거한 현상이 아니라고 한다. 세 번째, 유물론은 과학을 심각하게 수용한다고 한다. 이원론은 진화론이나 현대 물리학, 화학과 일관되지 않는다는 것이다. 그러나 차머스는 이원론에 대한 그러한 비난은 거짓이라고 한다. 이원론에서도 물리현상의 인과적 폐쇄성 원리는 유지된다고 한다. 차머스는 모든 자연법칙이 물리법칙인 것이 아니라고 한다. 유물론을 거부하는 것은 자연주의를 거부하는 것과 동일하지 않다고 한다.

2.3 현상적 판단의 역설

첫째, 의식과 인지의 관계에 대해 차머스는 주목한다. 우리는 우리의 경험 또는 그 내용을 알 수 있고 이에 대한 주장이나 판단을 한다(173쪽). 예를 들어 내가 빨간 감각을 가질 때 나는 내가 빨간 감각을 가지고 있다는 믿음을, 경험에 대한 이러한 언어적 보고를 차머스는 〈현상적 판단〉이라 부른다. 현상적 판단은 의식과 인지의 1차적 연결고리이다.

현상적 판단을 〈현상적〉이라 부르는 까닭은 현상적 판단이 그 자체로 현상적 상태여서가 아니라 이들이 현상이나 그 대상들에 관련되어 있기 때문이다. 그러기 때문에 현상적 판단은 의식에 관한 주장이나 의식에 관한 언어적 표현에서 나타난다. 〈나는 바늘로 찌르는 것 같은 고통을 가지고 있다〉, 〈마약은 괴상한 색깔 감각을 내게 준다〉. 믿음이 의식에 의존한다면 의식에 대한 믿음이 가장 그러할 것이다(174쪽). 〈판단〉은 〈믿음〉보다 중립적이어서 기능적 상태를 나타내고 인과적 역할을 하는 상태나 과정을 지시한다. 나는 의식 경험을 하지만 나의 좀비 쌍둥이는 의식 경험을 갖지 않는다. 그러나 나와 쌍둥이는 현상적 판단에 관한 한 동일하다. 예를 들어 내가 〈나는

220

의식한다〉라고 판단하면 나의 좀비 쌍둥이도 그러한 판단을 한다. 그의 판단은 나의 그것과 같은 형식, 같은 기능을 갖는다(175쪽).

차머스는 현상적 판단을 세 가지로 나눈다. 1차 현상적 판단은 〈여기에 빨간 것이 있다〉에서처럼 현상 경험 자체를 다루는 것이 아니라 경험의 대상을 다루는 판단이다. 이 경우 의식적으로 경험되는 어떠한 대상도 또한 인지적으로 표상된다. 달리 말하여 의식 경험에 대응하여 내용을 가지는 인지상태가 있는데, 이를 1차 판단이라고 하는 것이다. 이것은 그러므로 일상적 〈믿음〉이나 〈판단〉 같지 않아서 반성 후에 지지되지 않아도 모순에 걸리는 것이 아닌 경우이다.

2차 현상적 판단은 〈나는 때때로 내가 빨간 감각을 갖는다는 것을 안다〉, 〈이 파란 잔상은 내가 오늘 세 번째로 갖는 잔상이다〉에서와 같이 의식 경험에 관한 것이다(176쪽). 3차 현상적 판단은 유형으로서의 의식 경험에 관한 판단이다. 예를 들면 〈의식은 곤혹스런 주제이다〉, 〈나는 의식이 어떻게 설명될 수 있을지를 모르겠다〉와 같은 유형의 판단이다.

둘째, 차머스는 〈현상적 판단의 역설〉을 다음과 같이 구성한다(183쪽):

(14) 물리적 영역은 인과적으로 폐쇄되어 있다.

(15) 의식에 관한 판단은 물리적인 것에 논리적으로 수반한다.

(16) 의식은 물리적인 것에 논리적으로 수반하지 않는다.

(17) 우리는 우리가 의식적 존재인 것을 안다.

(18) 의식에 관한 판단은 환원적으로 설명될 수 있다(14 & 15).

(19) 의식은 우리의 판단들에 설명적으로 무관하다(16 & 18).

(20) (17)과 (19)는 긴장관계를 일으켜 역설을 구성한다.

셋째, 차머스는 현상판단의 설명에 관하여 이야기한다. 환경을 지각하고 지각된 내용을 합리적으로 반성하는 능력을 가진 계산적 지능의 로봇을 만들었다고 하자. 로봇은 어떤 종류의 자아개념을 가질 것이며 자신과 타자를 구별할 것이다(184쪽). 로봇은 세계에 관하여 추리도 하고 자신의 지식을 어느 정도 정당화할 수 있을 것이다(185쪽). 그러나 로봇은 〈나는 저 대상을 본다, 왜냐하면 센서들 78-84가 그러한 방식으로 작동되기 때문이다〉라고 말할 수는 없을 것이다. 로봇은 로봇이 프로그램된 코드에 관한 지식을 갖지는 못한다. 그러나 우리가 우리의 지각내용에 대해 갖는 태도를 로봇은 자신의 지각내용에 대해 가질 것이다.

로봇과 우리의 차이는 무엇일까? 만일 우리가 〈세발자전거가 빨갛다〉는 것을 어떻게 아는가라고 묻는다면, 로봇은 우리처럼 〈세발자전거는 그냥 빨갛게 보입니다〉라고 대답할 것이다. 로봇의 관점에서 보면, 빨강은 한 가지 방식의 색깔이고 파랑은 다른 방식의 색깔이기 때문에 그렇게 보인다고 할 것이다. 그러나 우리의 관점에서 보면, 빨강은 로봇을 특정한 상태로 보내고 파랑은 로봇을 다른 상태로 설정하기 때문에 그러하다는 것을 안다. 로봇은 의식을 갖거나 갖지 않을 것이다(186쪽). 그러나 로봇에 대한 설명은 그러한 사실과 독립하여 주어진다. 로봇에 대한 설명은 계산적 단어들에 의하여 주어질 수 있기 때문이다. 〈기계 속의 귀신〉은 설명적 역할을 할 수 있는 여지가 없는 것이다.

의식판단설명은 의식설명일까? 환원주의자는 의식에 관한 판단에 대한 설명은 의식에 관한 설명으로 충분하다라고 말한다(187쪽). 이것은 마치 종교신앙이 신 존재에 대한 언급 없이도 사회-심리적으로 설명될 수 있는 것과 같다. 사회-심리적 설명이 성공적이면 신은 존재하지 않는다라는 가설의 근거로 사용될 수도 있다는 것이다.

그러나 차머스는 의식과 신의 유추는 틀린 유추라고 한다(188쪽). 신은 행동이나 세계의 사건을 설명하기 위하여 요청된 설명적 구성물이지만, 의식은 그렇지 않다는 것이다. 의식은 설명을 필요로 하는 피설명항이라는 것이다. 그러므로 의식은 다른 현상을 설명하는 데 기여하여야 하는 이유가 없다. 제거론자는 신을 제거할 수 있지만 의식은 제거하기 어려울 것이다. 우리 자신의 경험의 존재를 부인하기는 어렵기 때문이다.

의식 설명 대신에 의식 판단 설명을 주장하는 대표적 학자는 데넷이다(189쪽). 데넷은 〈의식에 관한 한 우리가 발설하는 공식적 보고가 있고, 명제적 인지의 사건들 또는 판단들이 있고 그리고는 암흑뿐이다〉라고 말한다. 차머스는 데넷을 비판한다. 나는 내성할 때 감각들이나 고통 또는 정서의 경험 등을 발견한다. 데넷은 이들이 판단을 수반하지만 판단인 것만은 아니라고 한다. 이 관찰이 옳다면 데넷은 판단개념을 재정의하고 있는 것이다. 그리하여 〈명제적 인지의 사건〉이라는 표현이 그러한 경험을 포함하는 식으로 그 표현을 사용한다. 그렇다면 판단들은, 예를 들어 보고의 성향처럼 기능적으로 개별화된 상태로 이해되어야 한다(190쪽). 결국 데넷의 입장은 의식이론이 설명하여야 하는 자료의 부인으로 구성되어 있는 것이다.

내성이 판단들만을 나타낸다는 주장은 어떻게 이해할 수 있을 것인가? 데넷은 강시일지 모른다. 데넷은 내성을 우리가 〈외성〉이라고 파악하는 것쯤으로 생각할지 모른다. 자신의 인지적 장치들을 외부로부터 관찰하는 것이다. 그리하여 그의 이론이 〈왜 경험들이 우리에게 보이는 것 같은 방식으로 보이는가〉를 설명할 때에도 현상적 의미의 〈보인다〉를 설명하는 대신에 심리석 의미의 〈보인다〉를 설명하고 있는 것이다. 〈경험이 그러한 방식으로 되어 있다고 우리가 판단하는 우리의 성향〉을 설명하여 〈경험들이 어떤 방식으로 체험된다〉를 설명하는 것으로 가정하는 것이다.

넷째, 차머스는 〈의식은 설명적으로 무관하다〉라는 자신의 논제에 대한 여러 가지 비판을 고려한다(191쪽). 반론의 유형은 세 가지이다.

제2부 존재론적 접근

설명적 무관성 논제는 〈우리의 의식경험을 우리는 안다, 기억한다, 지칭한다〉의 사실들과 일관되지 않는다고 비판하는 것이다. 반론자들은 〈설명적 무관성〉 대신에 〈인과적 무관성〉의 개념으로 논의를 구성하지만, 논의를 위하여 차머스는 이 논의 구성을 따른다.

차머스의 〈설명적 무관성 논제〉에 반대하는 〈자기지식으로부터의 반론〉이 있다(192쪽). 우리는 의식경험을 가지고 있다는 것을 판단하고 알고 있다; 차머스가 옳다면 의식경험은 그 판단 구성에 설명적으로 무관하다; 동일한 판단은 의식경험이 없다고 하더라도 구성될 수 있었을 것이다; 그렇다면 그 판단이 어떻게 자기 지식일 수 있는가는 이해되기 어렵다.

〈자기지식으로부터의 반론〉에 대한 강시 변형도 소개된다: 〈나는 의식한다〉와 같은 내가 발설하는 현상적 판단을 나의 좀비 쌍둥이도 발설한다; 그의 판단들은 나의 판단들과 같은 신경장치에 의하여 생산된다; 만일 정당화가 판단형성의 장치에 의하여 그 판단에 부여된다면 좀비의 판단은 나의 판단만큼의 정당성을 가질 것이다(비환원론의 현상적 경험-심리적 판단의 구분); 그러나 좀비의 판단은 정당하지 않고 거짓이다; 그렇다면 좀비의 판단을 가능하게 한 장치에 의하여 구성된 나의 판단도 정당하지 않을 것이다; 그 판단은 지식이 될 수 없다.

슈메이커 Shoemaker의 〈지식인과론 변형〉도 소개된다: 임의의 판단이 지식일 수 있기 위한 필요조건은 그 판단이 적절한 대상이나 상태에 대해 인과적 관계에 있어야 한다(193쪽)(지식인과론); 차머스의 〈설명적 무관성 논제〉에 의하면 의식경험은 의식경험에 관한 판단의 구성에서 아무런 인과적 역할을 갖지 않는다; 그렇다면 우리는 우리의 경험에 대하여 아무 것도 알 수 없는 것이 된다.

슈메이커는 지식인과론을 가정하고 환원적 기능주의와 유물론을 지지한다. 그리하여 우리가 우리의 경험을 알 수 있기 위해서는 그

224

경험이 경험에 대한 우리의 내성적 믿음을 야기하여야 한다고 한다. 만일 강시가 논리적으로 가능하다면 경험은 내성에 접근가능하지 않았을 것이라고 추리한다. 강시는 우리와 동일한 내성적 장치를 가지고 있기 때문에 그러한 장치는 우리가 강시인지 아닌지를 결정하지 못한다고 한다. 슈메이커는 결국 강시가 논리적으로 불가능하다라는 것을 전제한다.

차머스는 지식인과론은 의식 지식에 부적합하다고 대답한다. 의식에 관한 판단의 정당화는 그 판단들이 구성되는 장치에 의존하는 것이 아니라는 것이다(195쪽). 인과관계는 우유적이고 매개적인데 반하여 의식의 지식은 직접적이고 더 확실하다고 한다. 강시가 이와 같은 말을 하고 있는 경우에도 우리는 〈우리의 직접적 경험〉이 강시의 주장을 반박할 수 있을 것이다(196쪽).

경험에 대한 우리의 믿음을 정당화하는 것은 인과관계나 뇌신경 장치가 아니라 〈경험의 소유〉라고 차머스는 제안한다(197쪽). 내가 빨간 경험을 하고 있다는 사실이 내가 빨간 경험을 하고 있다는 나의 믿음을 정당화한다는 것이다. 〈경험의 소유〉는 경험을 자동적으로 알게 된다는 것을 함축하지 않지만 판단이나 믿음보다 더 원초적인 관계를 유지한다. 경험소유는 그 자체로 믿음을 구성하지 않지만 믿음에 대한 근거이고 경험에 대한 믿음의 정당화를 위하여 유일한 요소는 아니지만 1차적 요소이다.

차머스의 〈설명적 무관성 논제〉에 반대하는 〈기억으로부터의 반론〉이 있다(200쪽): 어떤 것을 기억한다는 것은 그것에 대하여 저절한 인과적 관계에 있어야 한다; 만일 경험이 나의 심리에 인과적으로 무관하다면 나의 옛 경험은 나의 현재 의식상태에 대하여 인과적으로 관련되어 있지 않을 것이다; 그렇다면 우리는 우리의 경험들을 전혀 기억할 수 없을 것이다. 차머스는 이러한 기억반론에 대하여 효과적인 대응을 하지 못하고 있다. 그가 할 수 있는 말은 아직 다음

과 같은 정도이다: 기억인과이론은 돌에 새겨진 것이 아니다; 인과연
쇄는 기억에 관한 모든 진상이 아니다; 인과론자가 〈우리는 기억(인
과)한다〉라고 말한다면 비환원론자는 〈우리는 기억(의사)한다〉라고
말해도 될 것이다.

그리고 차머스의 〈설명적 무관성 논제〉에 반대하는 〈지칭으로부터
의 반론〉이 있다(201쪽): 우리는 의식경험을 지칭한다; 대상에 대한
지칭은 그 대상에 인과적 관계를 요구한다(지칭인과론); 우리의 외시
경험은 인과적 무관성을 갖는다(비환원론); 그렇다면 의식경험을 지
칭하는 것은 불가능할 것이다. 이와 같은 지칭으로부터의 반론에 대
하여, 차머스는 대상지칭은 때로 개념의 내포성으로 충분하다고 한
다. 예를 들어 〈우주에서 가장 큰 별〉이라는 개념의 내포만으로 우
리는 지칭할 수 있다는 것이다.

1차적 내포는 현실세계에서 인과적으로 특징규정되고 평가된다(202
쪽). 그러나 1차 내포의 존재는 지시체에 인과적으로 의존하지 않는
다. 예를 들어 〈산타 클로스〉는 현실세계에서 지시체를 갖지 않지만
1차적 내포를 지니며 세계가 달리 구성되었더라면 지시체를 표시할
수 있었을 내포를 갖는다는 것이다.

나와 나의 강시 쌍둥이는 믿음이나 개념의 내용을 동일하게 갖는
다고 한다(203쪽). 〈의식〉이나 〈빨간 경험〉에 대한 동일한 1차적 내
포를 가지며 〈나는 의식한다〉에 대해서도 동일한 진리치를 갖는다고
한다. 나의 경우 참이지만 그의 경우 거짓으로 평가되는 것이 다를
뿐이라고 한다.

차머스는 나와 강시의 차이는 〈중심세계〉가 있는지의 여부에 달려
있다고 한다. 중심세계가 있다면 모든 것은 동일하지만(204쪽), 강시
의 믿음과 나의 믿음이 다른 진리치를 갖게 되리라는 것이다. 우리가
각기 의식 있는 존재에게 〈당신은 의식을 가지고 있습니다〉라고 말
한 경우, 나는 참말을 하였지만, 강시도 참말을 하였다고 할 수 있을

것인가? 어떤 사람은 이 물음에 긍정적으로 대답하겠지만 혹자는 부정적으로 대답할 것이다. 강시는 〈의식〉에 대한 온전한 개념을 가지고 있지 않다고 생각하기 때문일 것이다.

제3절   의식이론의 지향

3.1   의식과 인지의 일관성

차머스는 의식 consciousness과 감지 awareness[9]의 정합성 원리(C ↔ A)를 두 개의 가설로부터 이끌어내고자 한다: 내가 청각적 감각을 가지고 있다고 판단할 때 나는 보통의 경우 청각적 감각을 갖는다(신뢰성 가설 (A → C))(218쪽); 경험이 발생할 때 우리는 일반적으로 이 경험에 대해 2차적 판단을 구성할 능력을 갖는다(탐지성 가설 (C → A))(219쪽). 차머스는 의식의 구조가 감지의 구조에 의하여 반영되어 있고 그 역도 성립한다고 믿는다(222쪽). 이러한 정합성은 궁극적으로 의식과 그 기저에 있는 물리적 과정 간의 관계의 단서가 된다. 예를 들어 나의 시각장의 기하학적 구조는 나의 시각 체계가 나의 행동제어를 위하여 채취한 정보의 분석을 통하여 획득될 수 있다. 색깔, 음악 화음, 맛 등에도 의식과 감지 그리고 물리적 과정 간의 이러한 구조적 정합성 관계가 있다는 것을 상정할 수 있다.

의식과 인지의 정합성 원리에 대한 반례가 있다(226쪽). 시각피질

---

9) 차머스의 감지 개념은 난삽하다. 그러나 그의 설명이 없지도 않다. 감지는 현상적 의식에 대하여 심리학적 상태로 간주된다. 의식은 비기능적이지만 감지는 기능적이라는 생각이다. 감각은 의식의 일종이지만 감각에 대한 판단은 감지의 일종이라는 것이다. 모든 인지 cognition는 의식이 아니라 감지 상태에서 얻어진다. 그리하여 감지는 정보가 직접적으로 접근할 수 있으면서 행동의 제어나 발화행위에 사용할 수 있는 심리학적 상태가 된다(220쪽).

의 손상에 의하여 〈맹시 blindsight〉라는 시각장애가 발생한 경우이다. 시각정보 처리의 일상적 통로는 손상되었지만 시각정보는 부분적으로 처리된 경우이다. 맹점 환자는 시각장의 특정한 공간에서 아무 것도 볼 수 없다. 예를 들면 빨간빛을 〈맹역〉에 설정하면 환자는 아무 것도 보지 못한다고 말한다. 그러나 그 맹역에 무엇이 있는가를 말하도록 〈강요〉하면 환자는 보통의 틀리는 경우보다는 더 잘 맞추는 것이다. 환자는 맹역에 있는 것을 〈진정으로〉 보지 못하면서도 〈어떤 식으로〉 보고 있는 것이다(227쪽). 정합성 원리 반대론자는 맹시 경우는 의식과 감지가 분리되는 경우로 제시한다. 맹시에는 분별, 범주화, 언어보고 등이 있지만 의식경험은 없다는 것이다. 차머스는 맹시가 〈의식이 없는 감지〉의 경우라고 비판하는 것은 근거가 없다고 한다. 맹시의 경우에도 경험이 없다고 하기 어렵고 그리고 맹시는 전형적인 감지의 경우가 아니라고 지적한다.

차머스는 경험상태는 〈1차 판단〉이라고 분류되는 인지상태에 대응되어 있다고 한다(232쪽). 그러나 이러한 정합론에 대한 반대론자는 시각장의 가장자리 표상은 1차 판단이라기보다는 〈1차 등기〉라고 한다. 그리하여 1차 판단과 1차 등기 간의 간극을 지적한다(233쪽). 시각적 착각의 예를 들 수 있다. 나는 두 대상들이 동일한 크기라는 것을 알면서도 나의 지각은 이들이 다른 크기를 갖는 것으로 표상할 수 있는 것이다. 판단과 의식, 감지와 감질현상이 직접적으로 병행되어 있지 않다는 것이다. 그러나 우리는 1차 등기를 정합적 전체로 합리적으로 융합되기 전의 지각이나 내성적 과정의 직접적 소산으로 간주할 수 있을 것이다.

차머스는 정합성 원리가 물리적 과정의 사실들을 이용하여 경험의 구조를 설명할 수 있을 것으로 생각한다(234쪽). 의식 구조와 감지 구조 간의 정합성 원리를 수용할 수 있다면 의식의 어떤 부분을 설명하기 위해서 필요한 것은 대응되는 감지의 구조를 설명하면 되는

것이다. 나머지 작업은 교량원리에 의하여 이루어질 것이기 때문이
다. 차머스는 색깔의 예를 들고 있다. 색깔의 물리적 과정에 대한 이
론은 감지 구조에 대한 환원적 설명을 제시할 수 있을 것이다. 색깔
체계가 처리하여 부여하는 시각 자극들 간의 유사성과 차이성의 설
명을 통하여 가능한 것이다. 일단 우리가 이러한 색깔 구조에 대한
설명이론을 가지면 그러면 정합성 원리는 그 구조가 색깔 경험의 구
조에서 반영된다는 것을 보여줄 것이다(235쪽).

밴 굴릭과 클라크는 정합성 원리를 사용하여 의식에 대한 물리적
설명을 할 수 있을 것으로 생각하였다. 그러나 차머스는 정합성 원리
가 관계적 구조를 보일 뿐 의식 경험의 본질을 설명할 수 없다고 한
다. 감지 구조에 대한 어떤 설명도 왜 의식이 따라다니는지, 왜 구조
적 정합성 원리가 성립하는지를 설명하지 못한다는 것이다. 또한 정
합성 원리는 3인칭 자료로부터 경험에 대한 결론을 추리할 수 있게
하고(236쪽), 정합성 원리는 또한 의식에 대한 물리적 상관물 탐구[10]
의 배경원리일 수 있다(238쪽). 의식 축소론자는 이들이 〈의식〉을 사
용할 때 뜻하는 바는 감지라고 말할 것이다. 그러나 차머스는 그들은
〈의식〉의 올바른 뜻에 따라 이 단어를 사용하고 있다고 주장한다.
이들의 주장은 의식과 감지의 정합성 원리와 일관된다는 것이다(239
쪽).

---

10) 피질의 40헤르츠 진동은 의식의 신경 상관물이다(F. H. C. Crick and C.
Koch, *The Astonishing Hypothesis: The Scientific Search for the Soul*,
New York: Scribner, 1990); 지구촌적 공간은 경험의 정보적 처리의 근거이다
(B. J. Barrs, A *Cognitive Theory of Consciousness*, Cambridge University
Press, 1988); 의식은 뇌의 고차적 질의 표상에 관련한다(M. Farah, "Visual
Perception and Visual Awareness after Brain Damage", *Consciousness and
Nonconscious Information Processing*, MIT Press, 1994); 의식은 오랫동안 버
텨 온 신경활동에 관련한다(B. Libet, "The Neural Time Factor in Conscious
and Unconsious Events", *Experimental and Theoretical Studies of Con-
sciousness*, Ciba Foundation Symposium 174, New York: Wiley, 1993).

차머스는 정합성 원리를 심신법칙으로서 제안하고 있다(242쪽). 정합성 원리는 의식에 대한 존재론적 물리적 환원을 뜻하는 것도 아니고, 의식에 대한 설명론적 물리적 환원을 함축하는 것도 아니다. 차머스는 논리적 수반이 아니라 자연적 수반만을 요구하고 있기 때문에 이에 한정하여 심신법칙을 요구할 수 있는 것이다. 그리하여 심신법칙은 엄밀하지도 않고 기초적이지도 않다(243쪽). 차머스는 이런 종류의 정합성 원리는 의식 이론이 갖추어야 할 최소한의 원리라는 것을 요구한다. 의식과 감지의 상관관계가 일인칭적으로 발생하기 때문이고 양자의 관계는 우연적 상관관계보다는 더 규칙적인 관계이기 때문이다. 정합성 원리를 부인하는 경우, 〈감지와 X-요소가 의식을 결과한다〉고 하여야 할 것이다. 그러나 이 X-요소는 무엇일 수 있는가? 다른 종류의 의식일 수는 없고, 다른 종류의 물리적 조건일 수도 없다. 의식은 물리적인 조건과 독립하여 있는 부가적 사실 a further fact 이기 때문이다(245쪽).

3.2 부재의 감각질, 춤추는 감각질

의식은 어떻게 발생하는가? 차머스는 이 물음을 물을 수밖에 없음을 인정한다. 의식은 생화학적 성질인가? 아니면 양자역학적 성질인가? 차머스는 그러한 물음들에 대해 기대를 거는 대신, 의식을 뇌의 〈기능 구조 functional organization〉의 결과로 이해한다(247쪽). 기능 구조는 〈체계의 여러 부분들간의 인과적 상호관계의 추상적 패턴〉으로 규정된다. 이러한 기능 구조는 다음의 세 가지 조건에 의하여 결정된다고 한다: 다수의 추상적 구성 요소들, 각 구성 요소의 몇 가지 가능 상태들, 구성 요소들의 의존관계들의 체계: 이 체계는 각 구성 요소의 상태가 모든 요소들의 이전 상태와 입력에 어떻게 의존하는가 그리고 체계의 출력이 이전의 구성 요소들에 어떻게 의존하는가를 규정한다.

위와 같은 조건들을 물리적 요소들로 만족하게 하면 하나의 기능 구조는 물리적 체계로 〈실현〉되는 것이다. 그러나 물리적 체계는 기능 구조를 상이한 차원들에서 갖는다는 것을 예상할 수 있다(248쪽). 우리가 그 부분을 얼마나 세밀하게 구분하는가 또는 얼마나 세밀하게 그 부분의 상태들을 구별하는가에 따라 다른 차원의 실현을 가질 것이다. 굵직한 차원에서, 뇌의 상태가 두 요소 기능 구조, 좌반구와 우반구의 기능 구조를 실현하는 것으로 이해되는 것이다. 만일 우리가 인지에 관심을 갖는다면 적절한 수준의 엄밀성으로 개별화할 수 있는 행동 성향을 결정할 수 있는 수준의 세밀한 차원에 주목해야 할 것이다. 그렇다면 다음과 같은 일반화를 제안할 수 있을 것이다: S1과 S2는 동형 기능 구조 functional isomorph이다 ↔ S1과 S2는 주어진 시간에 대응되는 상태에 들어 있다.

차머스는 위의 일반화를 의식 논의에 적용한다. 〈구조적 불변성 원리 Principle of Organizational Invariance〉를 제안하는 것이다(249쪽): 〈의식 상태의 두 체계들 C1과 C2는 동일한 세밀 기능구조를 갖는 경우 그리고 이 경우에만 C1과 C2는 질적으로 동일한 경험을 갖는다〉. 이 원리에 의하면 의식이란 그 기능이 어떤 물질로 실현되든 간에 동형 기능구조에 따라 불변적이라는 주장을 담는다. 그 물질은 플라스틱일 수도 있고, 중국 사람들일 수도 있는 것이다. 기능 구조만 주어지면 의식은 결정된다는 것이다.

차머스는 자신의 비환원적 기능주의를 환원적 기능주의로부터 치별화한다. 두 기능주의는 모두 구조적 불변성 원리를 수용한다. 그러나 환원적 기능주의는 〈의식이라는 것은 특정한 기능적 상태에 있다는 것 이외의 다른 것이 아니다〉라고 주장한다. 그러나 비환원적 기능주의는 〈의식이 물리적 상태로부터 발생하지만 그 자체로 물리적 상태가 아닌 것처럼, 의식은 기능 구조로부터 발생하지만 그 자체로 기능 상태는 아니다〉라고 말한다. 차머스는 의식을 기능주의와 성질 이원론의 결합 구조 속에서 이해하고자 한다.

차머스는 구조적 불변성 원리에 대한 반례들을 고찰한다(251쪽). 〈부재의 감각질〉과 〈춤추는 감각질〉이라 불리는 반례이다. 먼저 〈부재의 감각질 반론〉을 들여다보자. 이것은 블록이 구성한 것으로 10억 중국인이 뉴런이 되어 뇌의 시뮬레이션을 수행하는 것을 가상한 경우이다. 그러면 기능적으로는 동형성을 유지할는지 모르지만 의식경험은 부재한다는 반론이다. 블록에 대한 대답도 만만치 않다. 중국인들이 만들어낸 구조가 경험을 발생시킨다는 것은 상상하기 어렵지만 생물학적인 뇌구조가 경험을 발생시킨다는 것도 경이롭다는 것이다. 우리는 의식 경험 없이도 뇌의 체계의 기능을 설명할 수 있다는 것이다.

구조적 불변성 원리에 대한 또 하나의 〈부재의 감각질〉 반론의 변형은 맹시로부터 제안된다(253쪽). 맹점 환자들은 우리와 기능적으로 비슷하다. 이들도 분별하고, 내용을 보고한다. 그러나 이들은 시각경험을 갖지 못한다. 그렇다면 시각처리의 기능 구조는 경험의 현존이나 부재를 결정하지 못한다는 것이다. 그러나 차머스는 대답한다. 맹점 환자와 우리의 기능 구조는 다르다고 한다. 그렇기 때문에 그들은 정상적인 경험을 갖지 못한다는 것이다.

차머스는 〈부재의 감각질〉 반론에 대한 보다 근본적인 대답을 시도한다. 〈소멸 감각질 반론〉이라 부를 수 있는 이 대답은 귀류법의 형태로 되어 있다. 부재적 감각질이 자연적으로 가능하다는 것을 가정하자; 그렇다면 나(밝은 빨강)와 같은 동일한 기능 구조의 체계가 의식 경험은 갖지 않을 수 있다; 이 체계는 실리콘칩으로 되어 있기 때문에 그러하다(이를 〈로봇〉이라고 부르자)(254쪽); 나의 뇌의 부분들을 실리콘칩으로 점진적으로 대치하면서 매 단계마다 기능 동형 구조가 유지되도록 할 수 있다(255쪽); 나와 로봇 사이의 많은 단계들

232

중, 적어도 하나의 단계는 의식이 쇠퇴하였으면서도 완전히 소멸하기 전인 단계이다(이를 조이라고 하자); 나와 조이는 밝은 빨강 경험에 대한 판단을 하지만 나와 조이의 밝은 빨강 경험에는 차이가 있다 (257쪽); 뉴런에서 실리콘으로의 기능 구조 유지적 변화가 인지 내용에 대한 변화를 야기하지 않는다면 인지가 내적 기능과 관계가 없거나 물리적 상태와 관련이 없거나 해야 된다(258쪽); 그러나 이것은 개연성이 약하다(259쪽); 그렇다면 뉴런이 대치되어도 감각질은 소멸하지 않고, 조이는 나처럼 의식경험을 가지며 로봇도 의식경험을 가져야 한다; 구조적 불변성 원리는 유지된다.

소멸 감각질 반론은 나의 동형 기능 구조는 의식 경험을 가질 것이라는 것을 보이지만 이것이 나와 동일한 의식 경험을 가질 것이라는 것을 보이지는 않는다고 차머스는 말한다(263쪽). 이를 위해서는 전도 감각질을 갖는 동형 기능 구조는 가능하지 않다는 것을 보여야 한다고 한다. 어떤 유물론자는 동형 기능구조들은 상이한 의식 경험을 가질 수 있다고 하기 때문이다(264쪽). 이것이 참이라면 의식 경험의 존재는 기능 구조에 의존하지만 그 성격은 비기능적 요소에 의존한다는 결론을 추리할 수 있다. 그렇다면 구조적 불변성 원리는 반박된다(266쪽). 차머스는 〈전도 감각질 반론〉에 대해 또 하나의 귀류법적인 대답을 구성한다.

전도 감각질이 경험적으로 가능하다는 것을 가정하자; 그러면 두 개의 동형 기능 구조가 상이한 경험(나는 빨강, 로봇은 파랑)을 할 수 있다; 나와 나의 동형 사이에 대치에 의한 여러 중간 경우들을 구성할 수 있을 것이다; 그렇다면 중간 경우들의 연쇄상에 다음의 조건을 만족하는 두 개의 인접 지점 A와 B가 가능하다: A는 나처럼 빨강을 경험하지만 B는 로봇처럼 파랑을 경험한다(267쪽); 나의 부분들을 A의 모든 것으로 교체하였을 때 나는 아직 빨강을 경험할 것이고, 하나의 교체를 첨가하여 B처럼 되었을 때도 스위치를 켜기 전에는 빨강을 경험할 것이지만, 스위치를 켜는 경우 파랑을 경험할 것이다; 여러 차례 스위치를 켜고 끄고 하는 경우 빨간 경험과 파란 경험은 나의 눈 앞에서 〈춤〉을 출 것이다; 그러나 나의 기능 구조는 가정에 의하여 그러한 변화 속에서도 정상적이고 항상성을 유지하며 행동성향도 동일하지만, 나는 나의 의식에서 아무런 변화를 감지하지 못한다(269쪽); 의식과 인지의 원초적 분리를 함축하는 바로 앞 명제는 개연성이 약하다; 고로 최초의 가정은 거짓이고, 의식 경험은 기능 구조에 의하여 결정된다.

차머스는 이 논의가 부재 감각질이나 전도 감각질이 경험적으로 또는 자연적으로 불가능하다는 것을 보이기는 하지만, 논리적으로 불가능하다는 것을 보이는 것은 아니라고 한다. 소멸 감각질이나 무도 감각질은 모순 없는 가설이고 어떤 전제들은 경험적이기 때문이다. 그렇다면 이 논의는 환원적 기능주의(기능 구조는 의식 경험의 구성요소이다)가 아니라 비환원적 기능주의(의식 경험은 기능 구조에 의하여 결정은 되지만 그로 환원되지는 않는다)를 지지한다(275쪽). 강한 환원주의를 확립하기 위해서는 다음의 조건문이 논리적 필연성을 갖는다는 것을 보일 수 있어야 한다.

(21) 만일 세밀한 기능 구조 F의 체계가 특정한 종류의 의식 경험 E를 갖는다면, F와 같은 구조의 어떠한 체계도 이 경험 E를 갖는다.

이 조건문의 후건의 필연성을 증명할 수는 있지만 그 전건의 필연성은 증명할 수 없다. 전건은 경험적이기 때문이다. 따라서 이 조건문의 필연성은 증명될 수 없다. 강한 환원주의는 지지될 수 없다.

3.3 의식과 정보

섀넌은 정보의 의미론적 개념(정보는 항상 어떤 그 무엇에 관한 정보이다)보다는 정보의 통사적 개념(다수의 가능성으로부터 선정된 상태)에 관심을 가졌다(278쪽). 비트(bit)는 두 가능성 중 하나의 선택을 표상한다. 예를 들어 단일 비트(0 또는 1)는 두 상태 공간으로부터 선정되어 정보를 담지한다고 한다. 이 상태들은 아직 해석되지 않은 상태이고 특정한 상태가 다양한 가능성 공간에서 제시되었다는 것이 중요하다.

두 개의 비트, 0과 1은 각각의 정보상태, 차연 difference 관계의 기본구조를 나타낸다. 이러한 차연은 두 가지 복합성 구조를 갖는다. 첫째는 상태들 간의 차연 구조이다. 두 상태 간의 지속적 정보공간은 또한 무한한 수의 상태(마치 0과 1 사이의 소수의 지속성과 같은) 를 갖는다. 둘째 종류의 복합성 구조는 상태들이 내부구조를 갖도록 한다. 이 상태들은 보다 많은 기본적 상태들로 구성되어 있고 이들을 〈요소〉들이라고 부를 수 있을 것이다. 이 내부구조 또한 지속적 공간으로 이루어져 무한한 수의 요소들을 가지며 이들은 또한 하위의 공간으로 나뉜다.

차머스는 섀넌의 정보개념을 근거로 〈물리적 실현 정보〉와 〈감질적 실현 정보〉의 개념을 구성한다. 물리적 실현 정보란 정보공간과 정보상태가 물리적 세계에서 구성된 것이다. 예를 들어 정보들이 온도계, 책, 전화선 등에서 실현되어 있는 것을 알 수 있다. 물리적 체계와 정보상태가 연결될 수 있는 방식은 베잇슨 Bateson의 슬로건에 의하여 나타낼 수 있을 것이다: 정보란 차연을 만드는 차연이다 Information is a difference which makes a difference. 그러나 정보공간은 어떻게 물리적 질서와 연결될 수 있을까? 정보공간은 인과회로의 종점에서 가질 수 있는 가능한 결과들의 공간에 의하여 정의될 수 있다고 차머스는 제안한다(281쪽). 그러면 물리적 상태는 인과회로상의 결과에 따라서 정보 상태와 대응되어 있으리라는 것을 상상할 수 있다. 감질적 실현 정보는 인과적 차이가 아니라 경험의 내재적 성질과 구조, 즉 이들이 서로에게 갖는 유사성과 차이성에 의존한다.

차머스는 〈물리적 실현 정보〉와 〈감질적 실현 정보〉의 연결을 양면성 원리 The Double Aspect Principle로써 설명하고자 한다(284쪽): 정보공간이 감질 현상적으로 실현되었을 때 우리는 동일한 정보공간이 또한 물리적으로 실현되었다는 것을 발견할 수 있고, 경험이 어떤 정보상태를 실현하였을 때 동일한 정보상태가 경험의 물리적 기체에서 실현되었을 것이다.

차머스는 양면성 원리를 지지하기 위하여 한 가지 논의를 전개한다. (S1) 빛이 우리의 시각에 도달하면 다양한 망막 세포를 자극하고 (290쪽), 세 개의 원추체들은 빛의 양에 따라 어떤 정보는 추상하고, 남는 정보를 시신경을 통하여 시각피질로 내보낸다. 그리하여 신경처리과정을 통하여 적색-녹색, 황색-청색, 백색-흑색의 세 축의 가치에 따른 정보로 변형된다. 삼차원의 공간에서 색깔이 차지하는 위치에 대응하는 정보는 유지되다가 〈적색〉, 〈녹색〉, 〈갈색〉 등의 범주로 구분되는 것이다. 이러한 감질 현상들에 대해 대응되는 언어적 범주들이 표지화되면 〈나는 지금 적색을 본다〉와 같은 보고가 발화된다. (S2) 한 체계가 적색 대상을 지각하면 이 과정이 접근하는 것은 색깔 정보일 뿐 그 정보의 기저에 있는 물리적 과정은 아니다. 체계는 색깔 정보의 공간에서만 구분을 하고, 표지를 부치지만, 어떻게 그러한 작업을 하게 되는지는 알 수가 없다. 직접적으로 알 뿐이고, 구분도 서술적일 뿐이고, 서술도 선언적이기만 하다. (S3) 환원론자는 이 단계를 사용하여, 〈경험〉이라는 것은 ·그러한 직접적 접근 이외의 다른 것이 아니다라고 말할 것이다(291쪽). 감질 현상판단은 더 기초적

인 개념으로 설명될 수 없다라고 한다. (S4) 그러나 차머스는 의식에
대한 비환원적 설명과 감질 현상 판단에 대한 환원적 설명 간의 설
명적 적합성의 원리를 요청한다. 그리하여 우리가 의식에 관하여 하
는 판단들을 환원적으로 설명하는 것은 정보개념이다(292쪽). 그렇다
면 이러한 정보상태는 의식 자체를 가능하게 하는 것이 된다. 의식
경험은 정보상태의 실현이고, 감질 현상 판단은 동일한 정보상태의
다른 실현에 의하여 설명되는 것이다.

차머스는 경험의 편재성을 지지한다. 정보와 경험을 관련지을 수
있는 방식은 정보에 특정한 종류의 제한 조건을 가하여 경험을 얻는
것이다. 그러나 차머스는 강공법을 택한다: 인과가 있는 곳에 정보가
있고 정보가 있는 곳에 경험이 있다. 차머스는 정보의 편재성 논제를
다음과 같이 지지한다.

온도계는 세 가지 정보 상태들을 가지고 있다(293쪽): 식음, 더움,
무동. 각각의 정보 상태에 감질 현상 상태가 대응되어 있는 것을 상
상할 수 있다. 그렇다면 정보상태의 변화는 감질 현상 상태의 변화를
결과한다. 온도계가 된다는 것은 어떤 기분일까? 정보처리과정이 단
순하다면 대응되는 감질 현상 상태도 단순할 것이다.

동물들의 복합성의 단계를 내려갈 수 있을 것이다: 인간, 개, 쥐,
도마뱀, 팔태충. 이러한 단계들에서 복합적 지각심리가 유지되면서도
감질현상이 갑자기 없어진다는 것은 상상하기 어렵다. 그보다는 감질
현상의 점차적 약화가설이 합리적일 것이다(295쪽). 그러나 감질 현
상이 완전히 소멸되기 전에 우리는 어떤 종류의 〈최대회된 단순 감
질 현상성〉을 가질 만하다. 이것은 온도계 같은 단순 지각 심리체계
같은 체계에서 얻어질 것이다.

온도계에 경험을 귀인하는 것에 대한 저항의 까닭을 살펴볼 수 있
을 것이다. 그러나 그러한 태도는 설명될 수 있다. (3.1) 경험이 요구
하는 성질을 온도계는 갖지 않을 수 있다: 그렇게 자명한 성질은 없

다. (3.2) 온도계와 쥐가 정보처리하는 과정에서 핵심적 요소의 차이가 있을 것이다: 경험에 필요한 그러한 처리 요소는 보이지 않는다. (3.3) 온도계 체계에 의식의 역할이 보이지 않는다: 인간 뇌에서도 의식의 역할은 보이지 않고, 의식을 상정하지 않고도 정보처리과정은 이해할 수 있다(296쪽). (3.4) 온도계를 우리는 너무 잘 이해하여 의식을 요청할 필요가 없다: 온도계는 인간 뇌와 다를 바 없다. (3.5) 의식을 삽입하지 않고도 온도계를 만들 수 있다: 우리가 인간 뇌를 만들 때도 의식은 공짜로 들어온다. (3.6) 온도계는 살아 있지 않다: 신체 단절적 실리콘 뇌는 살아 있다고 하기 어렵지만 의식을 가질 수 있다. (3.7) 온도계의 어디에 주체가 있을 것인가? 주체는 〈소인간〉이 아니고 전체 체계이다. 경험이 기본적 성질이라면 경험이 편재적이라고 가정하는 것이 더 합리적이다.

범심론 가설이 시사된다. 바위는 정보처리과정의 체계를 갖지 않는다(297쪽). 그리하여 경험도 없고 의식도 없다. 그러나 바위는 확장하거나 축소할 때 정보 상태를 가지며 〈의식이 있는 체계〉를 포함한다. 단순한 체계들은 〈감질 현상 성질〉보다는 〈원초 감질 현상 성질 proto-phenomenal〉을 갖는다고 하여야 할 것이다. 감질 현상적 성질들이 구성되어 나오는 근거로서의 원초 감질 현상 성질인 것이다.

제 3 부

언어적 조명

제10장
마음 부재의 심성 내용

데이빗슨의 심성내용은 언어의 실재성만큼 실재적이지만 심성 현상의 자율성만큼 비실재적이라고 생각한다. 이러한 복잡한 주장은 어떻게 지지될 수 있을까? 데이빗슨은 특별한 사건론을 가지고 있고 심성사건에 대한 이론을 전개하여 심성적 사건과 물리적 사건 간의 관계를 설명한다. 그러한 심신 관계론은 마음 제거론을 함축하고, 심성적 인과를 부수적 현상으로 해석한다고 보인다. 데이빗슨은 사용되는 언어의 성격에 의하여 심성내용의 전달은 안정성을 가지면서 넓은 내용론과 좁은 내용론을 통합할 수 있다고 믿는 것처럼 보인다. 그러나 데이빗슨은 언어의 안정성을 어떻게 확보하고 있는가? 데이빗슨이 기울고 있는 언어의 안성성은 공동체적 성격보다는 진리론적 성격이 아닐까?

제1절 심성적 인과

1.1 데이빗슨의 사건 개념

데이빗슨의 심리철학에서 추천할 만한 출발점은 그의 사건 개념이라고 생각한다. 그의 사건 개념의 명시는 그의 철학의 진술을 위하여 전제적인 조건이기 때문이다. 과인은 동일성 기준이 없이 개체는 없다고 하지만 데이빗슨은 개체가 없이는 동일성 기준은 주어질 수 없다고 한다.[1] 그렇다면 사건에 대한 동일성 문장은 그러한 개체에 대한 단칭명사가 없이는 이루어질 수 없다는 것이다. 사건을 개체로서 말할 수 없다면 상이한 기술하에서의 동일한 행위에 대해 말할 수 없다는 결론이 나온다. 그러한 상황하에서는 만족스러운 행동이론이 제시될 수 없다는 것이다.

데이빗슨은 먼저 사건의 논리적 형식을 탐구한다.[2] 다음의 행위문장들을 보자: 존스는 빵에 버터를 바르고 있었다; 존스는 식칼로 빵에 버터를 바르고 있었다; 존스는 목욕실에서 식칼로 빵에 버터를 바르고 있었다; 존스는 자정에 목욕실에서 식칼로 빵에 버터를 바르고 있었다; 존스는 혼자서 자정에 목욕실에서 식칼로 빵에 버터를 바르고 있었다. 프레게-러셀의 논리에 의하면 위의 다섯 개의 문장들은 각기 한 자리 술어의 문장으로 간주되고 상호 관련이 없는 독립된 사태로 처리된다. 데이빗슨은 여기에서 문제점을 본다. 그의 제안은 다섯 문장이 동일한 사건에 대한 기술의 구체성의 차이라는 점에 착안한다. 그리하여 그는 개별자로서의 사건을 제안하고 그의 착안점을 무리 없이 구조화해낸다.[3]

---

1) Donald Davidson, "The Individuation of Events", *Essays on Actions and Events,* Oxford: Clarendon Press, 1980, p. 164.
2) Donald Davidson, "The Logical Form of Action Sentences", *Essays on Actions and Events,* Oxford: Clarendon Press, 1980, p. 105.

제10장 마음 부재의 심성내용

데이빗슨은 사건의 논리적 형식을 이렇게 구성하였을 때 사건과 사실이 구분되어야 한다는 점을 주장할 수 있게 된다. 양자를 혼동함으로써 결과되는 오류를 몇 가지로 지적하고 있다. 그의 첫 논변은 다음과 같다: 사건과 사실을 동일시하자; 만일 사실이 문장에 의하여 표현된다면 사건도 그러할 것이다; 스콧의 사망은 웨이벌리의 저자의 사망과 동일한 사건이다; 〈스콧은 사망하였다〉라는 문장은 〈웨이벌리의 저자는 사망하였다〉라는 문장과 같은 사건을 지칭한다; 모든 참 문장은 동일한 사건을 지칭하고 참 문장만 사건을 지칭한다; 그렇다면 이 세계에는 정확하게 하나의 사건만이 있다(Davidson 1980: 169).

데이빗슨은 또 하나의 고려를 한다. 사건과 사실을 동일시하는 경우, 〈도리스는 어제 카누를 전복하였다〉라는 문장과 〈도리스의 카누 전복이 어제 발생하였다〉라는 문장의 차이는 구별되지 않는다고 한다. 그러나 전자는 적어도 하나의 전복이 어제 발생하였다는 것을 말하고 있음에 반하여 후자는 정확하게 하나의 전복이 어제 발생하였다는 것을 보고하고 있다는 것이다. 사건에 대한 데이빗슨의 일반적인 이해는 많은 사건들을 대상objects이 아니라 실체substances의 변화라고 생각하는 점에서 보인다. 그렇다면 시공의 동일성은 사건동일성의 필요조건이 아니다(Davidson 1980: 176ff). 사건의 동일성은 데이빗슨에게 있어서 결국 원인들과 결과들을 공유한다는 조건에서 찾아진다.[4]

마지막으로 데이빗슨은 사건과 사실의 구분을 인과관계의 논리적

---

3) 프레게-러셀은 다섯 문장을 각기 Bj, Kj, Rj, Mj, Aj로 번역하여 문장들 간의 관계를 보여주지 못하지만, 데이빗슨은 마지막 문장을 $(\exists x)(Bjx \,\&\, Kx \,\&\, Rx \,\&\, Mx \,\&\, Ax)$로 번역하고 앞의 네 문장은 이로부터 연역할 수 있는 그러한 구조에서 사건을 변항의 값으로 존재성을 부여하였다.

4) $(e1=e2) \leftrightarrow ((z)(Caused(z, e1) \leftrightarrow Caused(z, e2)$
$\quad\quad \& \,(z)(Caused(e1, z) \leftrightarrow Caused(e2, z))$

형식에서도 찾고 있다. 원인과 결과의 관계는 사건들 간의 관계이지 사실들 간의 관계가 아니라는 것이다. 그는 이를 보이기 위하여 원인이나 결과가 하나의 사실이라는 것을 가정할 때 어떠한 오류가 발생하는가를 보인다.[5]

   (1) 누전이 대연각 화재를 야기하였다.
   (2) 누전이 있었다는 사실이 대연각에 화재가 있었다는 사실을 야기하였다.

  원인이 사실이라면, (2)는 (1)의 논리적 형식이 된다는 것이다. 이러한 접근 방식은 인과법칙이 보편적 조건문이고 단칭인과문장은 그 예화 문장이라는 하나의 의견을 반영한다. 그러나 데이빗슨은 이에 대하여 몇 가지 문제를 제기한다. 원인과 사실을 동일시하는 혼합론자는 (2)가 보편적 조건문

   (3) 만일 누전이 있다면 화재가 있을 것이다

를 함축(전제)할 것이다. 그러나 (3)은 (2)를 함축하지 않는다. 왜냐하면 (2)는 보다 더 강한

   (4) 누전이 있었고 그리고 대연각에 화재가 있었다.

를 함축하기 때문이다. 그렇다면 (2)는 법칙 (3)과 (4)의 연접문으로 해석하여야 하고 법칙명제 (3)의 단순한 예화 문장으로 볼 수 없게 된다. 단칭인과문장에 대한 사실론적 분석은 문제가 있다는 것이다. 사건과 사실의 구별은 (1)과 (2)가 상이한 논리적 형식을 갖는다는

---

5) Donald Davidson, "Causal Relations", *Essays on Actions and Events,* Oxford: Clarendon Press, 1980, p. 151.

것을 보이고 이러한 관찰은 또한 다음의 구별들을 가능하게 한다 (Davidson 1980: 155). 〈원인들〉과 〈원인들을 기술할 때 만나게 되는 특징들〉; 〈한 진술이 '한 사건이 다른 사건을 야기하였다'라는 것을 참으로 나타내는가?〉와 〈우리가 법칙으로부터 연역할 수 있는 방식으로 사건들이 규정될 수 있는가?〉; 〈'두 개의 사건을 포섭하는 하나의 법칙이 있다'는 것을 안다〉와 〈그 법칙이 무엇인가를 안다〉.

데이빗슨은 사건과 사실을 혼동한 경우로 밀을 지적한다. 밀이 〈우리가 한 사건의 모든 관련사항들을 규정하지 않았다면 우리는 그 사건의 참된 원인을 규정하지 않은 것이다〉라고 하였을 때는 잘못하였다. 그러나 밀이 〈죽음이 예외 없이 결과되는 어떤 배합의 상황들이 있다〉라고 하였을 때는 옳았다. 밀의 혼란은 〈한 사건의 기술로부터의 개개의 삭제는 기술된 사건으로부터 무엇인가가 삭제된다는 것을 나타낸다〉고 생각한 데 있다(Davidson 1980: 157). 데이빗슨은 기술 독립적인 사건 개념과 기술 의존적인 사실 개념을 구분하고 있는 것이다.

1.2 심성적 인과

비트겐슈타인은 프로이트에 대한 강의에서 이유와 원인을 구분하지 않는 프로이트를 비판하고 있다. 정신질환자의 특정 행위는 무의식의 억압적 구조로부터 결과되는 특정 원인에 의하여 야기된다는 것을 비판한다. 물리현상은 양적 탐구의 접근방식에 종속되지만 심리현상은 그렇지 않다는 것이다. 그렇기 때문에 물리현상은 실험의 대상이 되지만 심리현상은 그렇지 않은 것이다.[6] 비트겐슈타인은 다른 논거도 제시한다. 추측에 의한 명제는 현재 의심이 개입되어 있는 가

---

6) Ludwig Wittgenstein, *Lectures and Conversations*, ed., Cyril Barrett, Oxford: Basil Blackwell, 1966, pp. 42-52.

설이고 지식의 명제는 현재 의심이 진행되지 않고 있는 명제이다. 행위의 원인에 대한 탐구는 언제나 가설적일 뿐이지만, 행위에 대한 이유는 그 행위자에게 있어서 직접적 지식의 대상이라는 것이다.[7]

이러한 철학적 풍토가 일반적인 상황에서 데이빗슨은 「행위와 이유와 원인」[8]을 발표하여 그의 나름의 행위이론을 개진하였다. 데이빗슨은 이 논문에서 친프로이트적이고 반비트겐슈타인적인 입장을 세우고 있다. 이유를 들어 행위를 설명하는 합리화 rationalization는 인과적 설명의 일종이라는 것이다. 먼저 그는 1차적 이유와 부차적 이유를 구별한다. 어떤 행위가 의도적이라는 것을 알 때 〈왜 그것을 하였는가?〉라는 물음에 대해 〈특별한 이유가 없다〉라는 대답을 하는 경우가 있다. 그러나 이 대답은 아무 이유도 없다라는 것을 뜻하는 것이 아니라, 그것을 하고 싶다라는 것 이외의 다른 이유가 없다는 것을 뜻한다. 전자가 언급하는 이유는 부차적 이유이고 후자가 언급하는 것이 1차적 이유이다. 1차적 이유란 사람 s가 행위 a를 한 이유 R로서, 이 R은 〈s는 a들에 대해 긍정적 태도를 갖는다〉와 〈s는 그의 행위에 대해 어떤 종류의 믿음을 갖는다〉라는 것으로 구성되어 있다.

원인으로서의 이유에 대한 데이빗슨의 주장을 세 단계로 나누어 생각하여 보자. 첫째, 이유는 합리화라는 것이다. 어떠한 내포적 대상도 종 species의 존재가 사례 instance의 존재보다 우선한다. 누각이라는 내포적 대상과 경회루라는 외연적 대상, 강이라는 내포적 대상과 한강이라는 외연적 대상을 비교할 수 있다. 어떠한 의도적 행위도 외연적 대상이라기보다는 내포적 대상이라고 할 수 있다. 왜 그러한가? 그 구조를 들여다보자. (i) 나는 스위치를 눌렀다. 그러나 만일 내가

---

7) Ludwig Wittgenstein, *The Blue and Brown Books*, Oxford : Blackwell, 1958. p. 15.
8) Donald Davidson, "Actions, Reasons, and Causes"(1963), *Essays on Actions and Events,* Oxford: Clarendon Press, 1980, pp. 3-20.

왜 스위치를 눌렀는가에 대한 물음을 받았을 때, 나는 다음의 몇 가지 중의 어떤 것으로 대답할 수 있다. (ii) 불을 켜고 싶었다, (iii) 방을 조명하고 싶었다, (iv) 배회자에게 누군가가 집에 있다는 사실을 경고하고 싶었다. 이 세 가지 이유들이 모두 참이라고 하자. 그런데도 만일 내가 〈나는 불을 켜고 싶었다〉라고 말한다면 이것은 스위치 누름을 설명하는 것이긴 하지만 조명이나 경고를 설명하는 것은 아니다.

이유들은 동일한 행위에 대해서도 어떠한 기술하에서는 합리화를 주지만 다른 기술하에서는 그러하지 않다는 것을 알 수 있다. 여기에서 행위들을 단순히 외연적 대상으로 취급할 수 없다는 것이 보인다. 그렇지 않다면 위의 동일한 행위에 대한 네 가지 기술들은 모두 대치가능해야 하기 때문이다. 행위는 내포적 대상으로 간주되고 그리고 행위에 대한 우리의 긍정적 태도나 부정적 태도는 행위의 사례에 대해서라기보다는 그 종을 향하여 이루어진다는 것을 확인할 수 있다. 그렇다면 〈나는 불을 켰다〉와 〈나는 불을 켜고 싶었다〉에서 양자는 논리적으로 독립적이고 후자는 전자가 왜 참인가에 대한 이유를 주는 데 사용될 수 있다는 것이다. 그러한 이유는 그 행위가 그러한 내포적 대상으로서 의도적이라는 것을 함축하기 때문이다.

둘째, 행위에 대한 합리화는 행위에 대한 1차적 이유의 구성이라는 주장을 보자. 비트겐슈타인이 지적한 대로 사람의 행위는 이상하고 무의미하고 단절된 것처럼 보인다. 때로는 그것을 행위로 인식할 수가 없을 때도 있다. 그러나 그 이유를 그이 믿음과 태도를 통하여 알게 된 경우 우리는 그러한 행위에 대한 하나의 해석을 갖게 된다. 그가 저지른 일에 대하여 보다 넓은 사회적, 언어적, 평가적 문맥 안에서 새로운 기술을 얻게 된다는 것이다. 규칙들과 제도와 협약과 기대들의 구조 안에서 그 행위의 초점이 파악될 수 있다는 것이다. 데이빗슨은 이에 동의하여, 행위에 대한 이유의 제시는 그 행위에게 보다 넓은 구조 안의 자리를 부여하는 것이라고 한다.

셋째, 1차적 이유는 원인이라는 데이빗슨의 주장을 보도록 하자. 데이빗슨은 여기에 대한 세 가지 중요한 반론들을 반박한다. 하나의 반론은 1차적 이유들은 태도와 믿음으로 구성되어 있고 이들은 사건이 아니라 상태나 성향이므로 원인이 될 수 없다는 것이다. 그러나 교량의 구조적 결함이라는 성향이나 상태는 붕괴의 원인으로 나타난다는 점을 들어 반박된다. 다른 하나의 반론은 원인은 결과로부터 논리적으로 구별되어야 한다는 것이다. 그러나 행위의 이유는 행위로부터 논리적으로 구별되지 않는다. 그러므로 이유는 행위의 원인이 아니라는 것이다. 그러나 데이빗슨은 행위의 기술을 그 원인을 사용하여 제안하는 것은 올바른 일이고 행위와 원인을 혼동하거나 동일시하는 것이 아니라고 한다.

마지막으로 중요한 반론은 법칙들이 인과적 설명에 근본적으로 관련되지만 합리화에는 관련되지 않는다는 것이다. 데이빗슨은 이를 반박하기 위하여 흄에 대한 하나의 해석을 제안한다. 〈하나의 사건이 다른 하나의 사건을 인과적으로 야기하였다〉라는 흄의 명제는 두 가지 의미를 허용한다는 것이다. 하나는 〈두 사건 간에 인과관계가 있다〉는 것이고 다른 하나는 〈두 사건 간의 인과관계를 안다〉라는 것이다. 후자를 받아들이지 않고도 전자의 뜻으로 흄의 명제를 이해할 수 있다는 것이다.

1.3 심성적인 것은 인과적으로 무관하다

데이빗슨은 이 명제를 선명하게 주장하는 것이 아니라 구조적으로 추리해낸다고 보인다. 예를 들어 하나의 괴델적 논의를 구성할 수 있을 것이다. 데이빗슨의 명제는 〈L안에서 참이다'라는 의미론적 술어와 'P이다'라는 통사적 술어(예: 연역될 수 있다)를 연결하는 법칙적 명제는 없다〉라는 괴델 명제로 번역될 수 있을 것이다. 그러나 데이빗슨이 보다 구체화할 수 있는 방식이란 〈(x)(x는 L 안에서 참인 경우 그리고 이 경우에만 x는 P이다)〉라는 진리론적 구조를 그의 방식으로 전환할 수 있어야 할 것이다. 데이빗슨은 의미론적 술어를 심성적 술어에 그리고 통사적 술어를 물리적 술어에 유비시켜 논의를 제시한다. 〈(x)(x는 심성적인 경우 그리고 이 경우에만 x는 물리적이다)〉라는 구조이다. 그러나 이 구조의 문제점은 데이빗슨이 이를 얼마나 심각하게 고려했을 것인가라는 점이다. 왜냐하면 이 논의의 문제점들은 분명하게 열거될 수 있기 때문이다.

심성적인 것은 인과적으로 무관하다는 주장에 대한 다른 하나의 논의는 법칙일반성 논의이다. 법칙 또는 법칙 같음이라는 것이 정확하게 무엇인가라는 문제는 선결문제를 많이 안고 있는 것으로 인정되고 있다. 그러나 하나의 동의는 이것이다. 법칙명제는 반사실 또는 가상적 주장을 지지하며 또한 그 사례들에 의해 지지되는 일반명제라는 것이다. 예를 들어 〈섭씨 0도 이하에서 언제나 물은 언다〉라는 일반명제는 〈만일 이것을 냉동실에 어제 저녁 넣었더라면 얼었을 것이다〉라는 반사실을 지지하고 그 사례에 의하여 확인된다. 반사실명제가 참인 경우 특정한 법칙명제를 지지한다는 것이다. 이에 반해 〈나의 바지 왼쪽 포켓에 있는 모든 주화들이 금전이다〉라는 일반 명제가 참인 경우에도, 〈만일 이 동전을 나의 바지 왼쪽 포켓에 어제 넣었더라면 금전이 되었을 것이다〉라는 반사실명제는 참이 아니고 따라서 앞의 일반명제를 지지하지 않는다.

그러나 심신명제가 반사실적 주장에 의해 지지를 받지 않는 까닭은 심신명제의 술어들은 서로를 위하여 만들어진 것이 아니라 자체의 자율성의 구조에서만 이해되도록 만들어졌기 때문이라는 것이다. 〈만일 그가 물리적 P-상태에 있었더라면 그는 심성적 M-상태에 있을 것이다〉이거나 〈만일 그가 M-상태에 있었더라면 그는 P-상태에

있을 것이다〉라는 반사실명제는 참이도록 구성될 수 없다는 어려움
이 있다. 물리적 조건이 동일해도 경험적 내용이 다를 수 있고, 동일
한 경험적 내용의 경우에도 상이한 물리적 조건에 의하여 얻어질 수
있기 때문이다. 심신관계의 이러한 반사실문의 논리적 구조는 심신
사이에 인과관계를 구성하기 어렵다는 점을 보여 준다.

심성의 인과적 무관성은 심성의 포괄성 논의로도 지지된다고 할
것이다. 심성적 술어는 어느 개인의 믿음과 소망 등의 포괄적 체계에
의해서 이해될 수 있고 더 나아가서 그 개인의 체계는 폐쇄된 것이
아니라는 점이다. 그러나 법칙이라는 개념은 어느 특정한 체계 안에
서만 이해되는 것이고, 이것은 개방되어 있는 경우 어떠한 상황에서
도 결정미흡이다.

심성의 인과적 무관성을 지지할 수 있는 것으로 김은 데이빗슨을
해석하여 발송 논의를 구성한다.[9] 김은 우연적 일반명제와 법칙적 일
반명제를 구별하고 전자는 심신관계에 있어서 예화될 수 있지만 후
자는 그렇지 않다는 것을 주장하고 다음과 같은 논의를 편다: 심성
체계는 본질 X에서 그 동일성을 갖는다; 물리체계는 본질 Y에서 그
동일성을 갖는다; X와 Y는 상호 양립할 수 없다; 두 체계들을 연결
하는 법칙들이 있다고 가정하자; 법칙들은 이 본질들을 한 체계에서
다른 체계로 발송 transmit할 것이다; 다른 본질들을 발송받은 체계
들은 일관성을 잃는다; 그러므로 법칙 연결 가정은 부정된다; 두 체
계들이 그 독립적 동일성을 유지하고 있는 동안은 양자를 연결하는
법칙이란 있을 수 없다. 이 논의에서 사용되고 있는 체계의 〈본질〉
이 무엇인가라는 점과 법칙의 발송 개념 등이 규명된다면 더욱 설득
력을 가질 것이다.

합리성 극대화 원리 논의는 김이 두 번째로 구성하는 논의이다. 데

---

9) Jaegwon Kim, "Psychopysical Laws"(1985), *Supervenience and Mind*,
Cambridge University Press, 1993.

이빗슨은 심성체계의 본질을 합리성의 극대화의 원리에서 보고 물리 체계의 본질은 그 부재에서 발견한다는 것이다. 〈우리가 어떤 사람 a 에게 하나의 믿음, 욕망, 목표, 의도, 희망, 또는 공포 P를 귀인할 때 우리는 a가 가지고 있다고 생각하는 믿음들의 구조가 결정하는 체계 안에서 P가 최대한도의 일관성과 합리성을 갖도록 해석한다〉라는 명 제를 데이빗슨은 인간의 언어현상에서 보이는 하나의 규칙으로서 받 아들인다. 이를 합리성 극대화 원리라 할 수 있을 것이다. 그리고 법 칙의 본질발송이 일으키는 문제점을 고려한다: 두 심신 체계들을 연 결하는 법칙들이 있다고 하자; 필연적으로, 만일 조건 C가 주어지면 신경상태 n이 발생할 것이다; 필연적으로, n이 발생하는 경우 그리고 이 경우에만 심성상태 m이 발생한다; 필연적으로, 만일 C가 주어지 면 m이 발생한다; 지향적 심성상태는 합리성 극대화 원리와 독립하 여 물리적 구성원리와 관련하여 귀속될 수 있다; m은 이 이상 심성 적 상태일 수 없고 m의 물리적 귀속은 지금의 구조에서는 이해될 수 없다.

제2절 마음 제거론

2.1 무법칙적 일원론

데이빗슨의 심성 제거론은 그의 무법칙적 일원론과 긴밀한 구조 안에서 제시된다. 이를 위해 먼저 그의 무법칙적 일원론이 어떻게 구 성되는가를 보자.[10] 그의 무법칙적 일원론은 〈심성의 무법칙성: 엄밀 한 심신법칙이란 없다; 심신인과관계: 어떤 심성사건은 물리적 사건

---

10) Donald Davidson, "Mental Events", *Essays on Actions and Events,* Oxford: Clarendon Press, 1980, pp. 207-228.

과 상호인과관계를 갖는다; 인과의 법칙성: 엄밀한 인과법칙이 있을
때에만 사건A는 사건 B를 결과로 갖는 원인이 된다〉의 세 명제로
구성된다. 데이빗슨은 무법칙적 일원론의 세 명제를 유지하는 구조를
다음의 세 명제에서 찾는다: 심적 사건 = 물리적 사건; 사건 A는 물
리적 사건이다 ↔ A는 하나의 물리적 술어를 만족한다; 인과는 물리
적 개념이고 법칙은 언어적 개념이다.

2.2 무법칙적 일원론의 문제

김재권과 소사는 데이빗슨의 무법칙적 일원론에 대해 다른 이론을
제기한다.[11] 김은 〈심리적인 것과 물리적인 것은 구별된다〉고 한다.
그러나 심적 사건과 물리적 사건이 동일하다는 데이빗슨의 관점에
의하면 이 구별론(사건)은 부인되어야 하지만 그의 심성의 무법칙성
에 의하면 이 구별론(성질)은 긍정되어야 한다. 김은 또한 〈심리적인
것과 물리적인 것은 상호인과관계를 갖는다〉고 주장한다. 그러나 데
이빗슨은 심적 사건과 물리적 사건의 동일성에 의하여 상호인과관계
론(사건)을 긍정하면서 심성의 무법칙성에 의해서는 상호인과관계론
(성질)을 부인한다. 김은 〈물리적인 것은 원인적으로 폐쇄되어 있다〉
는 원칙을 받아들이지만 데이빗슨은 인과는 물리적 개념이고 법칙은
언어적 개념이라는 관점에 의하여 이 원칙(사건)을 긍정하고, 심성의
무법칙성에 의하여 이 원칙(성질)을 긍정한다. 마지막으로 김은 〈모
든 원인은 물리적 원인으로 환원된다〉는 환원론을 주장한다. 그러나
데이빗슨은 물리적 인과와 언어적 법칙의 구분에 의하여 환원론(사
건)을 긍정하지만, 심성의 무법칙성에 의하여 환원론(성질)을 부인한
다.

---

11) Ernest Lepore and Barry Lower, "Mind Matters", *Journal of Philosophy*,
   1987, pp. 630 이하.

김과 소사에 의하면 결국 무법칙적 일원론은 상식적으로 이해되는 심신의 상호 작용론을 거부한다는 것이다. 무법칙적 일원론의 심신인과관계 명제는 동일론에 의하여 물리적 사건들 간의 인과관계를 말하는 것 이외의 다른 것이 아니기 때문이다. 소위 심성사건으로서의 심성사건 the mental as mental은 인과적 연쇄에 들어가지 못한다는 것이다. 그렇다면 심성현상은 무법칙적 일원론에서 부수 현상적 epi-phenomenal이라는 것이다. 마음은 있으나마나 문제가 되지 않는다 mind does not matter는 것이다. 마음은 제거되고 만다.[12]

무법칙적 일원론의 마음 제거주의는 김과 소사에 의하면 다음과 같은 예화의 적용을 받을 수 있다는 것이다. 총의 방아쇠가 당겨지고 발포가 되고 이것은 어떤 사람을 죽였다; 그 발포 = 그 총성; 그 총성은 그 총성으로서 그 사람을 죽인 것은 아니다; 그 총성은 그 발포로서 그 사람을 죽였다; 그 총성은 그 총성으로서 인과관계에 들어가지 않고 따라서 원인으로서 제거된다.

제3절   명제태도

3.1 간접담론과 같은 말꾼

명제태도는 전통적으로 두 자리 술어로서 분석되었다. 예를 들어 〈갈릴레오는 지구가 움직인다는 것을 믿었다〉라는 갈릴레오의 명제태도는 〈믿었다(갈릴레오, 지구가 움직인다)〉로 분석되었다. 그러나 데이빗슨은 이를 세 자리 술어로서 분석할 것을 제안한다.

---

12) 김선희도 데이빗슨에 대해 비슷한 평가를 하고 있다. 데이빗슨에게 〈심적 사건은 인식적 관점, 즉 기술하에서만 의미를 가지며 실체로서의 자아나 심적 속성은 존재하지 않는다〉는 것이다. 김선희, 「무법칙적 일원론의 선험적 논증」, 『자아와 행위: 관계적 자아의 자율성』, 철학과 현실사, 1996, 27-61, 60쪽.

(11) 갈릴레오는 지구가 움직인다는 것을 말했다Galileo said that the
earth moves.

예를 들어 위의 문장은 〈지구는 움직인다〉(같은 말꾼이다)라는 술
어가 하나의 화자 o, 하나의 문장 s, 그리고 간접담론에서의 그 문장
의 화자 p의 세 자리를 취한다는 것이다.

(11A) 갈릴레오는 나의 입에서 〈지구는 움직인다〉를 뜻하는 것을 그의
입에서 뜻하는 문장을 말하였다.[13]

여기에서 〈'지구가 움직인다'가 의미하는 것what 'the earth
moves' means〉이라는 표현은 카르납이나 콰인에서처럼 단칭명사로
취급되지 않는다. 이 표현은 (11A) 안에서 특정한 진술utterance을
지시하여 같은 말꾼의 관계를 표상한다. 내가 〈갈릴레오가 지구는 움
직인다라고 말하였다〉라고 말할 때 나는 갈릴레오와 나를 같은 말꾼
으로 나타내는 것이다.

(11B) 같은 말꾼이다(갈릴레오, 나, 지구는 움직인다)

명제태도에 관한 전통적 이론은 위와 같은 표상에 열려 있지 않다
고 데이빗슨은 생각한다. 이 이론은 그 내용문장을 언급mention하거
나 지칭할 뿐 사용 use하지 않음으로써 갈릴레오와 나를 같은 말꾼의
관계로써 파악할 수 있는 가능성을 본의 아니게 미리 차단하는 결과
를 빚는다. 그러면 무엇이 갈릴레오와 나를 같은 말꾼으로 만드는가?
데이빗슨은 다음과 같은 표현들을 고려한다.

---

13) Galileo uttered a sentence that meant in his mouth what 〈the earth
moves〉 means now in mine.

(12) Eppur si muove.
(13) 지구는 움직인다.

만일 갈릴레오가 (12)를 발설하고 내가 (13)을 말하였다면 이 발설들이 우리를 같은 말꾼으로 만든다는 것이다.

(13) (∃x)(∃y)(발설(x, 갈릴레오) & 발설(y, 나) & 같은 말꾼(갈릴레오, 나))

데이빗슨은 여기에서 두 개의 발설들이 어떻게 두 사람을 〈같은 말꾼〉으로 만드는가에 대해 들어가고 있지 않다. 그러나 발설에 대한 정의로서 다음의 세 후보를 고려할 수 있을 것이다. 두 개의 발설 A와 B는 같은 말이다 =df. ((A↔B) v (N(A↔B)) v ((x)(Knows(x, A)↔Knows(x, B))).
하여간 데이빗슨의 핵심적인 논의는 다음의 세 경우를 통하여 구성된다. 첫 번째, 지구는 움직인다 The earth moves; 갈릴레오는 그것을 말하였다 Galileo said that. 두 번째, 갈릴레오는 그것을 말하였다 Ga- lileo said that; 지구는 움직인다 The earth moves. 세 번째, 갈릴레오는 지구는 움직인다는 것을 말하였다 Galileo said that The earth moves. 첫 번째 경우는 청자를 당황하게 한다. 즉 청자가 첫 번째의 두 번째 문장을 들을 때까지는 화자가 첫 번째 문장으로써 무엇을 의도하는가를 일기가 어렵기 때문이다. 그러나 두 번째 경우는 그러한 문제점을 극복한다. 두 번째 경우의 첫 번째 문장에 의해 두 번째 문장을 기대하게 되고 두 번째 문장이 제공되면 화자의 언어행위는 완수된다. 그리고 〈작은 철자적 변경〉에 의해 세 번째 경우는 두 번째 경우로부터 얻어진다는 것이다.
이러한 지시대명사를 통한 언어행위의 수행은 예외적이 아니라는 것이다. 인간의 일상 언어에는 이렇듯 명사에 대명사가 있듯이 문장에 대한 대문장이 있다는 것이다. 이것은 농담이다; 그는 그것을 지시하였다; 이것은 명령이다; 이것을 들어보아라; 그것을 믿겠는가? 나는 그것을 말하지 않았다. 여기에서 사용된 〈이것〉 또는 〈그것〉이라는 색인사들은 명사를 지시하는 대명사가 아니라 문장을 나타내는 대문장이라는 것이 데이빗슨의 통찰이고, 그는 이 통찰을 근거로 단순한 명제태도론을 구성하고 있다.

3.2 문제들의 설명

대치율이 명제태도의 문장에서 실패하는 것에서 프레게의 명제태도론이 발단되었고 대치율 실패에 대한 설명이 명제태도론의 핵심으로 보인다. 그렇다면 데이빗슨은 이를 어떻게 설명하는가? 그는 명제태도의 문맥에서 대치율 실패는 이를 두 자리 술어로 단순화하였기 때문에 발생하는 것으로 본다. 이를 세 자리로 해석하여 구조화한다면 표면적으로 하나의 문장이지만 심층적으로는 두 개의 문장이라는 것이다. 전통적 오류는 전혀 다른 두 개의 문장을 하나의 문장으로 간주하는 데서 발생되었다는 것이다. 대치는 나의 문장에서 수행하면서 진리치의 변경은 갈릴레오의 문장에서 읽는다는 것이다. 다음의 경우를 보자: 갈릴레오는 지구가 둥글다는 것을 말하였다; 지구 = 행성 중의 유일한 인간 서식지; 갈릴레오는 행성 중의 유일한 인간 서식지는 둥글다는 것을 말하였다.

그리고 명제태도의 문맥 안의 문장들이 기대되는 논리적 결과를 갖지 않는다는 역설은 데이빗슨의 구조에서 해소된다는 것이다. 〈말하였다〉 다음에 나오는 표현들은 단일한 단칭명사의 구조를 갖는다는 것이다. 〈갈릴레오는 지구가 둥글다는 것을 말하였다〉라는 문장으로부터 〈갈릴레오는 어떤 것을 말하였다〉는 추리를 할 수 있기 때문

이다. 따라서 〈말하였다〉 다음에 나오는 표현들을 단칭명사 이외의
단위, 예를 들어 내포 intension 또는 명제 proposition 또는 문자 ins-
cription 또는 인용 quotation 등으로 취급할 때 (∃x)(갈릴레오는 x가
움직인다는 것을 말하였다), 오류를 추리해내고 그리하여 있지도 않
은 역설을 만들어낸다는 것이다.

제4절 내 마음의 내용

4.1 넓은 내용과 좁은 내용의 양립성

심성내용에 대하여 두 가지 이론이 있어 왔다. 포돌의 좁은 내용론
은 〈믿음이나 단어의미 지식 같은 심리적 상태는 그 상태의 담지자
이외의 어떠한 개체의 존재도 전제하지 않는다는 뜻에서 '내재적'이
다〉라는 것이다. 퍼트넘의 넓은 내용론은 〈믿음이나 단어의미 지식
같은 심리적 상태는 믿음이나 명제태도에 대해서 개별화하고 동일시
할 때 외부 상황과 관계하여 우리가 개별화하고 동일시하는 바로 그
상태이다〉라고 한다. 퍼트넘과 버지는 〈전통적으로 철학자들이 심리
적 상태들이 좁은 내용론과 넓은 내용론을 동시에 만족한다고 잘못
생각하였다〉고 비판하면서 이들을 동시에 만족할 수 있는 그러한 심
리적 상태란 없다고 주장한다. 퍼트넘과 버지는 넓은 내용론으로 충
분하다는 것이고, 서얼과 포돌은 좁은 내용론의 충분성 또는 우선성
을 주장한다.
그러나 데이빗슨은 〈일상적 심성상태가 두 조건을 만족하지 않는
다고 상정할 이유가 없다〉라고 말한다. 퍼트넘은 일인칭적 권위에 대
한 우리의 직관을 충분히 고려하지 않았다는 것이다. 심성내용에 대
해 좁은 내용론은 일인칭적 권위에서 출발하여 언어적 de dicto 내용

에 주목하고 넓은 내용론은 전문가적 권위에서 출발하여 사물적 de re 내용을 강조한 결과라고 믿는다. 데이빗슨은 양자를 통합할 수 있는 관점을 모색한다.

데이빗슨은 우선적으로 넓은 내용론의 배타성을 비판한다. 넓은 내용론은 〈나는 내 마음을 모를 수도 있다〉라는 논제를 내세우는 것으로 보이며 이를 위해 다음의 전제들에 의존한다고 한다: 명제태도는 명제 또는 표상 같은 대상들에 의하여 개별화된다; 명제나 표상 같은 대상들은 마음속 또는 그 앞에 존재한다; 이러한 대상들은 주체자 밖에 있는 대상이나 사건들을 그 요소로 갖는다; 외부대상의 모든 성질에 대하여 모두 아는 사람은 없다.[14] 데이빗슨은 넓은 내용론의 몇 가지 전제들은 거짓이라고 주장한다. 사유는 독립적 원자들이 아니므로 단일 사유의 하나뿐인 올바른 귀속을 위한 엄밀한 규칙이란 없다.

김선희는 데이빗슨의 심성 제거론적 요소를 우려하면서도 심성내용 개념을 해석하는 모델을 기본적으로 데이빗슨적 인과개념에서 구하고 있다고 보인다. 데이빗슨이 강한 수반을 포기하고 약한 수반에 주목하였던 것을 기억한다. 그러한 관점으로부터 김선희는 법칙적 인과성은 물리세계에 적용되는 것이지만 반사실적 인과성은 심성현상에 적용될 수 있다고 한다. 비법칙적인 반사실적 인과개념에 의하여 심성인과의 실재성과 심성자율의 현실성의 연결을 맞추고자 하는 것이다. 그리하여 심성내용의 인과론 모델과 사용론 모델을 구분하는 나의 입장을 비판하고 있다.[15]

심성인과의 실재성과 심성자율의 현실성의 연결은 어떻게 구성될 수 있을 것인가? 김선희의 이 방향으로의 전략은 〈지향적 주체자는

---

14) Donald Davidson, "Knowing one's Own Mind", *Proceedings and Addresses of the American Philosophical Association*, 1986, pp. 447-456.

15) 김선희, 「심성적 인과의 파라독스와 새로운 문제」, 『자아와 행위: 관계적 자아의 자율성』, 철학과 현실사, 1996, 172-201, 194-198, 200쪽.

내용요소와 인과적 요소를 포함하고 후자는 주체 내부와 외부와의 관계를 요구하고 이 관계에 의하여 전자가 구성된다〉라고 할 수 있다. 이 전략에 의하면 지향적 주체자는 주체자의 내부와 외부와의 물리적 관계에 의하여 구성되는 〈좁은 행동〉을 생리적으로 또는 기계적으로 가질 수 있다. 그러나 동일한 지향적 주체자는 좁은 행동의 앞이나 뒤에 넓은 상황을 도입하여 〈이불을 개다〉, 〈커피를 마시다〉와 같은 자율적 의미가 부여되는 〈넓은 행동〉을 귀인할 수 있다는 것이다. 이원론이 아니라 양극성 polarity 관계에 의하여 인과성과 자율성을 연결하는 시도로 보인다.

그러나 몇 가지 의문을 제기할 수 있을 것이다. 법칙관계와 반사실적 관계의 구분은 얼마나 강건한가? 〈엄밀법칙과 물리적 사실이 반사실문의 진리도 그 부정도 함축하지 않는다〉라는 기준만으로 그 구분이 유지될 수 있을 것인가? 엄밀법칙과 비엄밀법칙의 구분을 얼마나 유지할 수 있을 것인가? 그리고 지향적 주체자에게서 좁은 행동과 넓은 행동이 발생한다는 것을 상정할 수 있다. 그러나 발생과정의 경험적 기술만으로 심성인과와 심성자율의 논리적 관계가 보여질 것인가? 또한 양극성 관계는 무엇일까? 음양론자에게는 흥미 있을 개념으로 보인다.

4.2 흄적인 심성내용

데이빗슨은 〈명제태도의 지향적 내용이 물리적, 계산적, 동사적 구조에 의하여 설명되지 않는다〉는 것이 일인칭 권위를 위협하지 않는다고 한다. 그는 다음의 퍼트넘의 두 가정에 대해 의문을 제기한다: 만일 사유가 머리 밖의 대상들과의 관계에 의하여 개별화된다면 그 사유내용은 머리 안에 있는 것이 아니다; 만일 사유내용이 머리 안에 있는 것이 아니라면 그 사유내용은 일인칭 권위에 의해 요구되는 방식으로 파악될 수 없다. 데이빗슨에 의하면, 퍼트넘의 두 가정을 주장하는 것은 나의 일광소욕 sunburned이 태양의 존재를 가정하기 때문에 나의 일광소욕은 나의 피부의 조건이 아니다; 라고 주장하는 것과 같다는 것이다.

데이빗슨은 존재론적 개념으로서의 사건과 언어적 개념으로서의 사실의 구분에서처럼, 개별상태나 사건은 그 자체로 다른 것들을 개념적으로 가정하지 않지만 그들의 기술은 개념적으로 그러할 수 있다고 한다. 이 구분을 근거로 데이빗슨은 우드필드와 버지의 다음 논의는 오류라고 주장한다: 퍼트넘의 두 가정이 참이라면 두 사람이 적절한 모든 뇌신경적 상태에서 동일하다고 할지라도 심리적으로 다를 수 있다; 심신관계에 있어서 개항 대 개항 동일성도 거짓이다. 그러나 데이빗슨은 뇌신경 상태가 동일한 두 사람의 심리내용이 다를 수 있는 것은 이들이 각각의 세계에서 상이한 인과적 역사를 갖기 때문이라고 지적한다.

데이빗슨은 〈사유가 심성적 대상을 필요로 한다〉는 것은 신화라고 주장한다. 그에게 〈마음 앞에 있어야 한다〉와 〈사유의 내용을 결정하여야 한다〉라는 두 가지 조건을 만족할 수 있는 유일한 대상은, 흄의 인상과 관념처럼 〈…같이 보이는 것이고 동시에 …인 것으로 보이는 것 be what it seems and seem what it is〉이다. 그러나 데이빗슨은 일광소욕 논의에 의존하면서도 그 유추가 얼마나 적절한지 분명하지 않다. 피부과의사는 일광소욕을 관찰로서 구별할 수 있다는 것이고, 소위 〈마음의 대상〉은 마음 안에 있는가 아니면 마음 앞에 있는가라는 물음은 피부과의사와 일광소욕의 유추에 따라 구성된 것이라고 하고 있기 때문이다. 데이빗슨의 유추의 어려움은 이것이다. 일광소욕의 일광 sun과 피부 skin는 인과적으로 연결되고 있음에 반하여, 쌍둥이지구의 XYZ와 믿음은 지칭 관계인 것이다.

제11장
개인주의 내용론 : 포돌

심성내용론의 핵심적 물음은 인간의 마음이 무엇인가라는 것이다. 그러나 이 물음은 또한 정보사회에서 응용적 측면을 가지고 있다. 로봇이 인간의 지능을 대행할 수 있는가? 기계가 인간의 마음을 실현할 수 있는가? 인공지능에는 아무런 제한도 없는가? 이러한 물음들은 선험적으로 그 가부가 대답될 수 없는 것이다. 심성내용의 성격이 분명하게 제시되고 합의되기 전에는 어떤 방향으로의 대답도 논란의 여지가 있기 때문이다. 한 가지 분명한 것은 인간의 심성내용이 인간의 두뇌 안에서 결정된다는 것을 지지할 수 있다면 로봇의 인간 지능 실현의 노력은 격려를 받을 것이고, 그렇지 않으면 상당한 장애를 얻게 된다는 점이다. 포돌은 인공지능 개발의 인지과학에서 선노석 역할을 하고 있다. 그의 관심은 심성내용이 개인 두뇌에 한정할 수 있는 철학적 논의를 발전시키는 것이다. 이것이 소위 심성내용의 개인주의이고 처음에는 좁은 내용론 그리고 최근에는 인과적 의미론으로 말해지고 있다.

포돌은 카르납 이론이 명제태도의 다섯 가지 조건을 만족한다고

보지만 행동주의와 문장 유형론의 문제점을 지적하고 그의 내적 표
상론을 지지한다. 심성내용의 개인주의적 시각을 제시한 것이다. 포
돌은 좁은 내용론을 위해 양상논변을 편다. 지구의 포돌과 쌍둥이지
구의 포돌이 〈물 한 잔 마시고 싶다〉라고 말했을 때 지구의 H_2O와
쌍둥이지구의 XYZ라는 다른 대상을 각기 지칭하고 있었지만 이 대
상들은 〈통문맥적으로 동일한 인과력〉을 가지고 있다는 것이다. 이
논변은 결국 의미라는 것이 자연화될 수 있다는 전제에 의존하고, 자
연화된 인과론적 의미론에서도 오류의 문제가 설명될 수 있다는 것
을 강조한다. 그러나 포돌의 반론에 대한 여러 가지 노력에도 불구하
고 문제는 여전히 남는다. 심리설명 모델을 위한 지향성의 유지와 의
미의 자연화가 어떻게 동시에 유지될 수 있는가? 인과적 의미론은
지구의 포돌과 쌍둥이지구의 포돌이 발화한 문장이 같은 의미를 갖
는다고 하여야 하지 않는가? 심성상태의 인과력과 의미론적 능력이
이러한 물음들을 어떻게 독립적으로 조명할 수 있는가?[1]

제1절 명제태도와 내적 표상체계

1.1 명제태도의 조건

포돌은 명제태도 이론을 위해 다섯 가지 조건을 제안한다.[2] 첫째,

---

1) 정성호도 포돌의 지향성 자연화에 대해 비슷한 비판을 하고 있다. 포돌은 오표
상을 설명하는 데 있어서 자신의 비대칭론이 드레츠키의 인과 의미론이 봉착하는
선언문제를 피할 수 있다고 한다. 그러나 정성호는 포돌의 법칙성이 반사실문 구
조에 근거하는 한 다른 하나의 인과적 정보 의미론의 명제라고 생각한다. 보다
세밀하게, 정성호는 포돌이 요구하는 반사실적 법칙성이나 현실의 역사라는 강건
성의 조건은 신의 자비하에 있는 의미론적 속성에 다름이 아니라고 비판한다. 정
성호, 「포도어의 심적 표상론」, ≪철학≫, 1997(53), 237-284쪽.
2) Jerry Fodor, "Propositional Attitudes", *Readings in Philosophy of Psy-*

명제태도는 관계로서 분석되어야 한다고 한다. 〈존은 비가 온다고 믿는다〉라는 문장이 나타내는 명제태도는 〈믿는다(존, 비가 온다)〉에서처럼 두 자리 관계로 보인다. 그리고 존재양화는 〈(∃x)(j는 x를 믿는다)〉에서와 같이 동사의 통사적 목적어에 적용된다. 관계적 해석과 대립하고 있는 유일한 입장은 〈명제태도의 동사는 그 목적어 문장과 의미론적으로 합병되어 있다〉라는 〈융해 fusion〉이론이다. 〈존은 비가 -온다고-믿는다〉로 이해되어, 주어는 한 자리 술어를 가지며 이것은 분석할 수 없는 내부구조를 가진다는 것이다.

그러나 포돌은 융해이론에 대해 다음과 같은 비판을 하고 있다. 융해이론을 받아들이면 가령 〈믿는다〉라는 하나의 태도에 대해서도 무한히 많은 문장이 가능하다. 〈존은 눈이-온다고-믿는다〉, 〈존은 꽃이 -핀다고-믿는다〉 등의 소위 〈믿는다〉 문장들이 모두 공유하는 요소를 갖지 못하기 때문에 일어나는 언어습득 가능성에 대해 문제를 제기한다. 그리고 융해이론에 의하면 〈존은 비가-온다고-믿는다〉와 〈존은 비가-온다고-무서워한다〉라는 문장은 아무런 공통점도 가질 수 없다. 그리고 상이한 믿음들이 서로 관련되어 있을 수 있다. 예를 들어 〈존은 샘이 멋있는 사람이라고 믿는다〉에서의 존의 의견과 〈매리는 샘이 멋없는 사람이라고 믿는다〉에서의 매리의 의견이 상치되는 의견을 가지고 있다고 할 수 있는데 반하여, 융해이론에서는 이의가 발생하지 않는다. 이 문장들은 〈존은 먹고 매리는 수영을 한다〉의 정도의 차이를 가질 뿐이다.

그리고 〈존은 비가 온다고 믿는다〉라는 문장이 〈비가 온다〉라는 문장에 대해 갖는 관계는 통사적으로나 다른 뜻에서 우연적이 아니다. 그러나 융해이론은 〈dogmatic〉이라는 표현이 〈dog〉라는 표현에 대해 갖는 우연적 관계라고 해야 한다. 따라서 융해이론에서는 〈만일 '존은 비가 온다고 믿는다'가 참이라면 존이 믿고 있는 것은 비가 오

chology, ed., N. Block, Methuen, 1981, vol. II, pp. 45-51.

는 경우 그리고 이 경우에만 참이다〉라는 것은 우연적이 된다.

포돌이 명제태도에 대해 요구하는 둘째 조건은 〈명제태도의 동사들과 언명의 동사들은 평행적 관계에 있다〉라는 벤들러의 조건이다. 명제태도의 동사들에는 믿는다, 원한다, 희망한다, 후회한다, 미워한다 등이 있고 언명의 동사들에는 말한다, 진술한다, 부탁한다, 기도한다, 한탄한다, 저주한다 등이 있다. 〈존은 비가 온다고 믿는다〉라는 문장과 〈존은 비가 온다고 말한다〉라는 문장의 통사적 유사성에 의해 〈언명의 내용과 믿음의 내용은 동일하다〉라는 결론을 내릴 수 있다는 것이다. 그리고 이 결론은 언명의 동사들의 경우 어떠한 것도 적어도 한 가지 명제태도의 동사들을 전제하고 있다는 사실에 의해 지지될 수 있을 것이다.

셋째 조건은 〈명제태도 문맥의 비투명성은 설명되어야 한다〉라는 프레게의 조건이다. 〈존은 샘이 멋있다고 생각한다〉와 〈샘은 그 마피아 두목과 동일인이다〉의 두 문장은 〈존은 그 마피아 두목이 멋있다고 생각한다〉라는 문장을 함의하지 않는다. 오히려 〈존은 그 마피아 두목이 멋있다고 생각하지 않는다〉가 참일 수 있다. 그리고 〈(∃x)(j는 x가 멋있다고 생각한다)〉라는 존재양화문장은 참인 〈존은 샘이 멋있다고 생각한다〉의 양화이기도 하지만 또한 〈존은 그 마피아 두목이 멋있다고 생각한다〉의 양화이기도 하여야 한다. 프레게에 의하면 대치율과 존재양화가 적용되지 않는 이 문맥은 설명되어야 한다.

넷째 조건은 〈명제태도의 내용은 논리적 형식을 가지고 있다〉라는 아리스토텔레스의 조건이다. 행위 Action 설명에 들어오는 욕망 Desire과 믿음 Belief으로 이루어진 DBA 모델은 반사실 명제를 지지한다. 이러한 지지의 가능성은 어떤 논리적 형식의 전제 없이는 이해되지 않는다. 그리고 마지막으로 〈명제태도에 대한 이론은 심성적 과정에 대한 경험적 설명과 조화를 가질 수 있어야 한다〉라는 자명한 조건이다.

1.2 카르납의 문제

포돌은 카르납의 이론이 위의 다섯 조건을 만족한다고 믿는다. 그러나 포돌은 카르납이 다음의 몇 가지 문제들을 갖는다고 비판한다.[3] 카르납은 믿음도 행동주의적으로 이해한다. S를 믿는다는 것은 적절한 조건 밑에서 〈S〉를 언명하는 성향을 가진다는 것이다. 그러나 포돌에 의하면 믿음이란 행동적 성향이 아니라는 것이다. 카르납은 이러한 상황에서 기능주의를 수용할 수 있을 것이다. 그것은 〈S〉의 사례가 당사자의 행동이나 다른 심성적 상태와의 인과관계에서 어떤 역할을 가진다는 것이다. 포돌은 이러한 기능적 입장은 비투명성을 설명한다고 생각한다. S1과 S2는 어떤 논리적 관계를 갖는다 할지라도 그 사례들이 갖는 역할 R′과 R″은 그러한 관계를 갖지 않을 것이기 때문이다.

카르납에 있어서 믿음을 귀인하는 문장들의 대응문 correspondent의 유형 동일성은 귀인된 믿음의 유형적 동일성에 대한 필요충분조건이어야 한다. 그러나 이에 대한 반례가 있다. 〈존은 매리가 빌을 구타하였다고 믿는다〉와 〈존은 빌이 매리에 의하여 구타당하였다고 믿는다〉가 나타내는 두 믿음들은 동일하다고 해야 하면서도 두 대응문들이 통사적으로 다르기 때문이다. 또한 〈존은 비가 온다고 믿는다〉에서 존은 한국어를 모르면서도 〈비가 온다〉라는 문장이 나타내는 명제의 믿음을 가질 수 있다는 것이다.

그리고 한국어나 영어 또는 어떤 자연언어도 사용하지 않는 동물들에게 믿음을 귀인하는 경우가 있다. 이러한 귀인이 없이는 동물들

---

3) Jerry Fodor, "Propositional Attitudes", *Readings in Philosophy of Psychology,* ed., N. Block, Methuen, 1981, vol. II, pp. 51-53.

의 행동을 설명하기가 어려울 것이다. 이 문제들을 위한 하나의 시사
는 순환적이기는 하지만 카르납의 〈의도의 동형구조〉의 개념을 살린
〈문장들의 번역집합〉이란 장치를 도입할 수 있다: S1이 S2의 번역일
수 있는 필요충분조건은 양자가 일반적으로 동일한 의사 전달적 의
도로써 사용되는 것이다. 그렇다면 매리 구타에 관한 존의 두 믿음에
서의 각각의 대응문들은 동일한 번역집합에 속하므로 대치될 수 있
다. 그리고 동물들에 대해서도 명제태도와 관련하여 심성적 상태에
적절한 인과적 역할의 구조를 상정할 수 있을 것이다.

카르납은 믿음의 진리조건은 대응문의 진리조건으로부터 파생된다
는 것을 주장하였다. 그러나 믿음이 〈표현될 수 없는 것〉이라면 문
제가 된다. 특히 행동주의나 기능주의에서는 P를 믿는다는 것은 P의
사례에 의해 행동이나 심성적 상태에 인과적 역할을 갖는다는 것이
기 때문에 더욱 심각하다. 페리의 예를 들 수 있다. 슈퍼마켓의 복도
에서 나는 가느다란 선형의 설탕 자국을 보고 이것을 흘린 사람을
찾아보고 싶을 수 있다. 그러나 돌아다니다 보니 나는 적절한 어떤
상황에서 〈설탕을 쏟으면서 다니는 사람은 바로 나라고 나는 믿는
다〉의 경우가 있을 수 있다. 이 믿음이 시간 t1에 발생하였다면 시간
t2에는 이 경우의 대응문을 번역할 수 있는 표현이 없다라고 페리는
말하고 있는 것이다.[4] 포돌은 인용표에 의해 표현할 수 있는 것처럼
생각하지만 이러한 경우 본질적으로 불가능하다는 것이다.

카르납은 믿음에 있어서 대응문의 복합성과 보어문 complement의
복합성은 대체로 일치한다고 하였다. 그러나 다음과 같은 문제를 생
각할 수 있다. 색깔의 해독성 codability: simplicicity of descriptions
in English은 영어 사용자의 회상의 정도를 예측할 수 있다. 그러나
영어의 해독성은 대니 부족의 회상의 정도를 또한 예측하게 해준다.

---

4) 존 페리 지음, 정대현 편, 「본질적 지시사의 문제」, 『지칭』, 문학과 지성사, 1987,
192-221쪽.

대니 언어에는 이 색깔에 대한 어휘가 없는데도 그러하다. 이것은 한 국어를 모르면서도 존이 〈존은 비가 온다고 믿는다〉에서와 같은 믿음을 가진다는 문제와 맥을 같이 한다. 그러면 문제는 〈어떤 명제태도는 문장에 관계하지 않는다는 것이며, 그렇다면 명제태도의 내용을 구성하는 문장은 기능적 또는 인과적 역할을 가질 필요가 없다〉는 것이다.

자연언어의 사례문장이 명제태도의 내용이라면 최초의 언어는 어떻게 학습되는가? 포돌에 의하면 그 학습의 과정은 자료의 수집, 가설들의 구성, 가설들의 자료에 의한 확인, 그리고 어떤 가설이 자료에 가장 잘 일치하는가의 결정의 네 단계라고 한다. 카르납을 위시하여 아무도 명제태도를 상정하지 않고서는 언어학습의 과정을 설명하고 있지 않다는 것이다.

1.3 내적 표상 체계

포돌은 위의 논의들을 통하여 내적 표상 체계 Internal Represen- tational System를 지지한다.[5] 명제태도의 조건들은 명제태도가 문장에 관계할 것을 시사하고 카르납의 논의들은 이들이 자연언어의 문장이 아니라 비자연적 언어의 문장일 것을 요구한다고 한다.

포돌은 내적 표상에 세 가지 요소가 있다고 한다. 첫째는 믿음의 귀인문장(〈존은 비가 온다고 믿는다〉)이고, 둘째는 보어문장(〈존은 비가 온다고 믿는다〉의 〈비가 온다〉)이고, 셋째는 대응문장(〈비가 온다〉)이다. 이들은 동일한 내적 형식(F(비가 온다))에서 수렴한다. 세 요소가 공유하는 내적 형식은 벤들러 조건과 아리스토텔레스 조건을 설명한다. 믿음의 귀인문장은 유기체(존)와 내적 형식의 한 사례와의

---

5) Jerry Fodor, "Why There Still Has to Be a Language of Thought", *Psychosemantics,* MI TPress, 1987, pp. 135-167.

어떤 인과적 관계에 의해 참이 된다. 그러나 어떤 내적 형식과 관련되어 있는가는 보어문장이 그 내적 형식과 관련함으로써 결정된다. 그리고 그 믿음이 참 믿음인가는 내적 형식에 관계된 대응문장이 참인가에 의해 결정된다.

포돌은 〈내적 언어는 본유적이다〉라고 가정한다. 그 내적 형식은 명제태도의 내용과 일 대 일로 대응한다는 것이다. 이것은 인간심리의 구조처럼 보편적이며 어떤 유기체도 인간의 심성적 과정을 가진다면 인간의 내적 표상의 체계를 가질 것이라는 것이다. 이 가정에 의하면 카르납의 많은 문제를 조명한다는 것이다. 그리고 이것이 아니라면 다른 설명을 제시하라는 것이다.

포돌은 이를 위한 하나의 경험적 지지를 제시한다. 〈They are flying planes〉라는 문장은 두 가지로 해석할 수 있다. 첫 번째는 〈(they) (are flying) (planes)〉이고 두 번째는 〈(they) (are) (flying planes)〉라는 해석이다. 여기에 두 가지 해석이 있다는 것은 무엇인가? 그것은 문제의 문장으로부터 두 가지 해석으로의 함수 F라는 것이다. 그러나 문제는 이 문장에 대해 F만 있으라는 법이 없고 F′, F″, F‴ … 등의 함수가 있다는 것이다. 물론 F는 영어의 〈그래머〉를 반영한다는 대답이 나오지만 F′은 영어의 〈슈마램마〉를 반영하고 이 문장에 대해 후자가 아니고 전자로만 해석하라는 법이 없다는 것이다. 그리하여 함수개념의 자의성은 해석의 두 가지 현실성을 설명하지 못한다는 것이다. 포돌은 F 함수는 단순한 논리적 함수가 아니라 인간의 내적 표상을 나타낸다는 것이다. 좁은 내용의 근거를 마련한 것이다.

---

6) Jerry Fodor, "A Modal Argument for Narrow Content", *Journal of Philosophy,* 1991, pp. 5-26.

제2절 좁은 내용을 위한 논변[6)]

2.1 양상논변

포돌은 심성내용의 좁은 의미의 우선성을 주장하는 개인주의의 논의와 넓은 의미가 기본적이라는 외부주의의 논의를 대조한다. 개인주의 논의는 다음과 같다: 나와 나의 쌍둥이는 분자생물학적 복제물이다; 고로 현실적이거나 반사실적인 상황에서의 행동들은 적절한 점에서 동일하다; 따라서 우리의 심성상태의 인과력도 적절한 점에서 동일하다; 그렇다면 우리는 심리적 설명을 위한 동일한 자연종이고 개인주의는 참이다. 외부주의 논의는 이렇게 진행된다: 나와 나의 쌍둥이는 분자생물학적 복제물이다; 그러나 현실적이거나 반사실적인 상황에서의 행동들은 적절한 점에서 상이하다; 따라서 우리의 심성상태의 인과력도 적절한 점에서 상이하다; 그렇다면 우리는 심리적 설명을 위하여 상이한 자연종이고 개인주의는 거짓이다.

포돌은 후자가 공허하고 전자가 참이라는 것을 역설하는 하나의 양상적 논변을 구성하고자 한다. 그의 양상적 논변은 기본적으로 (i) 원인cause의 동일성 조건과 원인력causal power의 동일성 조건은 동일하지 않다는 구별과 (ii) 이러한 동일성 조건의 명료화는 외연적이 아니라 양상적 논리에 의하여 주어진다는 가정으로 구성되어 있다. 전통적으로 원인의 동일성 조건은 일반적으로 다음과 같은 사건의 외연적 동일성 조건에 의해 이해되어 왔다: 두 개의 사건 a와 b는 동일한 사건이다 ↔ a와 b가 동일한 인과적 선행조건을 가지며 또한 이들은 동일한 인과적 결과들을 갖는다; 두 개의 사건 a와 b는 동일한 원인이다 → a와 b는 동일한 사건이다.

그러나 원인에 대한 이러한 외연적 이해는 퍼트넘의 쌍둥이지구가 제기하는 양상 의미론적으로 구성된 외부주의 논의가 제기하는 문제를 취급하기 어렵다. 포돌은 원인의 동일성에 대한 양상적 또는 반사실적 도식 S를 제안한다: (여기에서 c1과 c2는 원인사건이고 e1과 e2가 야기하는 결과사건, CPi나 EPi는 각기 원인사건의 한 성질 또는 결과사건의 한 성질이라고 하자).

S-도식: (S1) c1과 c2가 다른 것은 c1은 CP1을, c2는 CP2를 가지고 있기 때문이다; (S2) c1과 c2가 다른 것은 c1은 EP1을, e2는 EP2를 가지고 있기 때문이다; (S3) c1과 c2의 차이는 e1과 e2의 차이를 야기한다고 할 수 있는 까닭은: 만일 c1이 CP1이 아니라 CP2를 가지고 있었다면 e1은 EP1이 아니라 EP2를 가지고 있었을 것이고; 만일 c2가 CP2가 아니라 CP1을 가지고 있었다면 e2는 EP2가 아니라 EP1을 가지고 있었을 것이다; 라는 이유이다.

그러나 S-도식에 의해 표현되는 원인의 동일성 조건은 포돌에 의하면 원인력의 동일성 조건과는 구별된다고 한다. 여기에서 먼저 제기되는 물음은 원인과 원인력은 정확하게 어떻게 대조될 수 있는가라는 것이다. 포돌은 이 문제에 대하여 시간을 들이지 않고 있다. 〈원인〉의 의미는 잠정적으로 다음과 같이 고려될 수 있을 것이다: 사건 a가 기술 〈c〉 밑에서 사건 b를 기술 〈d〉 밑에서 야기하였을 때 c는 d에 대하여 〈원인〉이라고 한다.

그러나 〈원인력〉이란 무엇을 뜻하는가? 포돌은 이 개념을 구성하는 것이 그의 이 논문에서의 전략의 가장 중요한 핵심으로 믿고 있다. 그러므로 이 개념은 먼저 제시되는 것이 아니고 작업의 결과로서 나타날 것이다.

이를 위해 포돌은 S-도식에 대한 반례를 찾는다. SC1: 나의 결과의 성질들 중의 하나는 〈나에 의하여 야기됨의 성질〉이다. 이것은 당신이 아무리 가지려고 해도 당신의 결과가 가질 수 없는 성질이다.

따라서 이 성질은 S3이 적용될 수 없는 성질이다. SC2: ⟨원인들의 차이가 결과들의 차이를 야기한다⟩라는 모든 경우가 ⟨원인들의 차이는 원인력의 차이이다⟩의 경우인 것은 아니다. 다음과 같은 정의 명제를 제안할 수 있다: 소립자 x는 시간 t에 H-소립자이다 ↔ (x는 시간 t에 소립자이다 & 나의 손 안의 10원 동전을 시간 t에 던졌더니 다보탑 앞면 Head이 나왔다). 이에 준하여 이 동전의 ⟨10원⟩자 뒷면 Tail으로써 ⟨T-소립자⟩를 정의할 수 있다. 나의 손 안의 동전의 앞뒷면의 차이가 이 세계의 모든 소립자가 H-소립자가 되는가 또는 T-소립자가 되는가를 결정할 것이다. 그러나 나의 손 안의 동전의 차이는 소립자들의 차이에 대한 인과력의 차이로 간주되지 않는다. SC3: 나는 동기의 형제자매들로 인하여 조카를 갖지만 나의 분자생물학적 복제는 동기를 가지고 있지 않고 그렇다면 조카를 가질 수 없다. 그러나 동기를 갖고 갖지 않고의 차이는 조카를 갖고 갖지 않고의 차이를 야기하는 부모의 인과력의 차이를 구성하지 않는다.

c1은 CP1을, c2는 CP2를 가지고 있고 e1은 EP1을, e2는 EP2를 가지고 있고, 원인의 차이가 결과의 차이를 야기하는 까닭은 e1은 EP2 보다는 EP1을 가질 것이고 c1이 CP2가 아니라 CP1을 가지기 때문이라고 하자. 그러면 우리가 알고자 하는 것은 ⟨원인의 차이가 결과의 차이를 야기한다⟩라는 사실이 어떻게 CP1과 CP2를 인과력으로 만드는가라는 점이다. 이 물음을 위한 대답은 다음의 구성조건 C이다.

C-도식: ⟨c1과 c2의 차이가 e1과 e2의 차이를 야기한다⟩라는 사실이 CP1과 CP2를 인과력으로 만든다→ ⟨c1과 c2는 각기 다른 CP1과 CP2를 가지고 있어서 EP1과 EP2를 각기 달리 가지고 있는 e1과 e2를 야기한다⟩가 개념적 진리가 아니다.

2.2 반례와 해결

포돌은 C-도식에 대한 하나의 반례를 고려한다. 만일 물이 부시가 가장 선호하는 음료수라고 한다면 우리는 다음과 같이 말할 수 있을 것이다.

(1) 만일 내가 물에 적합하게 연결되어 있다면 나의 생각은 물 생각이다.
(2) 만일 내가 물에 적합하게 연결되어 있다면 나의 생각은 부시가 선호하는 음료수 생각이다.

상식적으로 (1)과 (2)는 동치로 보인다. 그러나 (1)은 조건 C를 만족하지 않는 반면에 (2)는 조건 C를 만족한다. 그렇다면 양자는 동치가 아니어야 하거나 아니면 C-도식에 문제가 있는 것이다. 하나의 반례가 성립하는 것이다.

이러한 반례에 대해 포돌은 다음과 같은 해결을 시도한다.

(3) 조건 C는 〈물에 적합하게 연결되어 있다〉와 〈물 생각을 (대언적으로) 한다〉 간의 m 개념적 관계를 상정하였다.
(4) 물은 부시의 기호음료이다(우유명제).
(5) 〈물에 적합하게 연결되어 있다〉와 〈물 생각을 (대물적으로) 한다〉 간에 우유적 관계를 (4)에 의하여 얻을 수 있다.
(6) (1)도 해석 (5)에 의하면 조건 C를 만족한다.
(7) 그러나 (2)도 조건문적 변형인 (8)로 이해하면 (C)를 만족하지 않는다.
(8) 만일 B가 물 생각이 갖는 성질이라면, 그러면 내가 물에 적합하게 연결되어 있을 경우 B는 나의 생각이 갖는 성질이다.

272

2.3 통문맥적 조건 :

인과력 동일성 조건은 통문맥적 cross contexts이다[6]: 포돌의 이 주장에 대한 반례를 그 스스로 제시한다: 나 M과 나의 쌍둥이 N은 둘 다 초록이고, M은 빨강세계에 살고 N은 초록세계에 산다고 가정하자; 그러면 N은 〈그의 환경의 색깔에 적응되었다〉라는 성질을 갖지만 M은 그렇지 않다, 이것을 성질 F라고 하자;이 성질은 하나의 원인력으로 보인다; F는 F′, 즉 〈하나에게는 참이고 다른 하나에게는 참이지 않는 반사실문이 없다면 우리들의 원인력에는 차이가 있을 수 없다〉라는 것을 함의한다; 만일 N이 나의 세계에 있었다면 N은 주위에 잠입할 수 없었을 것이고 만일 M이 그의 세계에 있었다면 M은 그렇게 할 수 있었을 것이다; 이것은 F′의 경우가 아니고 그러면 F를 원인력이라고 하는 것은 거짓이라야 한다. 그렇다면 F는 의문스럽다.

포돌은 이 반례를 다음과 같이 반박한다: 〈그의 환경의 색깔〉이라는 표현은 두 가지, 지칭적 그리고 속성적으로 해석될 수 있다; 지칭적으로 해석되는 경우, N이 그의 환경의 색깔에 적응하는 성질이란 그의 초록색임이고, 내가 그의 환경의 색깔에 적응하는 성질 역시 초록색임을 뜻하여 F′을 만족하고 우리는 동일한 원인력을 갖는다; 속성적으로 해석되는 경우, N이 그의 환경의 색깔에 적응하는 성질이란 그가 존재하는 환경의 색깔과 같은 색깔이라는 것이다; 만일 N이 나의 환경에 존재한다면 그의 환경의 색깔에 적응하는 속성은 초록이 아니고 빨강이다; 그리하여 우리가 둘다 나의 환경에 존재한다면 그는 주위에 잠입할 수 있지만 나는 그럴 수 없다; 그렇다면 〈그의 환경의 색깔에 적응한다〉는 성질은 N은 가지고 있지만 M은 가지고

---

6) Jerry Fodor, "A Modal Argument for Narrow Content", *Journal of Philosophy,* 1991, pp. 25-26.

있지 않은 원인력이다.[7]

제3절 인과적 의미와 비대칭성론[8]

3.1 이스라엘과 포돌

포돌은 촘스키가 구성한 사유언어체계라는 내적 통사 체계론을 수정하여 제안하고 있었지만 내적 통사 체계에 대한 체계적으로 설득력 있는 의미이론을 제시하지 못하고 있었다. 그러나 1987년 저서에서 이스라엘의 정보 의미론 (9)의 가능성을 보고 이를 (10)으로 수정하고, 그리고 1990년 저서에서 이것을 (11)로 발전시킨다.[9] 최근에는 더욱더 인과적 의미성에 주목하고 있다.[10]

(9) ⟨X⟩는 X를 의미한다 ↔ X는 ⟨X⟩를 야기한다.

---

7) 포돌의 기준이 경험과학에서 발생할 수 있는 반례에 대한 논의를 참고할 수 있다. Johathan Barrett, "Individualism and The Cross Contexts Test", *Pacific Philosophical Quarterly,* 1997, pp. 242-260.

8) Jerry Fodor, *A Theory of Content and Other Essays,* MIT Press, 1990.

9) Jerry Fodor, *Psychosemantics,* MIT Press, 1987; Jerry Fodor, *A Theory of Content and Other Essays,* MIT Press, 1990.

10) 포돌은 심성내용의 개인주의가 제기된 여러 문제들을 만족스럽게 설명하고 있지 못하다는 것을 인정하는 것으로 보인다. 그는 이제 ⟨좁은 내용론⟩이라는 단어가 명시적으로 부과하는 문제(예: 지구의 포돌과 쌍둥이지구의 포돌이 ⟨물을 마시고 싶다⟩라고 말했을 때의 공통된 내용을 어떻게 표현할 수 있는가)를 피하고자 한다. 그리하여 그는 ⟨인과적 내용론⟩을 더 선호하고 있다고 보인다. 그러나 심성내용에 대한 그의 개인주의의 문제가 사라질 것인가? 선호하는 이름이 달라졌을 뿐 기본적 입장은 변하지 않았다고 생각한다. Jerry Fodor, *The Elm and the Expert: Mentalese and Its Semantics,* MIT Press, 1994; Murat Aydede, "Has Fodor Really Changed His Mind on Narrow Content", *Mind & Language,* 1997, pp. 422-458.

(10) ⟨X⟩는 X를 의미한다 ↔ (10.1) X는 ⟨X⟩를 야기한다; (10.2) X와 같
　　지 않은 모든 Y에 대하여, 만일 Y가 현실적으로 ⟨X⟩를 야기하였다
　　면, 그러면 Y의 ⟨X⟩ 야기는 X의 ⟨X⟩ 야기에 비대칭적으로 의존한
　　다.

(11) ⟨X⟩는 X를 의미한다 ← (11.1) ⟨X는 'X'를 야기한다⟩는 법칙이다;
　　(11.2) 어떤 ⟨X⟩는 현실적으로 X에 의하여 야기되었다; (11.3) X와
　　같지 않은 모든 Y에 대하여, 만일 Y가 현실적으로 ⟨X⟩를 야기하였
　　다면, 그러면 Y의 ⟨X⟩ 야기는 X의 ⟨X⟩ 야기에 비대칭적으로 의존
　　한다.

　인과적 의미론에 대한 포돌의 비대칭성 논의의 기여가 무엇인가를
살피기 위하여 세 관점의 구성에 대한 입장을 관찰하고자 한다.
　(9)는 이스라엘David Israel이 정보 의미론에서 주장하는 것이다.
의미는 신뢰할 수 있는 인과적 상관관계로 환원할 수 있다는 것이다.
그리하여 의미는 단일하며univocal, 무소부재ubiquitous하다는 것이
다. 정보적 의미론에서는 의미와 정보가 동치적 개념이 되고 만다.
그러나 포돌에 의하면 이것은 수용할 수 없다는 것이다. 인과관계나
정보휴대관계는 이행적transitive이다. 그렇다면 불은 연기를 야기하
고 연기는 ⟨연기⟩를 야기한다. 그렇다면 ⟨연기⟩는 연기를 뜻할 뿐만
아니라 불도 의미하여야 한다.
　지구와 쌍둥이지구에서 모든 것이 동일하지만 하나의 예외는 다음
이디: ⟨물⟩이리고 불리우는 액체가 현상적으로는 동일하지만 그 분
자식이 각기 H_2O와 XYZ라는 점에서만 다르다고 가정한다. 그러면
지구의 김씨는 H_2O의 경우로부터 ⟨물⟩이라는 단어를 배웠고 그의
⟨물⟩은 H_2O를 지칭하고 H_2O에 적용하였을 때 참이다. 그러나 쌍둥
이지구의 김씨는 XYZ의 경우로부터 ⟨물⟩이라는 단어를 배웠고 그의
⟨물⟩은 XYZ을 지칭하고 XYZ에 적용하였을 때 참이다. 그리하여

(10)에 의하면 지구 김씨의 쌍둥이지구에서의 〈물〉 사용은 그 이 지 구에서의 〈물〉 사용에 비대칭적으로 의존한다고 한다. 이스라엘이 설 명할 수 없었던 오류의 문제를 조명할 장치를 포돌은 얻는 것이다.

3.2 비대칭성

그러나 퍼트넘에 의하면, 지구의 김씨가 쌍둥이지구에 가서 〈물〉이 라는 단어를 XYZ에 적용하면 오류라는 것이다. 포돌은 이러한 반례 앞에서 (11)을 제안하여 문제를 극복하고자 한다. (11.1)은 〈X〉가 X 에 대한 정보를 보존하는 장치이지만 〈X〉가 X 이외의 것에 대한 정 보도 휴대할 수 있다는 가능성을 배제하지는 않는다. 〈석판이다〉라는 술어를 석판에 적용하는 경우의 〈석판〉은 석판에 대한 정보를 담고 있지만 〈석판〉이라고 말하여 석판을 요구하는 경우의 〈석판〉은 요구 에 대한 정보를 담고 있다고 포돌은 말한다. (11.1)은 〈말〉이 말을 뜻하고 작은 말을 뜻하지 않는다는 것을 설명한다. 작은 말도 〈말〉 을 야기하지만 포괄법칙은 〈말이 '말'을 야기한다〉이지 〈작은 말이 '말'을 야기한다〉가 아니기 때문이다. 이것은 반사실적 논변에 의하여 지지될 수 있다고 포돌은 생각하는 것 같다. (11.1)은 〈말〉이 말 또 는 한밤중의 소를 의미한다는 것을 배제하지 않는다. 〈'말' 개항이다〉 라는 성질과 〈한밤중의 소의 경우이다〉라는 성질과의 관계는 〈한밤 중의 소로서의 한밤중의 소들이 때로는 말로 오인된다〉라는 조작적 가정에 의하여 법칙적이기 때문이다.

(11.2)는 〈X〉 개항의 현실적 역사가 〈X〉의 의미를 구성한다는 것 을 주장한다. 그리하여 이것은 〈말〉이 쌍둥이지구-말을 의미한다거 나 〈물〉이 XYZ를 뜻할 수 있는 가능성을 배제한다. 그리고 (11.2)는 베이커의 반례를 설명한다. 베이커의 김씨는 실제의 고양이와 동일한 감각적 자극을 야기하는 퍼트넘의 로봇-고양이에서만 〈고양이〉라는

276

개항을 배웠다. 그런데 이제 김씨는 자신도 모르게 실제의 고양이를 최초로 보게 되었고 〈고양이〉라는 개항을 사용하였다. 베이커는 여기에서 〈포돌은 김씨의 고양이-야기적 '고양이' 개항을 어떻게 설명할 수 있는가?〉라고 묻는다. 베이커는 세 가지 가능성을 제시하면서 모두가 만족스럽지 않다고 한다.

첫째 가능성은 〈김씨의 고양이-야기적 '고양이'는 고양이를 의미하고 고양이에 적용되어서 참이다〉라는 것이다. 그러나 베이커는 이것은 맞을 수 없다고 한다. 실제의 고양이에 〈고양이〉 개항을 적용하고자 하는 김씨의 현재 성향은 로봇-고양이에 〈고양이〉 개항을 적용하고자 하는 김씨의 성향에 의존하고 있기 때문이다. 둘째 가능성은 〈김씨의 고양이-야기적 '고양이'는 로봇-고양이를 의미하고 고양이에 적용되어서 거짓이다〉라는 것이다. 그러나 이것은 반사실적 문맥을 간과하고 있다고 한다. 로봇-고양이만 김씨의 〈고양이〉를 야기하였지만, 만일 김씨가 진짜 고양이를 보았다면 그 고양이는 〈고양이〉 개항을 야기했으리라는 것이다. 셋째 가능성은 〈김씨의 고양이-야기적 '고양이'는 '로봇-고양이 v 고양이'를 의미하고 고양이에 적용되어서 참이고 로봇-고양이에 적용되어서도 참이다〉라는 것이다. 그러나 이것은 선접문 문제를 다시 발생시키는 어려움이 있다는 것이다.

포돌은 베이커의 세 가지 선언지 중에서 셋째 가능성을 선호한다. 퍼트넘의 쌍둥이지구 문제에 대한 드레츠키의 변형은 다음과 같다고 포돌은 소개한다. 이 쌍둥이지구에는 H_2O와 XYZ가 같이 공존한다. 이씨는 〈물〉이라는 단어를 H_2O의 견본의 외연을 통해서만 배웠다. 그렇다면 드레츠키와 포돌은 이씨의 〈물〉 개항은 〈H_2O v XYZ〉을 의미한다고 생각한다. 왜냐하면 〈이씨가 XYZ를 보았다면 그 견본에 대해서도 '물'이라고 불렀을 것이다〉라는 사실은 이씨의 〈물〉이라는 단어의 외연을 결정하는 것으로 간주되기 때문이다. 모든 술어가 선언적이기는 어렵지만 어떤 술어는 선언적일 수 있다는 것이다. 〈물〉이라는 단어가 퍼트넘의 경우에는 H_2O에는 참이고 XYZ에는 거짓이지만, 드레츠키의 경우에는 H_2O이나 XYZ에 둘다 참으로 적용된다고 할 수 있다는 것이다.

3.3 반례와 극복

(11)은 선언지 문제 해결의 핵심이다. 만일 밤중의 어떤 〈소〉가 〈말〉 개항을 현실적으로 야기하고, 말들이 〈말〉 개항을 야기하지 않았다면 밤중의 어떤 소도 〈말〉 개항을 야기하지 않았을 것이다. 그러면 (11)은 〈'말'은 말 v 밤중의 소를 의미한다〉라는 것을 배제한다. 포돌의 이 논의에서 주목을 끄는 것은 반사실적 논의이다. 그의 반사실문적 논의의 논리를 명료화하자. 인과적 의미론에서는

(12) 말은 어떤 경우 〈말〉을 야기한다;

(13) 한밤중의 소는 어떤 경우 〈말〉을 야기한다;

의 두 가지 의미론적 인과문장을 수용하여야 한다. 그렇다면 몇 가지 가능성이 발생하고 해결해야 할 문제가 제기된다.

(14) 〈말〉은 말을 의미한다;

(15) 〈말〉은 말 v 밤중의 소를 의미한다;

(16) 〈말〉은 말을 의미하지만 말이나 한밤중의 소 등에 대한 정보를 보존한다;

밀리칸은 정상성의 기준에 의하여 (13)을 배제할 수 있고 그리하여 (14)를 선호한다고 생각된다. 그러나 드레츠키는 (12)와 (13)을 수용하고 (15)를 선택한다. 그러나 〈말〉의 외연에 들어 있지 않은 밤중의

소가 발생시키는 (13)의 경우를 〈야생적 wild〉이라고 설명한다.

그러나 포돌은 (16)을 택한다. 그리고 포돌은 〈(13)은 (12)에 비대칭적으로 의존한다〉라고 주장한다. 그러나 대칭성이란 무엇인가? 대칭성은 (Rab ↔ Rba)로 표현되고 이것은 ((Rab & Rba) v (-Rba v -Rab))를 함축한다. 그러나 비대칭성은 -(Rab ↔ Rba)로 표현되고 이것은 ((Rab & -Rba) v (Rba & -Rab))를 함축한다. 그렇다면 포돌의 비대칭성에 의하면, (12)는 (13) 없이 참일 수 있지만 (13)은 (12) 없이 참일 수 없다는 것이다. 달리 말하여, (13)은 (12)에 의존하지만 (12)는 (13)에 의존하지 않는다는 것이다. 이러한 비대칭성 논의는 여러 가지 방향으로 확장될 수 있을 것이다. 이것은 〈말〉 개항이 말 그림을 의미한다는 것을 배제한다. 말 그림은 〈말〉을 야기하지만 이것 또한 (12)에 비대칭적으로 의존하기 때문이다.

그러나 하나의 반례를 구성할 수 있을 것으로 보인다.

(17) 금성은 어떤 경우 〈금성〉을 야기한다.

(18) 밤하늘의 인공위성 k1은 〈금성〉을 야기한다.

(19) 금성 = 태백성

(20) 태백성은 〈금성〉을 야기한다.

포돌의 논의에 의하면 〈(18)은 (17)에 비대칭적으로 의존한다〉라고 하여야 한다. 그러나 하나의 물음은 〈(18)은 또한 (20)에 비대칭적으로 의존한다〉라고 해야 하지 않은가라는 것이다. 그렇다면 〈금성〉은 금성 v 태백성을 의미한다라고 하여야 한다. 그러나 이것은 (19)에도 불구하고 포돌의 〈사유언어〉 프로그램 안에서는 어색하다.

(11)의 역할은 중요하다. 이 역할은 (10)에 의하여 대치될 수 없다. (10)은 〈'X' 개항의 현실적 역사는 어떤 X들을 포함한다〉는 것이고 이것은 〈말〉이 쌍둥이-지구-말을 배제하는 역할을 한다. 그러나 이

것은 〈'X' 개항의 현실적 역사는 모든 X들을 포함한다〉는 주장으로부터 구별되어야 한다. 후자의 관점은 〈만일 밤중의 소가 '말' 개항을 야기했다면 '말' 개항은 말 v 밤중의 소를 의미했을 것이다〉를 함축하기 때문이다. (10)은 〈말〉 개항의 현실적 역사를 도입하여 이것을 〈말〉의 의미의 구성적 요소로 삼고 있는 것이다. 이에 반하여 (11)은 〈말〉 기호의 현실 역사나 반사실 역사를 통하여 〈말〉 기호의 의미가 그 중심성의 자리 robust를 어디에서 찾아야 하는가를 보인다.

포돌은 베이커의 셋째 가능성에 대해서 더 논의를 한다. 이것을 참이라고 간주하자. 김씨가 베이커가 상정한 대로 〈고양이〉라는 단어를 사용하였다면 고양이와 로봇-고양이는 이 단어의 외연에 들어 있을 것이다. 그러나 이것은 〈김씨가 '고양이'로써 '고양이 또는 로봇-고양이'라는 개념을 표현하거나 '고양이 또는 로봇-고양이'를 의미한다〉는 것을 함축하지 않는다고 한다. 김씨가 그 개념을 갖기 위해서는 그 하위개념인 두 선언지 개념을 둘다 가져야 하는데 반하여 김씨는 그렇지 못하다는 것이다. 베이커의 셋째 가능성에 의하면 김씨가 이 때 어떤 개념을 표현하고 있는가를 보여줄 수 있는 방식은 없다고 포돌은 말한다. 영어는 선언적 표현 〈고양이 또는 로봇-고양이〉를 사용하여 그 외연 〈고양이 또는 로봇-고양이〉를 나타내고 〈고양이 또는 로봇-고양이〉라는 의미를 표현한다. 그러나 김씨의 개념을 나타낼 수 있는 영어의 장치는 없다고 포돌은 말한다.

포돌은 비대칭성 개념을 다른 경우에도 적용한다. 개구리가 잡으려는 지향적 대상은 파리인가 아니면 흑점인가? 어떤 기술하에서 개구리의 잡기의 대상을 제시하여야 하는가? 여기에서 미결정성의 문제가 제기된다. 포돌은 먼저 목적론적 접근을 소개한다. 개구리의 잡기가 기능적이기 위해서 필요로 하는 것은 잡기 행위들이 파리를 성공적으로 잡는 것이라고 한다. 그리하여 개구리의 정상적 환경 안에서의 흑점들이 모두 파리이기만 하면 개구리의 잡기 행위는 그 대상을 어떤 방식으로 기술하건 간에 문제될 것이 없다고 한다. 그러나 포돌은 〈개구리의 파리 잡기는 개구리의 흑점 잡기에 비대칭적으로 의존한다〉라고 한다. 그리하여 개구리가 잡기 행위를 펼치는 대상은 파리가 아니라 흑점이라고 한다.

제4절 강건성과 자연화론

4.1 심성내용의 규칙성

포돌의 심성표상론은 심성상태를 유기체의 신경체계의 기능상태로 간주한다. 이 기능상태는 두 가지 능력을 소유한다. 하나는 그러한 기능상태를 실현하는 대상의 물리적 성질로부터 유래되는 인과력이고 다른 하나는 기능상태가 또한 표상적 상태일 수 있게 하는 의미론적 능력이다.

앤토니와 레빈은 심성표상론이 자연주의와 지향성 실재론이라는 두 가지 문제들에 봉착한다고 한다.[11] 전자는 〈표상은 심성상태와 세계와의 관계이기 때문에 그 자체로 자연적 관계 중의 하나이다〉라는 것을 보이는 과제이다. 후자는 〈행동적 반응들이 표상상태에 의하여 매개된다〉라는 것을 설명하는 과제이다. 두 과제는 서로 반대되는 방향의 과제인 것으로 보인다.

포돌에게 표상은 일종의 인과관계이다. 인과관계에서의 법칙관계는 정보 유지적 관계라는 것이다. 기호가 표상할 수 있는 까닭은 〈그 기호의 환경적 원인의 성질〉과 〈반응하는 유기체의 성질〉 간의 법칙

---

11) Louis Antony and Joseph Levine, "The Nomic and the Robust", *Meaning in Mind: Fodor and his Critics,* eds., Barry Lower and Georges Rey, Blackwell, 1991, pp. 1-16.

적 관계에서 드러난다고 한다. 전자가 후자로 하여금 그 성질을 갖는 자극에 선택적으로 반응하여 기호를 산출하게 한다는 것이다. 표상은 정보 담지로 환원되지는 않지만 여기에 의존하고, 인과가 있는 곳에 정보가 있다는 것이다. 그리고 정보가 있는 곳에 표상이 있다면 표상은 무소부재하여 범의미주의 pansemanticism가 얻어진다.

앤토니와 레빈은 그러나 문제를 지적한다. 연기는 불에 의하여 야기되고 그리하여 불에 관하여 어떤 정보를 담지한다. 그러나 이것이 〈연기가 불을 의미하거나 지칭한다〉라는 것에 대한 충분조건이 된다면 포돌이 갖고자 하는 지향적 체계와 비지향적 체계의 구분은 유지되지 않을 것이다. 포돌이 기대하는 〈표상을 위한 지향체계의 역할〉이란 그 체계가 환경 상태와 법칙적인 상관관계를 갖는다는 사실 이외의 다른 것이 아닐 것이기 때문이다.

표상에 있어서 포돌의 법칙성이 어떤 역할을 하는가를 보기 위하여 지각의 경우에 주목할 수 있다. 포돌에게 지각은 〈근접자극의 패턴을 자료로 취하여 원격 대상에 관한 지각판단을 결론으로 부여〉하는 일종의 추론 과정이다. 그러나 깁슨은 달리 생각한다. 지각은 계산적도 아니고 추론적도 아니라 환경정보를 얻는 과제라고 한다. 지각에 나타난 정보는 자극에 이미 완전히 존재해 있기 때문에 추론이 개입될 필요가 없다는 것이다.

데넷은 포돌에게 깁슨과는 다른 요구를 한다. 〈지향성〉이란 체계를 바라보는 방식일 뿐 체계의 객관적 성질이 아니라고 한다. 인간에게 표상적 장치를 부여하기 위한 포돌의 유일한 지지논변은 〈인간은 적응적 행동을 나타낸다〉라는 것이다. 그러나 데넷은 적응적 행동이란 나방을 추적하는 박쥐에서부터 과다한 빛을 회피하는 단일 세포 유기체에 이르기까지 관찰된다는 것이다. 포돌은 인간으로부터 짚신벌레 paramecium에 이르기까지 지향성의 〈미끄러운 비탈〉이 없다는 것을 보여야 한다고 비판한다.

포돌의 답변은 명료하다. 데넷의 의문은 다음과 같은 성질 P의 제시에 의하여 해소될 수 있다고 한다: 인간만이 P를 가지며; P의 소유는 심성표상 능력을 특정한 유기체에게만 귀속하게 한다. 포돌은 〈비법칙적인 성질들에 대하여 선별적으로 반응하는 능력〉이 그러한 P라고 제안한다. 여기에서 중요한 것은 포돌의 법칙적 성질(예: 원자가 1을 갖는다)과 비법칙적 성질(예: 에펠탑의 왼쪽 30피트에 있다)의 구분이다. 그리고 포돌은 여기에서 의미론적 연결을 인과적 연쇄에 도입하여 다음과 같이 주장한다.

(21) 원초적 장면 S의 자극 성질 O가 비법칙적일 때, S의 O와 A의 반응이 C인 것을 연결하는 것은 〈O는 A가 S를 …갖는 것으로 표상하는 성질〉이다.

그러나 앤토니와 레빈은 이러한 포돌의 논의에서 문제를 본다. 지향성 실재론을 주장하는 이 논의는 포돌의 자연화라는 다른 주장과 반대된다는 것이다. 한편으로는 표상이 자연적이기 위하여 포돌은 심성상태와 심성내용이 법칙적 관계를 유지할 것을 요구하였다. 그러나 다른 한편으로는, 지향성 실재론에 대한 여기에서의 옹호는 결과적으로 심성내용과 그 내용 사이에 법칙적 관계가 없다는 것을 시사하고 있는 것이다.

4.2 강건 비대칭 의존 조건 :

심성내용의 〈강건성〉이란 오류의 가능성과 선접문제에 의하여 표출되며, 〈표상들이 다양한 방식으로 야기되면서도 특정한 것을 의미한다〉라는 사실에 의하여 나타난다. 이 강건성은 표상의 내용으로부터의 분리가능성을 함축한다. 달리 말하여 표상은 이를 야기하는 내용이 없이도 발생할 수 있는 것이다. 포돌의 문제는 표상이 자연적이면서 어떻게 비자연적 의미의 특징인 분리가능성을 드러낼 수 있는 가라는 점이다. 앤토니와 레빈에 의하면, 포돌은 이를 위해 〈강건 비대칭 의존 조건 RADC: Robust Asymmetric Dependence Condition〉을 제시한다.

> (22) 유형 S의 개항은 P를 표상한다 〈- (22a: 법칙성) P들은 S들을 야기한다; (22b: 강건성) 어떤 비-P들은 S들을 야기한다; (22c: 비대칭적 의존성) P가 아닌 모든 X에 대하여, 만일 X가 S를 야기한다면 그러면 〈X이다〉라는 성질은 〈S이다〉라는 성질과 〈P이다〉라는 성질 간의 법칙적 관계에 비대칭적으로 의존한다.

조건 (22a)는 자연화 기획의 요구를 나타내고, (22b)는 표상관계는 정보관계와 다르다는 것을 나타내며 S 개항들은 이들의 지배적 성질들의 예화로부터 분리 가능하다는 것을 확인한다. 그리고 (22c)는 앞의 두 조건들이 만족될 수 있는 종류의 법칙적 의존성을 설명함으로써 양자간의 가능한 갈등을 완화한다.

조건 (22c)는 부연하여 설명될 수 있다. 당신이 입고 있는 셔츠의 〈구겨진 셔츠이다〉라는 성질에 대하여, 김씨와 짚신벌레 한 마리는 다음과 같이 달리 반응한다.

> (3) 김씨는 〈당신은 오늘 어떻게 구겨진 셔츠를 입고 있군요〉라고 말한다.
> (4) 그 짚신벌레는 당신의 셔츠 위에서 구불텅 움직인다.

〈구겨진 셔츠이다〉라는 성질이 김씨 내부적 상태의 어떤 성질과 법칙적 관계를 가짐으로써 이 성질은 김씨의 반응에 대한 설명에 도입된다. 마찬가지로 〈구겨진 셔츠이다〉라는 성질이 그 벌레의 내부적 상태의 어떤 성질과 법칙적 관계를 가짐으로써 이 성질은 벌레의 반응에 대한 설명에 도입된다. 포돌이 지적하는 양자간의 차이는 무엇인가? 김씨의 법칙적 관계는 강건함에 반하여 짚신벌레의 법칙적 관계는 조건 (22), 즉 RADC를 만족하지 않는다는 것이다. 〈구겨진 셔츠이다〉라는 성질과 김씨의 반응의 선별적 성질의 관계는 김씨의 표상적 상태에 의하여 매개되기 때문이다. 앤토니와 레빈이 원하는 것은 〈심성내용의 강건성 논의는 지향성 실재론을 지지하는 데 있어서 문제가 되는 법칙성 논의를 제거한다는 것을 논의하는 것이었다.

4.3 베이커[12]

포돌의 강건성은 물리주의에서 주어지지 않는다고 베이커는 주장한다. 〈A=〉T〉와 〈C=〉T〉가 법칙이고 A와 C는 성질이고 T는 비의미론적 유형의 심성 개항이고 〈C=〉T〉는 〈A=〉T〉에 비대칭적으로 의존한다고 하자. 비대칭적 의존성은 A/T 관계는 C/T 관계가 파기되지 않고도 파기되지 않지만 C/T 관계는 A/T 관계가 파기되지 않고도 파기될 수 있는 그러한 관계다. 베이커는 이러한 상황에서 〈A가 T의 외연에 들어 있다〉라는 포돌의 결론에 의문을 제기한다. 〈T가 내용을 갖는다〉라는 결론에조차 의심을 갖는다.

바이킹 타기는 김씨의 공포를 야기하고, 높은 고도에 있음은 김씨의 공포를 야기하고, 바이킹/공포는 고도/공포에 비대칭적으로 의존한다고 하자. 그러면 법칙성 조건과 비대칭성조건을 만족한다. 그러나 김씨의 공포는 고도를 표상한다고 할 수 없다고 베이커는 말한다. 공포는 아무런 지향적 대상도 갖지 않는다는 것이다. 물론 베이커는

---

12) Lynne Rudder Baker, "Has Content Been Naturalized?", *Meaning in Mind: Fodor and his Critics,* eds., Barry Lower and Georges Rey, Blackwell, 1991, pp. 17–32.

포돌이 위의 문제에 대하여 쉽게 대답할 수 있으리라는 것을 예견한다. 바이킹/공포는 고도/공포의 한 경우이고 심성내용의 강건성은 〈비A가 T를 야기하는 경우에만 T는 A를 표상한다〉를 요구한다는 것이다.

베이커는 바로 이 지점에서 그 강건성의 물리주의적 가능성에 의문을 갖는다. 포돌은 강건성을 환원되지 않은 의미론적 사실로 수용한다: 〈'장미'라는 심성 개항은 여러 가지 방식으로 야기되지만 이들은 모두 장미를 의미한다〉. 포돌의 이 구성은 문제의 심성 개항이 의미론적으로 (#장^미# 개항이 아니라 〈장미〉 개항으로) 분류되어 있을 것을 요구한다고 베이커는 지적한다. 포돌의 과제는 그의 강건성을 물리주의적으로 환원하는 것이기 때문에 그러한 요구는 순환성에 걸린다는 것이다.

베이커는 강건성을 비의미론적으로 해석할 여지가 있는가를 묻는다. 그러면 X-개항은 비의미론적으로 분류(예: 〈장미〉 심성 개항이 아니라 #장^미# 심성 개항으로)되어야 한다. 그러나 이것은 심성내용의 강건성의 조건이 아니라고 베이커는 주장한다. 이것은 배제하는 것이 없기 때문이라는 것이다. 장미에 의하여 야기되는 비의미론적 유형 C의 개항은 비-장미인 전기 쇼크로도 야기될 수 있고 이것은 강건성 조건을 만족하는 것이 된다.

베이커 주장의 요점은 이것이다. 강건성은 비대칭적 의존성이 양립할 수 있는 의미론적 사실이지만, 문제는 이러한 강건성을 〈비대칭적 의존성의 부적절한 경우를 배제하기 위한〉 이론의 요소로서 요구할 때 발생한다는 것이다. 강건성이 비대칭적 의존성의 조건이라면, 〈의미론적 개념에 호소함이 없이 비대칭적 의존성이 무엇인가를 말할 수 있다〉라는 포돌의 주장은 성립하지 않는다는 것이다. 그렇다면 〈지향성은 정보에 강건성을 합친 것이다〉라는 포돌의 결론은 물리주의의 조건을 만족하지 못하는 것이다.

제12장
외부주의 내용론 : 퍼트넘과 버지

포돌의 개인주의 내용론에는 여러 가지 문제점들이 있다.[1] 지구의 정대현과 쌍둥이지구의 정대현이 〈물 한 잔 마시고 싶다〉라고 각기 말하였을 때 이들이 공유하는 공통된 좁은 내용이 무엇인가를 제시할 수 있어야 한다. 그러나 좁은 내용론은 두 사람이 공통되게 마시고 싶다고 한 것이 무엇인지를 나타낼 수 없다. 그들은 그것이 물인지 쿨인지, 또는 H_2O인지 또는 XYZ인지 선택할 수 있는 상황이 아니고, 이러한 어휘와 독립하여 그 공통된 내용을 제시할 방법이 없는 것이다. 버지는 이러한 상황에서 넓은 내용론을 제시한다. 버지의 전략은 기본적으로 두 단계에 걸쳐 있다. 첫 번째는 명제 태도론에 있어서 대물적 믿음이 우선적이라는 주장의 단계이고, 두 번째는 퍼트넘의 양상적 논변을 발전시키는 단계이다.

---

1) 이주향, 「심성상태의 인과력과 비개인주의」, ≪철학≫, 한국철학회, 1994 봄, 156-178쪽. 그리고 다음의 사고실험의 문맥은 본 장의 2.2절에 제시되어 있다.

제1절 대물적 믿음의 우선성

1.1 대물적 믿음과 대언적 믿음의 구별은 가능하다[2]

버지는 두 믿음의 구분 가능성을 지지하는 세 가지 논의를 검토한
다. 문법적 기준, 대치가능성 기준, 의미론적 기준이 그것이다. 먼저
문법적 기준을 위하여 다음의 네 문장을 보자: 오트커트는 어떤 사
람이 간첩이다라고 믿는다; 오트커트는 어떤 사람에 대하여 그는 간
첩이다라고 믿는다; 달을 밟은 모든 사람은 달을 밟은 것이라는 명
제는 필연적이다; 달을 밟은 모든 사람은 그가 필연적으로 달을 밟
은 그러한 상황에 있는 것이다.

첫째 문장은 대언적 믿음의 경우이고 둘째 문장은 대물적 믿음을
나타낸다. 비슷하게 셋째 문장은 대언적 필연성이고 넷째 문장은 대
물적 필연성의 경우이다. 대언성과 대물성의 구분에 대한 문법적 기
준은 무엇인가? 대언성 de dicto은 믿음의 경우 하나의 명제가 믿음
의 대상이고 그 내용이며 필연성의 경우에도 〈필연적이다〉라는 술어
가 하나의 명제를 수식하는 자리에 나타난다.

그러나 대물성 de re은 명제가 나타나지만 그 명제에 나타나는 단
칭명사는 그 명제밖에 있는 개별자를 지시하는 문법적 구조에서 발
생한다. 믿음의 경우, 〈그는 간첩이다〉라는 믿음의 내용에 있어서
〈그는〉이라는 대명사는 믿음의 문맥 밖에 있는 개별자, 즉 〈어떤 사
람〉이 지시하는 대상을 나타낸다. 필연성의 경우에도 구체적 개별자
가 어떤 성질을 예화하는 양상에 관여한다. 러셀은 이러한 문법적 기
준에 대해 의문을 표시한다. 믿음의 문맥하에 있는 부속명제라고 할
지라도 여기에서 논리적 고유명사와 같은 단칭명사가 나타나는 경우
이것은 대언적 믿음이 아니라 대물적 믿음의 경우가 된다는 것이다.

---

2) T. Burge, "Belief De Re", *Journal of Philosophy*, 74(1977), pp. 338-362.

제 12 장 외부주의 내용론 : 퍼트넘과 버지

〈김씨는 당신이 거짓말쟁이라고 믿는다〉의 문장에서 〈당신〉은 믿음의 문맥 안에 있지만 대물적 믿음이 되고 있다는 것이다.

둘째, 대치가능성 기준이 있다. 다음의 네 문장을 보자: 알피는 그 피아노는 추하다고 믿는다; 알피는 할아버지가 사주신 1893년산 슈타인에이는 추하다고 믿는다; 봅은 2의 제곱은 4라고 믿는다; 봅은 유일한 짝수 소수의 제곱은 4라고 믿는다. 콰인은 믿음의 문맥에서 공통지시적 단칭명사들이 대치될 수 있을 때 그 믿음은 대물적 믿음이고 그렇지 않을 때 대언적 믿음일 것이라고 제안한다. 그리하여 단칭명사들이 대치되지 않은 첫째 문장과 둘째 문장의 문맥은 대언적 믿음의 경우이고, 대치가 이루어지는 셋째 문장과 넷째 문장의 문맥은 대물적 믿음을 나타낸다.

그러나 버지에 의하면 그러한 기준은 너무 기계적이라고 생각한다. 믿음의 문맥하에 나타나는 명사절에서의 단칭명사는 단순한 대상지시기능만이 아니라 믿음주체자의 그 대상에 대한 인지방식의 개념화를 보이는 기능도 한다는 것이다. 그리하여 〈찰리는 길가에 있는 집의 그 남자가 간첩이라고 믿는다〉의 경우 그리고 찰리가 길가 집의 그 남자가 〈카이브에서 1942년에 태어난 최초의 사람〉이라고 믿는 경우에도 우리나 찰리는 그러한 대치를 주저할 수 있다는 것이다.

셋째, 버지는 그가 수용하는 의미론적 기준을 고려한다.[3] 버지는 콰인의 문장의 예를 사용한다: 오트커트는 어떤 사람이 간첩이다라고 믿는다. 버지는 이 문장에 대하여 다음과 같은 통상적인 술어논리에 루의 번역 〈Bd(오트커트, {(∃x)간첩(x)}) (오트커트는 간첩인 사람이 적어도 한 사람 존재한다고 믿는다)〉을 수용한다. 그러나 〈어떤

---

3) 서정신은 프레게의 뜻에 관한 내재주의와 외부주의 해석의 논의에 대해 통합의 필요성을 주장하고 있다. 서정신의 논의의 기본은 심성내용에 대한 개인주의-외부주의 논의들을 예견하고 있는 것으로 보인다. 서정신, 「프레게의 뜻개념과 혼합론적 해석의 필요성」, 『언어철학연구 II: 현대언어철학』, 박영식 외 편, 현암사, 1995, 11-33쪽.

사람에 대하여 오트커트는 그가 간첩이다라고 믿는다〉에 대하여는 통상적 번역 〈(∃x)(Br(오트커트, 간첩(x) (적어도 한사람이 존재하고 오트커트는 이 사람이 간첩이다라고 믿는다))))〉 대신에 〈(∃x)(Br(오트커트, 〈x〉, {간첩(y)})))〉를 제안한다. 이것은 〈적어도 한 사람이 존재하고 오트거트는 이 사람에 대하여 'y'는 간첩이다〉라는 개방문장이 적용된다고 믿는다〉로 이해된다. 버지식 접근의 장점은 전통적 접근보다 믿음의 대물성을 보존하면서도 단칭명사의 불완전적 정관사어귀의 성격을 유지할 수 있다는 것이다.

　달리 말하여 단칭명사의 지시사적 특징은 통상적 번역에서는 유지되지 않는다. 이러한 구조는 〈찰리는 길가에 있는 집의 그 남자가 간첩이다라고 믿는다〉라는 문장의 일상적 이해와 연산적 확장 가능성을 더 잘 반영한다고 믿는다. 이 문장은 〈Br(찰리, '길가집의 그 남자', {간첩(y)})〉로 번역할 수 있으면서도 필요에 따라 〈Br(찰리, '길가집의 그 남자', {간첩([y](남자(y) & In(길가집, y)))})〉으로 확장할 수 있게 한다. 후자는 본래의 문장을 대언적 믿음으로 해석하건 대물적 믿음으로 간주하건 간에 이 문장에 대한 일상적 이해의 구조를 그대로 반영하는 것이 된다는 것이다. 이러한 의미론적 분석은 콰인의 대치가능성 기준을 무효화하는 역할을 한다.

　대언적 믿음이 폐쇄된 문장, 완성된 명제를 그 대상으로 한다면, 대물적 믿음은 이러한 분석에 의하면 한편으로 개방적 문장, 술어, 또는 불완전 명제와 다른 한편으로 개별자가 나타나는 문맥에서 전자가 후자에 적용되는 문맥에서 발생한다는 것이다. 그러나 버지는 이러한 분석이 통문맥적으로 적용된다는 것에 의문을 표시한다. 어떤 고유명사는 지시사적 deictic으로가 아니라 대명사적 anaphoric으로 나타나는 문맥이 있다는 것이다. 〈알은 페가수스가 실제의 말이라고 믿는다〉라는 문장을 〈Bd(알, {말, ([x]페가수스(x))})〉로 번역할 때, 〈페가수스〉라는 고유명사는 지시사적으로가 아니라 이 문맥의 앞에서 언급된 기술어귀가 선정한다고 생각되는 대상을 가리키는 역할의 대명사로서 사용되고 있다는 것이다. 대언적 믿음의 문맥이지만 믿음의 내용이 완결적으로 나타나는 것이 아니라 고유명사가 대명사의 역할을 하여 믿음의 문맥 밖으로 나간다는 것이다.

1.2 대물적 믿음이 기초적이다

언어이해의 과정에서 나타나는 태도는 대물적이다. 만일 어린이가 언어를 배울 때 심성 외적 개별자와 관련 없이 이루어졌다면 그가 배운 언어는 언어공동체가 이해하는 언어와 어떻게 같은 것인가를 확인할 수 없을 것이다. 혹자는 로봇이 색인사 없는 언어를 사용하도록 프로그램을 짤 수 있고 그렇다면 대물적 믿음 없는 언어구사능력의 화자가 될 수 있다고 할 것이다. 그러나 버지는 이 비판의 맹점을 지적한다. 그것은 이 논의가 로봇의 기호조작의 능력이 통사적 기계적 기능 이상의 것이라는 것을 보였어야 한다는 것이다. 로봇은 의미론이 없다는 것이고 이것은 기호들과 언어외적 대상들과의 관계의 파악을 뜻한다는 것이다.

〈문인순씨는 산을 가장 좋아하는 사람은 산에서 죽을 것이라고 믿는다〉는 경험적 단칭문장으로 표현되는 대언적 믿음의 경우이다. 이 믿음 안에서의 단칭명사는 비색인적이고 지칭적으로가 아니라 속성적으로 사용되고 있다. 이러한 대언적 믿음은 대부분의 경우 정당한 근거 없이 유통될 수 있는 믿음들이다. 이 믿음들이 정당한 근거는 없지만 〈정당화될 수 있다〉라고 할 수 있는 것은 이들이 대부분 신뢰할 만한 타인의 권위에 근거하기 때문이다. 이러한 타인들의 연쇄 중에서 적어도 한 사람은 이 주제에 대한 권위를 대물적 믿음에서 찾아야 한다. 그리고 그 타인에 대한 믿음도 일종의 대물적 믿음이 된다. 일반적 형식으로 이루어진 대언적 믿음도 이와 같은 방식으로 대물적 믿음의 지지를 받아야 할 것이다.

버지는 대물적 믿음의 선행성을 지지하기 위하여 카플란의 대언적 믿음 논의[4]를 비판한다. 그 피아노에 관하여 알은 이것이 추하다고 믿는다(($\exists$x)((R(x, 그 피아노, 알) & B(알, {x는 추하다})))〉에서, 카플란은 〈R(x, 그 피아노, 알)〉을 다음과 같이 읽는다: x는 하나의 표현으로서 다음과 같은 조건하에서 그 피아노를 알에게 표상한다. x는 그 피아노를 지시하고 알에게 선명 지시어이고, 알의 그 피아노에 관한 개념적 표상에 있어서 중요하다는 의미에서 그 피아노와 관련되어 있다. 카플란은 믿음의 내용을 문장유형이나 추상적 의미로 간주한다. 그는 이를 위하여 표상적인 이름유형이 하나의 대상을 지시한다고 요구하고 이름 자체가 의미만 주어진다면 문맥 독립적으로 대상을 개별화한다고 믿는다.

그러나 버지는 카플란의 이러한 전략은 대물적 믿음을 대언적 믿음으로 환원한다고 생각한다. 버지는 전형적 대물적 믿음의 경우에 개별적 개념이 개입되지 않은 경우가 있다는 것을 예시한다. 〈현재의 순간에 대하여 나는 이것이 20세기에 속한다고 믿는다〉나 〈지난 10년간 이렇게 춥지는 않았다〉에서, 선명지시어는 물론 개별적 개념이 발생하지 않고 있다는 것이다. 프레게와 카르납은 물론 현재의 순간이나 지금의 추위에 대하여 완전한 개별적 개념을 알고 있지는 않지만, 이것은 인식적 문제일 뿐 논리적으로는 분명한 개념이 있을 수밖에 없다고 지적할 것이다. 물론 그러한 개념은 제3세계에 속할 뿐이므로 〈비기술적〉일 것이지만 우리가 그것을 올바르게 발견한다면 그에 대한 분명한 이름을 도입할 수 있다는 것이다. 그러나 버지는 그러한 제3세계를 인정하지 않는 시각으로부터 〈비기술적〉인 것은 무엇이거나 간에 공적인 것이 될 수 없고 공적이 아닌 것은 〈개념적〉일 수도 없고 〈인지적〉일 수도 없다고 생각한다.

---

4) 이 책의 제3장(지칭의 불투명성과 신선성)을 참조할 수 있을 것이다.

대물적 믿음의 선행성을 지지하기 위하여 버지는 프레게가 어떻게 뜻의 개념을 오해했는가를 추적한다. 프레게는 〈공개적 대상에 대한 모든 믿음은 개념적 관점의 지배를 받는다〉고 믿었다. 이 명제는 직접적 지각의 경우에도 수용될 수 있는 원리라고 프레게는 믿었다. 그 수용가능성은 프레게의 동일성논변에서 시사되었다: a=b인 경우; 〈a=a〉는 정보적이지 않지만 〈a=b〉는 정보적이다; 두 명제의 차이는 단칭명사들이 지시하는 대상 밖에 있다; 그 차이는 〈a〉와 〈b〉라는 이름 하에 대상이 화자에게 나타나는 방식에 있다; 이 차이는 두 단칭명사의 뜻의 차이라고 요청된다.

공개적인 구체대상에 대해서 생각할 때 그 개념적 관점은 우리가 생각하는 대상이 어떠한 것인가를 결정한다는 것이다. 그러나 버지는 세 가지 논의를 들어 이 명제를 거부한다. 첫째 논의는 단칭명사가 항상 완전한 개념을 표현하는 것이 아니라는 것이다. 예를 들어 이것 = 이것; 버티 = 버티; 와 같은 동일성 명제에서, 정보적인 경우와 비정보적인 경우를 구별할 수 있다는 것이다. 정보적인 경우, 동일한 단칭명사의 발생이 두 번 얻어지고 각각을 사용한 문맥이 다르다는 것을 알 수 있다. 그렇다면 이 단칭명사들은 특정한 개념을 표현하지 않는다는 것을 알 수 있다.

버지의 둘째 논의는 프레게의 뜻은 현대 언어철학의 언어적 의미 linguistic meaning가 아니라는 것이다. 프레게의 뜻 sense은 세 가지 기능을 가지고 있다. 첫째 기능 (S1)은 표현과 관련된 대상의 현시방식을 표상하는 것이고, 둘째 기능 (S2)은 표현과 관련된 대상을 선정하는 것이고, 셋째 기능 (S3)은 비투명 문맥에서 표현이 지시하는 대상을 제공하는 것이다. 그리하여 프레게에게 있어서 〈이것〉이나 〈나〉라는 색인사는 사람에 따라 그리고 문맥에 따라 프레게적 뜻은 달라지지만, 언어철학자들은 이러한 표현들이 항상적 언어적 의미가 있다는 것이다. 〈헤스퍼러스〉라는 고유명사의 의미와 그 지시체 선정의 기술어귀의 의미가 다르다고 할지라도 이들의 뜻이 그 고유명사의 도입자에게 있어서도 달라야 할 것인가는 열린 문제라는 것이다.

버지의 셋째 논의는 (S3)를 요청하지 않으면서 프레게 안에서 이를 어떻게 이해할 수 있는가를 제시하는 것이다. 김씨와 이씨와 박씨가 최한기에 대한 기술들을 동일하게 갖지 않을 수 있다. 그러나 이들은 〈조선조 말기의 남성 성리학자〉에 동의할 수 있을 것이다. (S1)은 〈언어공동체에 널리 퍼져 있는 기술들의 집합〉을 간주할 수 있을 것이다. 그러면 이것은 고유명사의 인지적 내용에 대한 부분적 설명이 될 것이고 (S3)를 요청하지 않아도 그 객관성은 유지될 수 있을 것이다. 달리 말하여 언어공동체의 〈최한기〉에 대한 인식이 달라진다고 할지라도 〈언어공동체에 널리 퍼져 있는 기술들의 집합〉은 변화 전후에 조정되면서도 믿음의 문맥에서 고유명사의 인지적 내용의 귀속을 할 수 있을 것이다.

제2절 퍼트넘: 넓고 좁은 심리상태

2.1 심리주의적 의미이론

프레게 시대의 철학자들은 명사 term의 의미는 하나의 개념이라고 믿었다. 의미는 심성적 실재이고 명사의 의미를 안다는 것은 어떤 심리적 상태에 있다는 것이다. 그러나 프레게는 그러한 입장을 심리주의라 진단하면서 이에 대한 대안적 입장을 제시한다. 개념이란 심성적 실재가 아니라 추상적 실재라는 것이다. 그리하여 동일한 의미가 여러 사람에 의하여 〈파악 grasp, begreifen〉될 수 있고 동일한 사람에 의하여 다른 시간들에 〈파악〉될 수 있다는 것이다.

그러나 퍼트넘은 그러한 〈파악〉이라는 것도 하나의 심리적 행위이고 이것은 프레게가 심리주의적이라 진단한 입장들의 결과와 크게 다르지 않다고 생각한다. 퍼트넘은 이러한 심리주의의 이해를 〈명사의 의미는 하나의 개념이다〉라는 문장으로 요약할 수 있다고 생각한다.[5] 프레게나 그의 동시대 철학자들의 이러한 이론은 후대에 영향을 미쳐 하나의 전통을 이루었다. 이들은 〈두 명사들은 내포에서 다르면서도 동일한 외연을 가질 수 있다〉라는 명제를 수용한다. 〈신장을 가진 동물〉과 〈심장을 가진 동물〉은 그러한 사례이다. 그러나 이 명제의 역인 〈두 명사들은 외연에서 다르면서도 동일한 내포를 가질 수 있다〉라는 것은 불가능한 것으로 생각하였다. 여기에 대한 논의는 제시하지 않았지만 〈명사에 대응하는 개념은 단순히 술어들의 연접이다〉와 〈명사의 개념은 그 명사의 외연에 속할 수 있는 필요충분조건을 제시한다〉의 두 조건을 상정하였을 것이다. 그렇다면 이러한 전통에서는 〈명사의 의미는 그 외연을 결정한다〉라는 결론을 받아들일 수 있게 된다.

2.2 의미는 외부적이다

퍼트넘은 〈명사의 의미는 하나의 개념이다〉와 〈명사의 의미는 그 외연을 결정한다〉라는 두 명제는 동시에 만족될 수 없다는 것을 주장한다. 이를 위한 퍼트넘의 몇 가지 논의[6]를 살펴보자. 첫째, 퍼트넘

---

5) 퍼트넘은 명사의 의미에 관한 한 프레게의 심리주의 못지 않게 온건 규약주의에서 과격 규약주의로 가는 비트겐슈타인과 경험주의로 가는 콰인을 모두 비판한다. 비트겐슈타인은 의미만이 아니라 증명 자체가 우리의 결정에 의존한다고 하여 수학과 논리학의 수정불가능성을 과장하고, 콰인은 수정불가능한 명제란 없다고 하여 이를 평가절하한다고 한다. 그러나 퍼트넘은 〈모든 명제가 참이면서 또한 거짓이지 않다〉라는 명제에서 반례를 제시하여, 두 분야의 선험성은 대부분의 명제들이 논리적 법칙을 준수하는 데서 비롯된다고 한다. Hilary Putnam, "Analyticity and A priority: Beyond Wittgenstein and Quine", *Midwest Studies in Philosophy,* vol. iv, 1979, pp. 423-441, 432-433.

은 〈의미가 머리에 있는 것이 아니다〉라는 것을 주장한다. 퍼트넘은 이 지구와 한 가지 점을 제외하고 모든 점에서 동일한 쌍둥이지구를 상정한다. 정치, 경제, 문화, 역사, 개인, 교육 등의 모든 점이 동일하고 여기에서 발생하는 모든 것이 세포, 뉴런의 구조와 조직들까지 거기에서도 그대로 발생한다고 가정되는 것이다. 유일하게 예외적인 점은 〈물〉이라고 불리는 것이 지구에서는 H_2O이지만 쌍둥이지구에서는 XYZ인 것이다. 이러한 상황에서 〈물 한잔 마시고 싶다〉라는 문장을 지구의 정대현과 쌍둥이지구의 정대현이 동시에 말하는 경우를 상정할 수 있을 것이다. 이 문장에 대해 데카르트나 프레게는 동일한 의미를 부여하리라는 것이다. 두 정대현의 뇌 상태는 동일할 것이기 때문이다. 그러나 퍼트넘은 지구 정대현의 〈물〉은 H_2O를 지칭하지만 쌍둥이지구의 정대현의 〈물〉은 XYZ를 표시한다고 한다. 두 사람이 동일한 철자 〈물〉을 사용하고 동일한 뇌 상태와 동일한 의식 상태에 있지만 두 사람이 사용하는 〈물〉이라는 단어는 다른 의미를 갖는다는 것이다. 의미는 머리에 있는 것이 아니라는 것이다.

둘째, 퍼트넘은 〈언어노동이 분업적이다〉라고 믿는다. 퍼트넘은 금 (Au79)의 인식능력과 〈금〉의 사용능력을 구분한다. 보통의 사람들은 〈금〉이라는 단어를 어려움 없이 사용할 수 있다. 일상생활에서 이 단어는 다른 일상적 단어들과 더불어 쉽게 사용되고 유통된다. 그러나 가짜 금반지의 문제가 제기되면서 금의 인식능력이 요청되는 상황에서는 보통 사람들은 그 능력을 자부하기 어렵게 된다. 특정한 실험 수행의 능력을 가진 자만이 그 인식능력을 자부할 수 있게 된다. 두 가지 능력의 차이는 외면적으로 동일하게 보이는 알루미늄(Al 13)과 몰리브덴(Mo42)의 경우에도 드러난다. 둘다 가볍고 은빛이고

---

6) Hilary Putnam, "Meaning and Reference", *Naming, Necessity and Natural Kinds,* ed., S. P. Schwartz, Ithaca: Cornell University Press, 1977, pp. 119-132.

표면적으로 구분되기 어렵지만 양자는 전혀 다른 광물이다. 식물의 경우, 너도밤나무 beech와 느릅나무 elm도 일상인에게 쉽게 구별되지 않는 경우이다. 이러한 상황은 이러한 대상의 이름의 의미가 그 단어의 사용자의 머리에서 파악되는 방식에 있지 않다는 점을 보인다고 퍼트넘은 생각한다. 이 대상들의 이름의 의미는 사람의 머리에 있는 것이 아니라 전문가가 분별할 수 있는, 차별화할 수 있는 그 대상에 있다고 주장하는 것이다.

셋째, 퍼트넘은 고정지시어 논변을 제시한다. w1과 w2가 두 개의 가능세계이고 나와 이 물잔이 각각 거기에 존재한다고 하자. 그리고 이 물잔을 가리키면서 〈이것은 물이다〉라고 말함으로써 내가 하나의 의미 설명을 하는 경우를 고려하여 보자. 그리고 w1의 물잔은 H_2O로 차 있고, w2의 물잔은 XYZ로 차 있다는 사실 이외에는 모든 성질들은 동일하다고 가정하자. 그리고 마지막으로 w1은 현실세계라고 가정하자. 그러면 〈물〉이라는 단어의 의미에 대하여 두 가지 이론이 가능할 것이다. '물'이라는 표현은 세계상대적으로 다른 대상을 지칭하여 사용되지만 의미는 모든 가능세계에서 확정적이다[7]와 〈물은 모든 가능세계에서 H_2O이고 '물'이라는 표현은 w1과 w2에서 다른 의미를 갖는다〉[8]가 그것이다.

전자는 전통적 입장의 표현이고 〈세계상대적 색인사론〉이라 할 수 있다. 그러나 후자는 퍼트넘이 주장하고자 하는 명제로서 〈표준적 색인사론〉이라 불릴 수 있다. 그리고 동일한 L관계란 두 명사들의 통세계적 관계이다. 이 관계의 외언은 개별자들의 순서쌍의 집합으로서 개별자들은 모두 동일한 가능세계에 있지 않을 수 있다. 예를 들어 w1의 a의 키가 5피트이고 w2의 b의 키가 5피트라면 {a, b}는 〈같은

---

7) (w)(x)(x는 물이다 ↔ x는 w에서 〈이것〉으로써 지칭된 대상에 대하여 w에서 동일한 L관계를 갖는다).

8) (w)(x)(x는 물이다 ↔ x는 w1에서 〈이것〉으로써 지칭된 대상에 대하여 w에서 동일한 L관계를 갖는다).

키〉라는 표현의 외연에 속한다. 그렇다면 〈w1의 a와 w2의 b는 동일한 액체이다〉라는 것은 〈a와 b는 동일한 L관계를 갖는다〉 또는 〈a가 w1에서 가지고 있는 중요한 물리적 성질을 b는 w2에서 가지고 있다〉의 의미로 이해될 수 있다.

이러한 구조에 의하여 퍼트넘은 고정지시어를 다음과 같이 규정한다: 〈a〉는 고정지시어이다 ↔ w1+i의 a는 우리가 현실세계 w1에서 〈a〉라고 부르는 대상에 대하여 동일한 L관계를 갖는다. 이러한 고정지시어의 규정에 따르면 색인사는 어떻게 이해될 수 있는가? 〈나〉, 〈여기〉, 〈지금〉, 〈이것〉과 같은 색인사들은 그 내포가 외연을 결정하지 않는다. 이들은 화자가 다름에 따라 다른 외연을 갖는다. 그러나 이것은 〈나〉의 개념이 그러한 다른 사람들마다에서 달라진다는 것을 함의하지 않는다.

퍼트넘은 이러한 색인사적 성격은 일반명사에서도 나타난다고 생각한다. 〈물〉은 다른 시간, 장소, 세계에서 〈물이 되기 위해서는〉 우리의 물과 〈같은 L관계〉를 가져야 한다는 것이다. 퍼트넘은 이러한 입장에서도 두 가지 가능성을 제시한다. 〈'물'이라는 단어는 w1과 w2에서 동일한 의미를 갖지만 다른 외연을 갖는다〉와 〈'물'이라는 단어가 w1과 w2에서 상이한 외연을 갖는다는 것은 다른 의미를 갖는다는 것이다〉가 그것이다. 전자는 우리가 상이한 언어에서 〈나〉에 대해서 말하는 방식이다. 이것은 의미가 외연을 결정한다는 주장을 포기하게 한다. 그러나 퍼트넘은 다음과 같은 문제를 제기한다. w1에서 물을 〈칵실〉이라 부르자. 그러면 〈물〉과 〈칵실〉은 같은 의미를 계속 가질 것인가? 만일 그렇다면 나의 언어에서 〈너도밤나무〉와 너의 언어에서 〈느릅나무〉가 같은 의미를 갖는다고 하여야 할 것이다. 그리하여 퍼트넘은 후자를 지지한다.

자연종 단어의 의미를 지적한다는 것은 무엇인가?[9] 퍼트넘은 다음

9) Hilary Putnam, "Is Semantics Possible?", *Naming, Necessity and Natural*

의 두 가지 조건을 핵심 사실로서 제시한다. 그 단어와 관련된 어떤 조건, 즉 그 자연종의 정상성원의 특징들로 이루어진 연상 관념을 지적하거나, 그 단어의 외연의 경우를 지적하는 것이다. 퍼트넘은 전자는 충분하지 않고 후자는 필요하다고 한다. 그러나 불분명한 것은 전자가 필요한가의 여부, 후자가 충분한가의 여부, 그리고 양자의 연접이 필요충분한가의 여부이다. 퍼트넘은 단어의 외연이 〈일반적으로는 사회에 의하여 결정〉되지만 〈부분적으로는 색인사적으로 결정〉된다고 하여 외연개념을 조명하지만 이러한 언급이 얼마나 도움이 되는가는 분명하지 않다.

제3절   버지: 개인주의와 심성[10]

3.1   두 유형의 사건론

데이빗슨과 김재권은 사건론에 있어서 다른 입장을 취한다. 데이빗슨에게 사건이란 기술론적임에 반하여 김재권에게는 성질론적이다. 기술론적 사건론이란 하나의 사건을 물리적 기술하에서 파악하면 이를 물리적 사건이라 하고 같은 사건을 심리적 기술하에서 표상하면 이는 심리적 사건이라고 알려진다. 그러나 사건의 성질론에 의하면 사건이란 개별자에게서 하나의 성질이 구현되는 것이다. 김재규가 유신의 심장을 귀총으로 쏘았을 때 데이빗슨은 그가 박정희를 사살하였다는 것이고 김재권에 의하면 두 사건은 사실의 일치일 뿐 동일한

Kinds, ed., S. P. Schwartz, Ithaca: Cornell University Press, 1977, pp. 103-118, 115-116.

10) Tyler Burge, "Individualism and the Mental", *Midwest Studies in Philosophy,* 1979, pp. 73-122; "Individualism and Psychology", *Philosophical Review,* 1986, pp. 3-45.

사건은 아니라는 것이다.

다음의 네 문장을 보자: 알버트는 매킨리산을 등산하고자 한다; 알버트는 미국에서 가장 높은 산을 등산하고자 한다; 봅은 그 유리잔에 물이 들어 있다고 생각한다; 봅은 그 유리잔에 갈증 해소액이 들어 있다고 생각한다. 처음의 두 문장은 같은 의도를 나타내는가? 뒤의 두 문장은 동일한 태도나 내용을 표현하는가? 데이빗슨은 대물적 믿음에 친화적으로 그렇다라고 한 것이고 김재권은 대언적 믿음에 친근하게 아니라고 할 것이다. 데이빗슨의 언어주의적 요소에도 불구하고 칸트적 물자체의 요소가 돋보이는 것이고, 김재권의 물리주의적 성질론에도 불구하고 그 성질이 기술 없이 표상될 수 없다는 한계를 만나게 되었다고 믿는다.

버지는 위의 문장들이 동일한 내용을 표현한다는 주장을 지지한다. 그러나 그의 논의는 데이빗슨의 논의와는 구별된다. 그리고 퍼트넘의 쌍둥이지구의 논의와도 구별된다. 버지는 한 논문에서 〈아드라이티스 논변〉으로 알려진 논의를 제시한다. 우리는 여기에서 그 논의에 주목하고자 한다.

3.2 아드라이티스 논변 :

버지의 아드라이티스 논변은 하나의 사유실험으로 구성되어 있다. 이 실험은 현실 상황에서의 알버트의 발언과 반사실 상황에서의 알버트의 발언의 내용을 구성하여 두 발언의 내용의 논리의 구성으로 이루어진다. 첫째, 현실상황에서 알버트는 아드라이티스의 경우들을 지적할 수 있고 자신이 팔꿈치와 무릎에 이 병을 가지고 있다는 것을 알고 있다. 그러나 그는 이것이 관절이 아닌 곳에서는 발생하지 않는다는 것을 모르고 있다. 이 상황에서 알버트는 다음과 같이 말한다:

(1) 나는 나의 허벅지에도 아드라이티스를 앓고 있다.

둘째, 반사실 상황에서 다른 조건들을 현실상황과 동일하지만 다른 것이 하나 있다. 그것은 여기에서는 〈아드라이티스〉라는 단어가 류머티스성의 모든 질병에 적용된다는 것이다. 그리고 알버트는 문장 (1)을 말한다. 그러면 이 사유실험은 알버트가 문장 (1)을 사용하여 현실상황에서 수행한 발언 (1.1)과 반사실 상황에서 수행한 발언 (1.2)에 대하여 무엇을 보여주는가? 버지는 이 사유실험이 〈두 발언은 상이한 내용을 갖는다〉와 〈표현의 올바른 이해는 사회적이다〉는 것을 보여준다고 믿는다.

3.3 사유실험 :

버지는 〈표현의 올바른 이해는 사회적이다〉는 것을 지지하기 위해 〈문자적 해석이 선호된다〉는 것을 보이고자 한다. 예를 들어 〈전쟁도 일종의 놀이이다〉라고 누군가 말한다면, 여기에서 〈놀이〉라는 단어는 메타포로 보거나 문자적으로 해석하여 그 말은 오도적이라고 판단하여야 한다. 문자적 해석은 이해의 애매모호성이 발생할 때마다 일반적으로 선호된다. 문자적 해석이 선호되는 상황들은 빈번하다. 사람들이 무엇을 생각하는가를 결정하기 위하여 우리는 가끔 그 사람의 말을 재해석하거나 무시하는 경우가 있다. 외국인의 말, 아이들의 흉내, 지방 방언, 헛소리 같은 경우에서 우리는 문자적 해석이 우선성에 입각하여 이들의 발화를 재해석하는 것이다.[11]

---

11) 에간은 버지의 논제를 지지하기 위하여 데이비드 마David Marr의 시각론에 주목할 필요를 강조한다. 장면의 깊이를 인식하는 시각체계의 설명은 통사적으로 규정된 상태들이 말단의 표면 성질의 재현으로 해석될 때에만 주어진다는 것이다. 계산적 규정이 의미론적 해석을 수반할 때 비로소 우리는 특정한 수학적 함수가 계산해내는 장치가 어떻게 특수한 상황에서 시각 같은 인지적 함수와 연

버지는 그의 사유실험에 대한 의문들에 대해 답하고 있다. 먼저 사유실험이 표현에 대한 불완전한 이해나 일상 언어적 오류에 의존하고 있는 것이 아닌가라는 의문이다. 그러나 버지는 사유실험이 표현에 대한 화자의 불명료성이나 무의식에 좌우되지 않는다고 답한다. 언어에 대한 부분적 이해나 불명료성은 일상언어의 많은 경우에서 일상적 패턴이라는 것이고 바로 이 점은 사유실험이 나타내는 바라는 것이다.

사유실험은 〈안다〉, 〈후회한다〉, 〈기억한다〉 등과 같은 사실적 동사들의 경우에도 적용된다고 한다. 예를 들어 〈찰리는 이 지방(그린랜드)에 눈이 많다는 것을 안다〉라는 문장에서 환경을 바꾸면 내용의 진리치가 변경된다. 이것은 위의 논제를 지지하는 것이다. 조지가 사과를 가르키면서 〈저것은 생생하다〉라고 색인사를 사용하여 말한다면, 이것은 조지가 생각하거나 말하는 것의 내용에 의존하는 것이 아니라 그의 앞에 놓여 있는 사과에 의존한다고 한다.

사유실험을 반박하기 위하여 네 가지 방식의 재해석의 가능성이 제시될 수 있을 것이지만 모두 부적합하다고 버지는 지적한다. 첫째, 알버트의 발언 〈나는 나의 허벅지에도 아드라이티스를 앓고 있다〉에 대하여, 반박론자는 대물적 태도를 귀속시킨다. 예를 들어 〈알은 비-아드라이티스 류마티스 병에 관하여 그가 그것을 허벅지에도 가지고 있다고 믿는다〉라고 대물적 믿음을 귀인할 수 있다는 것이다. 그러나

결되는가를 알 수 있다. 인지적 능력에 대한 계산적 설명의 개연성은 설명적 역할을 할 수 있는 해석체계에 의존하는 것이다. 그러나 이 해석은 이론의 통사적 구조가 전이론적인 피설명항에 연결되어 있어야 한다. 이 연결조건이 적정한 해석의 선택에 제약을 가하는 것이다. 전이론적 피설명항은 개인주의적이 아니라 외부적이기 때문이다. 에간은 마의 이론을 보다 자세하게 논의하고 있다. Francis Egan, "Computation and Content", *The Philosophical Review*, Vol. 104, No. 2(April 1995), pp. 184-187; David Marr & H. Keith Nishihara, "Visual Information Processing: Artificial Intelligence and the Sensorium of Sight", *Technology Review*, October 1978, pp. 28-49.

버지는 그러한 처리에서 문제를 본다. 반박론자는 알버트의 발언에서의 〈아드라이티스〉라는 비정상적 표현의 심각성을 무시하고 있고, 그의 허벅지의 질병에 대한 알버트의 태도는 다른 어휘로 서술되기 어렵다는 점을 간과하고, 〈대물적 믿음에 호소하는 것은 주제 변경의 오류〉를 저지르고 있다고 한다.

둘째, 알의 믿음은 불완전한 이해에 근거하기 때문에 그 믿음의 내용은 불확정적이다라고 할 수 있을 것이다. 그러나 버지는 일상언어 사용은 어휘능력의 불완전함에도 불구하고 화자에의 믿음귀속은 불확정적이라고 하지 않는다는 것이다. 사람들은 화자의 믿음을 확인하거나 거부하는 분명한 방식을 갖는다는 것이다. 셋째, 오해된 믿음의 내용을 참 믿음을 표현하는 문장으로 대치할 수 있다고 할 것이다. 그러나 버지는 오해된 믿음의 내용을 가능하면 문자적으로 해석하여 보고 이것이 가능하지 않은 경우 여기에 가장 근접한 해석을 취한다는 것이다.

넷째, 화자의 오류를 상위 언어적으로 해석하는 경우를 상정할 수 있다. 〈나는 나의 허벅지에도 아드라이티스를 앓고 있다〉라는 알버트의 발언에 대하여, 반박론자는 〈알버트는 그의 '아드라이티스'라는 표현이 그의 허벅지의 질병에 적용된다는 것을 믿는다〉로 이해할 수 있다는 것이다. 그러나 버지는 이런 경우에 화자가 그러한 상위 언어적 태도를 갖는다는 것을 상정하여야 하고, 그리고 문자적으로 해석되는 일상적 귀속을 부인해야 하는 것을 정당화해야 한다고 주장한다

마지막으로 사유실험 반박론자는 다음과 같이 주장할 것이다. 〈나는 나의 허벅지에도 아드라이티스를 가지고 있다라고 믿는다〉라는 믿음은 결국 언어적인 믿음이기 때문에 재해석되어야 하고, 자비의 원리는 틀린 믿음보다 참 믿음을 귀속할 것을 요구하고, 오해된 단어의 내용은 우리가 이해하는 것과 다를 것이기 때문에 그대로 귀속하

지 않아야 한다는 것이다. 그러나 버지는 이 논의가 몇 가지 가정을
전제하고 있다고 지적한다. 표준 예외적 화자의 발화는 언제나 그러
한 해석을 강요한다는 것이고, 화자의 생각의 내용은 단어를 그가 해
석하는 바에 따라 결정되고, 화자는 표준 예외적인 단어로는 생각할
수 없다는 것 등이다. 그러나 이러한 가정들은 선결문제의 오류를 범
하고 있다고 버지는 주장한다.[12]

버지이 이러한 논변은 퍼트넘의 넓은 내용론을 확장하고 있다고
생각한다. 심성내용의 개별화를 개인주의적으로가 아니라 사물 세계
나 사회의 관계 속에서 구성된다는 관점을 유지하는 데서 공통된다.
그러나 두 사람의 차이는 확장의 범위에서 달라진다. 퍼트넘은 대물
적 믿음귀인이 근본적으로 술어적이라고 생각한다. 대물적 믿음귀인
은 개방문장(불완전하게 해석된 내용문장)을 대상(들)에게 적용하는 것
으로 되어있고 이 대상(들)이 그 개방문장을 완전하게 한다고 믿는
다. 달리 말해 물리적 환경을 변화시킴으로써 한 개인의 명제태도의
내용이 달라진다는 주장한다. 그러나 버지는 아담E와 아담F의 차이
는 〈물〉이라는 표현이 결과하는 진리치(외연)의 차이가 아니라 그들
이 그 표현으로써 갖는 생각의 진리치 조건의 차이라고 한다.

퍼트넘과 버지는 심성내용론의 함축을 전망하는 데서도 차이를 보
인다. 퍼트넘은 아담E와 아담F의 차이는 이들의 대물적 태도의 차이
는 보지만 대언적 태도의 차이는 보지 않는다고 생각한다. 그러나 버
지의 아담E와 아담F는 〈물은 산소를 결핍하고 있다〉라는 문장에서
두 가지 태도에 있어서 달리 해석된다. 버지는 넓은 내용론의 우선성
을 지지하기 위해 보다 적극적이다. 대언적 믿음을 설명하거나 알기
위해서는 대물적 믿음에 관한 어떤 것을 전형적으로 알아야 한다. 그

---

12) 버지는 의미의 외재성을 지지하기 위하여 〈인식적 가치가 규약적 언어적 의미
를 수정할 수 있다〉는 가설을 지지한다. Tyler Burge, "Intellectual norms and
the foundations of mind", *Journal of Philosophy,* 83(1986b), pp. 697-720.

렇다면 어떠한 태도도 대언적이거나 대물적이거나 간에 좁은 의미의
심리적 상태는 아니다.

제4절 심성내용의 개별화와 인과성[13)]

포돌은 넓은 내용론에 대해 다섯 개의 명제로써 다음과 같은 반박
을 구성한다: 심리적 설명은 인과적 설명이다; 심리적 설명에서 호소
되는 상태와 과정은 이들의 인과력으로써 유형적으로 개별화되어야
한다; 넓은 내용론은 이러한 개인주의적 절차에 반대하여 두 개인의
뇌 상태의 차이가 없이도 심성 상태의 차이의 가능성을 요청한다;
그러나 개인들은 뇌 상태의 차이가 없이는 그들의 인과력에서의 차
이를 가질 수 없다; 심리적 설명은 뇌 상태나 과정이 반개인주의적
으로 유형화될 수 없다.

버지는 포돌과 다르기도 하지만 더불어 공유하는 점이 있다. 개별
자들은 동일한 뇌 상태를 소유하는 경우 동일한 동작을 할 것이고,
물리적 인과가 없는 곳에 심리적 인과도 없다는 것이고, 자연과학이
서술하는 사건들을 통해 발생하는 심성 사건들 간에는 간격이 없다
는 것이다. 그러나 양자의 차이는 근본적인 개념에서 나타난다. 〈인
과력causal power〉이라는 개념을 어떻게 이해할 것인가에서 달라진
다. 인과적으로 적합한 유형적 개별화는 항상 결과에 주목한다는 점
에 동의하면시도 결과를 무엇으로 보는가에 따라 양자의 인과력의
개념 설정이 달라지는 것이다.

버지는 위에서 구성된 포돌 논의의 명제들을 구체적으로 반박한다.
첫째와 둘째 명제들은 일반적으로 수용되고 있는 데이빗슨의 통찰을

---

13) Tyler Burge, "Individuation and causation in psychology", *Pacific Philo-sophical Quarterly*, 1989, pp. 303-322.

거부하고 있다. 데이빗슨은 심리적 설명이란 인과관계를 언급한다는 의미에서 〈인과적〉이라고 지적할 뿐, 심리적 상태들이 인과법칙에 맞도록 유형 개별화될 것을 요구하지 않는다. 그리고 심신 수반론에 의문을 허용하고 다수 실현성 가능성을 인정한다면, 셋째 명제는 엄밀한 의미에서 참이 아니다. 그리고 포돌 논의에서 가장 중요한 것은 넷째 명제이다. 〈인과력〉을 물리적 인과 개념으로 파악한다면 넷째 명제는 문제가 없다. 그러나 포돌이 〈인과력〉을 그의 논의의 첫째와 둘째 명제의 방향성에서 파악하고자 하는 것이 문제이다.

버지는 포돌의 인과력 개념을 보다 상세하게 논의하고 있다. 버지의 〈알루미늄 사유실험〉은 다음과 같다. 먼저 첫째 상황이다: A는 알루미늄을 다른 광석으로부터 구분할 수 있는 능력은 갖지 않았으면서도 일반적인 친숙성은 가지고 있다; 그래서 그는 알루미늄에 대해 가볍다던가, 은빛이라는 등의 말이나 생각을 한다; 그는 알루미늄에 관한 한 대부분의 우리와 같은 처지이다. 다음은 둘째의 반사실적 상황이다: 여기에는 알루미늄이 없기 때문에 아무도 알루미늄에 대해 생각하거나 말하지 않는다; 대신에 트왈룸 twalum이 있고 이것은 모든 외양적인 점에서 알루미늄처럼 보이고 첫째 상황의 알루미늄의 역할을 둘째 상황에서 하고, 그리고 이 상황에서 〈알루미늄〉이라 불린다; 그리고 여기에도 A 또는 A의 상대역을 포함하지만 그는 〈B〉라 불린다; B는 알루미늄이 가볍다고 생각한 적이 없지만 〈알루미늄 가볍다〉라고 말한다; B는 A와 다른 환경에서 성장하였기 때문이다. 그렇다면 A와 B가 〈알루미늄은 가볍다〉라고 각기 말을 할 때 두 사람의 뇌 상태는 동일하지만 같은 심성내용을 갖고 있는 것이 아니라고 버지는 결론짓는다.

인과력에 대하여 버지는 보다 구체적으로 논의한다. A와 B가 〈알루미니움을 가져 오라〉라고 각기 말을 할 때 이들은 다른 인과력을 가지고 있다는 것이다. 두 사람은 그들의 이웃으로 하여금 다른 광석을 가져오도록 하기 때문이다. 첫째 상황에서는 알루미늄을 가져올 것이지만 둘째 상황에서는 트왈룸을 가져올 것이기 때문이다.

포돌은 버지의 이러한 논의에 대해 인과력들의 동일성은 〈문맥 내부적 within contexts〉으로가 아니라 〈통문맥적 across contexts〉으로 평가되어야 한다고 주장한다. A와 B가 그들의 각각의 문맥에서는 상이한 물건들을 갖게 될 것이다. 그러나 이 차이는 이들의 인과력들의 동일성 여부를 결정하는 데는 무관하다는 것이다. 그들의 발화가 상이한 문맥에서 발생하고 있기 때문이라는 것이다.

버지는 결과들이 비지향적으로 개별화되는 경우에 평가된다면 A와 B의 인과력은 동일할 것이지만, 포돌의 경우처럼 그 결과들을 지향적으로 개별화하는 경우 인과력은 달라질 것이라고 한다. 포돌의 결과들은 생각, 의도, 욕망, 같이 알루미늄 개념을 포함한 지향적 결과를 염두에 두고 인과력이 평가된 것이라고 지적한다. 포돌의 통문맥 개념은 지향성 개념 없이 적용될 수 없기 때문이다.

포돌은 주머니에서 동전을 꺼내 던졌을 때 앞면이나 뒷면이 나오는 상황을 설정하여 다음과 같은 성질을 규정할 수 있다고 믿는다: 세계의 사물들의 모든 입자는 포돌의 동전이 앞면이 나왔을 때 앞-입자들이고, 뒷면이 나왔을 때 뒷-입자들이다. 그러나 포돌은 입자들이 앞-입자가되건 뒷-입자가되건 간에 그들의 인과력에서는 차이가 없다고 주장한다. 포돌은 〈문맥 내부적〉 평가의 공허함을 지적하고 〈통문맥적 평가〉의 적실성을 주장하는 것이다.

비지는 심징이 피를 뿜어내는 경우에 착안하여 하나의 가상적 신체조직을 상정한다. 신경세포적으로 화학구조적으로 심장과 동형인 신체 조직이지만 피를 뿜어내는 대신에 노폐물을 뿜어내는 경우를 상상하는 것이다. 이것을 〈심장-F〉라 부를 수 있을 것이다. 그렇다면 심장은 심장을 구성하는 화학적 물질 구조에 수반하지 않는다는 것을 알 수 있다. 기능적 차이는 신경생리학적 유형들에 영향을 주어야 하는 필연성은 없다고 버지는 주장한다. 심장과 심장-F는 문맥을 바꾸면 물론 다른 기능을 할 것이다. 그러나 두 개별자가 서로의 상황에 처한 경우 동일한 결과를 가질 것이라는 사실로부터 생리학에 관심을 갖는 그들의 인과력이 같다고 해서는 안 된다. 심장의 인과력은 그것을 구성하는 화학적 물질 구조에 의해서가 아니라 그것이 피를 뿜어내는 구체적인 환경과의 관계 속에서 다루어져야 한다는 것이다.

제13장
럿거즈 학파의 내용론

심성내용론에 대한 럿거즈 Rutgers 학파는 럿거즈 대학 철학과의 몇몇 교수들에 의해 표현된 입장을 나타낸다. 이 학파는 내부적으로나 외부적으로 조직을 가지고 있지 않고 또한 서로간에 의견의 일치를 보이지 않는 점들이 많다. 그러나 공통점은 심성내용에 대해 버지의 넓은 내용론이나 포돌의 좁은 내용론을 있는 그대로 수용하지 않고 양자를 결합한 어떤 형태를 가지고 있다는 것이다. 다른 철학자들도 중도형 또는 절충형의 입장을 갖지 않는 것은 아니지만 특별히 이들을 럿거즈 학파라는 이름으로 부르고자 한 것은 이들이 동료인 포돌의 인지과학적 입장에 친근성을 보이는 관점으로부터 넓은 내용론을 수용하고 있다는 가설에서 그 까닭을 찾고자 한다.

에간 Francis Egan과 매튜스 Robert Matthews는 심성내용의 표상과 유일성에 대한 수량적 측정론을 구성하여 명제태도에 적용하고 있다. 그러한 이론에 입각하여 좁은 체계로서의 계산적 심리학과 계산 상태에 귀인하는 넓은 내용론의 〈실용적 병합〉을 시도한다. 로아 Brian Loar는 심성내용의 논의가 그 동안 명제태도의 명사절의 문장적 의미에 매어 있었다는 데서 문제를 본다. 로아는 명제태도의 심성 내용은 명사절보다는 현상적 지향성에 의하여 개별화된다는 것을 제안한다. 맥긴 Colin McGinn과 클라크 Andy Clark, 그리고 차머스 David Chalmers는 심성을 두뇌에 한정하지 않고 이를 벗어나 외부 세계에 연장하는 심성의 능동적 방향성에 주목한다. 세계가 목적론적 가치에 따라 재편되거나 심성 과정의 부분으로 편입될 수 있다는 것이다. 스티치 Stephen Stich는 심성의 구조를 통사적으로 볼 것을 제안하여 포돌이 통속 심리학에 빠지는 것을 방지하고 진정한 좁은 내용론에 설 것을 역설한다.

제1절   에간-매튜스

에간과 매튜스는 좁은 내용론이 존중하는 계산주의 심리학을 재해석하여 넓은 내용론이 어떻게 적용될 수 있는가를 보인다. 먼저 포돌의 비판을 보고, 연결주의의 도전을 피하고 나서, 두 부부 철학자의 실용적 내용론을 알아보기로 한다.

1.1 매튜스의 포돌 비판[1]

매튜스는 포돌의 심성 표상론을 다음의 두 명제로 요약한다: 유기체 O, 태도 A, 명제 P에 대하여, 계산적 관계 R과 심성표상 MR 이 있어서, MR은 P를 의미하고 O는 P에 대해서 A를 가진다 ↔ O는 MR에 대해서 R을 갖는다; 심성과정들은 심성표상의 개항들의 인과

---

1) Robert J. Matthews, "Is there vindication through representationalism?", in *Meaning in Mind: Fodor and his Critics,* eds., Barry Lower and Georges Rey, Blackwell, 1991, pp. 137-150.

적 연쇄들이다. 포돌은 그러한 심성 표상론을 위하여 두 개의 논의를
제시한다. 첫째는 심성 표상론은 심성표상에 대한 현재의 심리연구를
반영하고 이 시대의 최선의 과학은 우리가 경험하는 실재에 대한 최
선의 해석이라는 것이다. 둘째는 그의 심성 표상론만이 한편으로 심
성상태의 인과적 관계와 다른 한편으로 명제적 대상들 간에 유지되
는 의미론적 관계 사이에 성립하는 〈현저한 병행적 관계〉를 설명할
수 있다고 믿는다. 그러나 매튜스는 포돌의 그러한 논의들에 의문을
갖는다.

　포돌의 RTM은 다음과 같은 두 명제를 함축한다: 명제태도의 개항
에는 유기체와 심성표상 간의 대응되는 계산관계의 개항이 존재한다;
그러한 계산관계의 개항에는, 대응되는 명제태도의 개항이 존재한다.
그러나 포돌은 두 명제의 연접이 양자의 동치명제를 함축하는 것은
아니라고 한다. 계산 관계의 개항 없이 태도 개항의 경우가 있고, 태
도의 개항 없이 계산 관계의 개항의 경우가 있기 때문이라고 한다.

　〈태도 개항이 없이 계산 관계의 개항이 있다〉는 경우는 포돌에게
는 문제가 되지 않는다. 명제태도의 통속심리학적 품목들은 완전히
열거될 수 없기 때문이라는 것이다. 그러나 〈계산 관계의 개항이 없
이 태도 개항이 있다〉의 경우는 포돌에게 문제를 제기한다. 데닛의
장기 프로그램에서 〈여왕을 빨리 잡아야 한다〉라고 생각하는 경우가
그 예이다. 데닛은 장기 프로그램이 많은 차원의 명시적 표상들을 나
타내지만 이 생각의 표상은 나타나지 않는다고 주장한다. 데닛은 〈명
제태도가 표상개항에 대해서 계산적 관계를 갖는다〉라는 일반명제를
거부하고 있다.

　포돌은 RTM이 〈여왕을 빨리 잡아야 한다〉라고 표상할 필요가 없
다라고 대답한다. 왜냐하면 이것은 기계의 심성적 과정의 에피소드
사건이 아니기 때문이라고 한다. 이 명제는 차라리 그 프로그램의 장
기 놀이를 지배하는 〈사유법칙〉의 하나라는 것이다. 포돌은 그러나

〈장기판의 표상들은 현실적이거나 가능적이거나 간에 기계의 계산으로 규정되어 있기 때문에 명시적일 수밖에 없다〉라고 주장한다. 장기판의 순차적 표상들은 기계의 심성적 과정들을 구성하고 이들은 명시적 표상들의 인과적 연쇄여야 한다라고 포돌은 말한다.

매튜스는 이러한 포돌의 대응에서 문제를 본다. 포돌은 핵심적 명제태도와 파생적 명제태도를 구분하여 후자에 대해서는 설명을 할 책임을 지지 않겠다는 것이다. 그러나 명제태도에 대한 이러한 구분은 어떤 근거에 의하여 이루어진 것인지 분명하지 않다. 〈에피소드 사건임〉이라는 조건이 양자를 구분하는 기준일 수는 없을 것이다. 이 명제도 학습이나 지각에 의하여 얻어지는 경우 핵심적 명제태도가 되어야 하기 때문이다.

그의 심성 표상론만이 한편으로 심성상태의 인과적 관계와 다른 한편으로 명제적 대상들 간에 유지되는 의미론적 관계 사이에 성립하는 〈현저한 병행적 관계〉를 설명할 수 있다고 포돌은 믿는다. 그러나 매튜스는 이 주장이 환상적이라고 한다. 포돌이 생각하는 증명이론적 장치는 통사적 관계와 의미론적 관계 간의 병행론으로서는 맞지만, 포돌이 원하는 심리적 병행관계를 위해서는 소용이 없다. 이유는 병행관계가 RTM을 만족하는 심성상태와 그리고 이를 만족하지 않은 심성상태에 의해서 나타나기 때문이라고 한다. 매튜스는 전자의 경우에만 병행관계가 이루어진다고 한다.

1.2 에간의 연결주의 심성내용론 비판[2]

연결주의는 통속심리학을 제거한다고 스티치 같은 연결주의자는 믿는다.[3] 에간은 연결주의의 통속심리학에 대한 그와 같은 비판을 다

---

2) Francis Egan, "Folk Psychology and Cognitive Architecture", *Philosophy of Science,* 62(1995), pp. 179-196.

3) Stephen Stich, *From Folk Psychology to Cotnitive Science,* Cambridge,

음과 같이 정리한다: 연결주의의 연결망은 기능적으로 불연속적이고 분리된 하부구조를 갖고 있지 않기 때문에 개별 명제의 표상으로서 해석할 수 있는 장치를 갖지 않는다; 따라서 개별 명제의 표상은 연결망의 계산구조에서 인과적 역할을 한다고 할 수 없다; 그러나 통속심리학은 명제적 단원성에 매어 있고, 이것은 특정한 믿음들이 인지적 과정에서 인과적 역할을 한다는 것을 함축한다; 그렇다면 통속심리학은 거짓이고 인간인지 과정에 대한 최선의 모델은 연결주의 연결망 모델이다.[4]

에간에 의하면 논의의 첫째 전제는 대부분의 학자들이 부인한다고 하고, 둘째 전제는 거짓이거나 분명하게 참인 것이 아니라고 한다. 이것이 참이라고 할지라도, 〈믿음과 욕망은 명제적 단원성의 요구를 만족하는 하위 이론에 의하여 규정되는, 인과적으로 효과적이고 기능적으로 분리되며 의미론적으로 해석될 수 있는 물리적 구조에서 실현되지 않아도 된다〉는 것이다.

연결주의에 대한 에간의 가장 강한 반박은 〈만일 통속심리학이 심리적 과정에 대한 이론이라면 연결주의가 비난하는 대로 통속심리학은 거짓일 것이다〉라는 것이다. 그러나 에간은 통속심리학은 믿음과 욕망이 기능적으로 분리되고 인과적으로 효과 있는 구조에 의하여 실현된다는 가설에 중립적이라는 것이다. 에간은 통속심리학에 관한 한 최소주의적 입장을 취한다. 통속심리학은 명제적 단원성을 유지한다. 이것은 명제태도가 의미론적으로 평가 가능한 행위자의 내적 상태이며 행동이나 다른 심성 상태를 산출하는 역할에 의하여 규정된다는 것이다. 이것을 근거로 타인의 행동을 예측하거나 설명할 수 있

MIT Press, 1983.
4) 이정모, 「연결주의: 이론적 특성과 문제점」, 『인지심리학의 제문제(1): 인지과학적 연관』, 이정모 편, 도서출판 성원사, 1996, 115-129쪽; 필립 존슨 레어드 지음, 이정모 · 조혜자 공역, 「병열분산처리」. 『컴퓨터와 마음』, 민음사, 1991, 206-230쪽.

다는 것이다.

에간의 최소 통속심리학은 한편으로 철학적 행동주의와 다른 한편으로 과다 통속심리학에 대조되고 있다. 행동주의와 유사한 점은 인지과학의 발전으로부터 결과되는 특혜를 공유할 수 있다는 것이다. 그러나 행동주의와 다른 점은 사람들이 믿음을 내적 원인으로 생각하는 것처럼 설명을 합리화가 아니라 인과적이라고 주장하는 점이다. 과다 통속심리학과 같은 점은 믿음이 실재적 상태이며 행동이나 다른 심성 상태에 대한 원인일 수 있다는 것을 수용하는 것이다. 그러나 다른 점은 심리적 과정에 대한 구조적 결단을 과다하게 하는가 최소화하는가의 차이이다. 최소화해야 하는 까닭은 사람들이 구조에 대해 특정한 믿음을 갖지 않을 뿐 아니라 구조를 학습하지 않고 통속심리학을 배운다는 것이다.

에간은 〈행동은 인과적으로 효과적인 행동자의 내적 상태에서 비롯되어야 한다〉라는 자율성 조건을 통속심리학에 요구하면서, 바로 이 조건이 통속심리학을 거짓일 수 있는 경험과학이게 한다고 지적한다. 에간은 통속심리학의 이러한 양면성은 사람들이 원격 관리되는 로봇이 아니라는 일상적 직관을 반영한다고 생각한다. 그렇다면 연결주의의 진리는 통속심리학의 거짓을 함축할 수 없다고 에간은 결론 짓는다.

1.3 에간과 매튜스의 실용적 내용론[5]

에간은 자연주의적 의미론을 비판하고 대안을 제시한다. 드레츠키 이론은 심성 표상의 의미를 구체적 상황에서 그 표상의 개항의 원인

---

5) Francis Egan, "Computation and Content", *The Philosophical Review,* Vol. 104, No. 2(April 1995), pp. 181-203; "A Pragmatic Account of Mental Content", Unpublished; Robert J. Matthews, "The Measure of Mind", *Mind,* Vol. 103. 410(April 1994), pp. 131-146.

에서 찾고, 밀리칸 이론은 심성 표상의 의미가 생물학적 기능 또는
그 기능이 선정된 목적에 의하여 결정된다고 말한다. 자연주의는 초
자연적 또는 물리적인 것 이외의 것이 존재한다는 것을 부인하는 존
재론적 논제이면서 또한 모든 현상이 과학적 또는 경험적 방법으로
설명될 수 있다는 방법론적 논제이다. 그러나 에간은 자연주의적 의
미론은 선언문 문제(〈암소〉는 암소 또는 한밤중의-말을 의미한다)와
연언문 문제(〈암소〉는 암소와 암소 단계와 분리되지 않은 암소 부분들
을 의미한다) 이외에도 위의 자연주의를 보장하기 어렵다고 비판한다.
강한 수반도 수반(의미)적 성질이 기초(물리)적 성질에 필연적으로 상
관 관계에 들어갈 것을 요구할 뿐, 수반적 성질을 과학적 관점에서
볼 때, 자연화하지를 못하고, 〈초자연적〉 위치에 남겨두고 있기 때문
이다. 필연적 상관관계는 심성표상에 대한 우리의 일관된 존재론적
이해에 기여하는 것이 못된다고 비판한다.

　에간은 자연주의적 의미론에 대한 대안으로 실용적 내용론을 제안
한다. 계산 체계에 대한 해석은 이 체계의 물리적 상태의 동치 종류
와 표상 대상 영역의 요소들 간의 맵핑 mapping의 해석 함수 f1에
의하여 주어진다고 한다. 에간은 계산 상태가 내용을 본질적으로 갖
는 것은 아니지만, 계산 심리학이 지향성을 배제할 수 없는 까닭은
지향성을 통해서만 심성 표상에 대한 탐구가 의미를 갖기 때문이라
고 한다. 의미론적 해석이 계산 심리학에서 역할을 갖는 것은 물리
학에서 설명 모델들이 하는 역할에 비교될 수 있을 것이다. 물리학의
형식적 과정들에 대한 지향적 규정들은 설명적 기능을 하는 것이다.
그래서 어떤 이론이 불완전하게 제시되었을 때 그 이론의 모델의 연
구는 그 이론의 후속적 부연에 기여하는 것이다.[6]

---

6) 매튜스는 심성내용의 표상과 유일성에 대한 수량적 측정론을 구성하여 명제 태
　도에 적용하고 있다. 그러한 이론에 입각하여 좁은 체계로서의 계산적 심리학과
　계산 상태에 귀인하는 넓은 내용론의 〈실용적 병합〉을 시도할 수 있게 되었다고
　믿는다. Robert J. Matthews, "The Measure of Mind", *Mind,* Vol. 103.

구체적으로 에간은 시각 이론의 경우를 예로 들고 있다. 우리는 시각체계가 어떻게 이차원 영상에 담긴 정보로부터 삼차원적 구조를 검출할 수 있는지를 알고자 한다. 이것은 요청된 계산적 과정들의 지향적 규정성에 의하여 이루어진다고 해야 한다. 시각체계가 장면의 깊이를 어떻게 검색하는가에 대한 설명은 이론이 형식적 언어로 규정한 상태들을 말단 성질들의 재현으로 해석할 때에만 가능한 것이다. 계산적 특징 규정들이 적절한 의미론적 해석을 받을 때, 특정한 수학함수를 계산하는 장치가 특정한 문맥에서 시각과 같은 인지적 함수로 사용된다는 것을 알 수 있다. 인지능력에 대한 계산적 설명의 개연성은 진정한 설명적 작업을 수행하는 해석 모델의 존재에 의존하는 것이다. 계산 체계에 대한 이러한 해석모델은 물론 이론의 형식적 구조를 전이론적인 설명대상에 연결할 수 있어야 한다. 이러한 요구는 적절한 해석 모델의 선택에 대한 억제조건을 구성하는 것이다.[7]

계산주의 심리학이 좁은 내용론을 자동적으로 함축한다는 어떤 믿음에 대해 에간은 반론을 제기한다: 좁은 내용은 내용 주체의 물리적 상태에 수반하는 내용이다; 그러나 계산적 상태는 위에서 주장한 것이 옳다면 의미적 성질들을 비본질적으로 가질 것이다; 그렇다면 좁은 내용은 필연적이지 않다; 고로 계산주의 심리학이 좁은 내용에 한정하지 않아야 한다는 이유들이 있다. 에간은 그 이유들을 몇 가지로 제시한다. 좁은 내용이 무엇인가를 제시하기도 어렵지만, 지각이론의 영역을 규정하는 인지적 과제는 인지 주체의 정상적 환경에 관한 특정한 정보에 의존하여 설정된다. 그리고 계산적으로 기술된 지각 상태에 부여된 내용은 좁기보다는 넓은 것으로 해석하는 것이 당연하다.

410(April 1994), pp. 131-146.
7) 에간은 마David Marr의 이론을 보다 자세하게 논의하고 있다. Francis Egan, "Computation and Content", *The Philosophical Review,* Vol. 104, No. 2(April 1995), pp. 184-187.

에간은 〈성숙한 인지과학에서는 내용이 역할을 갖지 않을 것이다〉라는 스티치의 주장을 반박한다. 스티치는 내용은 문맥 특수적이라는 것을 인정한다. 그리고 계산 심리학은 본질적으로 형식적이어서 계산이론들의 경제적 원리들은 내용에 주목하지 않는다는 것이다. 그러나 에간은 내용이 인지주체의 문맥의 중요한 성질들에 민감하다는 것이 중요하다고 주장한다. 바로 이러한 점들 때문에 내용은 계산 심리학의 설명적 목적에 기여할 수 있다는 것이다. 설명목적에 기여하지 않는 이론은 어떤 종류의 이론일 것인가를 물을 수 있다는 것이다. 예를 들어 나와 나의 물리적 복제자는 계산적으로 동일한 복제물일 수 있다. 그러나 우리가 상이한 환경에 처하게 된다면 두 사람에게 부여하는 내용은 넓을 것이고 달라야 한다는 것이다.

에간은 결론적으로 한편으로 인지과학이 추구하는 물리적으로 실현될 수 있는 개체 체계의 독립성을 한편으로 만족하면서도, 의미론적으로 넓게 규정되는 내용론의 요구에 대응하는 타협점을 그의 실용적 해석론에 의하여 제안하고 있는 것이다.[8] 계산적 상태나 과정은 좁게 개별화된다는 사실에 의해 전자를 만족하고 설명이나 인지가 문맥 민감성으로 이루어진다는 사실에 의해 후자가 만족된다는 것이다.

제2절 로아의 현상적 내용

2.1 로아의 포돌 비판[9]

포돌은 초기에 성질 의미를 다음과 같이 제안하였다: 술어 F가 성

---

8) Francis Egan, "Narrow Psychology and Wide Content", Unpublished.
9) Brian Loar, "Can we explain intentionality?", in *Meaning in Mind: Fodor and his Critics,* eds., Barry Lower and Georges Rey, Blackwell, 1991, pp. 119-136.

질 P를 의미하는 한 충분조건은 P인 사물들은 F인 사물들을 야기하고; 술어 F와 다른 성질들 간의 그러한 인과관계는 앞의 관계에 비대칭적으로 의존한다는 것이다. 그러나 그는 최근에 인과조건을 약화하여 사례화되지 않은 성질(예: 일각수)도 의미할 수 있도록 술어 F 개념을 다음과 같이 확장하였다: 술어 F가 성질 P를 의미하는 한 충분조건은 P인 사물들은 F인 사물들을 실제에 있어서 야기할 필요는 없시만 양사간에는 반사실적 인과관계의 법칙적 관계가 존재하고; 술어 F와 다른 성질들 간의 그러한 인과관계는 앞의 관계에 비대칭적으로 의존한다는 것이다.[10]

로아는 포돌의 이러한 확장론도 성공적이지 못하다고 믿는다. 그 까닭은 어떠한 인과적 조건도 지향적 조건과의 연계 없이는 지칭을 설명할 수 없다고 믿기 때문이다. 로아는 포돌이 추구하는 지칭에 대한 자연주의적 또는 원자론적 접근방식에 의문을 제기한다. 로아는 술어적 개념 중에서 어떤 것들이 포돌의 확장 조건을 만족할 것인가를 묻는다. 로아는 순종적 deferential 개념과 재인적 recognitional 개념을 구분한다. 전자는 〈단풍나무〉, 〈말〉, 〈양〉, 〈빨갛다〉처럼 그 지칭이 나의 적용이 아니라 내가 말하는 언어에 의하여 이루어지는 술어개념이다. 후자는 내가 미시시피에 처음으로 가서 〈이러한 종류의 새〉, 〈저러한 종류의 포도나무〉라고 말하여 처음으로 보게 된 자연종들을 분별하는 경우이다. 순종적 개념은 확장조건을 만족할 수 없다. 의미가 사회적이기 때문이다. 그러나 확장조건을 만족할 수 있는 가능한 한 후보는 재인적 개념이다. 그러나 이 경우에도 그 조건이 재인적 개념의 지칭을 위해 충분한 것인가를 물을 수 있을 것이다.

순종적 개념의 충분성: 포돌은 술어와 성질 간의 관계가 지향적이라는 사실은 문제가 되지 않고 중요한 것은 양자간의 법칙적 관계라고 한다. 그러나 로아는 이를 반박한다. 그러나 포돌은 〈'말'을 영양

---

10) 확장론에 대한 자세한 내용은 제11장의 〈비대칭성론〉 절을 참조할 수 있다.

에게 적용하는 경우는 '말'을 말에게 적용하는 경우에 비대칭적으로 의존한다는 것을 보일 수 있어야 한다〉는 것이다. 그러나 잘못이 교정된 다음에는 영양을 오인한 경우를 제외하고는 〈말〉이라고 부르지 않을 것이라고 주장할 것인가? 로아는 〈교정되었다〉는 것은 〈교정을 수용하였다〉라는 지향성을 피할 수 없다고 한다. 지향성 없이 어떻게 교정될 수 있을 것인가?

개념의 지칭성은 사회적으로 구성된다고 할지라도 세계에 관하여 생각하는 능력은 최소한도의 재인적 개념을 필요로 한다고 보인다. 그리고 이러한 재인적 개념의 사용능력은 다른 지칭 능력의 기초가 될 것이다. 그러나 이러한 입장의 재인적 개념은 〈기초적 정보근거의 술어의 지칭은 지향적 구조를 필요로 하지 않는다〉라는 강한 원자론보다는 〈기초적 정보근거의 술어의 지칭은 의미론적으로 독립된 구성요소에 의하여 결정되는 것이 아니라 그 개념의 외부적 조건에 의존한다〉라는 약한 원자론 개념으로 충분하다고 한다.

지시체 결정 상황: 지금까지 보지 못했던 새로운 동물, 예를 들어 라마를 보고 〈그러한 종류의 동물〉이라고 불러 분류하였다고 하자. 로아는 이러한 경우에도 〈특정한 관점〉이 들어 있다고 한다. 첫째 가능성은 〈눈앞의 라마들과 이들만을 가리켜 '라마'라고 부르면서 어떤 경우 기고만장하여 다른 농장의 양에게도 이 술어를 적용한다〉는 경우이다. 둘째 가능성은 〈눈앞의 모든 라마들에게 이 술어를 적용하고 그리고 바로 이러한 상황에 있는 양들에게도 적용한다〉는 경우이다.

포돌은 〈어떤 종류의 상황은 모든 개념의 지칭 결정적 상황이다〉라고 한다. 그러나 로아는 모든 재인적 개념은 관점적 구조를 갖는다고 한다. 그리하여 재인적 개념은 그 구조적 관점을 지시체 결정적으로 만들고 구조적 관점이 없는 단순한 인과적 관계는 지시체를 결정해 주지 못한다고 한다. 재인적 개념은 관점적 구조를 개념의 부분으

로 갖는다고 로아는 말한다. 이것은 프레게의 지시사가 현시의 지향
적 양상을 갖는 것과 맥을 같이 한다. 로아에 의하면 지향성은 지시
체 개념에 있어서 제거 불가능하다는 것이다.

2.2 로아의 현상적 내용 개념[11]

로아는 사유의 심성내용은 단순한 비인격적 재현만이 아니라 이것
이 사유자에게 어떻게 재현하고 사유하는가의 문제라는 점에 주목한
다. 사람들은 여러 가지 방식으로 재현한다. 지각, 기억, 기술, 명명,
유추, 직관, 분류, 이론, 추상 등의 방식으로 재현하지만 이들은 지향
적 성질을 가지고 있다는 점에서 공통되고 또한 이 성질을 본질적으
로 갖는다고 한다. 로아는 이러한 사유가 지향적이라는 점에서 머리
속에서 발생하지만, 또한 그 사유가 단순히 두뇌 내적인 것만은 아니
라는 결론도 타당하다는 사실에서 갈등이나 긴장을 본다.

이러한 갈등에 대한 로아의 처방은 심성내용이 명제 태도의 명사
절의 성격이 외재적인가 내재적인가의 전통적 논의를 건너뛰는 것이
다. 로아의 처방은 심성내용이 명사절과 독립하여 개별화된다는 시각
을 제안하는 데서 얻어진다. 로아의 처방은 내용에 대한 〈프레게 억
제조건〉에서 착상을 얻는다. 프레게는 어떤 것이 판단의 내용이 될
수 있는 필요조건은 화자가 어떤 것과 그 부정을 동시에 말할 때 의
미를 부여할 수 없는 경우라는 것이다. 예를 들어 스미스는 피아니스
트 파데르스키와 정치가 파데르스키가 동일인이라는 것을 모르고 앞
의 〈파데르스키는 피아노를 잘 친다〉라고 믿지만 뒤의 〈파데르스키
는 피아노를 못 친다〉라고 믿는 경우이다. 로아는 어떤 의미론적 구
조도 부정사 없이 이러한 명사절의 일상적 의미를 구분하지 못한다

---

11) Brian Loar, "Phenomenological Intntionality as the Basis of Mental Con-
tent", http://www.nyu.edu/gsas/dept/philo/courses/concepts/loar.html.

는 것이다. 로아에 의하면 심성내용은 간주관적으로 공유되는 불투명한 명사절 내용보다는 보다 세밀하게 개별화된다고 생각하는 것이다. 그리고 그는 이러한 경향이 언어현상에 가득 차 있다고 믿는다.

그렇다면 명사절에 의하여 접근될 수도 없고 문자적으로 표현될 수도 없는 심성내용은 어떻게 전달될 수 있는가? 로아는 우리의 심성내용 개념은 명사절과 독립한 독특한 삶을 가지고 있다고 믿는다. 예를 들어 〈귀도는 저기에 있는 저 여인은 그레타 가르보를 닮았다고 생각한다〉라는 명제태도문에서, 귀도의 생각은 시각적 현시 양상을 가지고 있다는 것이다. 이것은 명사절과 독립하여 있고, 심성내용의 내재주의-외재주의 논의에 대해 중립적이라는 것이다.

로아는 심성내용을 현시 양상 개념하에서 해석하고자 한다. 로아는 이를 위해 시각 경험의 현상적 국면에 주목한다. 먼저 외재주의자들은 시각경험의 느낌의 현상적 국면들을 비지향적이라고 생각한다는 것이다. 표면의 성질 빨강1은 경험적 성질 빨강2를 야기할 뿐이기 때문이다. 시각 경험의 감각적 국면은 인과적이기 때문에 재현적일 수도 없다는 것이다. 그러나 로아는 지각 경험의 느낌의 국면들에 대해 일관적 관점을 가지고 있고 이러한 국면들은 단순히 질적인 것만도 아니고 또한 그 자체로 비지향적인 것만도 아니라고 한다.

로아는 시각 감질이 비지향적이라는 가설은 근거가 없다고 한다. 우리는 순수한 시각 경험을 그것이 선정한다고 믿어지는 대상이나 성질로부터 분리할 수 없기 때문이다. 잔상이나 안구에 압력을 가했을 때 얻어지는 지각 광감의 경우에도 그리하다는 것이다. 우리는 소위 〈순수한 시각장〉에 주목하여 비지향적 요소들을 경험할 수 없다는 것이다. 지각 경험은 지향적이기 때문이다. 모든 지각 경험은 지칭적이거나, 대상 지향적이기 때문이다. 비지향론자는 지시체가 없는 시각 지각의 경우에도 어떤 성질 F를 갖는 것으로 경험된다고 반론을 펼 것이다. 그러나 로아는 시각의 내재적 지향성에 있어서 지시사의 단칭적 현상적 대상 지향성은 충분조건이 아니라 핵심적 요소라고 변호한다.

시각 지각의 현상적 지향성은 로아에게 있어서 무엇이 재현되는가의 문제가 아니라 그 지각이 어떻게 재현적인가의 문제가 된다는 것이다. 시각 지각의 대상 지향성은 대상을 F로 현시했는가의 문제가 아니라 그 현시의 방식, 양상, 모양의 문제라는 것이다. 단순한 지향적 대상에 대해서도 말할 수 있지만, 중요한 것은 이것은 현상적 지향성을 단순히 지칭적 용어로 제한하는 특징 규정일 수 없다는 것이다. 로아는 명제 태도의 명사절이 나타내는 심성내용을 그 명사절의 명제적 구조에서가 아니라 그 명사절이 관계하는 현상적 감각질의 대상 지향성에서 찾고자 하는 것이다.[12]

제3절 맥긴-클라크와 차머스

3.1 맥긴의 좁은 내용론[13]

맥긴은 심성내용에 대해 내부주의와 외재주의를 각기 비판하고 양자의 결합형식을 취한다. 먼저 내재주의에 대한 비판은 외재주의를 지지하는 형식으로 나타나고 있다. 인간의 모든 기능은 몸 안에 있지 않고 환경과의 관계 속에서 찾아진다고 한다. 예를 들어 태양의 빛에

---

12) 김상원은 심성내용 외재론과 특권적 자기인식의 양립불가능성 논변을 비판한다. 보고션 P. A. Boghossion은 〈외재론과 특권적 자기인식을 함께 인정하면 우리는 경험적 명제를 선험적으로 알게 된다는 결론을 인정해야 하는데 이것은 참된 주장이 아니므로 이 둘은 양립할 수 없다〉라고 양립가능론을 반대한다. 그러나 김상원은 보고션이 자신의 논변을 유지하기 위해서는 〈공허한 단어도 개념을 표현할 수 있다〉고 해야 하고 이것은 반직관적이라고 지적한다. 김상원, 「심리철학에서 심성내용의 외재론과 자기 인식의 문제」, 연세대학교 박사학위 논문, 1999.
13) Colin McGinn, *Mental Content,* Blackwell, 1989.

의해 지구인이 피부가 타는 것을 고려한다. 지구인의 피부 색소는 태양의 빛에 따라 그 피부를 검게 한다. 그러나 쌍둥이지구인의 피부는 태양의 빛에 노출된 적이 없고, 쌍둥이 태양의 빛에만 노출되어 있다. 그러나 지구인의 피부 현상과 쌍둥이지구인의 피부 현상은 구별할 수 없을 정도이다. 그렇다면 물음은 이것이다: 쌍둥이지구의 피부 색소의 기능은 무엇인가? 자연스러운 대답은 쌍둥이지구의 피부 색소의 기능은 쌍둥이 태양의 빛으로부터 피부를 보호하는 것이다라고 해야 한다. 기능은 환경과의 관계에서 결정되는 것이다.

맥긴은 외재주의를 두 가지로 구분한다. 약외재주의와 강외재주의이다. 약외재주의는 심성상태가 비심성적 세계에 속하는 어떤 항목이 존재할 것을 요구하는 것이고, 강외재주의는 심성상태가 비심성적 세계에 속하는 어떤 항목이 심성 주체의 환경에 존재할 것을 요구하는 것이다. 양자의 차이는 항목과 심성 주체 간에 인과적 관계가 존재하는가의 여부의 차이이다. 맥긴은 전자는 자명하게 참이지만 후자는 문제가 있다고 한다.

퍼트넘의 외재주의는 쌍둥이지구 논변으로 구성되어 있다. 그러나 퍼트넘의 쌍둥이지구 논변은 〈어떤 의미들만이 환경적으로 결정된다는 것을 보였을 뿐 모두가 그렇다〉는 것을 보이지는 않았다고 맥긴은 생각한다. 그리고 그의 강외재주의는 거짓이라고 믿는다. 강한 외재주의가 참이기 위해서는 〈경험의 내용은 현실 환경의 함수여서, 경험과 세계 간의 인과관계가 경험을 개별화한다〉라는 전제를 필요로 한다. 그러니 이 전제는 참일 수 없다. 예를 들어 〈빨간색이다〉와 같은 모든 관찰 개념은 단순히 경험과 세계 간의 인과적 관계만으로 결정되는 것이 아니다. 사물과 주체가 동일하다고 해도, 세계들에 따라 대기와 빛의 조건이 다를 수 있고, 색채 도치 경험이 가능하기 때문이다.

맥긴은 내재주의와 외재주의를 비판하고 나서, 양자의 결합을 시도

한다. 맥긴은 심성내용이 합리성과 목적론의 교차지점에서 발생한다
고 생각한다. 내용은 고공의 형이상학이 아니라 지상의 생물학으로서
자연적인 것이다. 자연은 머리를 넘어 연장되어 있다고 믿는다. 그러
나 맥긴은 밀리칸의 생물학적 의미론을 지지할 뿐 합리성의 관여방
식에 대해서는 많은 설명을 하지 않고 있다. 밀리칸의 기능 개념을
확장한 정도가 아닐까 생각한다. 밀리칸의 고유 기능 proper function
개념은 두 가지로 구별된다. 하나는 구체적 기능으로서, 〈물〉이라고
불리는 지구의 대상과 쌍둥이지구의 대상은 다르다. 하나는 물이고
다른 하나는 쿨이기 때문이다. 그러나 양자의 일반적 기능은 동일하
다고 말한다. 〈물〉이라고 불리는 대상들은 두 지구에서 공통된 기능
을 가지고 있다는 것이다. 그것은 〈물처럼 갈증을 해소하는 것〉이라
는 것이다.

　맥긴은 크립키의 규칙 역설이 함의하는 심성내용의 문제를 지적한
다. 더하기와 커하기는 서로 다른 산수 기능이다. 유한한 수의 어떤
범위 안에서는 두 기능이 논의들에 대한 동일한 값을 계산해내지만
그 범위를 벗어나면 달라지는 것이다. 그렇다면 문제는 도대체 그 범
위 안에서 더하기와 커하기를 구분할 수 있는 절차가 존재하는가라
는 것이다. 맥긴은 크립키의 규칙 역설을 해소할 수 있는 방식을 제
안한다. 맥긴은 모든 사용을 바른 사용과 바르지 않은 사용으로 구분
하고, 기능은 성향적으로나 인과적으로 결정되지 않고 목적론적으로
결정된다고 한다. 달리 말하여 생존의 가치로 결정된다는 것이다. 심
성내용의 내부 요소와 외부 요소를 목적론적 가치가 결합시킨다는
것이다.

3.2 클라크와 차머스의 능동적 내용론[14]

클라크와 차머스는 능동적 내용론을 지지하기 위하여 몇 가지 개념들을 소개한다. 인지의 연장, 체계 짝짓기 그리고 능동적 외재주의이다. 먼저 인지 연장 개념을 위하여, 클라크와 차머스는 인간 이성이 환경에 작동을 의존하는 경우를 들고 있다. 종이와 연필을 가지고 수식 계산을 하거나 글자판을 재결합하여 단어를 기억하는 경우이다. 개별적 두뇌가 어떤 작업을 수행하면서도 어떤 작업은 외부적 매체에 이양되는 것이다. 세계의 부분이 과정으로서 기능한다면 인지적 과정의 부분으로 인정하지 않을 이유가 없다는 것이다. 그렇다면 세계의 그 부분은 인지 과정의 부분인 것이고, 인지적 과정은 모두 머리속에 있는 것이 아니라는 것이다.

클라크와 차머스는 체계 짝짓기 개념을 들여온다. 인간 유기체는 외부 세계와 양방향적으로 연결되어 있다고 제안한다. 결과는 외부 세계와 짝을 이루는 체계가 구성된다는 것이다. 물론 세계 체계도 부분적으로 상실, 손상, 기능 부실 등을 입을 수 있는 것처럼, 짝지워진 심성 체계도 수면, 정서, 흥분 등으로 기능 손상을 입을 수 있다. 그러나 짝지워진 체계는 신뢰할 수 있어야 하고 신뢰성의 기준은 세계 체계와의 적합성과의 관계에서 설정된다. 그렇다면 짝지워진 심성 체계가 〈오로지 두뇌 속에만〉 존재한다는 가설은 설득력이 없다. 인간의 시각 체계는 자연과학의 구조에 관한 우유적 사실들을 찾아내고, 언어는 이를 위해 인지 과정들이 세계에 연장되어 관련을 갖게되는 바의 중심적 수단으로 역할한다. 사람들은 책상에 둘러앉아 두뇌 짜내기 brain-storming 토론을 벌리고 지성인들은 낙서하면서 상상하고 생각을 발전시킨다.

클라크와 차머스는 세계의 부분으로서의 인지과정 뿐만 아니라 두

---

14) Andy Clark & David Chalmers, "The Extended Mind", Unpublished.

뇌 속의 인지과정도 마음이 세계에 연장된 경우라고 믿는다. 그의 논의는 기억에 들어 있는 믿음의 분석에서 주어진다: 잉가는 맨해튼의 현대미술관에서 전시회가 있다는 소식을 듣고 가기로 결정한다; 그녀는 잠시 생각하고서 현대미술관이 53가에 있다는 것을 기억한다; 그래서 53가로 걸어가서 현대미술관으로 들어간다; 잉가는 현대미술관이 53가에 있다는 것을 믿고 있는 것으로 보인다; 그녀는 이것을 그의 기억을 환기시키기 전에도 믿었다고 해야 한다; 그것은 발생적 믿음이 아니었다; 그 믿음은 기억 속의 어딘가에 저장되어 있었다; 그러나 오토는 치매에 걸렸고 생활을 위해 정보를 환경에 의존해야 한다. 오토는 수첩을 휴대하고 새 정보를 얻을 때마다 수첩에 적고, 정보가 필요할 때마다 수첩을 들여다본다; 오토의 수첩은 보통 사람들의 생물학적 기억 장치의 역할을 한다; 오토는 현대미술관에서 전시회가 있다는 말을 듣고 가기로 한다; 그는 수첩을 들여다보고 미술관이 53가에 있다는 것을 알게 되고 53가로 걸어가서 미술관으로 들어간다; 잉가가 그랬던 것과 비슷하게 오토도 수첩을 꺼내 보기 전에도 현대미술관이 53가에 있다는 것을 믿었다고 해야 한다; 수첩의 정보는 인가의 생물학적으로 비발생적인 기억과 같이 기능하고 있다고 해야 한다; 수첩의 정보는 피부 밖에 존재했고 생물학적 기억은 피부 안에 존재했을 뿐, 두 정보는 같은 기능을 하고 있었던 것이다.

클라크와 차머스는 퍼트넘과 버지의 내용론은 외재주의적이긴 하지만 너무 수동적이라고 비판한다. 심성 주체가 충분히 능동적이 아니라는 것이다. 단순한 외부의 실재의 구조가 심성의 내용을 결정한다는 것이다.

제4절 스티치

4.1 스티치의 포돌 비판[15]

스티치는 포돌의 좁은 내용론을 다음과 같이 요약한다. 심성상태는 뇌신경 상태라는 의미에서 신경생리적이지만 또한 그 상태의 내용에 따라 유형화되기도 한다. 그러나 이 내용이라는 개념이 문제를 제기한다. 심성상태의 일상적인 내용은 소위 〈넓은〉 것이고, 이것은 〈그 내용이 개인의 내부적인 뇌신경 상태에 수반하지 않는다〉는 것을 함축하기 때문이다. 소위 심성 자율성이 지켜지지 않기 때문이다. 예를 들어 포돌의 뇌신경 상태와 쌍둥이-포돌의 뇌신경 상태는 동일하지만 그 내용은 다를 수 있기 때문이다. 양자간의 이러한 차이는 이들이 그가 속하는 세계에 대해 갖는 관계의 차이 때문이라고 포돌은 지적한다.

포돌에게서 좁은 내용은 무엇인가? 포돌은 일상적이고 진리 조건적인 넓은 내용에서 시작하여 이 내용을 구체화 anchors하는 〈문맥적 조건들의 기여〉를 사상하고 남은 것을 좁은 내용으로 간주한다. 간단히 말해 좁은 내용이란 넓은 내용으로부터 구체화 조건을 제거하고 남은 내용이라고 한다. 물론 포돌은 이러한 사상 subtraction 과정을 문자적으로 취하는 것을 반대한다. 그렇다면 엄밀하게 말하여, 좁은 내용은 문맥으로부터 넓은 내용으로의 배치의 기능이라고 할 것이다. 그리하여 생각과 문맥의 진리치 조건으로의 동일한 배치를 결과하는 경우에만 이들은 동일한 좁은 내용이라는 것이다. 예를 들어 포돌과 쌍둥이-포돌이 〈물은 습하다〉라고 말하고 생각하는 경우를 고려할

---

15) Stephen Stich, "Narrow Content meets Fat Syntax", *Meaning in Mind: Fodor and his Critics,* eds., Barry Lower and Georges Rey, Blackwell, 1991, pp. 239-254.

수 있을 것이다. 이 생각 경우들이 동일한 문맥에 처해 있었다면 이 경우들은 동일한 넓은 내용을 가졌을 것이므로, 그 생각 경우들은 좁은 내용을 갖는다는 것이다.

포돌과 쌍둥이-포돌은 동일한 좁은 내용의 생각 개항을 갖는다고 한다. 그러나 양자가 생각하는 것은 정확하게 무엇인가? 이 생각의 좁은 내용은 무엇인가? 쌍둥이 포돌은 그렇게 생각하지 않으므로, 물은 습하다라는 생각일 수도 없고, 포돌은 그렇게 생각하지 않으므로, XYZ는 습하다라는 생각일 수도 없다. 그렇다면 〈좁은 내용은 원초적으로 표현할 수 없다〉라고 해야 하지 않을까라고 스티치는 묻는다. 그러나 이 명제가 참이라면 포돌이 추구하는 바로서의 심리학의 일반화 또는 심리적 설명은 불가능하게 된다.

포돌은 이 문제에 대하여 반응한다. 포돌과 쌍둥이-포돌이 공유하는 생각(물은 축축하다거나 또는 XYZ는 축축하다)을 갖지 못하고, 또 있다고 하더라도 이를 표현할 수 없지만 공유하는 문장(〈물은 축축하다〉)은 언급할 수 있다고 한다. 그러나 스티치의 비판은 계속된다. 포돌은 넓은 내용의 〈P를 믿는다〉와 좁은 내용의 〈[P]를 믿는다〉를 구분하고자 하지만 후자는 전자만큼의 문제를 가진다고 한다. 또한 〈[P]를 믿는다〉는 〈[Q]를 믿는다〉와 구분되지 않을 수도 있다고 한다. P(〈물은 축축하다〉)와 Q(〈XYZ는 축축하다〉)는 지시체와 진리치가 다름에도 불구하고 동일한 좁은 내용을 가진다고 해야 한다.

4.2 스티치의 제안

스티치에 의하면 좁은 내용론의 문제는 표현 불가능성보다는 〈좁은 내용론이 심성상태에 부과하는 분류법이 너무 조악(粗惡, coarse)하다〉라는 점이다. 그러한 이유로 좁은 내용론은 포돌이 원하는 과학적 심리학에 도움이 되지 않는다고 한다. 그리고 스티치는 방법론적

개념을 하나 도입한다. 〈여윈 skinny 통사〉와 〈살찐 fat 통사〉의 구분
이다. 〈통사 유형의 두 개항은 동일하다〉에 대한 여윈 규정은 〈두
개항은 다른 통사 개항들과 갖는 인과적 상호관계의 패턴이 동일하
다〉는 것이고, 살찐 규정은 〈두 개항은 다른 통사 개항들만이 아니
라 자극과 행동에 대해 갖는 인과적 상호 관계의 패턴이 동일하다〉
는 것이다.

　스티치는 첫째로 살찐 통사체계는 생리현상에 수반한다고 믿는다.
심성상태 개항은 뇌신경 상태이다. 그러나 두 사람의 뇌신경 상태가
다르다고 할지라도, 만일 이들이 자극과 행동 그리고 다른 뇌신경 상
태에 대한 인과적 관계의 패턴이 동일하다면, 이들은 동일한 살찐 통
사 유형의 개항으로 간주될 수 있다. 둘째로 넓은 내용은 생리현상에
수반하지 않는다고 생각한다. 넓은 내용은 물리적 조건뿐만 아니라
역사적이고 언어적 문맥에 의존하기 때문이다. 그리하여 넓은 내용은
분류법을 너무 세밀하게 가른다. 뇌신경적으로 동일한 두 사람을 다
른 범주의 내용으로 분류하는 것이다. 셋째로 좁은 내용은 생리현상
에 수반하지만 넓은 내용보다도 넓은 분류법을 가진다고 생각한다.
좁은 내용은 뇌신경 사태를 분류하는데 넓은 내용에서 출발하지만
문맥성을 무시하기 때문이다.

　뇌신경 상태에 대한 세 가지 분류법이 정당하다면 포돌의 문제가
발생한다. 포돌의 프로그램이 수행되기 위해서는 〈좁은 내용과 살찐
통사체계가 부과하는 분류법들이 일치한다〉라는 가설이 전제되어야
한다. 그러나 세 가지 분류법은 다르고, 특히 좁은 내용의 분류법이
부과하는 범주들은 살찐 통사체계가 부과하는 범주보다 크다. 그렇다
면 좁은 내용들의 동일성은 살찐 통사의 동일성을 보장하지 않는다.

　스티치는 좁은 내용과 살찐 통사의 틀림을 지적한다. 헬렌 켈러의
비서가 말을 하여, 그녀와 스티치는 〈뚱뚱한 고양이가 방에 있다〉라
는 것을 알았다. 그녀와 스티치의 뇌신경 상태는 뚱뚱한 고양이가 방

에 있다라는 넓은 내용을 담으면서 또한 [뚱뚱한 고양이가 방에 있다]라는 좁은 내용을 갖는다. 그러나 우리 각각의 뇌신경 상태는 살찐 통사에 있어서 전혀 다를 것이다. 켈러와 스티치는 [뚱뚱한 고양이가 방에 있다]라는 좁은 내용의 믿음에 도달하기 위하여 상이한 방식에 열려 있기 때문이다. 스티치의 경우 다양한 종류의 지각적 자극이 그러한 믿음을 야기하지만 켈러의 경우 이러한 자극은 주어져 있지 않기 때문이다. 켈러와 스티치는 동일한 살찐 통사를 공유하지 않는 것이다.

살찐 통사는 좁은 내용보다 더 세밀한 분류방식을 갖는다. 이를 지지하는 경우는 많다. 예를 들어 인지과정의 인과적 관계의 상이한 패턴들이 상이한 통사 분류로써 기술될 수 있지만 이들은 동일한 좁은 내용을 가질 수 있다. 그렇다면 계산적 패러다임이 올바르다면 심성의 과정에 대한 많은 일반화는 좁은 내용의 명사로써 기술되지 않을 것이다.

스티치의 살찐 통사론과 포돌의 좁은 내용론은 다른 방식으로도 서술된다. 스티치는 포돌에게서 체계적 문제를 지적한다.[16] 포돌의 계산심성론 Computational Theory of the Mind과 포돌의 재현심성론 Representational Theory of the Mind 간의 관계의 문제이다. 포돌의 계산심성론은 포돌에 의하여 〈형식성 조건〉이라고 불리는 〈심성과정들은 심성표상의 형식적(비의미론적) 성질들에만 근접하여 있다〉라는 명제로 규정된다. 그러나 스티치의 통사 심성론 Syntactic Theory of the Mind은 〈인지상태들은 서로간에 인과적 상호 관계를 가지며 자극입력과 행동출력에 대해서도 인과적 연쇄를 가질 수 있기 때문에, 추상된 통사적 대상들에 체계적으로 배치 mapping될 수 있다〉라는 명제로 요약된다. 그러나 포돌은 또한 일상심리학 Folk Psychology을 포기하지 못한다. 일상심리학은 믿음, 욕망과 같은 생각이나 명제태

---

16) Stephen Stich, *From Folk Psychology to Cognitive Science,* Bradford Books, MIT Press, 1983.

도를 사람들에게 귀속하고 이러한 생각들은 내용 또는 의미론적 성질들을 갖는다. 포돌의 재현심성론은 〈명제태도는 유기체가 심성표상들에 대해 갖는 관계이다〉라는 명제로 표현된다. 포돌의 RTM과 스티치의 STM은 대조될 수 있다. 양자의 차이는 심리학의 일반명제는 내용을 언급하던가 통사적 구조를 언급하는 차이이다. 그리하여 스티치의 물음은 〈포돌은 어떻게 양자를 유지할 수 있는가? 인지일반화는 내용에 의하여 심성상태에 적용된다(RTM)라는 명제와, 심성표상의 비의미론적 성질들만이 심성조작을 결정하는 데 있어서 나타날 것이다(CTM)라는 명제를 포돌은 어떻게 동시에 주장할 수 있는가?〉로 표현된다.

스티치는 포돌의 재현심성론을 강한 이론과 약한 이론으로 구분한다. 강한 이론은 통속 심리학의 내용론에 입각한 것이고 약한 이론은 인과적인 면에 국한된 것이다. 스티치가 비판하는 것은 강한 재현심성론이고 수용하는 것은 약한 재현심성론이다. 스티치는 약한 재현심성론은 살찐 통사론과 일관된다고 믿는다. 스티치는 통사적 심성론을 제안하는 것이다. 심성 상태가 문장 내용으로 규정되는 것을 거부하고 이들이 맵핑되는 통사적 대상들로 규정될 것을 요구한다. 이러한 구조에서는 통속 심리학이 기술할 수 없는 좁은 내용의 일반화의 위험이 제거되는 것이다.

포돌의 강한 좁은 내용론은 인지적 일반화를 내용 귀인의 언어로 표현할 것을 요구하지만 가능하지 않음에 반하여, 스티치는 그의 약한 좁은 내용론은 통사적이고 형식적인 일반화에 주목하기 때문에 역사적이고 환경적인 요소들을 무시할 수 있고 〈동일한 문맥에서라면〉 또는 〈동일한 가능세계에서라면〉의 조건에 의하여 동일한 통사적 추상체를 가질 수 있다는 것이다.[17]

---

17) Stepehn Stich, "Autonomous Psychology and the Belief-Desire Thesis", *Monist*, 61(1978), pp. 573-591.

제 4 부

신체론적 탐색

제14장
넓은 내용의 사물성과 신체성

심성내용에 대한 기존의 넓은 내용론은 대세이긴 하지만 사물적인 구조에 너무 의존한다고 보인다. 그러나 사물적인 내용론은 여러 가지 문제점을 가지고 있고 그것은 이원론의 물질과 마음의 관계의 분리주의 때문이라고 생각한다. 그 분리주의는 결국 실재나 의미의 단위를 관계적으로가 아니라 대상적 또는 원자적으로 생각해 온 전통이다. 이러한 데카르트적 사물성은 인간의 몸도 물질에 한정하도록 강요한다. 이에 대한 대안은 기본 단위를 대상이 아니라 관계로 보자는 것이다. 음양론은 그 한 후보이다. 심성내용을 실체적으로가 아니라 관계적으로 바라보았을 때 심성내용의 신체성이 보인다는 가설을 제안하는 것이다. 심성내용의 신체성 관점은 유기적 구성의 음양론의 존재론에서 출발할 때 심성내용의 인격성이 주어진다고 가정하고, 그 인격성은 언어공동체의 생활양식의 체계에서 수행하는 몸가짐에서 표현된다고 주장한다.

제1절 넓은 내용의 사물성 논의와 신체성 논의

1.1 신체성의 개념

사물성과 신체성에 대한 새로운 개념적 구분이 필요하다. 전통적 서양철학에서 신체는 사물성의 범주에서 이해되어왔다.[1] 물질과 마음의 이원론이 강요하는 분류방식의 결과라고 간주된다. 데카르트가 규정한 물질이나 사물의 외연성이라는 이원론적 기준을 신체가 만족한다고 보았을 것이다. 그러나 그러한 이원론의 강요를 거부할 수 있다면 신체성은 데카르트의 사물성에서 벗어날 수 있다는 가능성을 갖는다. 신체성의 독자적 범주를 유지하기 위하여 데카르트의 사물성과 구별되는 보다 세밀한 제안을 할 수 있을 것이다.[2] 신체성 범주와 구

---

1) 김성환은 〈데카르트의 물질의 본성은 연장이다〉라는 명제가 어떤 의미인가를 탐구하고 있다. 데카르트는 단단함, 색깔, 무거움, 냉기, 열기 같은 것들을 물질의 본성으로서 배제하면서 돌 같은 사물의 관념에 남아있는 것은 길이, 너비, 깊이 면에서의 연장이라는 것이다. 그리하여 물질의 제일성질로서의 연장 없이는 나머지 성질들을 알 수 없다라고 한다. 물체의 모든 성질과 현상을 설명하는 데 연장 개념 하나만으로 충분하다는 〈연장으로의 환원주의〉가 성립한다는 것이다. 이러한 김성환의 분석에 설득력이 있다고 믿는다. 그렇다면 데카르트의 물질 개념은 인과관계가 요구하는 사물들의 정보성의 구조를 제외하는 데카르트 특유의 사물성 개념에 도달한다고 보인다. 김성환, 「데카르트의 물질론」, 《철학연구》, 제36집(1995 봄), 139-151쪽.

2) 이태수는 이 방향으로의 가능성을 시사하는 논의를 한 적이 있다. 플라톤의 감각 개념을 두 가지 다른 방식으로 해석할 수 있는 가능성을 견지하고 있다. 인과론적인 것과 중성적 일원론적인 것이다. 두 가지 선택지에 대해 형식적인 관점으로부터 하나의 추측을 할 수 있다고 생각한다. 이 책의 논의의 문맥에서 전자는 물리주의적 시각을 나타내고 후자는 자연주의적 관점을 나타내는 것으로 해석될 수 있을 것이다. 그러나 다음과 같은 의문이 가능하다. 만일 플라톤의 감각 개념이 데카르트적 사물성 구성이 이루어지기 전의 개념이라면 이태수도 만물유전성 개념으로써 시사하는 것처럼 플라톤의 인과성은 정보적 구조를 가지는 개체들의 사건 사이의 관계를 나타내는 것으로 이해될 수 있을 것이다. 그렇다면 이러한

별되는 데카르트의 사물성은 정신적 성질을 포함하지 않는 단순한 외연성이다. 그러나 우리가 추구하고자 하는 신체성은 〈음양관계에서의 몸적인 역할〉을 나타내는 것으로 제안하고자 한다. 이것은 데카르트의 사물성에 연결되어 있으면서도 그것과는 분리되는 별도적 범주를 허용하는 개념을 제시할 것이다. 사물성을 데카르트에 따라 이해한다면, 신체성은 사물성과 구분되어 독립적으로 해석될 수 있는 방식, 즉 몸의 음양적 역할을 제안할 수 있을 것이다.

신체성을 데카르트의 사물성과 구분하여 그 개념을 구성하고자 한다면, 〈신체성〉이라는 단어가 오용되는 경우를 제외하여야 할 것이다. 〈신체성〉은 〈육체적이다〉의 의미로 사용될 수 없다. 육체성은 데카르트의 사물성에 따라 인간의 몸을 바라보는 시각을 나타내기 때문일 것이다. 육체성은 사물성처럼 이원성, 외연성, 인과관계, 비인격성을 포함하고 있다고 보인다. 신체성은 〈피지칼하다〉의 의미로도 사용될 수 없다. 피지칼한 것은 인간의 신체성으로부터 사물성만을 분리한 속성을 나타낸다고 생각되기 때문이다. 또한 비슷한 이유들로 〈신체성〉이라는 단어는 인간의 육체적 몸이나 사물적인 것을 수식하기 위해 사용되기도 어렵다.[3]

그렇다면 〈신체성〉은 어떻게 명료화될 수 있는가?[4] 명료화는 이

사건들의 인과관계는 데카르트적 사물성보다는 중성적 일원론의 사건적인 것으로 해석될 수 있을 것이다. 이태수, 「플라톤 철학에 있어서 지각의 문제」, ≪철학연구≫, 제36집(1995 봄), 85-115쪽.

3) 반 퍼슨은 몸과 육체의 대비에 대한 하나의 일관된 관점을 제시하고 있다. 인간은 몸을 가지고 있을 뿐만 아니라 인간 자신이 몸 σῶμα, soma이라는 것이다. 몸은 단순한 객체가 아니라 행위하는 가능성이고 절대자를 순종하거나 불순종하는 가능태인 것이다. 그러나 육 σάρξ, sarx은 몸에 제한되지 않고 육체성에 매여 있는 죄스러운 존재 방식을 가리킨다. 반 퍼슨 지음, 손봉호·강영안 옮김, 『몸 영혼 정신: 철학적 인간학 입문』, 서광사, 1985, 103-112쪽.

4) 이진우는 신체성 개념의 명료화를 위해서 이를 세계 해석의 출발점으로 삼을 것을 제안한다. 그는 데카르트의 이원론을 극복하는 데 있어서 니체의 몸의 개념에 주목한다. 〈Physiologie〉라는 단어에 대해 새로운 번역어를 제안하여 기존의 것과

개념의 반대어가 무엇인가를 고려하여 도움을 받을 수 있을 것이다. 위에 제시한 사물성이나 육체성 이외에도, 〈관념성〉을 제시할 수 있다. 헤겔의 체계가 관념적이라면 명동 사람들이나 그리니치 사람들의 생활양식은 그 체계를 밖으로 나타내 보이고 있다는 의미에서 〈신체적〉이라 할 수 있을 것이다. 〈추상성〉은 또 하나의 반대어일 것이다. 플라톤적 사랑이 추상적 사랑이라 할 수 있다면 차탈레이 부인의 사랑은 신체적 사랑이라는 의미에서 구체적이라 할 것이다. 〈사밀성〉도 반대어가 될 수 있다. 뒷집 총각을 남몰래 좋아하는 처녀의 경험은 사밀적이다. 그러나 어느 날 그 총각을 만났을 때 얼굴이 홍당무가 되는 것이 발각되었을 때 처녀의 심성상태는 친구들에게 공적으로 알려지고 만다.

여기에서 주목할 수 있는 것은 〈신체성〉의 반대어들이 대칭적 반대어가 아닌 것 같다는 것이다. 〈신체적이다〉라는 형식의 표현은 별로 쓰이는 것 같지 않기 때문이다. 술어형식보다는 보통명사 형식으로 더 쓰이고 있다. 이 표현은 몸과 관련되어 있다라는 내용을 제시하거나 몸의 요소가 경시된 전통에 대한 처방으로서 몸의 강조를 지적하기 위해 사용되어 왔다. 위의 반대어들은 술어적으로 사용되고 있음에 반하여 〈신체성〉은 그렇지 않은 것 같다.

〈신체성〉이 1차적 술어가 아니라면 어떤 종류의 2차적 술어일 것인가? 하나의 후보는 〈신체성〉은 의미가 부여되는 방식을 나타낸다는 의미의 술어일 수 있다는 것이다. 그렇다면 〈신체성〉은 언어의 의미부여를 지향성에서 제시하는 방식을 비판하는 관점을 구성한다. 언어의 의미는 신체성을 통하여 구성된다는 관점을 나타내는 것이다. 언어의미가 결정되는 방식은 인간의 몸, 즉 공동체의 몸을 통하여 구성

대조한다. 기존의 생리학 Physiologie이 인간의 신체를 하나의 대상으로 파악하는 자연과학이라고 한다면, 니체의 몸학 Physiologie은 몸을 세계해석의 출발점으로 삼은 철학이라는 것이다. 이진우, 「니체의 반역적 사유: 의식의 이성과 몸의 이성」, ≪철학≫, 제48집(1996 가을), 187-214쪽.

된다는 관점이다. 신체성과 지향성은 언어 의미의 결정과정에 대한 반대되는 관점을 드러내는 것이다. 신체성은 1차적 술어가 아니라 체계의 관점이다. 체계적 관점으로서의 신체성은 생각의 주체이다. 경험의 주체를 정신으로 간주하였던 서양전통에 항의하는 것이다.

〈신체성〉이 2차적 술어일 수 있는 둘째 근거, 그러나 보다 근본적이고 중요한 근거는 데카르트의 이원론적인 몸의 해석을 배격하는 체계 비판적 관점에서 나온다. 그 대신 몸은 마음과 더불어 음양적 관계에 있다는 합일적 관점을 제시하는 것이다. 신체성은 영어의 〈body〉와 〈mind〉가 나타내는 서양언어의 이원론적 구조에서의 〈body〉의 번역어가 아니다. 신체성은 한국어의 〈몸〉과 〈마음〉이라는 단어가 보이는 동양언어의 음양적 구조에서의 〈몸〉이 표시하는 개념이다. 이원론은 양자를 배타적 관계에 두지만 음양론은 양자를 서로 요구하는 관계에 둔다. 음양론은 〈양자〉라는 단어가 얼핏 시사하는 것처럼 양자가 존재자로서 구분되는 것이 아니라 양자가 나타난 요소 또는 국면으로서 다른 것들과 함께 하나의 존재자를 이루는 구조를 갖는다.

그러나 두 요소는 어떤 근거로 그러한 합일적인 음양관계에 들어갈 수 있는가? 양자는 데카르트적 외연성의 사물성만으로는 그러한 관계에 들어갈 수 없다. 양자는 특정한 정보적 계기에 의하여 음양관계에 들어간다고 가설화된다. 두 요소는 각기 다른 요소들로는 들어갈 수 없는, 양자만이 그러한 특정한 관계에 들어갈 수 있는 특정한 정보적 요소로 서로를 요구하는 관계이다. 그렇지 않다면 음양관계는 데카르트의 사물관계보다 나을 것이 없기 때문이다. 그렇다면 신체성은 〈음양의 두 요소가 하나의 온전한 개체나 사건을 이루기 위하여 상호 교섭하는 정보적 계기를 맞추는 데 있어서 음양 중 몸의 역할〉이라는 것으로 제안할 만하다. 신체성은 인간의 경우, 몸이 관련하는 방식에 따라 개체나 사건들에서 음의 요소로나 양의 요소로 개입할 것이다.

1.2 신체성 개념의 현상학적 구성

국내 현상학자들은 이미 오래 전부터 신체성의 개념에 주목하고 이에 대한 많은 논의를 해왔다. 몇 가지 논의에 한정하여 이를 살펴 보고자 한다. 김형효는 현상학적 관점을 긍정적으로, 한자경은 비판 적으로 해석한다. 그러나 김홍우와 손봉호는 자기 나름의 논의를 개 발하고 있다. 처음 세 사람은 메를로 퐁티와의 관계 속에서 입장들을 개진하고 손봉호는 고통 개념을 중심으로 제시한다.

김형효[5]는 메를로 퐁티의 신체론을 육화된 의식 또는 몸과 마음의 〈불일이불이(不一而不二)〉로 해석한다. 이러한 주장에 대해 논거들을 몇 가지로 제시한다. 첫째, 사람의 감각 질qualia은 데카르트의 사물 성도 정신성도 아니고 신체성의 성질이라는 것이다. 둘째, 사물이 공간 의 위치 설정의 성질을 구현한다면, 몸은 세계와 더불어 〈포장하기〉 와 같은 상황을 구현한다는 것이다. 상황이란 사물적 공간일 수 없고 인격적인 공간이고 이것은 인격성을 가진 신체성으로만 구성된다는 것이다.[6] 셋째, 성욕은 하나의 사유대상을 겨냥하는 사유가 아니라 하나의 다른 몸을 겨냥하고 있다. 의식이 아니라 세계 안에서 만들어 진다는 것이다. 마지막으로 말은 의미의 몸이라고 한다. 나의 몸이 상황을 구현하듯 나의 생각도 몸의 입을 통하여 분절된 발음으로 나 타난다. 내가 몸의 말을 상대방과 교환할 때, 나는 표상된 관념을 주

---

5) 김형효, 『메를로-퐁티와 애매성의 철학』, 철학과 현실사, 1996, 105-150쪽.
6) 메를로 퐁티는 〈화가는 신체를 가지고 있다〉라는 논변을 제시한다. 화가는 세계 를 보면서 자신을 본다. 화가의 몸은 봄의 이중성으로 세계와 연결되어 하나의 상황을 만들어내는 것이다. 보는 사람 그 자신이 한 일부를 이루고 있기도 한 세 계 쪽에서 볼 때 그 세계는 즉자적인 것도 물질도 아니다. 메를로 퐁티 지음, 오 병남 옮김, 『현상학과 예술』, 서광사, 1983, 289-291쪽.

고받는 것이 아니라, 말하는 사람과 듣는 사람 사이에 하나의 세계가
형성되면서, 그 세계 속에서 공유된 상호주관성이 의사소통을 가능케
한다.[7] 그리고 이미 말하고 말해진 하나의 세계 안에서 우리는 숙고
한다.[8]

한자경[9]은 메를로 퐁티의 신체성을 그의 시간 구조에서 해석하고
있다. 이원론적 존재론은 객관적 세계 자체의 존재를 상정하지만 그
부당성은 〈뮐러-라이어의 착각〉 현상으로 나타날 뿐 아니라 세계 통
일성은 정신적(지적 종합)이 아니라 감각적(지각 종합)이라는 것이 보
여지고 있다는 것이다. 그러나 지각적 종합이란 무엇인가? 지각이란
음악을 들을 때처럼, 앞마디를 예견하고 뒷마디를 회고하는, 예견과
회고가 반복되면서 하나의 작품을 총체성에서 파악하는 것이다. 지각
은 그 예견성과 회고성으로 연속적 시간성을 갖는다. 그렇다면 시간
은 한 중심적 자아로부터 나오는 것이 아니라, 오히려 나의 지각영역
으로부터 나오는 것이다. 이 지각 영역이 그의 파지의 지평을 배후로
이끌어오면서, 그의 예기 속에서 미래로 넘어간다.[10] 현재의 초월성은

---

7) 양해림은 상호주관성은 필연적으로 신체적이라는 점을 주장한다. 양해림, 「메를
로 퐁티의 문화 현상학」, 『몸의 현상학』, 한국현상학회 편, 철학과 현실사, 2000,
107-136쪽.
8) 강동수와 조관성은 신체성을 경험의 지평에 함몰된 선험성 또는 인격적 자아로
해석하고 있다. 강동수, 「후설의 선험현상학에서 신체성 분석의 의의」, 『몸의 현
상학』, 한국현상학회 편, 철학과 현실사, 2000, 11-41쪽; 조관성, 「인격적 자아의
실천적 삶과 행위 그리고 신체」, 『몸의 현상학』, 한국현상학회 편, 철학과 현실사,
2000, 42-106쪽.
9) 한자경, 「메를로 퐁티: 신체성의 자아」, 『자아의 연구』, 서광사, 1997, 262-290쪽.
10) 한전숙과 이종관은 메를로 퐁티의 신체성의 시간성을 습관 개념에서 주목하고
있다. 자전거 운전이나 타이프라이터 치기와 같은 습관은 육체 없는 정신의 놀
이가 아닌 것처럼 마음 없는 육체의 동작일 수 없다는 것이다. 습관은 경험주의
나 지성주의에 의해 설명될 수 없다는 것이다. 한전숙, 차인석, 『현대의 철학 I』,
서울대학교 출판부, 82-85쪽; 이종관, 「몸의 현상학으로 본 영상문화」, 『몸의 현
상학』, 한국현상학회 편, 철학과 현실사, 2000, 137-179쪽.

바로 그 현재가 미래로 이행하고 과거를 포함하고 있다는데 놓여 있는 것이다. 그렇다면 이것은 흐르는 시간 속의 지평 안에서 수직적인 초월을 가능하게 하는 그런 순간이란 존재하지 않는다는 것을 말해 준다는 것이다. 내 자신을 반성할 때 반성되는 자아만이 주어지고 파악될 수 있을 뿐, 반성하는 자아 자체는 주어지지도 않고 파악되지도 않는다는 것이다. 초월적 주관성이 아니라 자연적 나로서의 신체가 〈세계로의 존재의 수레〉이다. 신체는 반성된 것도 아니고, 반성될 수 있는 것도 아니며, 오직 체험될 수 있을 뿐이다.

그러나 한자경은 메를로 퐁티와는 다른 방향으로 향하여 있다. 퐁티를 반박하는 구체적 논의는 하지 않으면서, 자신의 적극적이고 긍정적인 입장을 나타내고 있다. 마음은 기본적으로 신묘한 자각이라는 것이다. 그리하여 마음은 유한한 것들에 관한 상대적 사유를 넘어서는 무규정자이고 무제약자라는 것이다. 한자경의 마음은 신체성을 떠나는 것으로 보인다. 한자경은 그러한 관점을 〈들고 가기 위해서가 아니라 두고 떠나기 위해〉라는 시어로 표현하고 있다.[11]

김홍우[12]는 〈말한다〉라는 한국어의 일상 언어의 분석을 통하여 언어의 신체성에 대한 신선한 논의를 구성하여 보이고 있다. 〈말한다〉라는 표현이 이원론의 구조에서 사용된다고 하자. 그러면 〈생각한다〉가 이원론의 마음이 수행하는 것이라면 〈말한다〉는 이원론의 몸 또는 구체적으로는 입이 수행하는 것이 된다. 그러나 말하는 것은 나의 입만이 아니라 나의 몸 전체이다. 내 몸의 어떤 부분이 말하는 부분이고 어떤 부분이 말하지 않는 부분인지 구별하기 어렵기 때문이다. 한국어에서도 나의 〈입〉이 말한다 하지 않고 〈내〉가 말한다고 한다. 몸 전체로서 말하는 것이다. 〈말한다〉라는 표현은 이원론이 아니라 신체성의 구조에서 이해된다. 그러므로 내가 말할 때 그 결과 나는

---

11) 한자경, 『자아의 탐색』, 서광사, 1997, 5-8쪽.
12) 김홍우, 『현상학과 정치철학』, 문학과 지성사, 1999, 5-6쪽.

말이 되는 것이다.

손봉호는 고통을 존재-윤리론적 차원에서 인간론의 핵심 개념으로 파악하고 있다.[13] 아리스토텔레스와 벤담이 쾌락과 고통을 대칭관계에 놓고 윤리이론을 정립하고 있는 것에 손봉호는 반대한다. 적어도 두 가지 근거를 제시한다고 보인다.[14] 첫째, 고통은 다른 경험에 의하여 설명할 수 없다는 의미에서 원초적이고 다른 경험들로 환원할 수 없다는 점에서 기초적이라고 한다. 예를 들어 갓난아이는 배고플 때 울고 기저귀가 젖었을 때 운다. 아이는 배운 적이 없지만 생존 유지적 반응으로서의 울음을 우는 것이다.

둘째, 고통은 부정의 근원이고, 부정이 논리학이나 과학에서 차지하는 그러한 위치를 인간사회에서 차지하고 있다고 한다. 구체적으로, 과학 가설은 부정적 실험결과에 의하여 반박되지만 긍정적 실험결과에 의해서는 반박되지 않았을 뿐 진리로 확립된 것이 아니다. 과학에서는 반박되지 않은 어떤 명제도 언제나 가설로 남는 것이다. 비슷한 논리로, 사회는 모든 사회 성원들에게 적용될 수 있는 진리로서의 유일한 행복의 조건은 합의할 수 없지만 어떤 성원에게도 발생할 수 있는 그러나 극복되어야 할 부정적 조건에는 합의할 수 있다. 그리하여 손봉호는 〈나는 생각한다 고로 나는 존재한다〉라는 데카르트의 명제 대신에, 〈나는 아파한다 고로 나는 존재한다 Dolero Ergo Sum〉라는 명제를 제안한다. 이원론적 코기토 명제를 비판하지 않고 신체성의 돌레로 명제를 제안하는 것은 의아스럽다.

그럼에도 불구하고, 손봉호의 고통 철학은 신체성의 논의에 많은 것을 시사한다. 고통만큼 신체성을 구체적으로 부각할 수 있는 주제

---

13) 이기상은 손봉호의 고통 주제를 이성중심적 진리관에 대한 대안으로 가능하다고 해석한다. 이기상, 「흔들릴 수 없는 인간실존의 토대: 고통」, 《철학》, 1995(4), 253-258쪽.
14) 손봉호, 『고통받는 인간: 고통문제에 대한 철학적 성찰』, 서울대학교 출판부, 1995, 35-49쪽.

는 많지 않을 것이기 때문이다. 고통은 육체적인 것만도 아니고 심리
적인 것만도 아니기 때문이다. 심성내용의 의미론적 질서를 신체성에
서 볼 수 있다면 고통은 그 대표적 사례로서 여러 가지 함축을 가질
것이고 새로운 주제를 구성할 수 있으리라 생각한다. 철학자들에 의
해 지적된 것처럼, 〈x는 아프다〉라는 술어의 의미론적 사용의 기준
은 x의 심리적 상태가 아니라 x의 신음, 울음, 참기 어려워하는 몸짓
같은 행동적 계기라는 것이다. 행동주의는 심리적 상태를 부인하면서
의미와 행동을 동일시하거나 행동으로 환원함에 반하여, 기준론적 의
미론은 심리적 상태를 허용하기 때문에 환원 없는 외부적 기준을 유
지할 수 있는 것이다. 고통은 데카르트적 의미론이나 행동주의적 의
미론을 반박할 수 있는, 모형적으로 신체론적 의미론의 사례라고 생
각한다.

위의 현상학자들은 신체성과 자아 또는 언어와의 관계에 일찍부터
주목하여 큰 기여를 하였다. 그러나 이러한 신체성이 언어 의미에 구
체적으로 어떻게 관련하는가에 대해서는 상세한 논의가 보이지 않는
다. 특히 심성내용의 이해에서 〈신체적이다〉라는 믿음 이외에 어떤
조명을 할 수 있는가가 선명하지 않다. 예를 들어 김홍우는 몸과 말
을 동일시할 수 있다는 참신한 주장을 하고 있지만, 몸짓이 자연언어
와 독립된 언어일 수 있다라고 할 것인가는 분명하지 않다.

1.3 넓은 내용의 두 가지 해석

데카르트의 사물성과 음양적 신체성의 이러한 개념들은 잠정적인
작업적 구분이다. 이제 이러한 구분으로 심성의 넓은 내용론이 어떻
게 달리 구성될 수 있는가를 시사하고자 한다. 먼저 사물성에 의한
넓은 내용은 이미 주어진 논의에 따라 소개될 수 있을 것이다. 먼저
퍼트넘의 쌍둥이지구 논변은 사물성을 잘 드러내고 있다. 지구와 쌍

제14장 넓은 내용의 사물성과 신체성

둥이지구는 하나를 제외한 모든 면에서 동일하고, 예외적인 것은 지구에서 〈물〉이라 불리는 것은 H_2O이지만, 쌍둥이지구에서 〈물〉로 불리는 것은 XYZ라는 것이다. 지구의 김씨와 쌍둥이지구의 김씨가 〈물 한 잔 마시고 싶다〉라고 각기 말하였을 때 한 사람은 H_2O로 구성된 액체를 마시고 싶다는 것이고 다른 사람은 XYZ로 합성된 음료수를 마시고 싶어하는 것이다. 두 사람이 마시고 싶어하는 것에 대한 그들의 심성내용은 그들이 살고 있는 지구와 쌍둥이지구의 H_2O와 XYZ로 구성된 사물들의 속성에 의하여 결정되는 것이다.

〈심성내용은 넓게 구성될 수 있다〉라는 명제는 사물적으로가 아니라 신체적으로 해석될 수 있다고 본다. 이를 위해 몇 가지 논의를 시도하고자 한다. 첫째는 행위 개념 논변이다. 이를 위해 먼저 심성내용의 문제는 행위 언어 표현의 의미 문제에서도 나타난다는 점을 보이고자 한다. 심성내용의 문제는 전형적으로 〈피에르는 런던이 아름답지 않다고 믿는다〉와 같은 명제 태도의 문장이나 〈물 한 잔 마시고 싶다〉와 같은 심리적 문장에서 나타난다고 믿었다. 그러나 이 문제는 〈오이디푸스는 결혼 첫날밤 신부 이오카테스와의 성 관계를 즐겼다〉에서처럼 〈오이디푸스는 결혼 첫날밤 신부 이오카테스와의 성 관계를 하였다〉에서도 나타난다. 신부와의 성 관계의 즐김의 심성내용이 어떻게 규정되는가의 문제는 신부와의 성 관계 행위의 심성내용이 어떻게 규정되는가의 문제와 질적으로 다르지 않다고 생각한다. 신부 이오카테스와 모친 이오카테스가 동일인이라는 것이 알려진 경우, 즐김의 심성내용의 규정문제는 동인하게 행위이 심성내용의 규정문제로 성립하기 때문이다. 오이디푸스가 결혼 첫날밤 성 관계를 즐겼던 심성내용의 대상은 〈신부〉로만 기술될 수 있는가 아니면 또한 〈모친〉으로도 기술될 수 있는가의 문제가 발생한다. 그러나 또한 오이디푸스가 결혼 첫날밤 성 관계를 하였을 때의 경험의 심성내용의 대상은 〈신부〉로만 기술될 수 있는가 아니면 또한 〈모친〉으로도 기술될 수 있는가의 문제도 역시 발생하는 것이다.

다음으로 행위의 신체성 개념을 명료화할 수 있을 것이다. 먼저 행위에 대한 전통적 이해의 문제점을 지적할 수 있을 것이다. 〈행위〉는 그 동안 〈정신이나 의지의 물질적 또는 신체적 실현〉으로 파악되었다. 〈산책〉으로 지시되는 행위는 〈산책하고자 한다〉라는 정신적 의지를 나의 신체라는 물질에 의하여 실현한 동작 이외의 다른 것이 아니라는 것이다. 이러한 이해는 정신과 물질의 이원론적 대립을 전제하고 있다는 점을 지적할 수 있다. 행위 현상을 행동 현상으로 환원하거나 간주하는 방법론적 행동주의나, 행위 언어를 행동 언어로 번역하는 논리적 행동주의는 행위에 들어 있는 정신적 요소를 실재적으로 해석하는 데 저항하는 물리주의적 일원론의 시각에 서 있는 것이다. 다른 하나의 문제는 〈정신의 물질적 실현〉이라는 표현이 나타내고 있다. 정신과 물질의 이원론을 수용한다면 양자는 배타적 관계에 있고 양자를 연결할 수 있는 제3의 중재적 존재자를 요청할 수 없을 것이고 정신과 물질은 〈어떻게 직접적으로 결합될 수 있는가〉라는 물음이 발생한다.

행위에 대한 전통적 개념구성의 문제점을 심각하게 고려한다면 행위는 정신과 물질이라는 두 존재자의 결합이 아니라는 해석을 제안할 수 있을 것이다. 차라리 행위는 몸과 마음이라는 두 요소로 구성되는 하나의 사건적 존재자라는 가설이 가능해진다. 신체가 몸과 마음의 두 요소로 구성되는 하나의 존재이듯[15] 행위는 두 요소에 의해 구성되는 하나의 사건이다. 여기에서의 두 요소도 오해될 염려가 있다. 사건을 개체가 어떤 성질을 실현하는 경우로 이해한다면, 행위라는 사건은 전통적으로 물질이라는 몸이 정신적 성질이라는 의지를 실현하는 것으로 이해하였다. 그러나 우리의 음양적 신체론은 정신이 개체나 성질의 둘 중의 하나에만 있다라고 말하는 방식을 거부하는

---

15) 다음의 제15장 〈몸과 마음으로 생각한다〉를 참조할 수 있을 것이다.

것이다. 몸과 마음의 경우 요소 언어는 이원론의 배경 때문에 구성된 언어일 뿐이다.

넓은 내용은 사물적이기라기보다는 신체적이다라는 명제는 〈언어와 사회 논변〉을 통하여 더 지지될 수 있을 것이다. 〈반갑습니다-만나고 싶었습니다〉라는 짧은 대화는 대학 신입생들이 미팅에서 나눌 수 있는 내용이고 이들이 처해 있는 사회의 문맥에서 이해된다. 그러나 이 대화의 사회성은 두 대화자를 김정일 국방위원장과 김대중 대통령으로 설정하였을 때 더 두드러지게 나타난다. 서로 주적 집단의 괴수로 오랫동안 간주되어온 대립관계에서 두 정상이 나눈 이 대화는 그만큼 역사적 의미를 갖는다. 요점은 두 정상만이 대화의 그러한 사회적 의미를 갖는 것이 아니라 보통 사람들의 모든 대화가 그러한 의미성을 갖는다는 것이다. 이 대화에서 또한 고려할 수 있는 것은 대화의 의미는 사물적으로 주어지지 않는다는 것이다. 대화의 의미는 서술적이지 않을 뿐 아니라 수행적이기 때문이다. 그리고 대화의 수행성은 두 사람이 발화의 현장에 참여할 것을 요구한다. 이 대화는 편지나 전화로 이루어질 수 없기 때문이다. 이 대화의 의미는 신체성을 불가피한 구성 요소로 가지고 있는 것이다.[16]

넓은 내용의 신체성을 보이는 논변은 몸과 마음의 관계를 통하여 구성될 수 있을 것이다. 〈김씨는 이씨를 보고 반가워 웃는다〉라고 우리는 말할 수 있다. 김씨는 그의 웃음 경험에서 특정한 심성내용을 갖는다. 그러나 이 심성내용은 사물적으로 제시될 수 있는가? 웃음

---

16) 박우석과 김혜련은 사고실험이 현실적 실험보다 열등하지 않고 과학 사고실험과 철학 사고실험이 구별되지 않는다고 주장한다. 연구자의 연구의 함축은 사고실험의 반사실적 조건문 counterfactual((I&C)□→W), 우스꽝스러운 결과 absurdity(─◇W)를 통하여 사고실험의 내용의 가능성 content possibility(◇C)에 이른다는 점이다. 사고실험의 양상적 논변의 구조는 이 현실세계에서 사람들이 어떤 종류의 접근가능성을 갖는가에 따라 달리 구성되는 구조인 것이다. 내용의 신체성을 더 추구할 만한 방향이라고 믿는다. 박우석·김혜련, 「사고실험의 논리」, ≪철학≫, 1999(58).

경험시의 심리적 상태에 대응하는 물리적 사태에 의하여 제시될 것
인가? 사물적 넓은 내용론자도 그렇게까지 갈 수는 없으리라 생각한
다. 그렇다면 사물론자는 심성내용을 쌍둥이지구 논변에서와 같은 특
정한 심성상태에 한정하여야 한다. 그러나 이러한 선택지도 사물론자
에게는 열려 있지 않다. 그는 〈특정한 심성상태〉라는 어휘로 〈특정
한 심성 언어가 지시하는 사태〉를 지시하여야 하고 이러한 상황은
〈웃음〉 같은 단어를 제외할 수 없게 한다. 그리고 김씨의 웃음은 이
원론적인 물질과 정신의 합성일 수 없다. 그의 웃음은 그의 사람됨이
그러하듯 몸과 마음이라는 음양적 요소들이 함께 드러내는 단일한
사건인 것이다. 마음 없는 그의 웃음의 심성내용은 공허하고 몸 없는
그의 웃음의 심성내용은 나타나지 않는다. 김씨의 웃음은 그의 신체
성의 표현인 것이다.

제2절 외연적 의미와 인격적 의미

넓은 내용론이 사물적이 아니라 신체적임을 보여주는 하나의 논의
는 심성내용을 나타내는 언어의 의미가 외연적인가 아니면 인격적인
가의 물음을 통하여 구성될 수 있을 것이다. 심성내용의 의미가 외연
적으로 결정된다는 외연론은 이미 그 얼개가 분명히 알려져 있다. 외
연론에 의하면, 〈물〉이라고 불리는 것이 지구에서는 H_2O를 지칭하지
만, 쌍둥이지구에서는 XYZ를 지칭한다. 지시어와 지시체간의 이러한
외연적 관계 때문에 외연론에서는 심성내용의 문장에 대한 해석도
달리 제안되고 있다. 〈물〉이라고 불리는 대상의 구조 이외에는 지구
와 쌍둥이지구의 모든 것이 동일하다고 상정하였다. 그러한 지구의
김씨와 쌍둥이지구의 김씨가 각각 〈물 한 잔 마시고 싶다〉라고 말한
경우에 이 문장들은 다른 액체를 지시하고 있다는 것이다. 이들이 그

제14장 넓은 내용의 사물성과 신체성

액체의 화학구조식이 무엇인가를 모르는 경우에도 이들은 다른 음료수를 가리키고 있다는 것이다. 두 액체의 다른 성질들이 이론이나 공동체와 독립하여 형이상학적으로 확실하게 주어져 있는 것처럼 제시되고 있는 것이다.

그러나 이러한 심성 언어 의미의 외연론은 진리론적 의미이론이 가지고 있는 문제를 그대로 유지한다고 생각한다. 진리론적 의미이론이 〈문장에 대응하는 사실이 얻어지는 경우 그리고 이 경우에만 그 문장은 참이다〉로 요약될 때 문제점은 분명하다. 그 사실이라는 것이 언어와 독립하여 형이상학적으로 주어져 있어야 하는 것이다. 문제는 언어 없이 그러한 형이상학적 사실을 표상할 수 없다는 데 있다. 외연론자가 〈물〉이라는 단어의 의미가 지구나 쌍둥이지구에 따라 H_2O 또는 XYZ라고 할 때 무엇을 뜻하는가? 외연론자는 〈이 액체는 H_2O 이다〉라는 문장이 드러내는 사실을 이 문장과 독립하여 발견할 수 있다는 것을 전제하는 것이다. 그러나 나는 이러한 단순주의적인 외연론은 수용할 수 없다. 문장이 없이 그 사실은 제시될 수 없기 때문이다. 외연론자의 문제는 진리론적 의미이론의 문제를 반복하는 것이다.

심성 언어 의미의 외연론은 다른 하나의 문제를 포함한다. 외연론은 두 지구의 액체들이 H_2O 또는 XYZ라고 할 때 그러한 성질 실현이 공동체 독립적이라고 믿는 것이다. 이것은 진리론적 의미이론의 파생적 문제이긴 하지만 그러나 독립적 문제로 부각할 만하다. 외연론은 두 액체의 그리힌 성질들이 득징한 이론 없이도 각기의 세계에서 구현된다고 전제하는 것이다. 그러나 이러한 전제는 어떤 설득력을 갖는 것일까? 이것은 마치 이론 없이도 빛에 대해 관찰할 수 있는 것처럼 말하는 것이 아닐까? 아인슈타인은 그러한 전제에 대해 무엇이라고 할 것인가? 빛이 이론 의존적인 관찰의 대상이라면 빛에 의하여 관찰이 이루어지는 바의 액체의 성질 또한 그렇다고 하여야 하지 않을까? 그렇다면 이론은 공동체에 의하여 구성되고 실천되고 실험된다고 하여야 한다.

사물적 넓은 내용론의 외연성은 수용하기 어려운 가설이다. 의미는 공동체적이기 때문이다. 그렇다면 우리는 다음의 가설을 선명하게 주장할 수 있을 것이다: 〈의미는 개인의 내부로부터 발생하는 것도 아니지만 사람들의 외부로부터 주어지는 것도 아니다〉. 차라리 의미는 사람들의 삶의 구체적 문맥으로부터 얻어지는 것이다. 예를 들어 〈사람은 좌측통행, 차마는 우측통행〉이라는 문장의 의미가 주어지는 방식을 관찰할 수 있을 것이다. 이 문장의 의미는 왕이나 학자 같은 어떤 개인들이 소원하는 심리 상태를 반영하여 결정된 것이 아니다. 이것은 또한 어떤 자연 법칙같이 사람들의 외부로부터 주어지는 것도 아니다. 그 의미는 사람들의 삶의 방식에서 얻어지는 것이다.

이러한 생활양식은 가끔 독재자에 의하여 지시되는 경우도 있지만 바람직하게는 성원들이 공동체적으로 도달하는 결과이다. 공동체의 생활양식은 구체적인 합의나 절차적인 합의일 수도 있지만 그렇지 않을 수도 있다. 〈자연사적〉일 수 있는 것이다. 연극의 무대에서 비가 올 때 모든 배우들이 동시에 우산을 펼 수 있지만, 실제의 종로 네거리에 비가 올 때도 사람들이 모두 동시에 우산을 펼 수 있다.[17] 전자는 합의된 공통체적 의지에 의하여 동시에 펴는 것이지만 후자는 다르다. 후자는 합의 없이 각 개인들이 자신의 보호를 위하여 수행하는 행위이지만 동일한 행위양식에 도달하게 된 것이다. 이 행위양식은 각 개인을 보호할 뿐 아니라 공동체의 모든 개인들을 보호한다는 의미에서 자연사적으로 얻어지는 공동체적 생활양식이 되는 것이다. 생활양식의 공동체성은 이러한 다의성을 갖는다고 생각한다.

심성 언어 의미는 사물적이 아니면서도 안정성을 갖는다고 주장할 수 있을 것이다. 언어 의미는 변할 수 있지만 쉽게 또는 급격하게

---

17) 써얼의 1987년 한국 방문 특강에서 든 그의 〈collective intentionality〉의 예이다.

변하지 않는 것이다. 그 까닭은 의미가 생활양식에 기초하여 있고 생활양식은 공동체에 의하여 구성되기 때문이다. 생활양식의 공동체성은 두 가지 다의성을 갖는다고 하였다. 합의적 공동체성의 경우 이 합의가 외부적으로 강요되지 않았다면 이 합의는 쉽게 변경되기 어려운 것이다. 합의가 변경되어야 하는 상황은 문맥이 달라지는 경우뿐이기 때문이다. 그러나 문맥은 그리 쉽게 변하지 않는다. 문맥은 단일적 요소로 구성되기보다는 총체적 요소들로 이루어지기 때문이다. 그리고 자연사적 공동체성의 경우 변화는 불가능하지는 않지만 매우 어려울 것이다. 자연사적 공동체성의 변화가 발생한다면 그것은 진화론적 변화와 같은 것일 것이기 때문이다. 공동체성의 이러한 종류의 안정성은 언어 의미의 안정성에 직접적으로 관계한다고 생각한다. 그리고 이러한 종류의 안정성은 언어에 필요하고 그리고 충분하다고 믿는다.

그렇다면 심성 언어의 의미는 외연적이기보다는 인격적이라는 것을 보일 수 있다고 믿는다. 먼저 이 언어 의미는 인격적이다. 예를 들어 〈여기의 두 금반지는 우리의 결혼반지이다〉라는 문장을 보자. 이 문장의 표면적 의미는 심리적이지도 않고 외연적이지도 않다. 그 의미는 공동체의 생활양식에 의하여 구성된 것이고, 그 생활양식에 참여하는 두 사람이 공동체의 문장을 사용하여 발화한 진술이다. 이 문장의 의미는 그러한 구조로 여러 가지 차원에서 인격적이다. 이 문장의 의미는 공동체의 성원들의 생활을 통하여 주어졌다는 뜻에서 인격적이다. 이 문장의 의미는 심리적으로나 신탁에 의하여 확정된 것이 아니기 때문이다. 그리고 두 사람에 의한 이 문장의 발화는 이 문장의 공동체적 의미에 의존하여 이루어졌을 뿐 아니라 이 문장이 전제하는 생활양식의 구체적 수용을 뜻한다는 점에서 인격적이다. 언어는 사용될 때마다 언어 공동체의 성원들간의 연대성을 확인하는 장치를 내부적으로 가지고 있는 것이다.

다음으로 심성 언어의 의미는 신체적이라고 생각한다. 〈여기의 두 금반지는 우리의 결혼반지이다〉라는 문장으로 돌아가 보자. 여기에서 언급되는 결혼반지는 개념이 아니라 구체적인 대상들이다. 몸과 마음이 분리되어 있는 존재자들로 있다가 사람으로 결합된 것이 아닌 것처럼, 두 사람이 교환한 구체적인 결혼반지도 같은 논리의 적용으로 해석될 수 있을 것이다. 금이라는 사물과 결혼반지라는 심리적 의지가 독립된 존재지로 있다가 결혼금반지로 합성된 것이 아니라는 것이다. 사람이 몸과 마음의 음양적 요소들의 신체성인 것과 같다. 결혼반지는 한편으로 의지의 제도화이면서 다른 한편으로 그 제도화된 의지가 사물적으로 나타난 것이다. 구체적 결혼금반지는 제도적 신체성이다.

제3절 심성내용: 주제변경과 과제충실

사물적 심성내용론은 심성내용의 성격을 외재주의적으로 규정하고 내부적 요소를 간과함으로써 심성내용론의 주제를 변경하고 있다고 생각한다. 퍼트넘이 이야기한 한 가지(〈물〉의 지시체)를 제외하고 모든 것이 동일하다는 쌍둥이지구의 예로 다시 돌아가 보자. 지구의 김씨와 쌍둥이지구의 쌍둥이 김씨가 〈나는 물 한 잔을 마시고 싶다〉라고 각기 말한 경우이다. 사물적 내용론에 의하면 이 문장을 지구에서 사용할 때의 〈물〉은 H_2O를 지칭하고, 쌍둥이지구의 〈물〉은 XYZ를 표시한다는 것이다.

사물적 심성내용론은 심성 언어의 의미를 규정하고자 하는 과정에서 주제변경의 오류를 범하고 있다고 생각한다. 이를 세 가지 관점에서 지적할 수 있을 것이다. 첫째, 김씨와 쌍둥이 김씨가 위의 말을 하였을 때 사물적 내용론은 심성내용을 심리주의적으로 좁게가 아니라, 사물적으로 넓게 구성하고 있는 것이다. 의미의 구성과정을 기술하는 과정에서 심성성의 외재화로 치닫고 있다. 어떻게 이러한 결과가 나타날 수 있을까? 한 가지 관찰은 심성적 문장과 전형적 문장을 혼동한 탓이라고 보인다. 사물론자는 〈나는 물 한 잔을 마시고 싶다〉라는 심성 문장의 의미를 〈박씨는 물 한 잔을 제상에 올린다〉라는 전형적 문장의 의미와 같은 차원에서 다루고 있는 것이다. 심성 문장을 전형 문장으로 유형 동일화를 하고 있다. 심성 문장의 의미의 해명 요구에 대해 전형 문장의 의미의 제시로 주제 변경을 하고 있는 것이다.

둘째, 사물적 내용론자의 이러한 심성 언어 분석은 그리 낯선 것이 아니다. 비트겐슈타인의 심성 언어 분석과 유사한 점이 있기 때문일 것이다. 비트겐슈타인은 〈최씨가 고통 중에 있다〉라는 심성 경험 문장의 의미 내용은 최씨의 마음의 내용이 아니라 최씨의 몸의 상태에 의하여 결정된다고 말하는 것으로 보이기 때문이다. 그러나 이것은 피상적 관찰일 뿐이다. 비트겐슈타인은 심성 문장의 사용의 기준에 대해서 말하고 있다. 〈최씨가 고통 중에 있다〉라는 문장을 사용하는 기준은 최씨의 마음의 상태에서 얻어지는 것이 아니라 최씨가 몸을 비틀고 인상을 찌푸리며, 신음을 하며 배를 움켜잡는 등의 외적인 조건이라는 것이다. 비트겐슈타인의 이러한 언어사용 기준의 외재주의는 심성 배제적인 행동주의가 아니다. 비트겐슈타인은 심성 경험의 실재성을 인정하지만 이것은 언어사용의 기준이 아니라는 것이다. 만일 사물론자들이 비트겐슈타인의 심성 언어 분석론에 친근감을 갖는다고 생각한다면 그것은 오해일 뿐이고 결과적으로 심성 배제적인 주제변경을 하고 있는 것이다.

셋째, 사물론적 내용론자는 〈나는 물 한 잔을 마시고 싶다〉라는 문장에 대한 좁은 내용론자의 관점을 오해하고 있다. 사물론자는 김씨와 쌍둥이 김씨가 이 말을 하고 있을 때 두 사람은 H_2O와 XYZ를 각기 달리 지칭하고 있다고 말함으로써 두 사람이 공통된 좁은 내용을 가질 수 없다고 비판한다. 좁은 내용론자는 〈무엇을 마시고 싶은가?〉라는 공통된 물음에 대해 두 사람은 앞의 문장으로써 공통된 역할의 대답을 할 때 이 문장의 내용이 나타난다고 하기 때문이다. 그러나 사물론자가 이 문장이 두 사람에 의하여 사용되는 바의 공통적 내용의 제시를 요구하는 것은 심성 문장의 의미를 사물적으로 규정할 것을 요구하는 것이다. 사물론자는 심성 언어의 규정 문제가 근본적으로 개인 언어가 어떻게 공적인 언어에 관련되는가의 문제라는 점을 간과하는 것이다. 주제변경의 위험이 있는 것이다.

사물론자는 좁은 내용론이 마땅히 가지고 있는 어떤 요소성의 실재를 부인하고 언어의 사회적 규정성이 개방성을 가지고 있다는 점을 간과하는 것이다. 예를 들어 17세기 이전의 사람들이 〈나는 물한 잔을 마시고 싶다〉라는 문장을 말하였을 때 〈물〉의 의미의 사물성은 당시의 지식의 시대적 한계에 조건지어져 있는 것을 알 수 있다. 화학 구조식의 발견 이전의 상황에서는 그들이 〈물〉의 의미를 잘못 이해하였다고 할 수 없는 것이다. 사물성의 시대적 조건은 사물성에 근거하고자 하는 언어의 사회성을 역설적으로 보이는 것이고 좁은 내용론자가 주목하는 언어사용의 개인적 차원의 심각성을 나타내는 것이다.

제4절 물리주의, 음양론 그리고 범심론

4.1 넓은 내용론의 물리주의와 이원론적 배경

외연론은 심성 언어 의미를 데카르트적 사물의 성질에 의하여 제시할 수 있다고 믿는다. 지구의 김씨와 쌍둥이지구의 김씨가 〈물 한

잔을 마시고 싶다〉라고 각기 동시에 말한다면 지구의 김씨는 H₂O를 마시고 싶다는 것을 뜻하고 쌍둥이지구의 김씨는 XYZ를 마시고자 한 것이라고 한다. 심성 언어조차 그 의미를 물리적 성질에 의존한다는 것을 보여주는 단적인 예이다. 우리는 이러한 외연적 의미이론을 〈철학적 물리주의〉라고 명명할 수 있을 것이다. 통상적 물리주의가 존재론적 관점을 드러내는 입장이라면 철학적 물리주의는 언어 의미의 구성과정을 안정적이라고 믿는 근거에 정초하려는 입장이라 할 것이다. 결국 철학적 물리주의나 통상적 물리주의는 세계를 바라보는 하나의 시각을 나타내고 있는 것이다.

이러한 물리주의는 이원론적 배경에 의하여 산출되었다고 믿는다. 물리주의는 이원론을 부인하면서도 이원론이 제기한 구조 안에서 하나를 부인하고 다른 하나를 선택하여 이 세계를 설명할 수 있다고 믿는 입장이다. 물리주의의 이러한 역설적 관점은 낭만주의의 역설과 비슷하다. 낭만주의는 합리주의를 부인하면서도 합리주의가 설정한 이성과 감성의 대립적 구도를 그대로 수용하여 그 선택만을 거꾸로 하는 것이다. 그러므로 이원론의 이분법이 잘못되어 있다면 물리주의는 이원론이 잘못되어 있는 어떤 오류를 자체 안에 가지고 있다고 믿는다. 우리는 그 오류를 여기에서 지적하고자 한다.

이원론은 연장으로서의 물질과 마음의 작용으로서의 생각, 이 두 가지가 세계를 구성하는 기본적이고 독립적인 존재자라고 상정하는 이론이다. 물리주의가 이원론의 오류를 수용하고 있다라는 나의 비판은 〈한 가지만 있고 그것은 연장으로서의 물질이다〉라는 물리주의의 구성방식에 기초한다. 물리주의는 이원론의 〈두 가지만 존재한다〉라는 선택지를 거부할 뿐 그 구성방식에 나타나는 선택지, 즉 〈연장으로서의 물질〉을 그대로 수용하는 것이다. 이러한 수용은 많은 대가를 지불해야 하고 결국 무리한 것이고 오류라는 것이 보여진다고 믿는다. 인간 경험에 주어지는 심리적 측면들을 무리하게 설명해야 하는

부담을 지는 것이다. 심성 배제적 태도를 취할 수밖에 없기 때문이
다.

4.2 신체적 내용론

물리주의의 이러한 오류는 심성내용이 신체적으로, 즉 몸과 마음의
음양적 맛물림으로 구성되어 있다라는 주장을 부각하여 보일 수 있
을 것이다.[18] 〈물 한 잔 마시고 싶다〉라고 지구 김씨와 쌍둥이지구

---

18) 김혜숙은 인과적 사유의 득실과 음양적 사유의 장단을 논의하면서 후자의 관점
에 주목하고 있다. 인과적 사유는 근거론적, 추론적, 합리적 특징에 연결되고, 음
양적 사유는 맥락적, 전체론적, 포괄적 특징에 관련한다고 분석한다. 두 가지 사
유 방식에 차이가 있다는 관점에는 동의한다. 그러나 제시된 특징들이 서로 배
타적인가에는 의문이 있다. 예를 들어 합리성이 인과적 사유의 특징에 포함되면
서도, 음양적 사유의 요소로 배제되지는 않지만 경시되고 있다고 보인다. 그 까
닭이 보다 상세하게 설명될 수 있을 것이다. 〈합리성〉을 특정하게 좁은 의미로
해석할 때 특정 전통의 전유적인 개념일 수 있지만, 지금과 같은 한국사회에서
그러한 좁은 의미의 사용이 얼마나 도움이 될 것인가는 의문스럽다. 김혜숙, 「음
양적 사유와 인과적 사유」, ≪철학적 분석≫, 한국분석철학회 편, 2000 봄(창간
호), 52-77쪽.
　　노양진은 최근의 한 논문에서 합리성의 개념을 그렇게 의아하게 해석한 경우를
보인다고 생각한다. 이성에 대한 두 가지 전통을 양시 양비론적으로 논의하고 있
기 때문이다. 한편으로 데카르트, 칸트, 근세 인식론, 분석철학의 서구의 지적 전
통을 이성 중심주의logocentrism로 규정하면서 이 전통은 이성적 능력을 객관
성, 필연성, 보편타당성, 확실성을 확보해 주는 배타적 능력으로 믿는다는 것이
다. 이 전통은 객관적 기준이 존재하고 이성은 객관적 기준을 발견할 수 있다고
하여, 올바른 신적 관점 God's-Eye-View이 존재한다고 생각한다는 것이다. 다
른 한편으로 포스트모던학파는 전통적 이성론을 부인하는 탈이성주의적 관점을
취한다는 것이다. 객관성은 허용하지만 절대주의는 수용하기 어렵고, 개방성은
매력적이지만 허무주의는 싫다는 식이다. 이성에 대한 이러한 두 가지 전통은
〈이성〉이라는 단어가 나타내는 여러 가지 현상들을 가족 유사성으로 묶기에도
버거울 만큼 많은 것을 가리킨다고 노양진은 우려한다.
　　노양진은 그리하여 그는 이러한 이성은 누구의 것도 아니면서, 동시에 누구의

김씨가 각기 말하였을 때 이것은 몸과 마음의 맞물림의 신체적 내용을 갖는 것이다. 이 때의 심성내용은 단순히 내적인 심리상태도 아니고 〈물〉의 지시체가 무엇인가에 의해서만 결정되는 그러한 것도 아니다. 좁은 내용론은 화자가 이 발화로써 이해하는 그 내포적 의미에서 그 문장의 의미를 찾는다. 또는 발화자의 행위, 예를 들어 안절부절못한 행위에 대해 설명을 요구할 때 발화자가 그 설명의 대답으로 기능하는 역할에서 그 문장의 의미를 찾을 수 있다. 사물적 넓은 내용론은 이 발화의 〈물〉이라는 표현의 의미가 단순히 화자의 내포적 파악에서 구성되는 것이 아니라 그 지시체에 의하여 형성된다는 것이다.

좁은 내용론과 사물적 넓은 내용론은 그 문장의 의미를 구성하는 데 있어서 이렇듯 분리주의적 태도를 취하고 있다. 〈물 한 잔 마시고 싶다〉라는 문장의 의미를 규정하는 데서 두 이론들은 충분히 문맥적이지 않다. 이 문장은 화자에 의하여 발화되고 있고 화자는 이 문장의 의미의 공동체적 구조에 들어가 그 의미를 총체적으로 나타내고 있다. 공동체가 이 문장을 이해하는 방식은 무엇인가? 공동체는 이 문장을 발화하는 화자의 일상적 조건들이 만족되고 있다고 일단 가정하는 것이다. 그리고 그러한 조건하에서 화자가 적절한 욕구의 충족을 원한다는 것을 허용한다. 달리 말하여 공동체가 이 문장에 대처하는 방식은 화자의 생각과 세계의 물질을 나누는 분리주의적인 것이 아니다. 공동체는 화자의 이 발화에 대해 화자의 마음과 몸이

것일 수도 있다고 하면서, 〈체험주의experientialism〉의 이성관을 언급한다. 이것은 〈인지〉라는 포괄적인 정신 능력을 나타내며 인간의 신체적·문화적 특성에 주목한다는 것이다. 그러나 그의 체험주의적 이성론은 그가 비판하는 나의 언어적 이성론과 어떻게 다른가를 짐작하기 어렵다. 예를 들어 언어의 결로서의 합리성의 다원성과 정도성, 물음을 통해 자신을 초월하는 능력 등이 그의 체험주의에서 어떻게 달리 설명될 것인가가 짐작되지 않기 때문이다. 노양진, 「이성의 이름」, ≪철학적 분석≫, 한국분석철학회 편, 2001 봄(제3집).

하나의 삶의 조건을 이루는 단일한 시각으로부터 접근하고 있다는 것을 알 수 있다.

〈물 한 잔 마시고 싶다〉라는 문장의 의미가 어떻게 단일주의적으로 구성되는가? 이 문장의 의미가 공동체의 생활양식에 의하여 구성된다고 믿는다. 공동체가 이 문장을 어떻게 사용하는가의 방식에서 그 의미가 나타난다는 것이다. 여기에는 의미에 이르기 위한 분리주의가 아니라 사용방식이라는 단일한 삶의 구조가 있다. 몸과 마음이 이원적으로가 아니라 음양적 맞물림이라는 단일한 실재로 나타나는 것이다. 비트겐슈타인에게서는 강조되지 않은, 몸과 마음의 맞물림이 이 문장의 공동체적 사용방식에 들어 있고 화자는 그 발화의 상황에서 그러한 방식의 조건들을 만족하고 몸과 마음의 맞물림의 경험을 재현하는 것이다. 사용방식은 몸과 마음의 맞물림을 전제하는 것이지만 사물적 넓은 내용론의 문맥에서 이 맞물림은 강조되어야 한다.

4.3 음양관계

음양적 맞물림은 보다 구체적으로 조명될 필요가 있다. 몸과 마음을 이원적 관계로 해석해 온 데카르트 전통은 현대의 물리주의의 배경을 이루고 있다. 몸과 마음을 두 가지의 독립적 존재자로 보거나 두 존재자 중에서 타자는 부인하고 일자를 선택하는 이러한 상황에서 나의 논의는 전혀 다른 문법을 요구한다. 몸과 마음은 두 가지 요소일 뿐 독립적 존재자들이 아니라는 것이고 이들은 단일한 실재를 구성하는 구조에서 양자의 관계를 표상해야 하는 것이다. 이러한 조건을 만족하는 가장 가까운 개념들 중의 하나로 〈음양〉을 고려할 수 있을 것이다. 그러므로 이 단어의 선택은 이 단어가 전통적으로 나타내왔던 여러 가지 개념적 요소들을 모두 포용하는 것이 아니다. 이 단어는 존재론적으로 실체적 개념을 표상하는 경우가 있다.[19] 예를 들어 〈남자는 양이고 여자는 음이다〉라고 말하는 경우이다. 이러한 실체적 개념은 분리주의적이기 때문에 몸과 마음의 이원적 관계의 존재론과 다를 바가 없다고 생각한다. 〈음양〉은 또한 내용적으로 기능적 역할을 나타내는 개념을 나타내는 경우가 있다. 〈지구는 태양과의 관계에서 음이지만 달과의 관계에서는 양이다〉라고 말하는 경우이다. 기능적 음양개념은 한의학이 보여주는 것처럼 설득력이 있고 매력적으로 보인다.

그러나 몸과 마음의 관계를 〈음양적〉이라 할 때에는 기능적 관계도 양자의 관계를 나타내는 것으로 불만스럽다. 기능적 관계에 들어가는 어떠한 두 항도 어느 정도의 독립성을 갖기 때문이다. 두 사항이 기능적 음양관계에 들어가기 전에도 자체 독립적인 정체성을 유지할 수 있기 때문이다. 그렇다면 몸과 마음의 맞물림의 음양관계는 기능성 이외의 개념으로 설정되어야 한다. 몸과 마음은 사람이라는 단일한 실체 밖에서는 독립적으로 존재할 수 없기 때문이다. 이러한 까닭으로 스피노자나 스트로슨은 몸과 마음을 사람의 양상이나 부사적 단면으로 말하였을 것이다. 이것은 실상에 보다 가까운 해석이라 믿는다. 음양 개념은 그러한 양상적 해석에도 열려 있다고 믿는다. 그러나 몸과 마음을 양상적으로 해석하는 데는 어려움이 있다. 양상적 해석은 신이나 인격 같은 추상적 실체를 요구하면서 몸과 마음을 필요 이상으로 격하하는 성향을 갖는 것이다.

그렇다면 우리가 추구하는 음양관계는 기능적 음양과 양상적 음양의 단점들을 제하고 장점들만을 취하는 그리한 조건들을 만족하여야 한다. 이들을 요약할 수 있을 것이다. 첫째 음양관계의 두 항목은 단순한 양상이 아니라 요소라야 한다. 두 요소는 어떤 독립적 실체를 수식하는 장치나 화장품목이 아니다. 둘째 두 요소들은 대상을 구성

---

19) 정대현, 「여성문제의 성격과 여성학」, 《한국여성학》, 한국여성학회, 1985(창간호), 136-176, 152-154쪽.

하는 요소라야 한다. 이들 없이는 그 대상이 존재할 수 없는 대상을 구성하는 실재적인 요소이다. 셋째 두 요소들은 그 대상 안에서만 의미가 있어야 한다. 두 요소들은 그 대상을 떠나서는 그 자체로 독립적 단위도 아니고 의미도 갖지 않는다.[20]

　음양론은 이러한 세 가지 조건 이외에 인과관계와 대조되는 세 가지 특징을 제시할 수 있을 것이다. 첫째, 인과관계나 음양관계가 피상적으로는 두 자리 관계로 보일 수 있다. 그러나 인과관계가 독립적이고 단자적인 두 사건 간의 관계라면 음양관계는 총체의 두 요소의 관계이다. 정확하게 말하여 음양관계는 두 자리 관계라고 단적으로 말하기 어려운 면이 있다. 총체의 두 요소가 총체와 독립하여 존재하는 것이 아니라 두 요소가 그 나름대로 총체의 다른 요소들과 관련하여 서로와 맺는 관계이기 때문이다. 둘째, 인과관계는 원인 사건이 결과 사건을 야기하는 일방적 관계임에 반하여 음양관계는 총체의 두 요소가 상호영향하는 쌍방적 관계이고 두 요소들이 배경으로부터 영향을 받으면서 유지하는 대칭적 관계이다. 셋째, 인과관계는 원인과 결과의 시간적 전후의 순서를 가지는 선형적 관계임에 반하여 음양관계는 총체의 두 요소가 총체로부터 독립하여 나갈 수 없는 그리하여 총체 안의 유기적 구조 안에서 이루어지는 과정적인 관계이다. 인과관계는 특정한 시간단위에 한정되고 있음에 반하여 음양관계는 나선형의 진화단위에서 파악되어야 한다.

---

20) 이명현은 음양관계에 〈비슷한 관계〉를 이미 다음과 같이 구조화하였다: X와 Y가 음양과 비슷한 관계에 놓여 있다 ↔ X는 Y와 다르다 & X가 없이는 Y도 없다 & Y가 없이는 X도 없다 & 하나가 a와 같은 방식으로 작용하면 다른 하나는 비-a와 같은 방식으로 작용한다; X와 Y는 상호보완적이다 & X와 Y는 전체를 구성한다. 이명현의 6-조건적 음양관계론은 전통적 인과관계론과 대조되는 방식으로 논의하는 데 있어서 하나의 출발점일 수 있을 것이다. 그러나 처음의 네 조건들은 독립적이지만 뒤의 두 조건들은 앞의 조건들과 독립적인가가 의문이다. 이명현, 『신문법서설: 다차원적 사고의 열린 세계를 향하여』, 철학과 현실사, 1997, 71쪽.

이러한 세 가지 조건들과 세 가지 특징들을 만족하는 음양관계를 〈유기적 음양〉이라 부를 수 있을 것이다.[21] 나의 제안은 몸과 마음은 그러한 조건을 만족하여 사람을 구성한다는 것이다. 유기적 음양에서의 요소들은 기능적 음양의 요소들과 구별된다. 기능적 요소들은 기능이나 음양관계에 들어가기 전에도 독립적인 실체성을 갖는 데 반해 유기적 요소들은 그러한 독립성을 갖지 않기 때문이다. 몸과 마음이라는 사람 유기적 요소들은 이들이 속하여 있는 사람이라는 실체의 구조 안에서만 의미를 갖는다. 또한 유기적 음양의 요소들은 양상적 음양의 양상들과 대조될 수 있다. 양상적 음양에서의 몸과 마음은 가능한 수없이 많은 양상들 중의 둘일 뿐이다. 그러나 유기적 음양에서의 몸과 마음은 사람을 구성하는 두 가지 실재적 요소들이다.

유기적 음양관계의 예를 들어 볼 수 있을 것이다. 수축근과 이완근은 근육의 두 요소로서 기능적 요소라기보다는 유기적 요소라고 할 수 있다. 근육의 어떤 부분도 경우에 따라 수축근이기도 하고 이완근이기도 하다. 근육 한 부분이 수축근이면 다른 부분은 이완근이어야 한다. 수축근과 이완근은 서로가 없이는 존재할 수 없는 관계이다. 이러한 유기적 음양관계는 인간관계에서도 나타난다. 부부관계가 그 중의 하나일 것이다. 남자와 여자가 부부로 결합되기 전에 두 사람은 남남이었다. 그러나 부부로 결합된 다음에는 두 사람은 서로에 대한 배우자로서 존재한다. 한 사람은 상대방이 없이 배우자로서 존재할 수 없는 관계에 들어 있는 것이다. 두 사람은 결혼 전에 배우사로서 존재하지 않았고 결혼을 통해서만 상호 배우자로서 부부관계에 들어가는 것이다. 두 사람은 부부로서, 부부의 두 요소가 되면서, 또한 서로가 없이 배우자로서 존재할 수 없는, 유기적 음양관계에 들어 있는

---

21) 정대현, 「음양관계 개념의 유기적 분석」, ≪철학적 분석≫, 한국분석철학회 편, 2001 겨울(제4집), 1-22쪽.

것이다.[22]

부부관계가 일종의 유기적 음양관계라면 이것은 공자의 인(仁) 개념을 해석할 수 있는 관점을 허용할 것이다. 인 개념은, 예를 들어 두 사람이 독립적 실체로 존재하는 구조에서는 이해되기 어려울 것이다. 인 개념은 두 사람이 구성하는 특정한 인간관계의 두 요소이지만 그 인간관계로부터 독립하여서는 존재의 의미를 상실하는 그러한 인간관계인 것이나. 인에 대한 이러한 해석은 성기성물(成己成物, 나를 이루는 것과 만물을 이루는 것은 맞물려 있다)의 개념에 의하여 지지된다. 만물의 이룸과 독립하여 나의 이룸은 주어지지 않고 그 역도 성립하는 것이다. 성기와 성물은 독립적 과정들이 아니라 하나의 과정의 두 요소들이라는 것이다. 성기와 성물은 유기적 음양관계에 들어 있는 것이다.

음양개념의 네 가지 해석후보들 중에서 유기적 모델을 택하는 경우, 이것은 심성내용을 조명하는 장치가 될 것이다. 심성내용을 나타내는 것으로 〈배가 아프다〉, 〈골치가 친다〉, 〈어머니가 그립다〉와 같은 문장들을 고려할 수 있을 것이다. 예를 들어 어머니를 그리워하는

---

22) 소흥렬의 자연주의는 유기적 음양론에서 주목할 수 있는 관점으로 보인다. 그는 〈자연주의〉를 자연이라는 전체로부터 독립하여 초월적으로 존재하는 어떤 것도 부정하는, 하나의 전체 세계만 존재한다는 일원론으로 규정하고 있다. 세계를 경험할 때 만나는 일자성 one과 다자성 many은 그의 자연주의 안에서 개체와 정보의 중층적 구조로 조명된다. 하느님이나 공(空)은 〈우주의 마음이 된다. 한편으로는 에너지의 상태 변화가 개체적 기능을 하는 측면과, 다른 한편으로는 그런 변화를 위한 정보적 기능을 하는 측면을 다 함께 가지고 있는 것이 우주의 마음이어야 한다〉라고 그는 적고 있다. 여기에서 궁금한 것은, 예를 들어 〈우주의 마음〉과 〈사람의 마음〉이 어떤 의미에서 같은 의미의 마음이고 어떤 의미에서 차별화되는가이다. 달리 말하면 하나의 전체 세계만이 존재한다는 일원론은 〈우주의 마음〉만이 진정한 의미에서 존재하고 그 외의 마음은 여기에 부차적이거나 은유적 의미에서만 존재하는가라는 것이다. 소흥렬, 『문화적 자연주의』, 소나무, 1987; 『자연주의적 유신론: 우주의 마음, 사람의 마음, 컴퓨터의 마음』, 서광사, 1992.

경우. 이 심성적 경험은 단순히 어머니 보고 싶음이라는 심리적인 것이 아니고 또한 그냥 객관적으로 존재했던 어머니라는 사물적인 것만도 아니다. 심리적인 요소도 있고 사물적인 요소가 있는 것이다. 그리움은 심적인 요소이지만 심적인 요소만이 경험으로 발생할 수는 없다. 그리움은 무엇에 대한 그리움이다. 이 경우 어머니에 대한 그리움이다.

어머니 그리움은 어머니에 대한 기억을 가진 자에게만 열려 있다. 어머니에 대한 기억이 없는 사람은 어머니에 대한 그리움이 구체적일 수 없고 추상적이기만 할 것이다. 달리 말해 어머니 기억이 없는 사람의 어머니 그리움은 어머니 보고싶음이 아니라 어머니 만나고 싶음으로 규정될 것이다. 그러므로 어머니 그리움을 가지고 있는 모든 사람은 자신의 몸과 마음으로 어머니 그리움이라는 심성내용을 경험하는 것이다. 이 경험의 방식은 그 경험자의 몸과 마음의 음양적 관계로써 경험되는 것이다. 어머니 그리움에서 기억되는 어머니와 어머니 보고싶음은 분리될 수 없는 것이다. 어머니 그리움에서 하나가 없이 다른 하나는 존재할 수 없는 것이다. 어머니 그리움에서 두 요소가 음양적으로 맞물려 있다는 의미에서 어머니 그리움의 심성내용은 신체적이다.

4.4 음양론의 개방성과 범심론

어머니 그리움이 신체적이고 음양적이라면 이 관점은 보다 일반화될 수 있을 것이다. 이를 위한 한 가지 관찰로부터 시작할 수 있을 것이다. 정보는 〈참 문장〉으로 이해되었지만[23] 이제는 〈사태의 통사

---

23) 이초식은 인공지능이 표상의 능력이라고 생각하면서 지식의 개념과 그 응용의 논리가 기계에 적용될 수 있도록 밝히고자 한다. 그는 〈정당화된 참 믿음〉으로서의 3조건적 지식개념을 거부하고 문제해결의 도구로서의 지식론을 제시한다. 여러 곳에서 정보로서의 지식을 말하고 있는 것을 볼 때 그의 문제 해결의 도구

적 구조〉로 수정되고 있다.[24] 이러한 수정은 두 가지 함축을 갖는다
고 생각한다.

첫째, 인공위성의 여러 종류의 사진기들은 지구상의 지역에 따라
그리고 목적에 따라 사진을 찍는다. 그 사진기들은 〈참 문장에 대응
하는 사실〉들을 촬영하지 않는다. 그러한 사실은 없기 때문이다. 사
진기들은 〈사태의 통사적 구조〉를 찍고 이것은 지상의 통제소에 보
내지고 특정한 체계에 따라 해석되는 것이다. 디지털 카메라가 사람
얼굴을 찍을 때와 같은 과정을 밟는다고 생각한다. 카메라가 사태의
통사적 구조를 촬영하지만 이것을 해석하는 것은 사람 얼굴로 해석

라는 것은 참 믿음 또는 참 문장이라는 2조건적 지식론이라고 생각한다. 그렇다
면 그는 제한된 의미의 정보 개념을 선호하는 것으로 보인다. 이초식, 「인공지능
의 철학」, 고려대학교 출판부, 1993. 최순옥, 이필렬, 홍윤기는 최근에 필자의 정
보개념을 비판하였다(「정보화 사회의 생활세계와 사회적 가치구조의 형태변화에
대한 인문학적 연구」, ≪철학연구≫, 43(1998 가을), 395-443쪽). 저자들은 〈모종
의 메시지는 그것이 참이기 때문에 정보가 되는 것이 아니라, 그와는 정반대로
그것이 '정보이기 때문에' 참인 것으로 믿어진다〉라고 말한다. 야구장의 일기예
보를 그 예로 들었다. 이 일기예보를 정보로 수용하는 논리는 저자들이 말하는
대로 〈참이다〉라고 확인해서가 아니다. 저자들이 〈정보이기 때문에〉 이를 정보
로 수용한다는 것은 〈신빙할 만한 정보 매체의 공표이기 때문에〉 이를 수용한다
고 이해할 수 있을 것이다. 여기까지는 문제가 없다. 그러나 〈어떤 사태도 정보
이다〉라는 필자의 주장에 대해, 저자들은 이를 〈어떤 사태도 정보일 수 있다〉로
수정할 것을 요구한다. 온도계의 눈금이나 유리창의 성애는 〈정보가 되기 위해
서는 우선 부호화되어야 하는데, 그 순간 이 물적 표상들은 명제적이 아니라 '부
호적' 형태로 존재〉하기 때문이라고 한다. 인용된 〈부호적〉의 애매성에도 불구하
고 다음과 같은 물음을 물을 수 있을 것이다. 유리창의 성애는 명제화되기 전에
통사적 구조를 가질 수 없는가? 통사적 구조에 충분히 세밀한 억제조건이 첨가
되어 해석의 범위가 유의미하게 제한된다면 이 통사구조를 정보라 부르는 데 무
리가 있는가? 두 물음에 긍정적으로 대답할 수 있다면 이 정보론은 정보 편재성
을 함축하지 않는가?

24) C. E. Shannon, "A Mathematical Theory of Communication", *Bell
Systems Technical Journal*, 27(1948), pp. 379-423. 제9장에서 차머스의 섀넌
정보개념을 소개하고 있다.

하여 인화하는 것이다. 이 사태의 통사적 구조는 다른 대상보다 사람 얼굴로 해석하는 것이 세계에 대한 해석에 가장 맞기 때문이다. 정보 가 사실적이기보다는 해석적이 된 것이다.

둘째, 전통적 개념은 정보를 명제에 한정하는 한계를 지니고 있다. 그러나 수정적 개념은 명제뿐만 아니라 그림이나 소리, 그리고 운동 까지 포괄한다. 이러한 수정은 인간 사유가 그 동안 선형 일방적이었 던 전통을 수정하는 것이다. 선형적 사고는 논리 중심주의 시대에는 불가피하였을 것이다. 그러나 인간 사고는 이제 다양한 사유 방식에 열려 있는 것이다. 예를 들어 전통적 선형적 사고는 감성의 예술적 사고를 비논리적인 것으로 추정하였다. 이성과 감성의 이분법을 강요 한 것이다. 정보의 수정적 개념은 인간 사유를 보다 총체적으로 가능 하게 하고, 다원적인 접근을 허용하는 것이다.

〈사태의 통사적 구조〉로서의 정보 개념은 설득력과 시의성을 갖는 만큼, 유기적 음양론의 확장을 지지한다고 믿는다. 모든 사태는 음양 적 구조로 되어 있다는 가설을 수용할 수 있다. 그 사태의 음양적 구조는 그 사태의 물질적 요소와 그 사물이 이루어져 있는 바의 통 사적 요소이다. 두 요소는 서로가 요청되지 않고는 그 사물일 수 없 는 유기적 요소인 것이다. 예를 들어 물이라는 사물은 물질적인 요소 를 가지고 있지만 또한 H_2O라는 통사적 구조를 가지고 있다. 물을 구성하고 있는 두 요소는 그러한 의미에서 음양적인 것이다. 유리창 깨짐이라는 사건은 외부의 충격과 내부의 깨짐이라는 물질적인 요소 를 가지고 있지만 또한 두 사항 간의 인과적 관계가 형식화될 수 있 는 통사적 요소를 가지고 있다. 세계의 모든 사건들이 인과적 연쇄상 에 있다면 이것은 사물들의 정보 통사적 구조 없이는 불가능하다고 보인다. 그렇다면 세계의 음양적 구조는 훨씬 설득력을 갖는 것으로 보인다.

세계를 해석하는 모델로서 물리주의와 음양론을 비교할 수 있을 것이다. 물리주의는 궁극적인 분석에 의하면 인간중심주의, 논리중심주의, 이성중심주의와 관련되어 있다고 믿는다. 세계를 해석하는 경제적인 모델을 추구하는 장점이 있지만 획일적인 결과에 도달하고 말았다고 보인다. 그러나 음양론은 실제에 대해 내재적이면서 총체적이고, 사람들의 관점에 대해 다원적이면서 상보적인 시각을 구조적으로 유지하고 있다. 물리주의의 획일성과 음양론의 함축성을 두 가지로 대조할 수 있을 것이다.

첫째, 정보를 사태의 통사적 구조라고 규정하였을 때, 물리주의는 사태의 통사적 구조를 심성적으로 볼 것인가 아니면 물리적인 것으로 해석할 것인가? 물리주의는 여기에서 한편으로 통사적 구조를 보다 단단한 물리적 차원으로 환원하거나 제3의 실체를 도입해야 할 것이다. 물리주의는 다른 편으로 사태의 통사적 구조를 심성적인 것으로 보기도 어렵다. 물리주의는 심성적인 것의 실재성을 심각하게 수용하기 어렵기 때문이다. 결국 물리주의는 정보개념을 설명하기 어렵다.

그러나 음양론은 유기적 모델을 택하는 경우 정보 개념을 음양적으로 쉽게 설명할 수 있다. 정보는 유기적 음양론의 세 가지 조건을 만족할 수 있기 때문이다. 유기적 음양론은 무엇이거나 간에 그 세 가지 조건들을 만족하면 이들은 유기적 음양적 구조를 갖는다고 하기 때문이다. 음양론에서는 〈사태의 통사적 구조가 물리적인가 아니면 심성적인가?〉의 물음은 의미가 없기 때문이다. 이 물음은 세계의 이해를 이원론의 패러다임 안에 끌어들여 제기되고 있기 때문이다.

둘째, 최근에 논의되고 있는 범심론은 문제제기되는 배경의 패러다임이 이원론인가 음양론인가에 따라 달리 이해될 것이다. 이원론의 전통의 배경에서 범심론은 모든 사물에 심적인 요소가 있다고 제안하는 논제로 파악된다. 그러나 음양론의 전통에서 범심론은 모든 사물이 기와 리, 외와 내, 물과 사의 요소들로 구성되어 있다고 할 것이다.

제15 장
몸과 마음으로 생각한다

많은 사람은 마음으로 생각한다고 믿는다. 특히 서양철학의 영향을 받은 사람일수록 그렇게 믿는 것처럼 보인다. 서양철학에서 철학은 이성의 활동이고 이성활동은 생각이고 생각의 주체는 마음이라고 간주하였기 때문일 것이다. 그러한 생각은 마음과 물질이라는 이원론에 근거한 것이라고 보인다. 이원론은 데카르트에서 철학화되었지만 그 전통은 서양 지성에 뿌리 깊게 파고들어 있고 서양 문화에 폭넓게 들어 있다고 믿는다. 그러나 한국어의 〈몸〉과 〈마음〉이라는 표현은 다른 전통의 강건함을 시사한다고 생각한다. 〈마음으로 생각〉하는 경우에도 신체성이 들어와 있고 〈몸〉으로 생각하는 것도 신체성이 들어와 있는 것이다. 서양어어전통에서는 〈'body'가 지칭하는 것이 생각한다〉라는 말은 자기 모순일 것이다.

제1절 생각하기의 두 양상

마음만이 생각한다라고 할 수 있는가? 서양 전통에 대한 대안적 모델은 없는가? 이 장은 한국어에 나타나는 〈마음〉과 〈몸〉의 표현들이 생각에 대해 어떤 조명을 할 수 있다는 믿음에서 기획되었다. 먼저 이 장의 문제제기를 하겠다.

1.1 사전적 의미의 문제점

〈생각한다〉라는 단어의 의미는 무엇인가? 사전은 〈마음에 느끼는 의견〉으로 적고 있다.[1] 초견적으로 사전의 이러한 풀이는 문제가 없는 것으로 보인다. 그러나 정말 그러한가라는 물음을 철저하게 묻게 되면 문제가 생긴다. 첫째, 모든 생각이 발생적인 느낌은 아니다. 잠들어 있는 동생을 가리키면서 〈박정희씨에 대해 나는 동생의 생각과 다르다〉라고 말할 수 있다. 동생은 잠들어 있는 동안 박정희씨에 대한 생각의 느낌이 없을 수 있다. 동생은 깨어 있을 때도 박정희씨에 대해 항상 느끼는 생각을 하는 것은 아니다. 그렇다면 생각은 느낌으로 발생할 수도 있지만 느낌을 항상 필요로 하는 것은 아니다. 생각은 성향적 dispositional으로 주어질 수 있는 것이다.

둘째, 모든 생각이 의견인 것은 아니다. 생각을 의견으로 간주하는 것은 모든 생각이 명제적 구조를 갖는다는 것을 전제하는 것이다. 그러나 모든 생각이 참과 거짓의 평가의 대상이 되는 명제적 내용을 갖는가? 여기에 대해 긍정하기 어렵다고 믿는다. 미술 작품을 새롭게 착상하거나 새로운 음악 작품을 만들고자 할 때 명제적 생각하기로써 출발한다고 믿어지지 않기 때문이다. 〈미술적 생각〉이나 〈음악적 생각〉은 의견적이라기보다는 태도적이라고 해야 한다. 의견적 생각은

---

1) 이희승, 『국어대사전』, 민중서림, 1961-1986.

분별적이고 진위의 평가의 대상이 되지만, 태도적 생각은 총체적이고 진위의 평가의 대상이 아니기 때문이다. 예술적 생각은 생각이 아니라는 가정은 수용하기 어렵고, 미숙하다거나 온전하지 않다라는 가정도 말이 안 된다. 예술적 생각이나 윤리적 생각은 모두 올바른 생각 활동의 분야이다.

셋째, 모든 생각은 사람의 마음에서만 발생하는가? 그럴 것 같지 않다. 「반가사유상」이나 로댕의 「생각하는 사람」에 대해 우리는 〈두 작품의 생각은 다르다〉라고 말할 수 있다. 이 때 우리가 뜻하는 것은 두 작품의 작가의 생각이 다르다는 것이 아니라 두 작품에 부여된 그러나 두 작품이 가지고 있는 의미의 내용이 다르다는 의미이다. 예쁜 꽃을 보고 우리가 흔히 체험하는 경험이 있다. 그것은 우리가 〈나도 모르게 손이 갔다〉라고 말해지는 경우의 체험이다. 그 꽃이 아름답거나 특별한 매력이 있다는 것이 그렇게 표현된 것이다. 내 마음이 먼저 그러한 생각을 하고 그러고 나서 나의 손으로 그 생각을 표현해야겠다고 믿은 것이 아니다. 이 경우 나의 몸이 마음의 과정을 거치지 않고 그러한 생각을 표현한 것이다.

이러한 관찰들에 근거가 있다면 사전의 풀이는 거부될 수 있다. 데카르트는 생각과 의식의 외연을 동일시하였지만 데카르트의 생각 읽기도 확장할 필요가 있을 것이다. 〈생각한다〉는 것은 〈사람이나 인공물이 만들거나 담고 있는 의미 내용 또는 이에 도달하는 과정이나 행위〉를 뜻하는 것으로 제안하고자 한다.

1.2 한국어와 영어의 차이

〈마음〉과 〈mind〉는 동의적인가? 두 단어를 동의적으로 해석하는 데 문제는 없을까? 진리라는 개념은 서양에서는 발전하였지만 동양에서는 그렇지 않았다. 맞음(道, 通, 中) 개념은 동양에서는 발전하였지만 서양에서는 그렇지 못하였다. 그러나 진리와 맞음을 동의 적으로 해석할 수는 없는 일이다. 진리는 초월론적 존재론의 전통을 전제로 하고 맞음 개념은 내재적 존재론을 가정하기 때문이다. 진리와 맞음의 이러한 종류의 대비가 〈마음〉과 〈mind〉 사이에 있지는 않을까? 만일 있다면, 두 단어를 동의시한 그 동안의 전통은 문제가 있는 것이 아닐 수 없을 것이다.

1.3 논제

이 장에서는 〈마음으로 생각하고 몸으로도 생각한다〉라는 논제를 펴고자 한다. 이러한 논제는 데카르트적 심신 이원론을 부정하는 것이다. 이러한 부정을 위한 논변은 독립된 논문을 필요로 할 것이다. 이 장은 마음으로 생각하기와 몸으로 생각하기가 이루어지고 있다는 것을 가정한 다음, 일상언어 분석을 통하여 그 가정의 근거를 살피고자 하는 것이다.

제2절 마음으로 생각하기: 마음대로

한국어 사용자가 〈마음〉에 대해 고려할 때 떠오르는 몇 가지 특징들은 〈마음대로 생각한다〉라는 표현을 통하여 나타낼 수 있을 것이다. 이것은 서양어의 〈mind〉라는 단어를 고려할 때 갖는 〈합리적으로 생각한다〉와 대조되는 그러한 특징들이다. 그러나 마음대로 생각한다는 것은 무엇인가? 〈마음대로〉라는 표현은 무엇을 나타내는가? 이 표현이 한국어에 깊이 뿌리를 내리고 있다면 이것은 마음의 이해를 위한 단서를 제공할 것이고, 〈마음〉이라는 단어에 대한 분석을 통하여 확인될 수 있을 것이다.

제15장 몸과 마음으로 생각한다

사람들은 흔히 〈이씨는 마음대로 행동한다〉라는 말을 한다. 그러나 이씨의 행동을 〈마음대로〉라고 규정할 때의 이씨의 행동의 요소들은 무엇일까? 그것은 어렵지 않게 제안될 수 있을 것이다. 그것은 〈이씨가 속한 공동체들의 규범이나 기대에 부합하지 않는다〉라는 것을 뜻한다. 공동체의 생활양식으로부터 돌출된 행동을 한다는 뜻이다. 그 행동은 공동체보다는 이씨 개인의 특징을 반영하는 그러한 행동이라는 것이다. 〈마음대로 행동한다〉는 것은 그 행위자의 개성 특징적 요소들을 나타내는 것이다. 그리고 〈박씨가 마음대로 한다〉라고 말하는 경우도 있다. 이 때 박씨의 행동은 이씨의 행동과는 다른 특징을 갖는다. 〈박씨가 속한 공동체의 합의나 합의된 절차를 따르지 않는다〉라는 요소를 갖는다. 마찬가지로 개성 특징적 요소를 가지면서 공적이기보다는 사적 특징을 갖는다. 이들의 행동은 공적이지만 그 행동을 생산하는 그들의 마음은 행동에 나타나지 않을 수 있고 외부의 접근에 폐쇄적일 수 있다.

2.1 마음의 작용 :

〈김씨는 마음대로 마음을 바꾼다〉라는 말을 한다. 그러나 김씨가 마음대로 바꿀 수 있는 마음은 어떠한 것일까? 그것은 자동차나 텔레비전 같은 가구가 아니고, 집 주소나 직장 같은 사회적 위치가 아니다. 김씨가 마음대로 바꾸는 마음은, 예를 들어 10년 전에 포니를 좋아했지만 지금은 누구와도 의논하지 않고 뉴코란도를 원하는 심성 상태이다. 작년까지 분당에서 사는 것을 즐겼지만 현재는 갑자기 강북 직장 근처로 이사가고 싶다고 말하고 있는 마음이다. 김씨가 마음대로 바꾸는 마음이 있다면 그것은 심성의 구체적 작용이 아닐까? 만일 그 마음이 가구나 사회적 질서와 같은 대상이 아니라면 마음은 작용의 내용이라 할 수 있지 않을까?

마음의 작용적 요소에 대해 더 알아보자. 〈최씨는 그의 딸을 유학 보내는 것이 마음 쓰인다〉라고 말할 수 있다. 마음 쓰이는 마음은 어떤 마음일까? 최씨가 그의 딸을 유학 보낸다는 생각을 할 때 근심 이나 염려의 순간들이 있다는 것이다. 쓰이는 마음은 염려의 마음 이 외의 다른 것이 아니다. 쓰이는 마음은 염려 바로 그것이다. 염려라 는 작용인 것이다. 〈마음을 다하여 봉사하였다〉라는 표현도 같은 분 석 결과에 이르게 할 것이다. 위하는 마음의 작용들을 다 수행하여 봉사하였다는 것이다.

2.2 개인적 요소:

마음의 개인적 요소도 분석을 통하여 명료화될 수 있다. 〈이씨는 딸의 합격으로 마음이 들떠 있다〉라고 말하는 경우가 있다. 이씨의 들뜬 마음은 어떤 것인가? 그것은 이씨가 속하여 있는 〈공동체의 합 리적 또는 일상적 문맥에서 개인적 거리를 잠시 가진다〉의 뜻이라고 생각한다. 이씨가 비합리적이거나 무합리적이라는 뜻은 아니다. 이씨 의 들뜸은 합리성이나 일상성의 땅으로부터 떠있다는 뜻이다. 그리고 들떠 있다는 것도 김씨 자신이 그렇다는 것보다는 김씨의 마음의 작 용들이 그러하다는 것이다.

〈마음을 먹는다〉라는 표현도 참고가 될 것이다. 〈마음을 먹는다〉라 는 은유는 〈사과를 먹는다〉라는 표현의 문법으로부터 해석의 도움을 받을 수 있을 것이다. 사과는 객관적 대상이지만 이 대상의 먹음 행 위는 개인적이다. 하나의 사과를 여러 사람이 나눌 수 있지만 먹음 행위는 일상적으로 개인적이다. 이러한 일상의 사과 먹기의 행위로부 터 〈마음 먹기〉라는 은유로의 번역은 마음을 의도, 의지, 소망과 같 은 구체적 심성상태의 일반명사화함으로써 가능하다고 보인다. 그러 한 일반명사화에서 구체적 심성상태들은 객관화되고 이들은 먹음 행

372

위의 대상이 되는 것이다. 그리고 이 먹음은 개인적이다. 마음먹음은 개인적 행위이고 개인적 결단의 양상을 나타내는 것이다.

마음의 개인적 요소는 〈얼굴은 마음의 창문이다〉라는 통속적 믿음에서도 나타난다. 개인의 얼굴은 그 개인의 마음 쓰임새에 따라 영향받거나 결정된다는 믿음이다. 마음 씀은 환경과 독립하여 이루어질 수 없다는 의미에서 이 믿음은 단순화 오류의 위험에 열려 있다. 그러나 이 믿음은 수용할 수 있도록 어떤 방식에 따라 해석될 수 있다. 〈얼굴은 환경의 결과이다〉라는 해석이다. 얼굴은 개인이 환경과의 관계 속에서 마음을 쓰는 방식이나 조건에 의하여 영향을 받는다는 것이다.

2.3 사적 측면 :

마음 개념은 개인적 요소 이외에 사적 요소를 가지고 있다. 마음이 개인적 작용이지만, 이 작용은 알려지거나 않거나 간에 그 개인의 경험이라는 의미에서 사적이다. 나의 마음은 〈나의 시계〉가 나타내는 소유의 사적 특징을 가지지만, 〈나의 미소〉가 나타내는 분리불가능의 사적 요소도 갖는다. 더 나아가 나의 마음은 〈마음 있음과 마음 없음의 차이는 행위로 나타날 때까지는 알려질 수 없다〉는 인식적으로 사적인 면을 갖는다. 그러나 잠자고 있는 사람을 보고 〈이 사람은 아들이 취직한 지난 달부터 마음놓고 산다〉라고 할 때 그의 마음은 성향적으로 사적인 측면을 갖는다.

2.4 심재룡의 통찰 :

심재룡은 마음을 실체로 파악하는 서양의 전통에 선명한 이의를 제기한다. 심재룡은 〈마음〉이라는 단어가 일상적으로 사용되는 방식

에 직접적으로 주목한다:

한 달이나 원고 청탁에 쪼달려, 여하튼, 답안지를 내야 하는 초읽기에
몰린 수험생처럼, 원고지를 메우고자 하는 〈마음〉은 굴뚝 같은데, 이 글이
〈마음〉에 없는 염불이 되지나 않을는지. 〈마음〉먹은 대로 글줄은 나아가
지 않고, 또 한편 〈마음〉대로 썼다가는 내 〈마음〉씨나 〈마음〉결까지 지레
미루어 짐작해 요량해 주실 독자 제위가 〈마음〉에 걸려, 내 〈마음〉자리가
불편할 정도로 〈마음〉이 죄어 온다. 그러나 〈마음〉놓고 써 보자.[2]

심재룡은 이러한 관찰로부터 하나의 결론을 끌어낸다.

비록 우리가 쓰는 말 〈마음〉은 어차피 고정된 대상을 가리키는 양 생각
하도록 그 말의 구조가 그렇게 되어 있지만, 〈마음〉에 대한 여러 가지 이
야기들은 실상 사람의 지성적, 감정적, 의식적 활동들을 통괄하여 일컫는
것이요, 그밖에 따로 〈마음〉이 존재한다는 식의 생각은 잘못이다.[3]

마음개념에 대한 심재룡의 한국어 분석 담론의 논변은 중요하다.
심재룡이 주목하는 〈마음〉 단어의 사용방식은 무엇일까? 원고지를
메우고자 하는 굴뚝 같은 〈마음〉은 소망이고, 염불이나 되지나 않을
는지의 〈마음〉은 염려일 것이다. 〈마음〉먹은 대로 굴줄이 나아가지
않는 그 마음은 목적이고, 〈마음〉대로 쓰고 싶은 마음은 자유이다.
내 〈마음〉씨는 정신이고 〈마음〉결은 생각이다. 독자 제위가 〈마음〉
에 걸릴 때 의식에 걸린다는 것이고, 불편할 내 〈마음〉자리는 심기
이다. 죄어 오는 〈마음〉은 심장이고 〈마음〉놓고 써야 하는 마음은

---

2) 심재룡, 『부처님이 올 수 없는 땅』, 세계사, 1990. 꺾쇠는 저자의 방점을 나타낸
다.
3) 위의 책, 꺾쇠는 저자의 방점을 나타낸다.

긴장일 것이다.

물론 어떤 사람은 한국어 〈마음〉에서 실체적 요소를 분석해내려고 할 수 있을 것이다. 얼핏 실체적 사용으로 보이는 그러한 표현들이 있기 때문이다. 〈마음결〉, 〈마음속〉, 〈마음씨〉, 〈마음보〉 등의 표현들이다. 그러나 이들이 진정으로 마음을 실체시 또는 실체화하는 그러한 표현들인가? 먼저 〈마음결〉이라는 단어는 어떻게 이해될 수 있는가? 이것은 〈옥의 결〉 같은 그러한 실체적 표현인가? 아니면 〈마음의 작용의 결〉로 볼 수는 없는가? 〈마음속〉도 〈금고의 속〉같은 실체적 표현이라기보다는 알려지지 않는 뜻, 알 수 없는 의지, 숨겨진 계획 같은 의미의 인식론적 속마음을 나타내는 것이 아닐까? 〈마음씨〉는 한 사람의 모든 생각이나 느낌의 핵심 또는 기본 원리로 해석할 수 있고, 〈마음보〉는 한 사람의 생각이나 느낌이 적용되는 범위로 이해할 수 있을 것이다. 이러한 분석이 정당하다면, 〈마음〉에 대한 실체론적 이해의 가능성은 멀어진다고 보인다.

2.5 체계 반성성 :

〈김씨는 마음대로 마음을 바꾼다〉라고 할 때 또 하나의 특징을 관찰할 수 있다. 마음 바꾸는 것은 흔히 특정 대상의 기호 여부 변경이나 특정 명제의 수용 여부의 변경을 뜻한다. 틀린 말은 아니다. 그러나 이 때 그 변경의 구조가 무엇인가를 확인할 필요가 있다. 예를 들어보자. 김씨는 〈그의 장남은 유학을 가야 한다〉는 그의 믿음을 갑자기 바꿀 수 있다. 누구와도 의논하지 않고 자신이 원하는 대로 마음을 먹는 것이다. 그러나 김씨가 마음대로 마음을 바꾼다고 할지라도 그의 마음 변화에 자신의 이유가 없는 것은 아니다. 그의 이유는 여러 가지일 수 있다. 〈장남은 효도해야 한다〉, 〈외국 유학보다 국내 수학이 더 유익하다〉, 〈유학보다 결혼이 더 시급하다〉 등의 이유들이 전보다 더 중요한 우선 순위에 오를 수 있다. 그리고 이러한 우선 순위의 변화는 세계관의 변경이나 체계의 수정을 요구하는 그러한 경우들이다. 달리 말하면 마음 바꿈은 엄밀하게 체계 수정이고 이것은 체계에 대한 반성적, 초월적, 평가적 행위일 수 있다.

마음은 이처럼 초월적 요소를 가지고 있다. 한국어의 〈마음〉은 존재론적으로 내재적이지만 그러나 논리적으로 상위 언어적 측면이 보인다는 뜻이다. 예를 들어 〈마음먹기에 달렸다〉라는 표현을 보자. 이 표현은 어떻게 이해될 수 있는가? 〈세상살이가 대상이나 해석의 선택의 문제이다〉라는 해석 이외에 어떤 해석이 보다 어울릴 것인가? 이 해석이 가능하다면 〈만사가 의존하는 마음먹기〉란 기존의 언어체계로부터 보다 해방적이라고 생각하는 언어체계로의 전환을 뜻한다고 보인다. 〈마음이 팔자다〉라는 표현도 사람의 운명은 좋음이나 믿음의 여부의 선택의 문제라는 것이고, 〈마음이 편하다〉라는 표현도 환경의 사물에 대한 이해의 관계가 긴장이 아니라 포근하다라는 언어질서의 개편을 의미하는 것으로 보인다. 마음은 이러한 구조의 측면에서 초월적 요소를 포함한다고 할 수 있을 것이다.

제3절 몸으로 생각하기: 몸가짐

한국어에 나타난 몸과 마음은 서양어의 심신 mind-body 이원적 대립관계에 있지 않다. 몸은 마음 못지않게 생각하기의 단위이고 주체라고 생각한다. 몸은 마음보다 오히려 생각하기의 기준이고 사회적 언어적 함축을 갖는다고 보인다. 서양철학의 영향에 가려진 몸으로 생각하기의 모습을 드러내고자 한다. 몸은 사물적 요소를 가지고 있으면서도 종국적으로 윤리적 질서의 부분을 구성하는 생각하기의 주체가 된다. 이러한 논제를 지지하기 위하여 다섯 개의 단계적 고찰을 수행하고자 한다.

3.1 사물적 측면 :

몸은 물론 사물적이다. 〈몸이 말을 안 듣는다〉라는 표현이 있다. 이 표현이 드러내는 논리는 〈몸은 정상적인 경우 말을 듣는데 반하여 이 특수한 경우 듣지 않는다〉라는 구조이다. 정상적인 경우 몸과 마음이 일심동체를 구성하는데 반하여 이 경우 몸과 마음이 독립적으로 되어 있다라는 의미이다. 말을 안 듣는 몸은 불복종의 주체이기 보다는 말을 이해하지 못하는 사물성으로의 타락을 뜻한다. 〈몸살 났다〉는 과다한 노동 후에 나타나는 사물로서의 몸의 균형이 깨지는 경우이고, 〈몸조리한다〉라는 표현은 그러한 균형으로의 복원을 위해 노력한다라는 뜻이다.

3.2 생각의 단위 :

몸은 생각의 단위이다. 문장이 생각의 단위이듯이 개개의 몸 또한 생각의 단위이다. 〈몸은 목석이 아니다(身非木石)〉라는 표현을 보자. 몸이 목석이 아니라면 고깃덩어리일 수가 있고 인격적 단위일 수가 있다. 그러나 이 문맥에서 전자보다는 후자의 해석이 설득력이 있다고 생각한다. 마음 편함이 몸 편함의 필요조건이고, 몸 편함이 마음 편함의 필요조건인 것을 전제하는 명제라고 판단되기 때문이다. 마음과 몸의 이러한 쌍방향적 필요조건 관계는 쉽게 수긍될 수 있다. 자식을 잃은 날의 부모는 그 마음으로 몸이 편하기 어렵고, 며칠씩 굶은 사람은 그 몸으로 마음이 편하기 어렵다.

쌍방향적 필요조건 관계에 대해 조금 더 추적하도록 하자. 한편으로 〈몸서리친다〉의 경우는 끔찍한 광경을 목도하거나 그 이야기를

들었을 경우 결과되는 몸의 반응이고, 〈몸이 단다〉의 표현도 소망이
나 기대가 어느 수준 이상일 때 몸에 발생하는 현상이다. 물론 동일
한 이야기나 광경에 대해 몸서리치지 않을 수도 있고, 같은 수준의
소망에 대해 몸이 달지 않는 대범한 사람도 있을 수 있다. 반응자와
무반응자와의 차이는 광경 경험이나 소망에 대한 배경적 삶이나 배
경 이론의 차이에서 설명될 수 있을 것이다. 다른 한편으로 〈배고프
다〉, 〈목마르다〉, 〈탱자나무에 찔리다〉와 같은 표현들은 몸 상태에
의하여 마음의 경험이 어떻게 유발되는가를 보여준다.

몸과 마음의 쌍방향적 필요조건 관계는 몸이 생각의 단위라는 가
설을 지지한다고 생각한다. 몸의 어떠한 상태도 특정한 마음의 상태
를 필요로 하고, 마음의 어떠한 상태도 몸의 특정한 상태를 필요로
하는 것이다. 몸과 마음의 이러한 관계는 유형적이라기보다는 개항
적이라야 할 것이다. 예를 들어 지루함이나 나른함을 촉발하는 유형
적 몸의 상태나 마음의 상태는 제시하기 어렵다고 생각한다. 지루함
을 〈시간을 너무 끌어 멀미가 나고 싫은 느낌이 듦〉으로, 나른함을
〈몸이 고단하여 힘이 없음〉으로 사전에서 설명하지만 이러한 설명항
들은 원인의 유형으로 제시될 수 있는 것은 아니기 때문이다. 지루함
이나 나른함은 각기 특정한 마음의 상태에서 몸의 상태로 결과된 경
우라고 생각한다. 지루함은 나른함보다 심성상태가 보다 결정적이지
만 그러나 둘다 몸의 상태로 경험된다고 믿는다. 지루함과 나른함은
몸의 경험이지만 생각의 단위가 된다는 것을 제안하고자 한다.

3.3 공적 자리 :

몸은 공적이다. 개인이 인간 사회 안에서 생활한다는 것을 전제할
때 〈몸이 공적이다〉라는 명제는 분석적이다. 개인들은 〈몸을 담다〉
라고 말할 수 있는 어떤 제도를 갖기 마련이기 때문이다. 국가의 국

민으로서, 국방의 의무를 지켜야 하고, 지방자치단체의 시민으로서, 납세를 수행하여야 한다. 그러한 제도에 저항하는 〈몸부림〉을 치는 경우나, 〈몸바쳐〉 수고하는 경우, 개인의 몸은 언제나 공적인 공간을 차지한다. 개인이 실종되는 경우나 살해되는 경우 문제가 되는 것은 그 몸은 그 사회의 공간에서 공적인 자리를 차지하기 때문이다.

3.4 언어성 :

몸은 언어적이다. 인간의 몸은 인간 사회에서 상징 체계의 부분을 이룬다. 예를 들어 머리를 숙이는 행위는 인사, 수긍, 양보, 겸손 등의 내용을 나타내는 신체적 상징이다. 문맥을 떠나 어떤 내용인지 분별할 수 없을 때도 있다. 그러나 구체적 문맥이 주어지면 그 내용은 거의 오해의 여지가 없다. 몸의 언어는 자연 언어보다 모호할 수 있지만, 문맥이 구체적으로 주어지는 많은 경우 오히려 더 선명하거나 강력할 수 있다.

몸의 언어는 몸가짐이라는 보다 소극적 언어와 몸짓이라는 보다 적극적 문법에 의하여 명료화될 수 있을 것이다. 몸가짐은 옷 입기나 행동거지뿐만 아니라, 언어행위, 어조, 언어내용 등을 망라한다. 〈몸가짐〉이라는 단어가 나타내는 개념은 〈한 개인의 몸이 그가 속한 공동체의 규범과 믿음의 거미줄의 언어체계를 손상하지 않고 존중하고 지속하는 태도〉로 해석될 수 있다. 몸가짐은 그러므로 기존의 언어체계를 수구하는 개인의 질서의식을 나타낸다. 몸짓에는 눈짓, 손짓, 얼굴빛 등이 있다. 몸짓 언어의 해석도 문맥에 강하게 의존하고 있다. 몸짓은 일반적으로 윗사람이 아랫사람에게 말하는 언어이다. 그러나 몸가짐은 아랫사람들에게 더 기대되지만, 윗사람들도 스스로 기존언어체계의 수구적 역할을 자임한다.

3.5 윤리성 :

몸은 윤리적이다. 몸 닦기(修身)는 한국의 전통적 체계에서 모든 가치규범의 근본이었다고 믿는다. 몸 닦기가 가치규범의 근본일 수 있는 근거는 앞에서 지적한 대로 몸이 공적이고, 언어적이며, 생각의 단위라는 점에서 찾아진다.

그러나 왜 몸 닦기를 이렇게도 근본적인 것으로 생각하였을까? 서양의 지성사가 종교나 이성을 통하여 현상 세계로부터 진리 세계로의 전환을 목표로 하였던 것과 비교하면 한국이나 동아시아의 몸 닦기의 목표는 현저하게 대조된다. 서양이 초월론적 세계관에 의하여 지배되고 가치관이 그에 의하여 구성되었다면 동양은 내재론적 세계관에 의하여 구성된 역사를 갖는다. 서양이 현상세계를 가변적으로 생각하고 초월적 세계를 진정한 실재로 파악하였을 때 그 실재는 인간의 몸으로는 접근할 수 없고 종교나 이성에 의해서만 추구될 수 있는 것으로 보았다. 그러나 동양은 현실세계만이 실재라고 믿고 이 실재에서의 중요한 것은 인간성의 완성, 윤리성이라고 보았던 것이다. 그리고 윤리성은 마음이나 관념에 의해서가 아니라 몸가짐에 의하여 이루어지는 것으로 파악하였다고 보인다.

몸과 마음의 편안함(安身安意)을 추구한 동양의 지성사는 〈몸 둘 곳이 없다(置身無地)〉라는 반기준에 의하여 조명될 수 있을 것이다. 이 기준은 몸이 윤리적 질서의 단위라는 것을 전제한다. 인간사회의 윤리적 그물망은 모든 사람이 마땅히 차지해야 하는 자리를 제시한다. 만일 어떤 사람이 그 자리로부터 이탈하여 있을 때 그는 〈몸 둘 바를 모르는 사람〉이 된다. 여기에서 주목하여야 하는 것은 윤리적 그물망의 평가의 단위가 마음이 아니라 몸이라는 사실이다. 마음은 사적이고 안의 경험이기 때문일 것이다. 그러나 몸은 공적이고 언어 구조를 가지며 사고의 단위로 인식되었기 때문일 것이다.

제15장 몸과 마음으로 생각한다

몸의 윤리적 그물망에서의 자리 차지는 단순히 개념적인 문제가 아니다. 몸 둘 곳을 아는 것은 지식의 문제가 아니라 몸 닦기의 문제이기 때문이다. 몸을 닦음으로써 그러한 자리에 도달하는 것이다. 그래서 〈몸을 씻는 사람은 그 옷도 털어 입는다〉라는 속담에서처럼 몸 닦기와 환경의 정화는 그리고 사회의 정화는 동일한 과제가 된다. 이러한 주제는 〈몸이 흔들리면 그림자도 흔들린다〉라는 말에 의하여 확인된다. 이 주제는 『논어』에서도 나타난다. 〈몸가짐이 바르면 명령하지 않아도 집행된다(身正不令而行)〉라는 말이나 〈몸가짐이 바르지 못하면 명령을 해도 따르지 않는다(其身不正 雖令不從)〉라는 말이 그러하다.

유학의 전통이 추구한 것이 안신안의였다면 이는 개인의 관점으로부터의 서술이고, 사회로부터의 서술은 『중용』에 나타나는 성기성물(成己成物)이라 할 수 있을 것이다. 이는 〈자신을 이룩하고 만물을 이룩한다〉라고 순차적으로 해석하기보다는, 〈자기를 이루는 것과 만물을 이루는 것이 맞물려 있다〉로 관계적으로 이해할 수 있을 것이다. 전자의 해석은 두 가지 이룩함을 병렬적으로 나열할 뿐 이들이 어떤 관계에 있는지 또 왜 병렬되어야 하는지는 보이지 않는다. 그러나 후자의 해석은 양자가 논리적 관계에 있고 방법론적으로 불가피하다는 것을 보인다. 자기의 완성은 만물의 완성의 도움 없이는 이루어지기 어렵다는 것을 함축한다. 자기 완성의 내용을 제시하고 그 역의 경우를 말하는 것이다. 이러한 해석학의 관점에 의하면 〈몸을 세우고 이름을 날린다(立身揚名)〉라는 말도 새롭게 이해될 필요가 있을 것이다. 〈몸을 세우고 나니까 이름이 올랐다〉가 그것이다. 전자는 양명을 목적으로 해석하는 반면에 후자는 양명을 결과로 해석하는 것이다. 〈修身齊家治國平天下〉라는 한자도 비슷한 문제를 제기한다. 〈몸을 닦고 집안을 갖추고 나라를 다스려 천하를 바로잡는다〉라는 문장에서 독립적 행위들의 확장적 네 단계로 해석하기보다는, 네 가

지 행위가 서로 맞물려 하나의 윤리적 실재가 발생하는 총체적 태도
로 해석할 수 있을 것이다.[4]

3.6 은유성 왜곡 :

〈몸으로 생각하기의 논제는 언어의 은유성을 곡해한 것이다〉라는
반론이 가능할 것이다. 봄가짐은 마음가짐 없이 가능하지 않다는 것
이다. 어떠한 처신도 마음의 작동을 통하여 이루어진다면 마음가짐이
일차적이고 몸가짐은 결과적 현상일 뿐이라는 것이다. 몸가짐은 결국
마음가짐에 대한 은유라는 것이다. 그러한 〈몸가짐〉을 독립적 언어인
것처럼 해석하는 것은 은유의 곡해라는 것이다.

물론 마음가짐 없이 몸가짐을 가질 수는 없다. 〈몸을 닦는 것은 그
마음을 바로 잡는 데 있다(修身在正心)〉라고 하여야 하기 때문이다.
어떤 몸가짐도 마음가짐에 의존한다는 의미에서 은유적으로 보일 수
있다. 그러나 몸가짐은 마음가짐으로 환원할 수 없다. 〈마음은 좋은
데 이웃집 불보고 춤출 수 있고〉, 입으로는 모든 도덕을 말하면서
실천은 미치지 못할 수 있기 때문이다. 사회적 합리성의 단위는 마음
이 아니라 몸이기 때문이다. 이러한 의미에서 몸가짐은 은유가 아니
라 독립적 언어이다.

3.7 행동주의 오해 :

〈몸으로 생각하기의 논제는 한국어에 들어 있는 행동주의를 오해
하고 있다〉라는 반론이 가능할 것이다. 예를 들어 〈머리를 긁다〉라

---

4) 김태길이 퇴계 이황에 대하여 〈고상한 이론보다는 오히려 일상적인 몸가짐으로
   서의 실천을 더욱 중요시한 전형적 선비〉라고 하였을 때 그는 유학의 수신전통의
   우선성을 보이고 있다고 생각한다. 김태길, 『유교적 전통과 현대 한국』, 철학과
   현실사, 2001, 213쪽.

는 표현이 나타내는 행동은 〈수줍거나 겸연쩍음을 얼버무리거나 자신의 행위에 대한 미안함〉의 의미라는 것이다. 몸의 언어는 소위 〈정신적 행위〉의 단어를 제거하여 계량 가능한 행동적 단어로 대치하는 언어라는 것이다.

그러나 행동주의는 특정한 존재론을 가지고 있다. 이원론이 아닌 유물론이라는 존재론을 지향한다. 그러나 역설적이게도, 이원론을 비판하는 유물론의 언어는 이원론의 흔적을 가지고 있다. 〈정신적인 것은 미신적이거나 없다〉라는 주장에서 그러한 흔적이 보이는 것이다. 그러나 한국어의 몸과 마음의 언어는 그러한 이분법적 사고의 틀을 인정하지 않는다. 마음과 몸은 이원적 대립관계보다는 안과 밖의 양상일 뿐 총체의 부분이라는 관점을 나타낸다. 밖의 몸은 안의 마음의 상태를 드러내기 마련이고 안의 마음은 밖의 몸의 상태에 따라 다른 경험을 하기 마련이다.[5]

제4절   한국어로 생각하기

한국인은 한국어로 생각할 때 마음으로 생각하고 몸으로 생각한다. 이 명제는 한국인의 생활양식 안에서는 흥미 있는 논제가 아닐 수 있지만, 서양철학의 이원론적 문맥에서 이 논제는 지켜질 수 있고 기여적이라는 점을 강조할 수 있을 것이다. 이 논제의 의의를 세 가지

---

5) 몸으로 생각한다라는 주제에 대한 두 권의 책에 주목할 만하다. 김용호, 『몸으로 생각한다』, 민음사, 1997; M. 존슨 지음, 노양진 옮김, 『마음속의 몸』, 철학과 현실사, 2000. 김용호는 〈몸에 무엇을 걸쳤느냐에 따라 사고 방식이 달라진다〉라는 사고의 문맥성 가설과 현대문화의 신체성 경향에서 그의 주제를 정당화하는 것으로 보인다. 존슨은 이성이란 유일한 신적 관점에서 바라볼 수 있는 논리적-존재론적-인식론적 범주들의 합일화의 능력이 아니라 〈신체화된 이해 embodied understanding〉의 능력이라 풀이하고 있다.

로 논의하고자 한다.

4.1 심신 음양론:

한국어에 나타나는 몸과 마음의 관계는 이원론적이라기보다는 음양론적이라 할 수 있을 것이다. 데카르트의 이원론은 〈생각 없이는 내가 존재한다고 상상할 수 없다〉라는 나의 존재에서의 생각의 필수성과 〈몸 없이도 내가 존재한다고 상상할 수 있다〉라는 나의 존재에서의 몸의 우유성으로 구성되어 있다. 생각을 하는 마음과 몸을 구성하는 사물의 두 가지로 이 세계는 만들어져 있다는 것이다. 따라서 마음과 사물은 서로로 환원될 수 없고 이 세계를 조성하는 두 가지 실체라는 것이다.

그러나 몸과 마음의 진정한 관계는 이원적이기보다는 음양적이라고 생각한다. 먼저 〈생각 없이〉와 〈몸 없이〉라는 표현을 이원론을 전제로 하여 이해하였을 때, 데카르트의 이원론 논변은 타당하다. 그러나 이원론을 전제로 하지 않는 경우 그 논변은 설득력이 없다. 〈지식이 감성적인 경우를 상상할 수 없다〉라는 말은 합리주의를 전제로 하였을 때 참이지만, 합리주의의 이분법을 수용하지 않는 경우 이 말은 타당하지 않은 것과 같다.

데카르트의 몸과 마음의 이분법을 수용할 수 없다면 대안은 무엇인가? 한국어의 〈마음〉과 〈몸〉이 나타내는 단서에서 출발할 수 있을 것이다. 두 단어는 한 인격의 안과 밖을 나타낸다는 것을 가정할 수 있다. 한 인격의 안과 밖은 정적인 건물의 안과 밖의 사물적 관계이기보다는 날아가는 야구공의 아래와 위의 논리적 관계와 같은 것이다. 날아가는 야구공은 아래와 위를 매순간 가질 수 있지만 시간 제시 없는 아래와 위는 가질 수 없다. 날아가는 야구공의 아래와 위는 시간제시라는 논리적 장치에 의존하여 의미를 갖는다. 마음과 몸의 관계도 날아가는 야구공처럼 시간제시라는 장치와의 관계에서 안과 밖의 관계를 갖는 것이다. 특정한 시간과의 관계에서, 몸은 마음의 화육신(化肉身)이고 마음은 몸의 화의심(化意心)이라 할 수 있을 것이다. 이를 일반화하면, 몸은 없고 화육신만 있는 것이고, 마음은 없고 화의심만 있는 것이다. 마음을 떠난 몸이 없고, 몸을 떠난 마음이 없는 것이다. 실체적 음양론이 아니라 유기적 음양론을 지향하여야 하듯이, 사물적 음양론이 아니라 논리적 음양론에 의하여 마음과 몸의 관계를 파악할 수 있을 것이다.

4.2 음양 일반론 :

마음과 몸의 관계를 논리적 음양 관계로 볼 수 있다면 이것은 보다 일반화될 수 있을 것이다. 어떠한 사물도 안과 밖의 논리적 관계를 갖는다는 가설이 그것이다. 어떠한 사물도 음양의 기능적 관계를 갖지만 또한 그 유기적 관계가 확정된 것이 아니라는 것이다. 그 유기적 관계는 특정한 시간 제시의 문맥에서만 의미가 있다는 것이다. 이러한 구조에 설득력이 있다면, 어떠한 사물도 안과 밖의 관계가 시간이라는 제3자와의 관계에 맞물려 있다고 해야 한다. 그렇다면 특정한 시간에 사물의 밖이란 시각적 대상의 내용이고 사물의 안이란 정합적 정보구조의 상태가 될 것이다. 예를 들어 어떤 아이의 축구 차기라는 사건과 운동장 담 넘어 개인집의 창문 깨짐이라는 사건 사이에 인과관계가 있다면, 이 인과관계의 밖은 시가경험의 내용일 수 있고 그 관계의 안은 인과관계의 물리법칙적 정보구조로 되어 있는 것이다.

4.3 두 가지 합리성 :

마음과 몸의 관계에 대한 이해의 방식은 다른 종류의 합리성 개념을 산출한다고 보인다. 마음과 몸의 이분법적 전통은 추상적 합리성을 추구하고 마음과 몸의 음양론적 전통은 문맥적 합리성을 강조한다고 생각한다. 양자의 비교는 보다 자세한 분석을 필요로 하지만 개괄적인 비교는 두 입장의 세계에 대한 이해를 통해서 우선적으로 할 수 있을 것이다.

마음과 몸의 관계의 이분법적 전통은 근본적으로 초월론적 실재관에 근거한다고 생각한다. 세계는 현상이고 현상의 피안에 실재가 있다고 믿는 사람들은 현상으로부터의 실재로의 추구를 하지 않을 수 없을 것이다. 그들은 두 가지 방법을 고안하였다고 믿는다. 하나는 희랍신화, 유대교, 기독교, 이슬람교와 같은 초월론적 종교이다. 다른 하나는 희랍철학, 합리주의, 형이상학 같은 전통에서 보이는 논리주의이다. 그렇다면 종교와 이성은 모두 몸보다는 마음의 기능이고 몸은 실재계보다 현상계에 종속되어 있다라는 특징을 갖는다. 마음과 몸의 이분법은 데카르트의 분석적 논변 이전에 존재론적 논변의 전통에 기초한다고 생각한다. 초월론에 근거한 이러한 존재론은 진리, 선, 미 등의 절대적 가치 규범을 창출하였다고 생각한다.

마음과 몸의 이분법은 서구의 종교들을 주지적 마음의 종교로 심화시켰고 서구의 합리성을 논리적 마음의 추상성으로 강조하였다고 보인다. 종교보다 논리를 선택한 마음일수록 합리성의 추상성은 더욱 강조되었고 합리주의에서 그 절정에 달하였다고 보인다. 나의 존재의 확실성을 증명한다는 생각이나 신의 존재를 증명하겠다는 발상은 실재를 논리적으로 추상화한 다음에나 가능한 시도들인 것이다. 확실성이나 존재가 언어의 문법이라는 것을 가정한다면 데카르트류의 합리주의의 추상성은 더욱 분명해진다.

제 15 장   몸과 마음으로 생각한다

마음과 몸의 관계의 음양적 전통은 내재적 실재론에 기초한다고 보인다. 실재는 이 세계밖에 알려진 것이 없다는 것이다. 따라서 현상계로서의 세계와 실재계로서의 초월계의 구분 없이 시작하는 존재론이다. 음양적 전통은 초월적 존재로서의 실재계를 추구하는 대신에 내재적 실재로서의 이 세계의 구조에 관심을 갖는 것이다. 유학, 노장학, 불교의 전통이 모두 크게는 이러한 내재적 실재론에 입각한 것으로 해석될 수 있다. 내재적 실재론은 도(道), 통(通), 중(中) 등의 상대적 가치를 구성해냈다고 생각한다.

내재적 실재론이 그러한 가치를 선택할 수 있었던 까닭은 음양론으로써 내재적 실재를 파악하였기 때문이라고 보인다. 모든 실재는 음양의 구조로 되어 있고 이 구조는 실체적이기보다는 유기적이고, 사물적이기보다는 논리적인 그러한 구조인 것이다. 이러한 음양론의 구조의 실재관에 의하면 도통중의 가치를 갖지 않기가 어렵고 이 가치는 문맥적 합리성의 골격을 이룬다고 생각된다.

제16장
지향성과 반성의 신체성

사람을 몸과 마음의 음양적 구성체로 보지 않고, 〈body〉와 〈mind〉의 이원론적 구조에서 〈mind〉의 실현으로 보는 전통의 철학적 논변이 없었던 것도 아니다. 그 중의 하나는 인간의 마음을 지향성 intentionality에서 파악하는 개인주의적 철학적 전통이다. 그러나 지향성은 반성 개념으로 분석될 수 있고 반성 개념은 〈mind〉보다는 〈신체적〉이라는 가설을 제안하고자 한다.

지향성 이론은 브렌타노가 희랍철학의 영향 밑에서 이루어진 중세철학의 논의를 현대에 들어와서 재론함으로써 널리 주목을 받은 것이다. 지향성이란 일반적으로 어떤 의식은 특정한 대상 또는 내용에 긍정적으로나 부정적으로 지향 directed to한 수밖에 없다는 그 의식의 성질을 말한다. 〈김씨는 용궁을 방문하고자 한 마리의 용을 소원하고 있다〉에서 김씨의 소원이라는 특정한 의식은 어떤 대상을 갖지 않을 수 없다. 이 경우에 시간 공간적으로 존재하지 않는다 할지라도 그 용을 의식의 대상으로 가지고 있다. 믿음, 욕망, 경이, 증오, 사랑, 후회 등 모든 심리현상은 그러한 지향성을 가지고 있다는 것이다. 그리고 어떠한 사물현상도 그러한 지향성을 가지고 있지 않다. 그렇다면 지향성은 지향적 비존재성으로 규정되면서 심리적인 것과 비심리적인 것의 구별의 기준으로 사용된다. 이러한 지향적 비존재성은 언어이해에 있어서 중요한 문제들을 제기한다. 콰인의 예를 변용하여 그 한 문제를 지적하여 보자.

(1) 이씨는 갈색 모자를 쓴 그 사람은 간첩이 아니라고 믿는다.
(2) 이씨는 해변에서 본 그 사람은 간첩이라고 믿는다.

여기에서 실제로 갈색 모자를 쓴 그 사람과 해변에서 본 그 사람은 동일인이다. 그렇다면 (1)과 (2)의 예에서 이씨는 모순 또는 일관성 결여를 범하고 있는가? 지향적 비존재성에 의해 이씨는 그러한 오류를 범하고 있지 않다는 것을 허용할 수 있다. 그렇다면 여기에서의 문제는 정확히 무엇인가? (1)에서 〈갈색 모자를 쓴 그 사람〉이라는 표현은 믿음이라는 지향적 또는 인식론적 문맥 안에 발생하기 때문에 이 대신에 동일성 명제에 의해 얻어진 〈해변에서 본 그 사람〉이라는 표현을 대치할 수 없다는 것이다. 요구되는 것은 왜 이 대치가 되지 않는가? 그리고 동일항 대치가능율 substitutivity of the identicals을 따르지 않는 그러한 지향적 언어는 어떻게 이해할 수 있는가라는 물음이 제기된다.

심리적 특징으로서의 지향성은 언어 이해에 중요한 주제가 된다. 심리적인 것과 비심리적인 것의 구별이 지향성에 의해 주어진다면 이것은 심신동일성논제가 어떻게 제한되어야 할 것인가에 대해서도 중요한 단서가 될 것이다. 도널드 데이빗슨은 최근에 지향성의 개념을 파악하는 데 있어서 중요한 기여를 하였다고 생각한다. 그는 지향성을 합리성과 언어사용능력과의 동치 또는 동등개념으로 설명하였다. 김재권은 그러한 설명을 반직관적인 결론에 이른다고 지적하였

다. 언어를 사용하지 않는 동물이나 유아들은 어떠한 심리성, 합리성
도 결여할 뿐 아니라 도덕적 평가의 대상도 될 수 없다는 것이 함의
되기 때문이다.

이러한 상황에서 우리는 여기에 지향성의 개념을 이해할 수 있는
하나의 그림을 그리고자 한다. 이 작업을 통하여 우리가 도달하게 될
시각은 지향성의 특징을 그 반성적 성격에서 보게 되는 그것이다. 단
일 체계가 아니라 다원 체계적 개념으로서의 반성은 지향성의 규정
의 수단이 된다. 지향적 비존재, 동물과 인간과의 지속성과 단절성,
합리성, 언어 등이 반성의 개념으로써 보다 자연스럽게 이해될 수 있
다고 생각한다. 이러한 그림은 그 접근방식이 총체적이기 때문에 어
떤 의미의 순환성이 불가피하다고 생각한다. 그림은 어떤 논제의 연
역적 증명이 아니라고 생각한다.

제1절   체계의 개념

체계란 형식적으로 말하여 기호들의 목록, 적형식의 구성규칙, 공
리, 추리형식의 네 가지 항목으로써 규정되고 있다. 이 형식체계가
해석될 때 그 적형식들은 참이나 거짓의 진리치를 갖는다. 이 해석체
계에는 여러 가지가 가능하지만 자연언어체계도 일종의 해석체계로
생각될 수 있다. 자연언어체계에서는 공리에 준하는 항목 밑에 어떤
논리적 진리와 기본적인 경험적 진리를 가질 것으로 믿어진다. 본 절
에서 우리는 경험적 진리의 수용과 거부의 정도의 개념을 중심으로
몇 가지 사항들에 대한 이해의 시각을 찾아봄으로써 체계의 한 개념
을 얻고자 한다.

경험적 진리는 우유적 문장에 의해 표현된다. 그러므로 우유적 문
장은 특정한 경우에 참이거나 거짓이다. 그렇다면 사람들은 특정한

순간에 그가 수용하는 우유적 문장들 모두와 그가 거부하는 우유적
문장들 모두로써 구성되는 집합을 원칙적으로 가질 수 있다. 〈[B]x〉
는 x가 수용하는 모든 우유적 문장들과 거부하는 모든 우유적 문장
들의 집합 B로 읽힌다. 이 경우 이 집합의 요소는 x에 대하여 수용
의 관계인지 거부의 관계인지 명시될 필요는 없다. 이것을 그의 〈수
용-거부집합〉 또는 간단히 〈용부 집합〉이라 부르겠다. 이 용부 집합
에 의해 몇 가지 개념들을 규정해 볼 수 있을 것이다. 먼저 간주관
세계 또는 생활양식의 개념이 어떻게 이해될 수 있는가를 보자.

(3) x와 y가 공유하는 적어도 하나의 용부 집합이 존재하는 경우 그리고
　　이 경우에만 x와 y는 하나의 간주관 세계(생활양식)를 공유한다.

세 개의 용부 집합이 있다고 하자: [S1, …, Si, T1, …, Ti]a;
[U1, …, Ui, V1, …, Vi]b; [S1, …, Si, V1, …, Vi]c. (3)에 의하면
a와 b는 하나 간주관 세계도 가지고 있지 않지만 a와 c는 [S1, …,
Si]라는 간주관 세계를, 그리고 b와 c는 [V1, …, Vi]라는 간주관 세
계를 가지고 있다.

여기에서 세계의 개념이 의문스럽다고 생각된다. 〈세계란 경우들의
전체이다〉라는 규정을 잠정적으로 받아들이고자 한다. 경우란 사실
이외의 다른 것이 아니다. 사실이란 문장을 사용하지 않고서는 보여
질 수 없고 지적될 수도 없다. 그 동일성이 언급되거나 생각될 수
있는 특정한 체계에 속하기 마련이다. 그렇다면 문장의 사용이란 선
택된 체계 안에서 가능하다. 그러므로 세계가 경우들의 전체이긴 하
지만 여기에 〈주관이 없는〉 세계 또는 〈절대적인 세계〉는 우리에게
주어질 수 없다는 것을 볼 수 있다. a라는 주관의 세계는 a가 참이
라고 믿는 모든 경우들의 개체이고 b와 c의 세계들도 그렇게 파악된
다. a와 b의 세계들은 겹치지 않고 있지만 a와 c의 세계들은 교집합

을 가지고 있어서 하나의 간주관 세계를 구성한다.

간주관 세계에 대한 정의 (3)은 받아들일 만한가? 이 물음에 답하기 위해서는 간주관 세계의 개념이 최소한도로 어느 정도의 내용을 가지고 있어야 하는가에 대해 동의할 필요가 있다. 우리는 간주관 세계는 임의의 두 사람이 서로 이해하거나 대화할 수 있는 근거라고 파악하고자 한다. 그러므로 간주관 세계에 대한 어떤 정의가 그러한 근거를 제시할 수 있을 때에 그 정의의 마땅한 한 후보가 될 것이다. 이해 또는 대화란 무엇인가? 이것은 서로 동의하거나 이의할 수 있다는 것을 뜻한다. 양자간의 동의나 이의의 가능성은 하나의 용부 집합이 양자에게 존재할 때 얻어진다고 보인다. 이에 대하여 간주관 세계는 단순히 양자가 수용하는 모든 사실들의 집합으로써 규정될 수 있다고 생각할 수도 있다. 그렇다면 사실 집합이 용부 집합보다 더 단순하므로 선호할 만하다. 그러나 양자가 공유하는 사실 집합만으로는 간주관 세계가 얻어질 수 없을 것이다. 간주관 세계에서 양자는 동의할 뿐만 아니라 이의할 수도 있어야 하기 때문이다.

간주관 세계는 언어적인 단위가 아니다라는 주장으로 용부 집합적 개념에 반대할 수 있을 것이다. 간주관 세계는 생활양식처럼 초견적으로 어떤 언어적인 문제를 해소하기 위하여 도입되는 비언어적인 단위로 보인다. 이것은 b와 c라는 두 사람의 서로 다른 언어체계들 B와 C를 연결하는 것으로 생각될 수 있다. 체계들은 다르지만 양자는 간주관 세계라는 것에 의해 〈대화를 할 수 있는 이음새〉를 얻게 되는 것으로 제안된다. 그러나 간주관 세계를 비언어적인 것으로 보려는 시도는, 사실이나 세계를 체계 독립적인 것으로 간주하려고 하였던 노력과 같은 실패에 이르게 될 것이다. 그리고 이를 언어적으로 파악함으로써 두 체계의 연결적 성격이 오히려 더 잘 드러난다고 생각한다. 우리는 여기에서 〈간주관 세계〉를 의미론적 술어라 할 수 있다면 그 통사론적 대역을 〈간주관 체계〉라 불러볼 수 있을 것이다.

이 구별에 의하여 (3)은 덜 오도적으로 개선될 수 있을 것이다.

간주관 체계 개념과 유관한 것으로서 잉여 체계의 개념을 제시해 볼 수 있을 것이다. x의 용부 집합과 y의 용부 집합의 보집합이 적어도 하나 있는 경우 그리고 이 경우에만 x나 y에게 적어도 하나의 잉여 체계가 있다. [U1, …, Ui, V1, …, Vi]b 와 [S1, …, Si, V1, …, Vi] c의 경우 그 교집합은 [V1, …, Vi]라는 간주관 체계이지만, 그 보집합은 [U1, …, Ui, S1, …, Si]이다. 따라서 여기에서 b에게는 [U1, …, Ui], c에게는 [S1, …, Si]라는 잉여 체계가 존재한다. 그러나 c의 [S1, …, Si]는 b와의 관계하에서는 잉여 체계로 존재하지만 a의 [S1, …, Si, T1, …, Ti]a와의 관계에서는 오히려 간주관 체계가 된다. 그렇다면 어떤 특정한 잉여 체계는 전혀 간주관적이 아닐 수도 있다. 이 체계를 그 개인의 독점 체계라 부를 수 있을 것이다.

독점 체계가 실제에 있어서 어느 개인에게 가능할 것인가는 의문스럽게 보인다. 그러나 이론적으로는 그것은 가능할 것이다. 언어학습의 체계적 순서는 사실 체계, 간주관 체계, 잉여 체계, 독점 체계임을 상상할 수 있지만, 체계의 사적 privacy 정도는 그 역일 것임을 생각할 수 있기 때문이다. 그러면 어느 개인 d에게 독점 체계를 구성하는 하나의 용부 집합이 있다고 하자. 그것의 한 요소를 P1이라고 하자. d의 P1에 대한 이해의 조건은 무엇인가? 이것은 간주관 체계의 경우에서처럼 d가 P1이 참일 때의 조건들과 P1이 거짓일 때의 조건들을 아는 것이다. 이것을 〈이해의 조건〉이라고 부르자. 이해의 조건으로부터 우리는 다음의 명제로 논의해 볼 수 있을 것이다. x는 Q가 참이라고 믿기 때문에 실제에서 Q를 수용하고 있지만, x는 그가 Q를 거부하는 상황이 있을 수 있다는 것을 믿는다. 우리는 그러한 관찰을 통하여 다음의 명제를 제안해 볼 수 있다.

(4) 나는 x가 Q를 이해하고 그리고 Q가 우유적이라고 믿는 경우 그리고
   이 경우에만 x는 실제에 있어서 Q를 수용하고 있다고 할지라도, x는
   그가 Q를 거부하는 상황이 있을 수 있다는 것을 믿는다.

여기에서 명제 (4)에 대한 증명을 하지는 않겠지만 이해의 조건과
의 관계에서 그럴 듯한 명제로 생각된다. x는 어떤 순간 Q를 요소로
하는 Q+ 체계를 수용하고 있지만 바로 그 순간에도 Q를 요소로 하
지 않는 Q- 체계를 수용할 수 있는 가능성을 가지고 있다. 명제 (4)
는 이렇듯 체계전환의 근거가 된다고 생각된다. 그리고 (3)과 (4)에
의하여

(5) x가 Q를 이해하고 그리고 Q가 우유적이라고 믿는 경우 그리고 이 경
   우에만 x는 실제에 있어서 Q를 수용하고 있다고 할지라도, 〈어떤 y는
   Q를 거부하는 상황이 있을 수 있다〉는 것을 믿는다.

는 것을 논의해 볼 수 있을 것이다. 여기에서 얻어진 체계의 윤곽적
인 개념을 가지고 반성의 개념을 세워보고, 그리고 이에 의해 지향성
의 구조를 밝히도록 하겠다.

제2절 반성 개념의 신체성

2.1 지향성의 반성적 분석

지향성의 특징은 무엇인가? 그 특징은 전통적으로 지향적 비존재
성으로 이해되어왔다고 보인다. 그러나 이 장에서는 그 특징을 반성
의 개념에서 찾아보고 이것이 어떠한 적합성을 갖는가를 이 절과 다

음 절에서 탐색해 보고자 한다. 반성이란 무엇인가? 구체적으로 〈김씨는 그의 형제애에 대하여 반성한다〉는 것은 무엇인가? 이것은 〈김씨는 그가 그의 형제를 사랑하였다는 것에 대하여 반성한다〉로 고쳐쓸 수 있을 것이다. 이것은 일반적으로 〈a가 P에 관하여 반성한다〉로 표현된다. 반성에 대한 초견적 정의는

(6) a는 P가 참이라고 t1까지 믿었지만 P가 거짓일 증거가 참일 증거보다 우세할 가능성이 있다고 t1에 믿는 경우 그리고 이 경우에만 a는 t1에 P에 관하여 반성한다.

로 보인다. 그러나 이것은 체계 내적 반성의 모형일 수는 있겠지만 반성의 일반적인 정의일 수는 없다. 체계를 바꾸는 경우의 반성도 고려되어야 하기 때문이다.

이를 위해 우리는 다음의 믿음에 대한 한 관찰로부터 출발해 볼 수 있을 것이다. 〈a는 P라고 믿는다〉라는 문장을 보자. 이것은 〈a는 P가 참이라고 믿는다〉와 의미론적인 차이가 없다. 앞문장의 종속절 〈P가 참이다〉라는 문장은 P가 참인 체계가 어떠한 것인지 제시되지 않았다는 점에서 미완성이다. 그러므로 〈체계 S 안에서〉라는 구절이 첨가될 때 그 문장은 이해의 구조가 완성된다. 그러나 〈S 안에서 P가 참이다〉라는 것을 종속문장으로 하는

(7) a는 S 안에서 P가 참이라고 믿는다.

의 경우 어떤 모호성이 발생한다. 왜냐하면 (7)은 다음의 두 가지 중의 어떤 것으로도 해석될 수 있기 때문이다.

(8) 〈P가 참이다〉라는 것을 a는 S 안에서 믿는다.

(9) 〈P가 S 안에서 참이다〉라는 것을 a는 믿는다.

그러나 우리는 잠정적으로 (9)보다는 (8)을 (7)의 보다 본격적인 해석으로 취하고자 한다. 그러고 나서 (9)를 (7) 안에서 이해할 수 있는 방식을 시사하고자 한다. 이러한 시각은 우리의 특별한 목적을 위한 전략에 들어맞을 뿐 아니라 보다 직관적이다. 일반적으로 우리는 (8)에서처럼 특정한 체계 안에서 생각하고 믿고 지각하며 판단하기 마련이다. 그리고 특별한 경우에만 (9)에서와 같은 거리를 둔 믿음을 갖기 때문이다. 그러므로 〈a는 P라고 믿는다〉라는 문장을 이해하는 모델은 (8)이라고 생각한다. 〈a는 P를 수용한다〉도 같은 방식으로 해석될 것이다.

명제 (8)과 명제 (4)를 근거로 하여 우리는 (6)의 문제점을 극복하는 명제를 제시해 볼 수 있을 것이다. 먼저 다음의 명제를 보자.

(10) S 안에서 a가 P를 이해하고 P가 우유적이라고 믿는 경우 그리고 이 경우에만 S 안에서 a는 P를 수용한다고 할지라도 a는 〈S' 안에서 그가 P를 거부할 수 있다〉는 것을 믿는다.

여기에서 a는 S 안에 실제로 있다고 할지라도 〈S' 안에서 그가 p를 거부할 수 있다〉는 것을 믿을 수 있는 것으로 제안하였다. 명제 (5)에 의해서 a가 〈어떤 y는 Q를 거부하는 상황이 있을 수 있다〉라고 믿을 수 있기 때문이다. 이것은 단순히 a의 S는 P를 포함하지만 P*가 상상될 수 있다는 것은 S'이 P 이외의 모든 점에서 동일할 때 a가 S 이외의 체계 S'을 수용한다는 것이다. 이것을 근거로 반성의 개념을 제안할 수 있겠다.

(11) S 안에서 t1까지 a는 P가 참이라고 믿었지만 〈S' 안에서 그가 P를

거부할 수 있다〉는 것을 믿으면서 S보다는 S′이 더 만족스러울 가
능성이 있다고 믿는 경우 그리고 이 경우에만 S 안에서 t1에 a는 반
성한다.

이것은 명제(6)을 만족하는 경우들을 모두 포용하지만 그 역은 성
립하지 않는다. 그만큼 더 일반적이다. 명제(11)에 대하여 다음을 제
시할 수도 있을 것이다.

(12) S 안에서 t1까지 a는 D가 어떤 대상 o에 대하여 만족스러운 기술이
라 믿었지만 〈S′ 안에서 그가 D를 거부할 수 있다〉는 것을 믿으면
서 S 보다는 S′에 기울 가능성이 있다고 믿는 경우 그리고 이 경우
에만 S 안에서 t1에 a는 o에 관하여 반성한다.

명제(12)는 반성의 개념을 진위의 양자택일 개념으로 규정하는 것
으로 보이는 명제(11)을 개선한 것처럼 생각된다. 그리고 (12)는 넓
은 영역을 포괄하여 더 일반적인 것처럼 믿어진다. 그러나 결국 양자
는 동일한 조건으로 생각된다. 적절한 확장을 한다면 한 조건을 만족
하는 어떤 경우도 다른 조건을 만족할 것이기 때문이다.

이러한 반성의 개념에 개연성이 있다면 이 개념이 함축하는 몇 가
지를 고려해 볼 만하다. a가 P에 관하여 반성한다는 것은 무엇인가?
a는 P가 속해 있는 S로부터 P*가 속해 있는 S′의 현실성을 생각해
본다는 것이다. 한 체계 S로부터 다른 체계 S′을 생각한다는 것이다.
a가 P에 관하여 반성하기 위해서는 적어도 두 가지 조건이 필요하
다. 하나는 a가 P를 의문해야 한다는 것이고 다른 하나는 P가 속해
있는 S의 상대적 현실성을 저울질해야 한다는 것이다. P의 의문이나
S의 저울질은 모두 S 안에서 이루어질 수 없고, S를 쉬게 하고 있는
동안 구성된 다른 체계 S′ 안에서부터 이루어진다.

여기에서 S와 S'의 저울질의 문제가 제기될 만하다. 흔히 S와 S'의 저울질은 양자를 포섭하는 상위의 제삼자 체계 S"을 필요로 하는 것으로 제시된다. 그러나 우리는 S는 S'으로부터 평가될 수 있고 S'는 S로부터 평가될 수 있다고 생각한다. 이것의 근거는 S와 S'의 간주관적 성격이다. 그러나 모든 인간들의 체계가 간주관적인가? 우리는 이에 대해 다음과 같은 가설을 제시하고자 한다.

(13) 어떤 인간의 용부 집합도 임의의 어떤 인간의 용부 집합과 하나의 교집합을 갖는다.

이것은 논리적 진리가 아니지만 적어도 반직관적이지는 않다. 명제 (13)은 인간이면 모두가 서로 적어도 하나의 간주관 세계를 가지고 있다는 것이고 나아가서 한 개인에서도 시간상으로 변하는 두개의 용부 집합 사이에도 그러한 관계가 있다는 것이다. 전자의 경우 인간은 동일한 종일 뿐 아니라 적자생존의 생물학적 결과에 따라 어떤 의미에서 비슷하게 되었다는 것이고 후자는 변화에 있어서 경제적인 성향이 인간에게 있다는 사실에서 납득될 만하다.

2.2 반성의 신체성

반성 개념의 신체성을 살펴보고자 한다. 반성 개념은 심성내용에 대해 지향적 비존재성에 주목하는 개인주의적으로도 이해되지 않고, 넓은 해석을 하는 외부주의적으로도 파악되지 않는다고 생각한다. 반성은 단순히 내부적 의식 상태일 수도 없고 또한 단순히 외부 상태에 의해 결정되고 성립하는 관계도 아니기 때문이다. 오히려 반성 개념은 신체성으로 잘 구성될 수 있다고 보인다. 위의 논의로부터 몇 가지 관찰을 하도록 하겠다.

첫째, 반성은 참 믿음과 관련되어 있다. 사람들은 누구나 특별한 이유 없이 〈a는 P라고 믿는다〉를 〈a는 P가 참이라고 믿는다〉의 의미로 사용하고 필요에 따라 교환 가능적으로 사용한다. 그러나 지향성의 개인주의자는 지향성의 분석에 있어서 〈a는 P라고 믿는다〉에 주목하고 〈a는 P가 참이라고 믿는다〉의 심각성을 고려하지 않는 것으로 보인다. 후자에 대해 주목하는 경우 지향성에 대한 균형 잡힌 분석에 도달하게 되고 개인주의적 분석은 설득력을 잃을 것이다. 참을 믿어 보지 못한 어떤 언어 공동체도 믿음 개념의 의미를 상실할 것이기 때문이다. 거짓을 믿을 수 있지만 이것은 보편적일 수는 물론 없고 일상적일 수도 없는 것이다. 우리의 믿음 개념은 이미 참을 기준으로 구성되어 있고 이것은 믿음이 그리하여 반성이 신체적이라는 것을 보여준다.

둘째, 반성은 생활양식에 기초한다. 체계 상대적 믿음이 어떤 특징을 갖는가에 대해 고려해 보자. 우리는 〈a는 S 안에서 P가 참이다라고 믿는다〉라는 문장이 두 가지 해석에 열려 있다는 것에 동의할 수 있을 것이다. 〈'P 가 참이다' 라는 것을 a는 S 안에서 믿는다〉와 〈'P가 S 안에서 참이다'라는 것을 a는 믿는다〉라는 해석들이다. 특별한 경우 또는 이론들을 비교하는 경우 후자가 요구되는 경우도 있다. 그러나 우리는 일반적으로 두 가지 해석 중에서 후자보다는 전자를 선호한다고 믿는다. 그 까닭은 무엇일까? 우리는 1차적으로 여러 이론들 간의 틈새에서보다는, 하나의 생활양식을 먼저 선정한 다음에 이 삶의 양식에서 우리의 사유나 인식을 수행하기 때문일 것이다. 체계 상대성이나 믿음 상대성은 상위차원이기 때문일 것이다. 그렇다면 반성 개념이 요구하는 체계 상대적 믿음의 구조도 1차적으로 화자가 처한 생활양식 안에서 얻어지는 것이다.

셋째, 반성은 기술개념에 닿아 있다. 반성에 대한 제안 (12)를 보자. 이 제안을 수용한다면, 반성은 특정한 대상에 대해 다양한 기술

가능성의 관계에서 발생한다는 것을 추정할 수 있다. 그러나 다양한 기술들 중에서 선택은 어떻게 이루어질 것인가? 개인주의자는 〈대상은 이론 구성적이므로 선택은 가능하지 않고 이론의 구성만 있을 뿐이다〉라고 할 것인가? 그렇다면 개인주의자는 반성도 가능하지 않다라고 하여야 할 것이다. t1의 이론 구성과 t2의 이론 구성은 비교가능하지 않다고 하여야 하기 때문이다. 물론 대상은 이론 의존적이다. 그러나 대상의 이론 의존성은 대상의 선이론적 피투성을 제외하지 않는다. 대상의 선이론적 피투성은 대상의 기술에 대한 제약조건이 되고 그리고 이 제약조건에 의하여 다양한 기술들 중에서 목전의 관심에 따라 어느 하나를 선택하게 되는 것이다. 기술 개념에 선이론적 피투성이 들어 있지 않다면 기술 개념 자체가 무의미해질 것이다.

넷째, 반성은 간주관적이다. 반성은 두 체계와 관계하기 때문이다. 반성은 기본적으로 명제 P가 체계 S 안에서 평가되는 방식과 다른 체계 S′에서 평가되는 방식을 비교하는 것이기 때문이다. 체계 평가는 제3자를 필요로 하는 경우 무한 소급에 빠질 것이다. 그러나 〈어떤 인간의 용부 집합도 임의의 어떤 인간의 용부 집합과 하나의 교집합을 갖는다〉라는 가설을 수용할 수 있다면 반성은 쉽게 수행되는 것이다. 사람들이 하나의 자연종을 이룬다는 것은 생물학적 현상일 뿐만 아니라 언어적 현상으로도 지지된다고 생각한다. 지향성의 개인주의자는 언어를 지향적으로 구성하고 나서 개인적인 의미 현상들을 어떻게 체계화할 것인가? 합리성이 데카르트적이라면 단일한 논리 체계의 구조가 이들을 하나로 통합해 줄 것이나. 그러나 불행하게도 우리는 그러한 단일 체계를 소망하기 어려운 것이다. 사적 언어의 가능성은 소멸하고 언어 공동체가 들어 서 있는 것이다. 반성도 언어공동체적인 것이다.

제3절 지향성의 특징

이제 반성의 개념이 어떻게 지향성의 한 특징을 나타낼 수 있는가를 알아보겠다. 전통적으로 지향성의 특징으로 적어도 두 가지가 제시되었다. 브렌타노는 존재적 특징과 심리적 특징을 제시한 것이다. 대상 지향과 내용 연관이라는 특징이다. 전자는 대상이 존재하지 않아도 되는 그러나 심성에서 존재하는 것으로 경험하는 것을 나타내고 후자는 그 경험의 내용이다.

민찬홍은 브렌타노를 발전시킨 치즘의 지향성 표준을 지지하고 이러한 지향성 논의는 명제태도의 문제를 조명할 것으로 기대한다.[1] 치즘은 지향성을 존재 비함축, 진리 비함축 그리고 동연어 대입 실패로 특징지우고 있다. 디오게네스가 정직한 사람을 만나고 싶어했을 때 그는 지향성의 첫째 특징을 예화하는 것이고, 길동이는 인도에 호랑이가 산다고 믿었을 때 그 둘째 특징을 나타내고, 오이디푸스가 조카스터와 결혼하고 싶어했지만 오이디푸스는 그의 어머니와 결혼하고 싶어한 것은 아니라는 사실은 셋째 특징을 보인다는 것이다.

치즘의 표준은 브렌타노의 지향성 개념의 명료화에 기여하였다. 그러나 여기에 만족할 수 있는가는 의문이다. 지향성 언어의 문법적 함축에 한정하는 관심만을 보이고 있기 때문이다. 지향성은 보다 총체적으로 조명될 필요가 있다고 생각한다. 외부와의 관계뿐 아니라 사람의 위치 그리고 공동체의 삶의 방식이 들어 올 수 있어야 한다고 믿는다. 그렇다면 지향성이란 〈달리 해석될 수 있다〉라는 반성의 개념에 의해서 그 규정을 시도해 볼 수 있을 것이다. 퍼트넘이 〈진리가 지향성의 대표적 개념이다〉라고 말하였을 때도 이 표준에 의하여 이해될 수 있을 것이다. 달리 해석될 수 없는 그러한 표현은 없기

---

1) 민찬홍, 「믿음: 명제태도의 일반이론을 위한 연구」, 서울대학교 박사학위 논문, 1994.

때문이다. 어떤 외연언어도 지향성의 결과라고 생각한다. 원초적 번역이 지향적이라고 믿는 민찬홍도 이러한 결론에 동의할 것이라고 믿는다.

여기에서 우리의 전략은 반성개념을 지지하기 위하여 전통적 특징들에서 개인주의적인 요소를 배격하고 신체적인 요소를 강조하여 전통적 특징을 어떤 방향에서 더 잘 살릴 수 있다고 믿는다. 반성개념은 그 존재적 특징을 어떻게 해명하는가? 반성개념은 근본적으로 〈존재는 양화체계의 한 변항의 값이다〉라는 콰인의 명제를 수용한다. 따라서 〈진시황이 불노초를 찾고 있었다〉에서의 불노초라는 것은 진시황의 독점 체계 또는 독점 양화 체계의 변항의 값일 수는 있지만 우리와 같은 상식인들이 갖는 간주관적 양화 체계의 변항의 값은 아니라는 것이다. 〈찾고 있었다〉는 외부적 대상을 필요로 하지는 않지만, 〈찾고 있었다〉의 전형적인 경우들은 외부적 대상과의 관계 하에서 발생할 것을 요구한다고 믿는다. 〈찾고 있었다〉라는 표현이 전혀 성공하고 있지 않는 언어 공동체에서는 이 표현이 어떻게 이해될 수 있을 것인가?

그리고 〈경비원 김씨는 도둑을 사살하였다〉라는 경우 실제로 사살된 그 사람은 그 회사 사장이었을 수 있다. 물론 이 때 김씨는 그 사장을 사살한 것은 아니다. 반성개념에 의하면 S에서 김씨는 어떤 대상 o를 〈도둑〉이라는 기술 밑에서 인식하였지만 S′에서 김씨는 〈사장〉이라는 기술이 더 만족스럽다는 것을 인정하리라는 것이다. 반성 개념은 올바른 기술적 요소를 필요로 하는 것이다. 또한 앞의 간첩의 예로 돌아가 보자. S에서 이씨는 갈색 모자를 쓴 그 사람과 해변에서 본 그 사람이 동일인이라는 것을 모르고 있다고 할 것이다. 이렇듯 무지에 오염된 이씨의 S체계는 그만큼 간주관성으로부터 떨어져 있을 것이다. 이와 같이 불노초, 도둑, 간첩의 예들은 체계의 개념으로써 어떠한 설명을 얻을 수 있다고 보인다.

심리적 특징을 데이빗슨의 〈심리적인 것은 합리적이다〉라는 명제와 관련하여 고려해 보자. 합리성이 언어의 논리성에서 이해되는 것이라고 한다면 심리적 특징은 언어적 특징으로 이해될 수도 있다. 그러나 합리성이나 언어라는 개념들은 반성개념의 시각에서 볼 때 단일체계 안에서보다는 간주관 체계적으로 더 잘 설명된다. 이들은 복합 체계적 개념이기 때문이다. 합리성과 언어가 단일 체계 안에서 규정될 수 없다는 것은 아니다.

그러나 그러한 단일 체계 내적 정의는 너무 넓거나 자의적인 것으로 생각된다. 합리성을 어떤 체계 안에서 일관성, 논리성, 충족성으로써 규정할 수 있을 것이다. 이 체계를 인간이 채택하면 인간의 합리성이 결과될 것이고 동물, 예를 들어 개미가 채택하면 개미의 합리성이 결과될 것이다. 그런데도 양자간의 교량이 없다는 뜻에서 이 합리성의 개념은 너무 넓다고 하겠다. 이러한 상황에서 단일 체계론자는 동물에게는 언어능력을 거부하게 된다. 이 때의 〈언어〉는 인간언어 이외의 다른 것을 뜻하지 않는다. 바로 이 의미에서 앞의 단일체계의 내적 정의는 자의적이다.

그러나 언어적 특징과 합리성을 반성적 개념에 의해 파악해야 하는 근거는 무엇인가? 여기에서 합리성은 일관성, 논리성, 충족성의 간주관 체계적인 규정을 받게 된다. 이러한 규정은 인간이라면 어떠한 체계 아래에 있거나 간에 상호 대화의 가능성의 근거를 마련할 것이다. 그리고 이 합리성은 간주관 체계라는 것이 더욱 확장되도록 개방되어 있는 만큼 미래의 수정에도 개방되어 있다. 이러한 개방성을 단일 체계 내적 합리성에서 구조적으로 찾을 수 있는지 의문스럽다.

이러한 관찰은 언어에 대해서도 적용될 수 있을 것이다. 만일 우리가 대화 가능성이나 개연성을 원한다면 이것을 부여한다고 생각하는 반성적 개념은 그만큼 필요하다고 믿어진다. 그리고 반성개념은 앞의

제16장 지향성과 반성의 신체성

단일체계에서와는 달리 동물과 인간의 합리성 또는 언어능력에 대해서도 부담 없는 설명을 할 수 있다. 동물들은 각기 그 종에 따른 단일 체계적 합리성이나 언어사용능력을 갖지만 인간은 반성적 합리성 또는 반성적 언어사용 능력을 갖는다는 것이다. 반성개념은 동물에게 인식하지 않으면서도 인간과의 차이를 선명하게 제시할 수 있다는 것이다. 지향성의 특징으로서의 반성개념을 이렇게 제안할 때 하나의 반응은 이러한 것일 수 있다: 그렇다면 지향성의 특징으로서 의심, 물음, 경이, 후회, 기억, 책임 등의 개념들도 비슷한 권리로서 소리지를 수 있다. 물론 그렇다. 왜냐하면 이들도 반성처럼 존재특징, 심리특징, 언어특징을 소유하는 것으로 해석될 수 있다. 그러나 여기에서 우리가 반성을 내세우는 것은 이것이 다른 후보들보다 간주관 체계의 성격에 더 가깝게 닿아 있기 때문이다. 그리고 이 후보들의 경계 구별이 어렵긴 하지만 처음 네 개는 반성의 유관개념으로 보인다.

반성개념에 대해서 아직은 많은 문제점들이 있겠지만 이제 이 개념으로써 지향성을 어떻게 규정할 수 있는가를 보자.

(14) 어떤 사람이 (11)이나 (12) 같은 반성의 절차의 구조를 유지하면서만 P를 믿을 수 있을 때 그리고 이 때에만 P는 지향적이다.

명제 (14)에서의 그 〈사람〉은 임의의 어떤 자이기도 하지만 모든 사람들이 서로 간주관 체계를 가지고 있기 때문에 모든 사람을 대표하는 자이다. 따라서 이 표준에 의하면 논리적 명제들은 비지향적이고 실제에 있어서 모든 경험적 진리는 적어도 지향적이게 된다. 그러나 (14)가 지향성의 표준으로서 적합한가? 이것은 불가피하면서 어려운 문제라고 생각한다. 이에 대하여 정면적보다는 우회적으로 하나의 관찰을 할 수 있을 뿐이다. 여기에서의 〈적합성〉은 무엇을 위한 것인가? 세 가지 의미를 생각해 볼 수 있을 것이다.

첫째, 이것은 브렌타노가 제시한 존재론적 표준과 심리학적 표준을 대치하거나 보완한다는 의미에서의 적합성인가? 둘째로 보다 철저하게, 이러한 대치나 보완은 간접적인 개념들을 교량으로 하여 이루어지기보다는 보다 직접적인 대상의 직관을 통하여 이루어질 때만 얻어질 수 있는 적합성인가? 셋째로 그러한 대치나 보완과 전혀 관계없이 지향성개념이 새롭게 재구성되었다 할지라도 그 장점이나 설득력만으로 적합성을 유지할 수 있는가? 이러한 세 가지 시험에 대하여 명제 (14)는 어떠한 평가를 받을 것인가?

지향성 개념을 반성적으로 파악해 보고자 하는 시도에는 여러 가지 문제가 있을 수 있다. 이미 지적한 순환성의 문제가 있다. 그리고 자연언어체계의 규정문제, 기본적 경험 진리, 용부 집합 등의 보다 설득력 있는 해명이 필요할 것이다. 그리고 지향성의 문제를 단일 체계에서 다원 체계로 옮김으로써 문제 해소라기보다 문제의 연기라는 점이 지적될 수도 있을 것이다. 유명론과 상대주의의 염려도 표시될지 모른다. 지칭의 문제, 그리고 색인적 지시사의 문제들이 철저하게 탐색되어야 할 것이다. 이러한 여러 지적들에 대하여 우리는 많은 작업을 약속할 수밖에 없다. 그리고는 이 그림이 그려내는 전체적이고 일반적인 시각의 개연성을 물을 수 있을 것이다.

단일 체계적 또는 비반성적 합리성과 반성적 합리성을 비교하여 볼 수 있을 것이다. 전자는 체계의 전환이 가능하지 않으므로 그 합리성이 수동적이지만 후자는 다원적 언어의 사용이 가능하므로 능동적인 합리성을 갖는다. 여기에서는 합리성이 간주관 체계의 개방성과 관련하여 구성될 수 있다. 동물, 유아, 실어증의 성인, 로봇 등은 모두 단일 체계적 합리성을 가질 것이다. 미친 개의 행동들을 배경으로 미치지 않은 개의 행동들의 단일 체계적 합리성을 읽어낼 수 있을 것이다. 그러나 이 합리성은 추종된 것일 뿐이고 로봇에서처럼 기계적일 뿐이다. 왜냐하면 체계가 바뀔 수 있다는 것을 상상할 수 없기 때문이다. 입장을 바꿔 생각해 볼 수 없기 때문이다. 주어진 노선의 행동 이외의 행동이 가능하다고 생각할 수 없기 때문이다. 주어진 노선의 행동에 대해서 도대체 반성을 할 수 없기 때문이다. 따라서 단일 체계적 합리성은 도덕적 평가의 대상이 되지 못한다.[2]

---

2) 정성호는 데닛의 지향성 개념의 순환성과 진화성이 갖는 문제점을 지적한다. 데닛이 지향성을 믿음과 욕망의 합리적 체계의 요소로서 규정하는 것은 순환적인 것이고 인간의 합리성이 진화된 결과로 보는 것은 자연이 합리적일 것을 가정하는 것이라고 한다. 그러나 정성호의 심적 능력으로서의 지향성 개념이 데닛의 문제를 얼마나 극복하는가는 의문이다. 데닛 문제를 해소하는 하나의 후보는 맞음 모델에서 찾을 수 있을 것이다. 맞음은 추상적인 체계가 문맥적으로 만족해야 하는 조건이면서 또한 신체성의 유기체가 생존을 위해 진화론적으로 도달한 조건으로 보이기 때문이다. 정성호, 「지향성에 대한 데닛의 탐구전략」, 《철학》, 2000 (63), 277-304쪽.

제17장
성욕 내용의 명제적 신체성

오이디푸스는 테베의 왕 라이오스가 그의 아버지인 줄 모르고 그를 죽였고, 왕위에 올랐다. 그리고 오이디푸스는 라이우스의 왕비 이오카테스가 그의 어머니인 줄 모르고 그녀와 결혼하였다. 결혼 다음날 찾아온 호기심 많은 그의 친구 클레온에게 오이디푸스는 결혼 첫날밤 그의 신부 이오카테스와의 성 관계를 즐겼다고 말하였다.[1] 클레온은 그 말을 듣고

(1) 오이디푸스는 결혼 첫날밤 그의 신부 이오카테스와의 성 관계를 즐겼다.

는 것을 믿어 그의 결혼을 축하하였다. 그러나 세월이 어느 정도 흐른 다음 오이디푸스의 부인과 이오카테스 그리고 오이디푸스의 모친이 모두 동일인이라는 것이 알려졌다. 클레온은 다시 오이디푸스를

---

1) 〈성 관계를 즐기다〉라는 성적 쾌락이나 〈성 관계를 갖고 싶다〉라는 성적 욕망은 같은 논리를 가지고 있다고 생각되어 대치하여 사용할 수 있을 것이다. Anthony Kenny, *Action, Emotion and Will,* London: Routledge, 1963, 1976, p. 130.

찾아가 고뇌를 털어놓았다. 결국 〈오이디푸스는 결혼 첫날밤 그의 모친 이오카테스와의 성관계를 즐겼다〉라는 문장이 표현하는 명제가 성립한다고 말하였다. 그러나 오이디푸스는 (1)과 〈오이디푸스의 신부=오이디푸스의 모친〉이라는 동일성 명제를 수용하여야 한다고 하면서도 클레온의 말을 부인하여,

 (2) 오이디푸스는 결혼 첫날밤 그의 모친 이오카테스와의 성관계를 즐기
  지 않았다.

라는 문장이 표현하는 것을 주장하였다.

　오이디푸스의 그날 성적 쾌락의 내용이 사실적이라면 그의 성적 쾌락의 내용은 (1)뿐만 아니라 동연적인 클레온의 말에 의해 표상되는 것이어야 한다. 그러나 오이디푸스는 클레온의 외연적 해석은 결혼 첫날밤 그가 상상도 할 수 없었던 종류라는 것을 강변하고 있다.

　그렇다면 오이디푸스의 성적 쾌락의 내용은 그에게 있어서 사실적이 아니다. 그의 성적 쾌락의 내용은 (1)에 의해 표상되기는 하지만 그것은 그에게 비실재적인 내용이라는 것이다. 이러한 상황에서 다음과 같은 물음이 제기된다. 오이디푸스의 비실재적인 성적 경험이 어떻게 가능한가? 그리고 사회적 도구로서의 언어는 오이디푸스의 경험을 어떻게 표상하는가? 그리고 신체성은 이러한 과정에서 어떤 역할을 하는가? 이러한 물음에 대한 조명을 위해 나는 크립키의 비트겐슈타인(이하 〈크비트〉)이 제기하는 언어일반에 대한 회의적 관점으로부터 문제제기를 하고자 한다.[2]

　크비트는 사적 언어뿐만 아니라 어떤 언어에 대해서도 회의주의를

---

2) 이승종은 비트겐슈타인의 역설에 대해 다른 해석을 제시하고 있다. 언어의 어떤 의미도 확정되지 않는다는 해석이다. 이승종, 「비트겐슈타인의 모순과 크립키의 역설」, 《철학》, 1994(41).

지지한다.[3] 그 결과 크비트는 언어표상뿐 아니라 심성내용에 대해서도 회의적이게 된다. 그러한 회의주의는 〈어떤 기호에 대해서도 '그 기호는 특정한 의미나 개념을 표현한다'는 것은 참일 수 없다〉라는 논제에 의해 표현된다. 어떤 문장도 특정한 사실만을 표상하는 것으로 해석될 수 없다는 것이다. 한 문장이 특정한 사실만을 표상하기 위해서는 그 문장 안의 기호들이 특정한 의미나 개념과만 관련되어 있어야 한다는 것이다. 그러나 그러한 불가피한 관련은 얻어지지 않는다는 것이다.

크비트는 이를 위하여 두 가지 논의를 제시한다. 모든 사실은 유한하다는 것과 모든 사실은 비규범적이다라는 것이다. 어떤 기호와 그 기호의 의미의 관계에 대한 진리들은 무한할 것임에 반하여 모든 사실은 유한하므로 의미를 어떤 사실성에 의하여 규정할 수 있으리라는 소망은 근거가 없어진다. 이 때 사실이란 성향, 심성상태, 사용방식, 성질들간의 관계 등 외연적인 것은 어느 것이나 포함된다. 그렇다면 소위 진리 조건적 의미론은 포기되어야 한다.[4] 그리고 하나의 기호가 어떤 것을 의미한다라고 할 때에는 그 기호의 사용방식에 대한 당위성이 그 의미 안에 들어 있을 뿐 아니라 그 당위성의 조건이 또한 그 의미 안에 들어 있다고 주장할 수 있다. 그러나 사실이란 그 어떠한 형태에 의해서도 그러한 당위성을 포함할 수 없다. 만일 포함한다면 그러한 〈사실〉은 우리가 이해하는 바의 외연적인 사실은 아닐 것이기 때문이다.

보고션은 크비트의 논의가 성공적이기 위해서는 〈자연적 성질만 실재적이다〉나 또는 〈비환원적 성질은 신비적이다〉라는 명제의 필요

---

3) Saul Kripke, *Wittgenstein on Rules and Private Language*, Cambridge: Harvard University Press, 1982; 정대현, 「사용과 언어」, 『맞음의 철학』, 철학과 현실사, 1997, 188-232쪽.
4) 정대현, 「맞음의 분석과 원초성」, 『맞음의 철학』, 철학과 현실사, 1997, 291-321쪽.

성을 강조한다.[5] 보고션은 크비트의 내용 비실재론에 반대하여 실재
론적인 방향을 모색하고자 한다. 이 논문은 그러한 모색을 위하여 성
욕내용의 경우에 천착하여 〈성욕내용은 판단 의존적이지만 실재 제
약적이다〉라는 논제의 개연성을 살피고자 한다. 실재 제약성은 공동
체적 언어가 신체성을 통하여 확보하는 의미의 구조에 근거한다는
가설을 통하여 조명될 것이다.

제1절   성욕 내용의 제약과 합리성

오이디푸스가 그의 결혼 첫날밤 이오카테스를 향하여 가졌던 성적
인 태도는 다음 두

(1) 오이디푸스는 결혼 첫날밤 그의 신부 이오카테스와의 성관계를 즐겼다;
(2) 오이디푸스는 결혼 첫날밤 그의 모친 이오카테스와의 성관계를 즐기
   지 않았다;

명제들 중에서 어느 것에 의하여 나타나는가? 라이트는 성적인 태
도와 같은 심성내용은 판단 의존적이라고 한다.[6] 그의 논의는 진리와
최선판단의 구분을 사용한 확정순서표준에 의하여 구성된다. 확정순
서표준을 통과한 판단에 대하여 진리란 인지 독립적이고 그렇지 못
한 판단에 대하여는 진리란 최선판단과 구별되지 않는다는 것이다.

---

5) Paul A. Boghossian, "The Status of Content", *The Philosophical Review*,
   April 1990, pp. 157-191; "The Rule-Following Considerations", *Mind*, Oc-
   tober 1989, pp. 507-549.
6) Crispin Wright, "Wittgenstein's Rule-Following Considerations and the
   Central Project of Theoretical Linguistics", *Reflections on Chomsky*, ed., A.
   George, Oxford: Basil Blackwell, 1989.

이러한 상황에서 사실이란 전자의 경우 주관이 발견하는 것이어야 하고 따라서 판단 독립적이지만 후자의 경우 주관이 구성한 것이어서 판단 의존적인 것이 된다는 것이다. 라이트는 내용판단은 전자이기보다는 후자의 경우라고 한다.

보고션은 라이트가 다른 문맥에서 인정하고 있는 그러한 논의의 문제성을 강조한다. 확정순서표준 같은 개념은 관련된 판단의 외연에 대한 어떠한 진리와도 논리적으로 독립하여 만족될 수 있어야 한다는 점이다. 보고션은 그러한 개념의 조건의 만족은 언제나 선행적으로 확정된 구성적 사실을 전제한다는 것이다. 확정순서표준이 그러하다면 최선판단과 진리의 구별은 중요한 의의를 갖지 못한다는 것이다.

나는 내용을 크게 언어적 내용(L)과 심성적 내용(M)으로 구별할 수 있다고 생각한다. 이 구별은 내용(L)과 내용(M) 중 어느 것이 논리적으로나 의미론적으로 선행하는가의 문제와 독립하여 구성될 수 있을 것이다. 이 구별은 그 내용에 대한 제약조건의 다름에 의하여 유지될 것이다. 내용(M)의 제약조건이 믿음 체계적이라면 내용(L)의 제약조건은 공동체적이라고 할 것이다.

이 제약조건의 개념은 오이디푸스의 성적 태도로부터 명료화될 수 있을 것이다. (1)에 대한 오이디푸스의 믿음 체계적 제약이란 (1)과 (2)의 부정은 양립 가능하지 않다는 것이다. 그러한 제약의 구조에서 얻어지는 (1)의 내용은 심성적 내용 (1M)이다. 그러나 (1)에 대한 공동체적 제약이란 오이디푸스가 (2)를 주장할 때 그 주장을 허용하면서도 (1)과 (2)의 부정이 양립 가능할 수 있다는 구조이다. 그러한 구조에서의 (1)의 내용은 언어적 내용 (1L)이다. (1M)과 (1L)의 내용상의 차이는 (1)과 (2)의 부정이 양립 불가능하다는 것과 양립 가능하다는 것의 차이이다.

제약조건은 (2)의 경우에 보다 분명하다. (2)에 대한 오이디푸스의 믿음 체계적 제약은 외연성의 강요에도 불구하고 특정한 기술하에서만 성적 태도가 선택될 수 있다는 제약이다. 그러나 (2)에 대한 공동체적 제약은 대치율의 건강함에 대한 신뢰를 포기하지 않음이다. 그러므로 언어공동체가 오이디푸스의 (2)에 대한 주장을 인정할 때의 그러한 인정이란 공동체적 제약성의 포기라기보다는 (2)에 대한 오이디푸스의 믿음 체계적 이해의 허용으로 해석되어야 할 것이다.

이러한 분석에 의하면 〈모든 내용은 언어적 측면과 심성적 측면을 가지고 있으므로 원초적으로 애매하다〉는 명제를 주장할 수 있다고 생각한다. 이러한 애매성이 수용될 수 있으면 내용의 판단 의존성은 유지된다고 생각한다. 그러나 이러한 내용의 판단 의존성을 주장할 수 있기 위해서는 제약조건의 근거가 보다 더 명시되어야 할 것이다. 제약조건은 이것이 가하여지는 내용의 성격에 구성적이므로 내용과 독립해서 주어질 필요는 없다. 라이트는 판단 독립적인 진리를 상정하였기 때문에 보고션에 의하여 순환성의 비판을 받았다. 그러나 원초적 애매성의 경우 그러한 염려는 없다고 생각한다.

내용에 대한 믿음 체계적 제약과 공동체적 제약의 차이는 근본적으로 두 가지 다른 종류의 합리성에 근거한 것으로 보인다. 첫째 종류의 합리성은 규범이나 원리 또는 선호나 일관성의 논항이 근본적으로 기술들이라는 점에서 내포적 합리성이다. 그러나 둘째 종류의 합리성은 그러한 일관성의 논항이 기술에 의해 표현되는 사실이라고 생각한다. 논문이나 책 또는 담화의 합리성이 내포 방향적이라면 행동, 현상, 사람에 대해 말하여지는 합리성은 외연 방향적일 것이다. 물론 어떠한 문장도 그것이 표상적인 한두 가지 종류의 합리성을 동시에 가질 것이다.

제2절 격리언어와 공동체언어

오이디푸스의 쾌락 (1)에 대하여 (1M)과 (1L)의 구별이 믿음 체계적 제약과 공동체적 제약의 구별에 의존한다면 후자의 구별에 대한 논의가 필요하고 이것은 격리언어와 공동체언어의 구별을 통하여 지지될 수 있을 것이다. 비트겐슈타인의 사적 언어는 언어사용의 기준이 개인의 사적 감각에 국한된 언어였다. 그러나 크비트의 격리언어는 언어사용의 기준이 다른 사람들과는 격리된 개인적인 것이다. 사적 언어는 격리언어의 부분이고 이러한 언어들에서는 〈올바로 사용한다〉와 〈올바로 사용한다고 생각한다〉의 구별이 지켜지지 않으므로 공동체언어를 선택하게 된다는 것이다.[7]

그러나 보고션은 격리언어와 공동체언어의 구별에 대하여 의문을 제기한다. 공동체언어는 진리 조건 개념이 아니라 공동체적 진술조건에 의존한다. 그렇다면

(3) 만일 존스가 지금까지 제기된 대부분의 산수문제에 대하여 기대되는 합으로써 대답하였다면 존스에 대해서 〈그가 '+'로써 더하기를 의미한다〉는 것이 진술될 수 있다.

가 그러한 조건의 한 경우일 것이다. 그러나 보고션은 이러한 진술조건에 대하여 세 가지 문제를 제기한다. 첫째, 의미부여문장으로서의 진술조건에 대한 진리 조건적 설명이 가능해야만 우리가 〈의미부여문장의 진술조건이 무엇'이어야' 하는가〉를 선험적으로 추리할 수 있

---

7) 박병철은 기억시간의 사적인 성질과 정보시간의 공적인 성질을 현상적인 언어와 물리적 언어 사이의 차이를 지적하여 조명하고 있다. 검증은 사적언어가 아니라 공적인 언어를 통하여 이루어진다는 것이다. 사적인 시간 경험의 의미성을 부인하지는 않지만 그로써 충분하지 않다는 것이다. 박병철, 「검증과 시간」, ≪철학≫, 1996 가을(48), 239-274쪽.

음에 반하여, 진술조건들은 그 자체로 의미회의주의의 대상이므로 의미부여문장의 내용을 제시하는 것으로 간주될 수 없다. 둘째, 크비트의 회의적 해결책은 (3)을 제거하지 않는다. 그러나 (3)이 개인 이외의 아무도 언급하지 않는다면 격리언어의 조건과 구별되지 않는다. 셋째, (3)이 사회적 진술조건에 기생하는 것이 아니라 사회적 진술조건이 (3) 같은 격리조건에 기생한다는 것이다. (3)을 사회적 조건으로 만들기 위하여 〈나의 반응〉 또는 〈틀리지 않는 나의 컴퓨터 같은 반응〉을 삽입한다고 해도 비구성적 기술로부터 구성적 결과를 얻는 것은 불가능하고, 결국 의미부여를 위한 우리의 실제의 진술조건은 사회적이 아니라는 것이다. 격리언어와 공동체언어의 구별에 대한 보고션의 비판은 흡족하지 않은 면이 있다. 보고션은 두 언어들의 발생론적 계기에만 주목함으로써, 두 언어 간의 불가피하게 개인론적 발생계기에서 공통점을 강조할 수 있게 되었다. 보고션의 지적대로 그러한 발생론적 계기에서는 두 언어 간의 차이가 보이지 않고 하나를 격리언어 그리고 다른 언어를 공동체언어라고 부를 까닭이 없다. 그러나 두 언어는 발생론적 계기 이외에 의해서 더 중요한 다른 특징 규정이 제시될 수 있을 것이다.

격리언어와 공동체언어의 발생론적 유사성에도 불구하고 주목해야할 차이는 적어도 두 가지이다. 하나는 표현사용에 있어서의 차이이다. 공동체언어는 〈올바로 사용한다고 생각한다〉와 〈올바로 사용한다〉의 주객적 구별이 유지될 수 있도록 표현이 사용되는 언어이고 격리언어는 그렇지 않은 언어이다.

다른 하나의 차이는 앞의 차이에 근거하면서도 독립적으로 지적할 만한 가치가 있는 것이다. 즉 언어경험이 축적적일 수 있는가의 여부의 차이이다. 주객적 구별이 유지되지 않는 언어는 축적적일 수 없다는 것은 자명하다. 그러나 주객적 구별이 유지되면, 언어경험이 자동적으로 축적적이지는 않지만, 필요한 상황에 의하여 여러 가지 언어적 제안이나 수정이 제기되는 경우 확장적이고 축적적이게 된다.

보고션은 주객적 구별이나 축적적 가능성에 의한 반론에 대해서도 아직 발생론적 고려가 논리적으로나 시간적으로 우선적이라는 이유로, 경청의 여유를 허용하지 않는 경우를 상상할 수 있을 것이다. 그러나 그러한 태도는 발생론이 모든 현상을 결정한다는 발생론적 결정론의 가정하에서만 유지될 수 있을 것이다. 어떤 현상에 대해서는 그러한 결정론을 수용할 수 있지만 보고션이 언어현상에 대해서도 그러한 결정론을 적용하리라고는 믿기 어려울 것이다.[8]

제3절 실재적 내용

위의 논의가 타당하다면 오이디푸스의 성욕내용은 판단 의존적이다. 그러나 내용의 판단 의존성에도 불구하고 그 내용이 〈실재적〉이라고 말할 수 있는 구조를 보일 수 있다고 생각한다. 이를 위하여 고려하여 볼 수 있는 것으로는 내용(L)과 내용(M)이 분리 가능하면서도 연결되어 있다는 것과 내용에 대한 서술적 배타성에도 불구하고 그 내용의 통합성의 근거를 신체론적 의미의 성격에서 요청할 수 있다는 점이다.

---

8) 김선희는 격리언어와 공동체 언어의 나의 구분에 대해 비판한다. 이 구분은 믿음체계는 좁은 내용톤을, 공동체 체계는 넓은 내용톤을 구분하여 삿는다는 함축이 시사되는 것처럼 보인다는 것이다. 그러한 인상을 받았다면 그것은 나의 의도는 아니다. 지적한 대로 〈심성내용은 언어 내용 의존적이다〉라는 명제가 이 장뿐만 아니라 이 책의 기본적 관점이기 때문이다. 두 언어의 구분은 〈믿음 체계적 제약과 공동체적 제약의 차이는 이들이 근거하는 합리성이 상이한 내포성을 갖는데 있다〉라는 것을 설명하기 위해서 가설화된 것이다. 김선희, 「성품 내재적 자아론과 자유의지」, 『자아와 행위: 관계적 자아의 자율성』, 철학과 현실사, 1996, 234-268쪽.

첫째로, 심성내용과 언어내용의 분리가능성의 구조를 살펴보자. 이 구조는 두 내용의 연결성을 보이기 위하여 필연적이기 때문이다. 심성내용 (1M)과 언어내용 (1L)의 차이는 전자는 오이디푸스의 믿음 체계 안에서의 (1)과 (2)의 부정이 양립불가능성을 함의하지만, 후자는 언어 공동체에서의 (1)과 (2)의 부정의 양립가능성을 함축한다. 오이디푸스의 쾌락 (1)에 대하여 심성내용적 특징이 부각된 시각으로부터의 기술은 일인칭적 문장이고 언어 내용적 특징이 더 반영된 기술은 삼인칭적 문장이다:

(4) 나(오이디푸스)는 결혼 첫날밤 나의 신부 이오카테스와의 성관계를 즐겼다.
(5) 그(오이디푸스)는 결혼 첫날밤 그의 신부 이오카테스와의 성관계를 즐겼다.

이러한 문장들을 그러한 내용적 특징에 따라 읽을 때 (4)는 오이디푸스의 성욕의 내용을 인격화하고 주관화하고 있음에 반하여 (5)는 그것을 객관화하고 사물화하는 것으로 이해된다.

오이디푸스의 믿음체계 안에서의 (1)과 (2)의 부정의 양립불가능성은 오이디푸스의 가정된 전제 그리고 오이디푸스의 성욕에 대한 그 자신의 인격적 기술에 의하여 보여질 것이다. 다음의 네 명제는 일관성을 결핍하고 있다는 것이다.

(4) 나(오이디푸스)는 결혼 첫날밤 나의 신부 이오카테스와의 성관계를 즐겼다.
(6) 나는 결혼 첫날밤 이오카테스를 나의 신부 이외의 다른 사람으로 생각하지 않았다.
(7) 나의 모친은 나의 신부 이외의 다른 사람들 중의 하나이다.
(8) 나는 결혼 첫날밤 나의 모친 이오카테스와 성관계를 즐겼다.

(1)과 (2)의 부정의 양립불가능성을 보이는 다른 하나의 논의는 기

제 17 장 성욕 내용의 명제적 신체성

술론적 논의의 (6)과 (7) 대신에

(9) 나는 나의 모친과 성관계를 갖거나 즐긴다는 것은 상상할 수도 없다.

라는 전제를 바꿔 넣는 것이다. 이를 양상적 논의라고 할 수 있을 것이고 양립불가능성 논제를 위해서는 두 논의가 각각 충분하지만 오이디푸스의 경우 동시 발생적일 수도 있을 것이다.

둘째로 오이디푸스의 성욕 (1)에 대하여 심성적 내용(1M)과 언어적 내용(1L)은 분리 가능하지만 이러한 내용들은 또한 연결적 구조를 갖는다는 것을 주장하고자 한다. 두 내용의 연결구조는 (1)과 (2)의 부정이 모순적이 아니라는 단순한 양립가능성만으로는 보여질 수 없다. 연결구조는 이보다는 강한 것을 요구한다.

(1L)이 수용되는 언어공동체에서 앞의 기술론적 논의나 양상적 논의를 적용할 수 있을 것인가? 언어공동체는 그에 속하는 성원들 개인들에 대하여는 기술론적 논의를 적용할 여유를 허용하지만, 공동체 전체로서는 그러한 기술론을 수용하지 않는다. 그러한 기술론에 대한 공동체의 개인적 차원의 허용과 전체적 차원의 거부는 오이디푸스의 다른 예로부터의 다음 두 문장의 관계에 의하여 예시될 수 있을 것이다.

(10) 오이디푸스는 테베의 왕 라이오스를 살해하였다;
(11) 오이디푸스는 그의 아버지를 살해하였다.

언어공동체는, 오이디푸스의 개인적 차원에서는 (10)으로부터 필요한 동일성 명제를 첨가하였을 때 (11)이 추리되지 않는다는 것을 허용하면서도, 공동체 차원에서는 그러한 추리를 수용한다는 것이다. 양상논의는 다른 문제들이 제기되지만 궁극적으로 비슷한 말을 할 수 있을 것이다. 오이디푸스의 성욕 (1)의 심성적 내용 (1M)과 그 언어적 내용 (1L)에 대하여 개인적 차원과 전체적 차원의 관계가 그러한 구조를 가지고 있다면, 일반적으로 심성적 내용은 언어적 내용에 의존적이라는 것을 주장할 수 있을 것이다.[9]

제4절 명제적 즐김의 신체성

마지막으로 남는 문제들이 있다. 서술의 배타성에도 불구하고 어떻게 실재적 통합성이 가능한가? 심성적 내용은 언어적 내용에 어떻게 의존하는가? 두 내용의 분리가능성에도 불구하고 양자의 연결 구조는 어떻게 유지되는가? 이러한 물음을 조명하기 위하여 의미의 신체성에 주목하고자 한다. 먼저 〈성관계를 즐긴다〉라는 표현이 어떤 문법을 가지고 있는가를 살필 수 있을 것이다. 〈즐긴다〉의 다른 경우부터 생각하여 보겠다.

어떤 (ㄱ)씨는 술을 마시게 되는 경우 술을 즐긴다. 그리고 (ㄴ)씨는 철학 토론회의 활발한 논의에 깊숙이 빠지게 될 때 한국 철학계의 성원이라는 것을 즐기고, 그의 어린 조카가 2000년도 용산구 소년 골프 챔피언이라는 것을 즐긴다. 그러나 이러한 종류의 즐김들에는 다른 문법이 있다는 것에 주목할 수 있다. 〈술을 즐긴다〉의 문법은 무엇일까? 술을 즐기는 경우의 조건은 좋은 동반자나 흥미 있는 화제일 수도 있고 편안한 분위기도 첨가될 수 있을 것이다. 그러나 이들은 부사적 조건이긴 하지만 혼자 마시는 경우도 있기 때문에 필요

---

9) 송하석과 이승종은 역설도 증명에 의해서가 아니라 일상적 의미가 무엇인지를 분석하여 해소할 수 있다고 생각한다. 의미는 논리적 구조가 아니라 일상의 실천에서 얻어진다는 직관을 반영하는 것이라고 생각한다. 일상의 실천은 의미의 관념성이 아니라 신체성을 가리킨다고 믿는다. 송하석 · 이승종, 「진리수행론과 의미론적 역설」, ≪철학≫, 1999(60).

조건은 아닐 것이다. 그렇다면 관심을 끄는 조건은 술의 맛과 마시는 과정의 신체적 상태일 것이다. 두 조건은 술 즐김의 충분조건은 아니지만 필요조건으로 제안할 만하다. 혹자는 두 조건들을 술 즐김의 단순한 인과적 조건으로 해석할 유혹을 받을 수도 있을 것이다. 그러나 술 즐김이 음주자의 미적 경험체계에 의존한다는 것을 수용한다면 그러한 판단은 균형이 없다고 생각한다. 〈술을 즐긴다〉라는 경험은 대상 관계적이지만 체계 의존적이라고 규정할 수 있을 것이다.

〈(ㄴ)씨는 그가 한국 철학계의 성원이라는 것을 즐긴다〉나 〈(ㄴ)씨는 그가 2000년도 용산구 소년 골프 챔피언의 삼촌이라는 것을 즐긴다〉는 둘다 명제적 즐김이라는 점에서 공통된다고 생각한다. 편의상 후자에 주목하여 보기로 하자. 대상 관계적 즐김과 명제적 즐김의 구분은 근거가 없지 않다. 대상적 즐김은 명제적 믿음의 요소를 필요로 하지 않지만, 명제적 즐김의 경우 명제적 믿음의 요소를 필요로 한다. (ㄱ)씨는 마시는 것이 마주앙이라는 것을 믿지 않고도 마주앙을 즐겼다면, 사람들은 〈(ㄱ)씨가 마주앙을 즐겼다〉라고 말할 수 있는 것이다. 이것은 일반화되어 사람들은 마시는 것이 X인 줄 모르면서도 그러나 X를 즐길 수 있다고 할 것이다.

그러나 명제적 즐김은 다르다. 구체적으로 〈(ㄴ)씨는 그가 2000년도 용산구 소년 골프 챔피언의 삼촌이라는 것을 즐긴다〉의 경우가 이 차이를 보일 것이다. (ㄴ)씨는 그가 2000년도 용산구 소년 골프 챔피언의 삼촌이라는 것을 믿지 않고는 그가 2000년도 용산구 소년 골프 챔피언의 삼촌이라는 것을 즐길 수 없다고 생각한다. 예를 들어 2000년도 용산구 소년 골프 챔피언과 김철수군이 동일인이라고 하자. 이 경우 〈(ㄴ)씨는 그가 김철수군의 삼촌이라는 것을 즐긴다〉가 나타내는 즐김이 앞의 즐김과 같은 것일까? 제도적 장치 때문에 세계 무대로의 진출이 여의치 않자 김군이 밀항하려다가 2001년도 한국 최초의 밀항 기도자로 단속법에 걸렸다고 하자. (ㄴ)씨는 그가 2001

년도 한국 최초의 밀항 기도자의 삼촌이라는 것을 과연 즐길 수 있을 것인가? 명제적 즐김은 명제적 내용이 표현되는 방식에 의존한다는 것을 알 수 있다. 특정한 문장에 의하여 표현된 방식의 명제를 믿지 않고서는 명제적 즐김을 가질 수 없다고 생각한다.

〈성관계를 즐긴다〉는 것은 대상적 즐김인가 명제적 즐김인가? 초견적으로 이것은 대상적 즐김의 경우로 보인다. 성적 욕망이나 성적 쾌락은 〈자연적〉, 〈동물적〉, 〈본능적〉 등의 표현들로써 서술되어온 전통이 그러한 대상적 즐김의 관점에 서 있다고 생각한다. 주체나 객체의 관계가 인지적 또는 가치적 그물망에 의하여 연결되는 요소가 없다는 것이다. 이 경우는 단순히 주체와 객체의 사물적이고 자연적인 관계라는 존재론적 해석이 들어 있는 것이다. 강간범에 대해 국가권력의 전통적 가부장적 대처는 그러한 관점에 서 있었다고 생각한다. 그러나 앞의 논의에서 볼 수 있는 것처럼 〈성관계를 즐긴다〉라는 것은 명제적 즐김의 경우인 것이 분명하다. 이오카테스를 〈나의 신부〉로 기술하는가 아니면 〈나의 모친〉으로 기술하는가에 따라 오이디푸스의 결혼 첫날밤의 쾌락은 기술의 적합성을 달리 갖기 때문이다.[10]

성관계의 즐김이 명제적이라면 이제 그 즐김이 신체성의 특징을 갖는다는 것을 제안하고자 한다. 이 제안은 세 가지 단계를 정당화하

---

10) 윤보석은 행위의 기술 적합성을 주장한다. 그는 〈이성적 행위자를 물리적 세계 내에 환원시킴으로써 형이상학적인 문제를 해소〉하려는 드레츠키를 비판하여 〈우리는 이성에 따라 행동하는 자유인이라는 믿음이 물리주의적 세계관 내에서 위협받지 않는다〉는 것을 보이고자 한다. 그래서 그는 행위가 원인에 의하여 설명되지 않고 이유에 의해 설명된다는 것을 주장한다. 이를 위해 그는 행위는 행위자가 의도한 표현하에 이루어질 것을 요구한다. 〈그 행위자의 관점에서 행위가 기술되어야 한다〉라고 하는 것이다. 그렇다면 〈오이디푸스의 그의 신부와의 결혼〉과 〈오이디푸스의 그의 모친과의 결혼〉은 〈동일〉하다는 그의 언명은, 이들을 〈행위〉가 아니라 〈동작〉의 차원에서 해석할 수 있어야 할 것이다. 윤보석, 「물리주의와 의미의 설명적 기능」, ≪철학연구≫, 2001년 봄, 179-191쪽.

고자 한다. 첫째, 〈믿음과 참의 관계는 분리 불가능하다〉라고 생각한다. 어떤 명제를 믿는다는 것은 그 명제가 참이다라고 믿는 것이다. 도대체 참인 명제를 믿은 적이 없는 사람이 명제를 믿을 수 있을 것인가? 믿음은 참과 관련되어 있고 참은 단순한 믿음의 심리적 상태에 의해 결정되는 것이 아니라 외부라는 몸과 세계의 신체적 질서에 의하여 결정된다고 생각한다. 물론 거짓을 믿을 수 있다. 그러나 거짓을 믿는 경우에도 그 사람은 그것이 참이라고 믿는 것이다. 개인들의 믿음에 참이 많은가 거짓이 많은가에 따라 그리고 이 비교가 상대적으로 이루어지기 때문에 그 개인들에 대한 신뢰성의 순위를 측정하거나 가늠할 수 있을 것이다.

둘째, 〈즐김은 사물 평가적이다〉라는 것을 주장할 수 있을 것이다. 정상적인 경우, (ㄴ)씨는 그가 2000년도 용산구 소년 골프 챔피언의 삼촌이라는 것을 즐길 수 있지만, (ㄴ)씨는 그가 2001년도 한국 최초의 밀항 기도자의 삼촌이라는 것을 즐기기는 어려울 것이다. (ㄴ)씨는 무엇을 즐길 것인가 그리고 무엇을 즐기지 않을 것인가의 판단에서 이미 평가를 하고 있는 것이다. 그 평가는 사회적으로 이루어지는 평가와 대부분의 경우 동일하다고 믿는다. 물론 (ㄴ)씨는 그가 김철수군의 삼촌이라는 것을 즐길 수도 있다. 사회가 김철수군에 대해 특별하게 인정하고 있지 않다고 할지라도 (ㄴ)씨가 김철수군의 인격을 긍정적으로 평가하고 있다면 그가 그의 삼촌이라는 것을 즐길 수 있는 것이다. 분명한 것은 사회적 평가가 개인의 평가와 갈등관계에 들어 있지는 않다는 점이다. 그렇기 때문에 사회적으로 인정되지 않는 것은 온전한 의미에서 즐기기 어려운 것이다.

셋째, 보다 적극적으로, 〈즐김 자체가 사회적이다〉라는 것을 제안할 수 있을 것이다. 정확하게 말하여, 우리는 무엇을 즐길 것인가 또는 무엇을 즐기지 않을 것인가에 대하여 개인 독립적으로 스스로 결정하지 않는다. 우리는 보통의 경우 사회적으로 인정되거나 높이 평가되는 것을 즐기게 되고 사회적으로 인정되지 않는 것을 즐기지 않게 된다. 우리의 즐김은 이러한 면에서 자율적이기보다는 수동적이다. 사회의 평가에 반하여 즐기거나 즐기지 않는 경우들이 물론 있다. 그러나 이러한 경우는 예외적일 뿐 규칙적이 아니다. (ㄴ)씨는 그가 2001년도 한국 최초의 밀항 기도자의 삼촌이라는 것을 즐기는 것이 불가능하지는 않지만 이것을 가능하게 하기 위해서는 많은 선결 작업이 필요할 것이다. 그러한 작업은 그가 유능한 간첩의 스승이라는 것을 즐기는 것과 같은 작업이라야 한다. 간첩의 경우, 이러한 기술하의 활동을 긍정적으로 평가하는 공동체가 있다라는 것을 전제하는 것이다.

위와 같은 세 단계의 관찰에 개연성이 있다면 〈명제적 즐김은 신체적이다〉라는 가설은 설득력을 가질 것이다. 명제적 즐김은 데카르트적 사물성으로 조명되기 어려울 것이다.

제18장
심성내용으로서의 몸가짐

　심성내용에 대한 넓은 이론과 좁은 이론은 둘다 이분법적 존재론
이 전제된 시각에 의해 문제점을 안고 있다고 생각한다. 그러한 전통
에 대한 대안으로 이분법이 아니라 음양론적 심신 관계에 의한 시각
으로 심신 내용에 대한 이해를 시도해 볼 수 있을 것이다. 이 장은
그러한 관심으로부터 행위의 개념에 천착하고자 한다. 행위에 이원론
적으로 접근할 때 〈의지의 신체적 구현〉이라는 구성의 어려움을 분
석하고, 행위를 음양론적 관점에서 이해할 때 이것은 언어 공동체의
문맥으로부터 구성되는 몸가짐으로 파악할 수 있다.[1] 문제를 조금 더

---

1) 조요한은 〈마음가짐이 몸짓에서 나타나는 것을 볼 때, 영혼과 육체는 분리된 두
　개의 실체가 아니고, … 특수한 종류의 복합적 통일체〉라고 쓰고 있다. 〈영혼의
　양태란 살아 있는 사물의 질료에서 분리될 수 없다〉라는 아리스토텔레스의 생각
　에 동의하고 있는 것이다. 밀랍과 인각이 하나임과 같이, 곧음(直)이 곧은 물건을
　떠나서 존재하지 않는 것과 같이, 신체성을 영혼과 육신의 불가분리적 하나임에
　서 보고 있는 것이다. 〈영혼의 모든 양태, 즉 분노, 온화, 무서움, 가련함, 용기,
　기쁨, 사랑과 미움 등이 육체와 더불어 있다〉라고 적고 있다. 조요한, 「심신의 관
　계」, 『아리스토텔레스의 철학』, 경문사, 1988, 153-175, 157, 168쪽. 이태수는 조
　요한의 아리스토텔레스의 심신관계 해석에 의하여 설득되지 않고 있다. 조요한은

425

분명히 할 필요가 있다.

내가 〈책 출판 계약을 했다〉라는 발화를 할 때 나의 심성내용은 무엇일 것인가? 넓은 내용론은 지구와 쌍둥이지구에서 정대현이와 쌍둥이 정대현이 동일한 책 제목의 출판을 할 것이지만 두 책의 내용이 다를 것이므로 그 발화의 심성내용은 다르다고 할 것이다. 지구의 책의 〈물〉은 H_2O를 지칭할 것이고, 쌍둥이지구의 그것은 XYZ를 나타내기 때문이라고 한다. 그러나 좁은 내용론은 이 발화가 지구 정대현의 행위나 쌍둥이지구 정대현의 행위를 설명하는 데 있어서 동일한 역할을 할 것이므로 동일한 발화적 심성내용을 가질 것이라고 한다.

넓은 내용론이나 좁은 내용론은 발화의 의도가 외부와 관련되는가 또는 내부적으로 결정될 수 있는가에 대해서 다른 입장을 갖지만, 둘 다 의도를 개인주의적으로 해석하는 데 있어서 동일하게 이원론적인 그래서 원자적 구성을 유지한다고 믿는다. 음양론적 시각에서 이 발화의 심성내용은 개인주의적인 의도에 의해서가 아니라 발화자의 심신의 음양적 신체가 속한 언어 공동체의 문법에 따라 그 심성내용이 결정된다는 점에 주목하고자 한다.

그렇다면 심성내용론을 논의하는 데 있어서 불가피하게 들어오는 주제는 형이상학적 입장이다. 이원론이나 물리주의의 구도 안에서 발전하여 파생된 입장을 선택하는가 또는 음양론의 세계관을 살고 있는가에 따라 심성내용론의 시각은 달라질 것이라고 믿는다. 형이상학

그의 저서에서 〈아리스토텔레스의 심신관계에 대한 입장을 일종의 심신 동일설로 보고 있는 것이다〉라고 이태수는 적고 있기 때문이다. 조요한은 아리스토텔레스를 분석하면서 〈하나로 연결〉, 〈통일체〉, 〈두 개의 실체가 아니다〉 등의 표현을 사용하고 있다는 점에서 심신 동일론이라는 인상을 줄 수 있다고 이태수는 믿는다. 그러나 조요한의 논의들을 〈아리스토텔레스는 심신 이원론자가 아니다〉라는 명제하에서 읽게 되면 그러한 표현들은 심신동일론을 주장하는 표현으로 읽지 않아도 될 것이다. 이태수, 「조요한: 아리스토텔레스 철학연구」, 《철학》, 제29집 (1988 봄), 287-290쪽.

적 입장의 선택은 사실의 문제가 아니라 세계를 어떻게 바라보는가 또는 삶을 어떻게 살고 있는가에 대한 생활 태도의 선택이라고 믿는다. 그렇다면 이 장에서 시도하고자 하는 것은 사실의 문제가 아니다. 그것은 전체적 삶의 윤곽 안에서 어떤 것이 보다 일관적이고 부담이 없는가의 문제로 축소될 것이다.

이원론은 서구의 전통에서 나타난다. 희랍신화, 기독교, 이슬람교뿐만 아니라 철학과 사상과 문화가 이원론적 구도에서 발전되어 왔다고 믿는다. 이러한 전통을 데카르트가 하나의 철학적 입장으로 완성하였다고 보인다. 그것은 〈물질 없이 존재할 수 있는 것은 생각뿐이다; 생각 없이 존재할 수 있는 것은 물질뿐이다; 어떠한 대상도 둘 중의 하나이다〉라는 논법에 기초한다고 보인다. 생각과 물질이라는 두 존재자만을 인정하는 것이다. 사람의 경우 물질 없이 생각만으로 존재할 수 있고 물질을 경시하는 결론에 도달한다.

그러나 음양론은 동양 전통의 핵심 중의 하나이다. 모든 것을 음양의 관계에서 파악하는 것이다. 모든 것은 모든 개체만이 아니라 모든 관계를 포함한다. 모든 것은 하나의 요소만으로 이루어지는 것이 아니라 양자를 필연적인 요소로 하여 구성되는 것이다. 한 요소가 없이 그것은 온전한 개체나 관계가 아니게 된다. 예를. 들어 사람의 경우 몸과 마음은 서로에게서 분리되어 논의될 수 없다. 몸 없는 마음 없고, 마음 없는 몸이 없기 때문이다. 〈물질 없는 생각으로서의 사람〉이라는 관념은 음양론 전통에서 상상하기 어려운 것이다.

이 장은 심성내용으로서의 몸가짐을 제안하기 위하여 먼저 행위가 이원론적 구성에서 어려움을 가진다는 점을 보이고자 한다. 그리고 몸가짐으로서의 행위가 개인주의적으로가 아니라 사회의 구조적 연결망으로서 구성된다는 점을 주장할 것이다. 나아가서 몸가짐은 개인에게서 나타나지만 그 이해는 공동체적 의미단위로서 이루어진다는 것을 논의할 것이다. 마지막으로 이러한 몸가짐이 어떻게 심성내용을

구성하는가를 몸가짐의 1차성과 2차성을 구분하고 양자의 관계를 구
조화함으로써 보이고자 한다.[2]

제1절   이원론적 행위 개념의 문제

행위란 무엇인가? 행위는 인간사회에서 인간들을 연결하는 가장
기초적이고 구체적인 연결고리이다. 행위는 단순하게 기계적이고 물
리적인 동작도 아니고 주지적이고 관념적인 생각만도 아니다. 행위는
총체적인 인격적 표현이다. 그러나 행위에 대한 통상적 규정은 행위
를 의지의 행동적 실현이라고 하고 있다. 그렇다면 여러 가지 개념들
의 관계 설정이 전제되고서 가능해진 규정이다. 일반 명사로서 동작
이 있고 여기에 행동과 행위가 포섭된다. 행동은 의지가 결여된 동작
이고 행위는 의지가 개입된 동작이라는 것이다. 이러한 행위 개념에
대해 여러 가지 해석이 있어 왔다.

소위 행동주의는 의지라는 개념을 약화하거나 제거하는 방향에서
행위를 바라보면서 결국 행동으로 대치하는 관점에 선다. 예를 들어
〈산책한다〉라는 행위 명사가 일상적으로 산책할 의도를 몸으로 실현
하는 동작이라고 이해되고 있을 때, 행동주의는 이 명사를 의도가 배
제된 행동들의 총화에 의해 표상되는 것을 뜻한다고 제안한다. 의도
라는 정신적, 심리적 요소를 배제하고 외연적이고 계량적인 관찰 가
능한 단위에 의하여 심리적 명사의 의미를 확정할 수 있다는 믿음을
나타내는 것이다. 기능주의는 의지를 특정한 입력과 출력의 관계의
기능에 대한 이름으로 해석하고, 물리주의는 의지를 물리적 기반을

---

2) 남경희는 심리언어의 신체성을 간결하게 말하고 있다: 〈신체로부터 독립된 마음
   의 존재는 기대와는 달리 심적 술어 사용의 객관성을 붕괴시킨다〉. 남경희, 「자연
   언어와 심신문제」, 『언어철학연구 I: 비트겐슈타인과 언어』, 박영식 외 편, 현암사,
   1995, 255-282, 281쪽.

두거나 그로 환원될 수 있는 것으로 제안한다.

그러나 이러한 행위 개념이나 이에 대한 위의 해석들은 전체적으로 이원론적 구도에서 구성된 것으로 생각한다. 〈행위〉를 〈의지의 행동적 실현〉이라고 했을 때 〈의지〉나 〈실현〉이 원자적이고 개인주의적인 것은 이원론의 구도 안에서만 의미를 갖기 때문이다. 산책하는 사람의 원자적 의지가 그 개인의 몸에 의해 실현된다는 것이 산책의 필요조건이고 충분조건이기 때문이다. 그러나 반이원론적 이론들에 의하면 어떤 행위도 다른 행위들과 완전히 독립하여 발생할 수 없고 그 자체로 완전한 단위가 아니라는 것이다. 행위자가 무한한 다른 행위들의 연결망과 불가피하게 이어져 있다고 보기 때문이다.

이원론적 행위 이론들은 범주오류이거나 제거적이라고 생각한다. 위의 세 이론들은 행위 제거적이라고 생각한다. 이에 대해서는 이 책의 다른 장에서 논의한 바 있으므로, 여기에서는 행위 개념 자체만을 논의하고자 한다. 〈행위는 의지의 행동적 실현〉이라고 했을 때 의문은 〈어떻게 의지가 물질에 의해 실현될 수 있는가〉라는 것이다. 정신과 물질이 전혀 다른 것이라면 바로 이 정의에 의하여 양자는 서로 관계할 수 없는 것이 아닌가? 이원론의 다름의 종류는 두 사람의 다름의 종류와 다르다. 두 사람은 다를지라도 악수할 수 있고 의기투합할 수 있고 결혼도 할 수 있고 서로에 영향을 줄 수 있다. 그러나 이원론이 제시하는 두 가지 존재로서의 정신과 물질은 그러한 상관관계를 허용할 수 있는 것이 아니라고 생각한다.

이원론이 〈모든 존재는 정신이거나 물질이다〉라고 하였을 때, 양자는 독립적이고 환원할 수 없는 그러한 다름으로 상정된 것이다. 이러한 이원론의 구도에서 어떻게 의지가 물질에 의해 실현될 수 있는가? 의지가 물질을 명령할 수 있는가? 물질이 의지를 알아서 능동적으로 구현한다는 것인가? 아니면 인격 같은 제3자가 개입해서 양자를 연결시키는 것인가? 그러한 인격이 있다면 이원론에서는 그 실체를 어떻게 도입하는가? 아니면 전혀 다른 어떤 방법이 있을 것인가?

이러한 물음에서 출발하여, 〈행위란 의지의 신체적 실현이다〉라는 행위개념은 범주오류적이라는 점을 두 가지 논변으로 개진하고자 한다.[3] 첫째는 존재론적 논의이다. 의지가 물질이 아니라면 어떻게 의지를 물질에 연결할 수 있는가? 맥주와 위스키를 섞을 수 있는 구조는 양자가 어떤 공통점을 유지하기 때문이다. 그러나 맥주와 금이 전혀 다른 것이라면 어떻게 이들을 섞을 수 있는가? 〈형들이 대학에 갔으므로 너도 대학에 가야 한다〉라는 부모의 주장에 대해 〈형들과 나는 전혀 다르다〉라는 아들의 대답은 유효하다. 전혀 다른 것은 결합은 물론 비교도 될 수 없다는 의미에서 그러하다. 의지와 물질을 일단 이원론적으로 나눈 다음에, 〈의지의 신체적 실현으로서의 행위〉는 주어질 수 없는 것이다.

둘째는 언어적 논변이다. 〈행위란 의지의 신체적 실현이다〉라는 행위개념이 설득력이 있기 위해서는 〈의지〉가 나타나는 심리언어와 〈신체적 실현〉이 나타나는 물리언어가 이원론의 구조 안에서 어떤 방식으로 연결되어 있어야 한다. 그러나 이 저서의 앞부분에서 논의한 대로 두 언어는 통합될 수 없다. 적어도 현재까지는 그 통합의 전망이 밝지 않다. 의지 언어는 내포적이고 신체 실현 언어는 외연적이라 해도 양자간의 관계에 대한 논리를 제시하기 어렵다면, 양자를 전혀 다른 언어로 설정한 이원론 안에서 양자간의 〈실현〉을 어떻게 수행할 수 있는가는 신비로 남는다.[4]

---

3) 범주오류에 대해 참조. 정대현, 「길버트 라일의 철학적 분석」, 《철학연구》, 고려대학교 철학과 편, 1978(제5집).

4) 박영식, 엄정식, 최세만이 활동으로서의 철학개념을 조명할 때 〈행위란 의지의 신체적 실현이다〉라는 진술은 의미 비판의 활동이 아니라 형이상학적 체계 구성이나 과학 명제로 보아야 할 것이다. 정인교, 손병홍, 김세화, 양은석이 보이는 것처럼 논리에서의 많은 문제도 이론의 정합성을 구성하기 위한 필요악으로서의 문제이고 그 의미의 명료화는 현실세계의 일상 언어 직관으로부터 제시된다고 생각한다. 박영식, 「논리철학논고에서의 철학개념」, 『비트겐슈타인과 분석철학의 전

제2절 몸가짐의 의미론

2.1 몸가짐의 문맥적 구성

〈심성내용은 몸가짐이다〉라는 논제를 지지하기 위한 하나의 논변은 행위라는 것이 사회의 구조적 연결망으로서 발생한다는 명제에 의하여 구성할 수 있을 것이다. 이를 행위 문맥 논변이라 부를 수 있을 것이다. 행위를 〈의지의 신체 사물적 구현〉으로 이해해 온 전통적 개념 구성을 부인하여야 한다면 행위 문맥 논변은 귀기울일 가치가 있을 것이다. 어떠한 행위도 개인의 사적 경험의 실체로서의 의지가 신체 사물적으로 구현된 것으로 보기 어렵기 때문이다. 어떠한 행위도 표시되거나 논의될 수 있는 대상이 되기 위해서는 당사자 개인이 참여하는 사회의 언어 문맥을 전제하여야 하기 때문이다. 전통적 개념은 바로 개인 행위의 전제 조건을 무시하거나 약화한 점에서 문제성을 갖는 것이다.

행위를 〈의지의 육체 사물적 구현〉으로 구성한 전통이 의지와 사물에 이원적 요소의 결합방식으로 접근하였다면, 몸가짐으로서의 심성내용론은 행위를 사회의 언어구조가 전제되는 문맥에서 개인의 수행으로 해석하는 것이다. 몸가짐론은 이 점에서 대상주의적 결합론을 거부하고 행위의 단위적 문맥성에 주목한다. 한 개인이 심산유곡에서 올바른 몸가짐을 홀로 유지하는 경우에도 그것은 개인적이거나 사적

개』, 한국분석철학회 편, 철학과 현실사, 1991, 52-71쪽; 엄정식, 「비트겐슈타인의 철학관」, 『비트겐슈타인과 분석철학의 전개』, 한국분석철학회 편, 철학과 현실사, 1991, 24-51쪽; 최세만, 「비트겐슈타인의 과학비판」, 『언어철학연구 I: 비트겐슈타인과 언어』, 박영식 외 편, 현암사, 1995, 139-166쪽; 정인교, 「진리값들의 사이와 블랙홀」, 《한민족철학자대회보 1991》, 한국철학회 편, 대회보2, 339-354쪽; 손병홍, 「치즘의 역리」, 《한국철학자대회보 1990》, 한국철학회 편, 324-332쪽; 김세화, 「양상허구주의」, 《철학적 분석》, 한국분석철학회, 2001 여름(3), 113-128쪽; 양은석, 『논리와 철학』, 동과서, 1999, 139-180쪽.

이기보다는 사회 구성적인 것이기 때문이다. 독방의 제사상에 물 한 잔을 올리는 몸가짐은 사적일 수 없다. 제사상에 물 한 잔 올리는 것은 독방에서 발생한다고 해도 원자적 사건일 수 없고, 개인에 의해 수행되지만 사적일 수 없다. 이것은 제도적 사건이고 사회적 함축을 가지는 것이다. 이것은 사자에 대한 관계이지만 또한 살아 있는 사람들의 사회와의 관계이기도 한 것이다. 부모의 제삿날을 잊고 지냈다면 심산유곡의 독거자라 할지라도 〈무례한 사람〉이 되는 것이다. 이 무례는 돌아가신 부모에 대해서만이 아니라 그 사회의 예의 규범을 어기는 것이다.

이러한 행위 문맥 논변은 두 가지 단계로 제시될 수 있을 것이다. 첫째, 심성내용으로서의 몸가짐은 개인의 행위인 경우에도 먼저 언어와 사회의 관계에서 구성된다고 생각한다. 예를 들어 주례자가 결혼식에서 〈신랑 김씨와 신부 이씨가 부부임을 선언합니다〉라고 공표한 경우를 보자. 주례자가 이 선언을 하였을 때 그는 특정한 심성내용을 갖는다. 그러나 그 심성내용은 서술적인 차원의 내용이기보다는 수행적인 측면의 내용이다. 그의 이 발화는 두 사람이 부부라는 것을 기술하는 것이 아니라, 두 사람을 부부로 만드는 집행이기 때문이다.

주목해야 하는 것은 주례자의 발화가 단순히 개인적인 것이 아니라는 점이다. 그 발화가 성공적인 발화이기 위해서는 여러 가지 사회적 조건을 만족하여야 한다. 두 사람이 성년의 나이이고, 아직은 남자와 여자의 이성이고, 결혼에 부적합한 상태에 있지 않아야 하는 것이다. 결혼에 부적합한 상태는 여러 가지일 수 있다. 사회의 규칙에 위배되어 부적합할 수도 있고 가족 문화에 맞지 않아 부적합할 수도 있다. 건강이나 법률이나 헌신의 조건이 전자라면 사랑이나 민속이나 종교의 상황들은 후자의 조건들일 것이다. 주례자는 이러한 조건들이 갖추어져 있는가를 확인한 후에야 그러한 공표를 할 수 있는 것이다. 그러므로 주례자의 공표가 발화되었을 때의 심성내용은 사회 구성적인 것이다. 주례자의 그 발화 공표는 개인적인 요소를 가지고 있지만 주례자 개인이 공표를 했다는 의미에서만 그러하다.

그렇다면 주례자의 부부 선언 공표 행위는 한편으로 개인의 몸가짐처럼 보이지만 실제로는 온전히 사회적인 몸가짐이다. 어떤 개인도 사회적 제도와 독립하여 주례자가 될 수 없다는 것이다. 주례자에 따라 60분 주례사의 부부 선언을 할 수도 있고 10초짜리 공표를 할 수도 있다. 사람에 따라 불교식으로 할 수도 있고 천주교식으로 할 수도 있다. 모던하게 또는 포스트모던하게 할 수 있다. 그러나 그것이 어떤 사회에서 집행되는 결혼식이기 위해서는 그 사회가 요구하는 조건을 만족하여야 한다. 주례자가 부부 선언을 할 때의 그의 심성내용은 그의 몸과 마음이 올바른 사회적 몸가짐으로 나타나는 바에 의하여 결정된다. 그 심성내용은 주례자의 단순한 의도가 그의 사물적 신체에 의하여 구현된 것이 아니다.

둘째, 심성내용이 단순히 개인적인 차원에서 집행되는 경우에도 그 내용은 사회적 차원의 몸가짐의 요소를 갖는다고 생각한다. 남북의 두 정상이 2000년 6월에 만났을 때 이들의 최초의 언어 교환은 〈반갑습니다-만나고 싶었습니다〉이었다. 그러한 어휘 선택이나 발화는 서술적 측면을 가지고 있다는 점에서 이 표현들은 매우 개인적인 것으로 보인다. 그래서 이 표현들은 〈의지의 사물적 신체의 구현〉으로 주장될 수 있는 것처럼 보인다. 이 표현들은 두 정상의 원자적이고 단순한 언어 행위를 나타내는 것으로 보인다. 이 표현들은 많은 사람들이 단순히 개인적인 차원에서 사용하는 것으로 보이기 때문이다.

〈반갑습니다-만나고 싶었습니다〉라는 두 정상의 표현이 나타내는 심성내용은 그들의 좁은 개인적인 내용도 아니고 넓은 사물적이라고 할 만한 것도 제시하기 어렵다. 이 표현의 심성내용은 오히려 이 표현들 자체가 참여하여 이루어내는 이들의 몸가짐이라고 제안하고자 한다. 두 정상의 몸가짐과 독립하여 이 표현의 심성내용을 나타내기

는 어렵다고 믿는다. 최초의 언어 교환이 전화나 영상으로도 이루어
질 수 있었을 것이고 이것은 없는 것보다는 낫겠지만 온전한 언어
교환이라 하기는 어렵다. 그 표현의 심성내용은 반감할 것이다. 올바
른 인사는 온전한 몸가짐의 현시라야 하기 때문이다. 부모님께 설날
의 세배를 전화로 올릴 수 있지만 온전한 또는 정상적인 몸가짐이라
하기는 어려운 것과 같다.[5]

2.2 몸가짐의 공동체적 의미단위

〈심성내용은 몸가짐이다〉라는 논제는 몸가짐으로서의 행위가 공동
체적 의미단위라는 주장을 통하여 지지될 수 있을 것이다. 행위가 공
동체적 의미단위라는 명제는 여러 가지로 주장될 수 있을 것이다. 여
기에서는 두 가지에 국한하여 살펴보고자 한다. 첫째, 생각과 표현에
는 자유가 있지만 행위에는 책임만 있다. 생각과 표현은 자유분방할
수 있고 또 그러해야 하지만 행위는 안정적이고 또한 그럴 필요가
있다는 것이다. 둘째, 몸가짐으로서의 행위는 한편으로 질서 유지적
이면서 다른 한편으로 성기성물적이다. 질서 유지는 안정적이면서 성
기성물은 성취적이다. 자기 실현과 만물 실현이 특정한 질서 안에서
맞물려 있는 상황은 공동체가 지향하는 궁극적 사회 이상과도 들어
맞는 언어 질서 이상일 것으로 생각한다.[6]

---

5) 강영안은 레비나스의 집이라는 은유를 사용하여 〈주체는 언제나 육화된 주체이
다〉라는 명제를 조명한다. 집을 짓고 그 안에서 거주하는 것을 자기 자신으로 돌
아오는 과정으로 이해한다. 하나의 신체가 다른 신체와 더불어 내밀한 공간을 형
성하는 집은 주체를 떠받쳐주는 기반으로 해석할 수 있다는 것이다. 강영안, 「향
유와 거주: 레비나스의 존재 경제론」, ≪철학≫, 1995 봄(43), 305-331쪽.
6) 이봉재는 과학정신을 〈자유롭고 창의적이며 민주적이고 협동적이며 실험적이고
합리적 정신〉으로 해석한다고 보인다. 눈에 띄는 것은 〈민주〉와 〈협동〉이라는 단
어이다. 이러한 해석은 학문일반 더 나아가 인간활동에 적용될 수 있다고 믿는다.
이봉재, 「지식으로서의 과학: 기술과학 체제에 대한 반론」, ≪철학연구≫, 2000

제18장   심성내용으로서의 몸가짐

〈생각의 자유〉라는 것은 자유 사회의 기본적 가치이다. 사회가 발전하는 과정은 비판을 통해서이고 비판은 자유스러운 생각의 흐름을 바탕으로 하기 때문이다. 그러므로 생각의 자유는 적극적으로 요청된다. 그러나 이렇게 중요한 자유로운 생각이 공동체적 의미의 단위가 될 수 있을 것인가? 생각의 자유가 기본적 가치인 만큼 자유로워야 한다는 생각은 단단한 기초인 것처럼 보일 수 있다. 그러나 이것은 오해이다. 생각의 자유는 두 가지 점에서 정당하다. 비판의 가능성에 열려 있어야 하기 때문에 생각은 자유로워야 하지만 또한 생각은 규제될 수 없기 때문에 자유로울 수밖에 없는 것이다. 규제될 수 없는 현상은 안정적이기 어렵고 따라서 의미 부여의 기초일 수 없다.

〈표현의 자유〉는 어떠한가? 이 어귀는 세 가지로 해석될 수 있어서 애매하다. 느낌을 표현하는 자유일 수 있고, 언어 표현을 자유롭게 사용할 수 있고, 또한 앞의 두 가지 기능의 수행의 자유일 수 있다. 〈표현〉이라는 단어가 포함하는 대상, 수단, 행위의 세 요소에 따른 해석의 방식들이다. 그러나 첫째는 생각의 자유와 겹치는 부담이 있고 셋째는 행위의 자유라는 해석이 일상적 이해와 일관되지 않는 면이 있다. 그렇다면 이 자유는 둘째 해석에 따라 이해됨직하다.

생각은 그 자체로 다른 사람의 인격을 손상하지 않지만, 표현 사용은 쉽게 그러한 상황에 도달할 수 있다. 그래서 표현 사용은 〈근거 없이 타인의 인격을 손상하지 않아야 한다〉라는 조건을 유지하여야 한다. 그 범위 안에서 표현 사용은 자유가 주어지는 것이다. 표현은 달리 의미부여가 될 수 있고 마음대로 쓰일 수 있고 새로운 표현이 창조되고 제안될 수 있다. 그러한 표현 사용은 표현 자체가 의미를 고정적으로 가지고 있지 않다는 것을 전제한다. 표현의 의미는 개인이나 공동체의 사용방식에 따라 유동적이기도 하고 공식적이기도 하게 된다.

여름(49), 217-234쪽.

생각은 자유스럽고 표현 사용도 자유스럽지만 행위는 다른 종류의 특징 규정을 받는다. 행위는 책임져야 하는 대상이다. 행위는 몸가짐임을 전제하고 몸가짐은 사회의 그물망 안에서 구성되고 규정되는 처신이기 때문이다. 따라서 몸가짐으로서의 행위는 자의적일 수 없고 우연적일 수 없다. 이것은 필연적이거나 법칙적인 것은 아니지만 사회의 그물망이 유지되는 범위와 지속성 안에서 안정적이다. 언어 의미는 이러한 질서의 몸가짐의 행위를 기초로 부여된다고 믿는다.

한국 고전을 번역하는 서양인 학자가 〈내가 소녀의 머리에 비녀를 꽂아 드리고 싶소〉라는 문장을 번역하게 되었다고 한다. 그는 이 문장을 글자대로 영역하였다. 그는 번역된 영어 문장이 남자 주인공이 원하는 친근성을 성공적으로 표현하였다고 믿었고, 여자 주인공의 다소곳함이 그 제안에 대한 긍정적 수줍음의 대응이라고 믿은 것이다. 한국어 문장은 조선조의 사회적 그물망에 의하여 청혼의 의미를 갖지만, 영어 문장은 영어권의 사회적 그물망에 의하여 신체적 접촉의 친근성의 의미를 갖는 것이다. 영어 문장은 한국어 문장의 온전한 번역이기에 실패하고 있는 것이다. 한국어 문장의 의미는 남자 주인공의 의지에 의하여 구성된 것이기보다는 남자의 몸가짐에 의하여 나타나 있고 이 몸가짐은 그가 속하는 사회의 그물망에 의하여 구조화된 것이다.

이 한국어 문장의 의미와 남자 주인공의 몸가짐에 의하여 나타난 사회적 그물망의 관계가 순환적이 아닌가라는 의문을 가질 수 있다. 문장 의미는 그물망 관계로 규정되고 그물망 관계는 이 문장 없이 표시될 수 없다면 양자의 관계는 순환적인 것으로 보이기 때문이다. 그러나 양자의 관계를 보다 자세하게 살펴볼 수 있을 것이다. 사회적 그물망은 물론 언어 없이 표시될 수 없다. 그러나 문장에 의미를 부여하는 것은 언어로 표시된 사회적 그물망이 아니다. 문장에 의미를 부여하는 것은 언어와 독립적으로 구성된 사회적 그물망이다. 그렇다면 문제는 사회적 그물망이 언어 독립적으로 구성될 수 있는가의 여부이다.

사회적 그물망에는 두 가지 종류가 있다고 믿는다. 하나는 사회의 성원들이 구체적으로 합의하여 도달한 그물망이고 다른 하나는 그러한 협의 없이 인간종의 자연사적 발전적 형태로서의 그물망이다. 전자를 〈합의적〉 그물망이라 한다면 후자는 〈자연사적〉 그물망이라 부를 수 있을 것이다. 연극의 배우들이 단상에서 모두 한꺼번에 우산을 펴는 경우와 서울 역전 광장의 사람들이 한꺼번에 우산을 펴는 경우를 비교할 수 있다. 단상의 경우가 합의적 그물망을 나타낸다면 역전의 경우는 자연사적 그물망을 보이는 것이다. 단상에서 〈한꺼번에 우산을 편다〉라는 경우는 연출자의 단일한 의도에 따라 그리고 많은 연습의 과정을 통하여 도달한 수행이다. 그러나 역전의 〈한꺼번에 우산을 편다〉라는 경우는 그러한 절차가 없이 개인들이 자연의 조건에 독립적으로 반응한 수렴적 몸가짐의 경우이다. 문장 의미와 자연사적 그물망의 관계는 순환적이 아니어도 된다.[7]

몸가짐으로서의 행위가 그 공동체의 안정적 질서를 위한 의미 부여의 근거라면 하나의 심각한 의문을 제기할 수 있다. 이러한 언어 의미론은 너무나 보수적이 아닌가? 이 물음에 대한 답은 〈안정성은 보수성을 뜻하지 않는다〉라는 것이다. 물론 어떤 공동체의 생활 양식이 잘못 구성되어 소수 계층의 사람들에게 억압을 줄 수 있고 그 안정성에 의하여 개혁이 느릴 수 있다. 그러나 이 때 비판되어야 하는

---

7) 이승종은 색깔에 대한 비트겐슈타인의 관점을 세 가지로 구분하고 있다. 〈a는 t1에 빨강이다〉와 〈a는 t1에 파랑이다〉가 요소명제론의 초기에는 모순관계로 해석하고 중기에는 배제관계로 보다가 일상언어의 후기에는 문법의 관계로 설정한다는 것이다. 그러나 그 문법적 관계는 〈합의적 문법〉으로 축소되지 않도록 해석될 수 있을 것이다. 색채의 인식적 성질, 모호한 성질, 애매한 성질들이 이루어내는 성질공간에 대한 공동체의 언어사용방식으로 해석할 때 〈자연사적 문법〉에도 열려 있게 될 것이다. 이승종, 「비트겐슈타인의 색채개념분석」, ≪철학연구≫, 1996 봄(38), 147-170쪽.

연결 고리는 생활양식의 안정성이 아니라 그 공동체가 특정한 시대에 잘못 구성한 생활양식이다.[8] 안정성 개념은 〈특정한 생활양식이 잘못된 것을 알고도 바꾸지 않는다〉라는 것을 정당화하지 않기 때문이다. 안정성 개념은 〈자연사적 그물망이 공동체의 생활양식으로 일단 고정화되면 쉽게 바뀌지 않는다〉라는 관성을 표시할 뿐이다. 이러한 관성의 표시는 가치 개입적이 아니다. 이 문맥에서의 안정성 개념은 또 하나의 자연사적인 현상을 나타낸다고 생각한다.

이영철이 〈인(仁)의 방법〉을 말하고 있을 때 그가 진정으로 의도한 것은 의미의 공동체적 단위일 수 있다고 생각한다.[9] 그는 이 방법에 대해 다음과 같이 말하고 있다: 〈'가까이(곧 자기의 경우)에서 (남의 경우를 미루어 헤아림) 비유를 취할 수 있음이 인의 방법이라 할 수 있겠다'(『논어』, 「옹야」편: 能近取譬, 可謂仁之方也己). 이 인의 방법은 한마디로 '용서(容恕)'라고 이야기되는데, 그러나 '恕'는 '如心', 즉 마음을 같게 하는 것으로도 해석될 수 있다. 이렇게 보자면 인의 방법이란 결국 마음을 같게 하여 서로 통하도록 해나가는 것이라고 할 수 있는 것이다〉. 소중한 풀이라고 생각한다.

---

8) 언어에 의미를 부여하는 사건이나 과정은 언어공동체 안에서 발생한다는 것을 이 책은 가정하고 있다. 그러나 이러한 의미이론은 사회적으로 발생한 언어 의미들이 모두 정의롭거나 정당하다는 것을 함축하지 않는다. 어떤 표현들은 정의롭지 않은 의미구조를 사회에 의하여 부여받고 있다. 언어 의미의 사회성은 어떤 경우 가치나 여론 선도적 계층에 의하여 결정되기 때문일 것이다. 부당한 언어 의미는 필연적으로 고통을 수반하고 고통이 강한 만큼 더 억압적으로 된다. 언어 제도에 의하여 고통을 겪는 개인들이 그 제도에 대해 무력하게 되는 것은 자명하다. 언어에 의한 억압성이 선험적 체험으로 나타나기 때문이다. 〈여성적이다〉와 〈아름답다〉라는 표현들이 억압적 의미의 경우들로 각기 분석되었다. 정대현, 「여성문제의 성격과 여성학」, 《한국여성학》, 한국여성학회, 1985(창간호), 136-176, 143-145쪽; 이주향, 「비개성주의와 주체」, 《한민족철학자대회보 1995》, 한국철학회 편, 제2권, 349-364, 355-361쪽.

9) 이영철, 「이해와 합리성」, 『합리성의 철학적 이해』, 한국분석철학회 편, 철학과현실사, 1998, 73-99, 82쪽.

그러나 이영철은 인의 방법을 데이빗슨의 자비원리를 설명하는 문
맥에서 논의하고 있다. 전자가 후자에 대응하거나 유사한 원리 정도
로 보고 있는 것이다. 그러나 두 원리는 전혀 다른 방향이라고 생각
한다. 인의 방법은『논어』의 유일하거나 아니면 가장 중요한 원리임
에 반하여 데이빗슨의 자비원리는 데이빗슨의 진리방법에 부차적이
고 수사적인 원리라고 보이기 때문이다. 인의 방법과 자비원리의 관
계에 대한 자연스러운 몸가짐은 인의 방법에 의하여 자비의 원리가
전제하고 있는 진리의 방법을 비판하는 것이어야 할 것이다.

2.3 이승환의 몸짓 논변[10]

〈심성내용은 몸가짐이다〉라는 논제는 이승환의 몸짓 논변을 통하
여 고려될 수 있을 것이다. 이승환은 〈몸은 정신과 육체의 통합체로
서의 '나'이고 기호의 운반체이다〉라고 주장한다. 이러한 주장을 위한
그의 논의를 살펴볼 수 있을 것이다. 이승환은 현대 한국사회에서 몸
이 잊혀진 까닭을 몇 가지로 지적하고 있다. 서구적 지향 때문에 빚
어진 전통 상실, 토대주의 같은 거대 담론에로의 몰입, 이성중심주의
가 결과하는 감성 경시, 윤리의 형식주의는 규칙에 포함되지 않는 희
생, 헌신 같은 내용을 중립화하고, 자유주의가 결과하는 개인주의로
공동체가 붕괴되고 있다는 사실에서 그 까닭을 제시한다.[11] 이승환의

---

10) 이승환,「눈빛, 낯빛, 몸짓」,『감성의 철학』, 정대현·이승환 외, 민음사, 1996,
    125-171쪽.
11) 김말복도 동서양의 춤의 차이를 세계와 신체성에 대한 상이한 해석으로부터 드
    러내고 있다. 서양 춤의 대표는 남녀가 한 쌍이 되어 추는 이인무이다. 이것은 여
    성에 대한 구애의 뜻을 지닌 사교춤 court dance에 근거하고 개인이 중심이 되는
    것이다. 그러나 한국 춤은 신명을 들어 설명하는 것에서 알 수 있듯이 공동체의
    축제의 내용을 이룬다. 춤을 춘다는 것은 판에 어울리는 것이지 개인적 묘기를
    보이는 것이 아니다. 살풀이나 승무로 알려진 현대 한국의 독무는 신무용기에 들
    어 레파토리화된 것이다. 김말복,『무용의 이해』, 예전사, 1999, 325-328쪽. 〈개별

다섯 가지 지적은 서구의 이원론으로 개념화될 수 있고 그러한 의미
에서 정당하다고 생각한다. 그러나 다섯 가지 사실들에 대해 제한을
가하지 않는 경우 이들 중 어떤 것은 각기 어떤 방식으로 몸의 경시
경향을 가지고 있지만 다른 한편으로 몸을 강조하는 방향에서도 해
석될 여지가 있다.

　이승환은 자신의 주장을 위해 적어도 세 가지 종류의 논의를 생각
하고 있다고 보인다. 첫째는〈몸과 마음의 관계는 실체이원론이 아니
라 속성이원론이다〉라는 것이다(129-133쪽). 몸과 마음이 독립된 실
체로서 존재하는 것이 아니라는 것이다. 세계는 물질과 생각의 두 실
체로만 구성되는 것이 아니라는 것이다. 세계는 물질적 성질과 심성
적 성질의 두 성질로만 구성된다는 것이다. 바위나 물뿐만 아니라 인
간의 행위나 사회의 제도 등은 모두 물질적 성질이나 심성적 성질로
구성되어 있고 그 이외에는 없다는 것이다.〈몸은 정신과 육체의 통
합체이다〉라는 주장을 뒷받침하는 논변으로 의도된 것이다.

　속성이원론은 실체이원론보다 형이상학적 부담이 적은 것이 사실
이다. 그러나 속성이원론도 궁극적으로 실체이원론이 가지고 있는 문
제를 얼마나 해소하고 있는지는 분명하지 않다. 예를 들어 물질적 성
질은 인과력을 가질 것이지만 심성적 성질도 인과력을 가질 것인가?
심성적 성질은 그 자체로 표출되거나 존재할 수 없다면 이것은 어떻
게 실현되는가? 심성적 성질이 결국 사물적 기체에 의해서만 실현된

스텝과 이들의 연결 그리고 개별 포즈의 형식과 완성도를 중시하는 서구의 개체
중시의 분석적인 시각과 동작의 본질을 신체 부위와 발레 스텝의 배열과 관계로
생각하여 완전한 형식을 추구하는 정신이었는데 이는 실체와 존재를 중시하는 서
구적 시각이 반영된 결과이며 아울러 세계와 예술의 본질을 형식으로 파악하고
이를 분석적으로 연구한 결과 초래된 것이라 생각한다. 이에 반해 한국 춤의 경
우 신체나 동작의 부분들이 전체로부터 분리되는 법이 없이 하나의 총체로 움직
여지고 받아들여져야 한다는 점에서는 전체와 부분이 서로가 없이는 정체를 잃게
되는 동양의 전체 관계적 세계관이 반영되어 있음을 알 수 있었다.〉김말복,「춤
에 나타난 동서양의 사고」,《무용예술학연구》, 제6집(2000 가을), 35-60, 57쪽.

다면 그 실현의 관계는 무엇인가? 〈이원적 성질들의 통합체〉라는 것이 〈이원적 실체들의 통합체〉라는 것보다 얼마나 더 경제적이고 얼마나 더 설득력이 있는지 분명하지 않다.

이승환의 첫째 논변이 약한 논변이라면 그의 다음의 두 논변들은 설득력이 강한 논변이라고 생각한다. 그는 〈나는 드러난다 고로 나는 존재한다〉라는 논변을 제안한다(133-138쪽). 데카르트의 〈나는 생각한다 고로 나는 존재한다〉라는 명제에 대조되는 것이다. 데카르트의 명제는 〈내가 존재한다〉는 것을 의심하거나, 꿈을 꾸거나, 속았거나 간에, 바로 그 의심하는 자, 꿈을 꾸는 자, 속은 자가 바로 〈나〉라는 것의 논변이었다.

이승환은 〈나는 드러난다 고로 나는 존재한다〉라는 명제를 위해 다음과 같이 말한다: 〈유가 전통에서 나의 존재는 나의 순수의식에 의하여 확인되는 것이 아니라, 공동체 안에서 나를 주시하는 타인의 시선, 즉 나를 향한 타인의 관심에 의해 확인된다〉. 우리는 여기에서 그의 〈공동체 시선〉에 주목할 수 있을 것이다. 그러나 이것은 너무 일반적이어 내가 존재하는 논리적 구조를 보이지 못한다. 이 논변이 정당하다면 어떤 사물도 공동체의 시선을 받을 것이고 어떤 개체도 내가 존재하는 방식으로 존재한다는 결론을 수용할 수 있어야 할 것이다.

그렇다면 이승환의 〈공동체 시선〉은 보다 엄밀화될 수 있어야 한다. 여러 가지 접근 방식이 있을 수 있지만 하나의 시도를 다음과 같이 제안할 수 있을 것이다. 데카르트의 의심하는 자, 꿈을 꾸는 자, 속은 자가 〈나〉이지만 그 〈나〉가 어떻게 식별되는가에 주목하는 것이다. 〈나〉의 식별은 어떻게 이루어지는가? 어린이가 최초로 〈나〉라는 단어를 어떻게 사용하게 되는가? 어린이가 다른 사람이 〈나〉라는 단어를 올바로 사용한 경우를 본 적이 있어야 하지 않을까? 그리고 나서야 어린이는 〈나〉라는 단어를 자신에게 적용할 수 있을 것이다.

〈나〉의 식별은 〈나〉라는 단어의 사용에 의존하는 것이다. 〈나〉라는 단어를 포함하는 언어사용은 나의 사적 언어 안에서 가능하지 않고 언어 공동체를 통해서만 가능한 것이다. 언어공동체는 공동체 성원들 간의 〈공동체 시선〉, 즉 몸의 드러남의 관계를 통하여 구성되고, 나를 포함한 공동체 성원들의 그러한 공동체 시선을 통하여 〈나〉라는 단어를 포함한 언어사용은 규칙성을 갖게 되는 것이다. 결국 데카르트는 〈나〉에 대한 나의 식별이 자명한 것으로 가정하였지만 몸이 배제된 그 가정은 근거가 없는 것이다.

이승환의 마지막 논변은 〈몸짓은 기호체계이다〉라는 것이다(142-152쪽). 이승환은 몸짓이 사람의 내면과 외면의 일치(文質彬彬)를 드러내는 기호라고 제안한다. 몸짓은 문자적 표현보다 더 섬세한 미시적 표현일 수 있는 의사소통의 기호체계이다. 몸짓은 다른 언어처럼 맥락을 떠나서는 이해될 수 없지만 어떤 언어보다 사람됨을 신뢰스럽게 나타내 보이는 기호이다. 그래서 수신(修身)의 전통은 구용(九容) 같은 아홉 가지 몸짓[12]을 지침으로 삼아왔던 것이다. 이런 의미에서 이룬 사람(成人)의 몸짓은 타인에게 도덕적 전범이 되고 다른 사람을 감화시킬 수 있는 것이다.[13]

---

12) 걷는 모양은 묵직하게, 손의 모양은 공손하게, 눈의 시선은 단정하게, 입의 모양은 함부로 말하지 않으려는 듯하게, 말소리는 나직하게, 머리 모양은 곧게, 숨은 들리지 않는 듯하게, 선 모양은 덕이 충만한 듯하게, 낯빛은 엄숙하게 하고, 앉을 때는 시(尸)처럼 바로 앉는다: 이승환, 「눈빛, 낯빛, 몸짓」, 『감성의 철학』, 정대현·이승환 외, 민음사, 1996, 152쪽.

13) 김성태는 데카르트의 원자적 사유주체에 대조되는 인간 연대적인 주체성의 표현 형식으로서의 몸을 조명하고 있다. 〈나의 몸은 나의 주인인 보편적 도덕본체의 명령에 종속됨으로써 주체성을 표현하는 형식이 된다〉는 것이다. 김성태, 「몸: 주체성의 표현형식」, ≪철학≫, 1995 봄(43), 37-59쪽.

제3절 심성내용에서 몸가짐의 문제

심성내용을 몸가짐 개념으로써 규정하고자 할 때 문제는 없는가? 우선 몇 가지 문제들을 고려할 수 있을 것이다. 심성내용 음양론은 좁은 내용론과 넓은 내용론의 장점들을 모두 놓치고 있다는 것이고, 그 단점들을 보완하지 못한다는 것이다. 또한 음양론은 몸가짐을 의미 부여의 기초로 제안할 수는 있지만 특별히 심성내용의 규정으로 제시하기는 어렵다는 것이다. 여기서는 세 가지 문제에 대해 차례로 고려하고자 한다.

심성내용의 기존 이론들의 장점을 놓치고 있다는 비판은 어떤 내용일까? 좁은 내용론은 설명하고자 하는 심성내용의 개념이 객관적일 수 있는가에 대해서는 설명을 하고 있지 못하지만 심성내용의 주체자의 주관적 특징을 보존하고 그 특징에 일관되는 설명을 하는 장점이 있다고 믿는다. 넓은 내용론은 좁은 내용론의 장단점을 거꾸로 갖는다. 그러나 음양론이 두 이론의 장점들을 갖지 못한다고 할 때 그 의미는 조금 더 따져 보아야 한다. 두 이론의 장점들이라는 것은 이원론의 구조 안에서 제시되는 장점들이다. 이원론의 두 존재 유형이 배타적이듯 두 이론의 두 장점은 배타적으로 구성되어 있다. 두 이론이 근거하고 있는 존재론이 그러하기 때문이다. 그렇다면 음양론은 그러한 배타적 관계에 있는 두 이론의 장점들을 첫째 사양해야 하고 둘째 〈원해도 가질 수 없다〉라고 주장한다.

그러나 두 이론의 장점들은 이원론적 배경의 배타성의 구조를 삭제하여 재기술될 수 있을 것이다. 두 이론이 각기 가지고 있는 〈주관적 요소〉와 〈객관적 요소〉들이 있고 이러한 면들은 배타적이 아니면서 한 사람의 경험 안에 나타날 수 있는 것이다. 음양론은 몸과 마음의 신체성에 의하여 심성내용 개념을 조명한다고 믿는다. 그렇다면 음양론은 두 이론의 배타적 장점들을 거부하지만 융합적 장점들을 살리고 있다고 할 것이다.

음양론에 가해질 수 있는 둘째 비판은 앞의 두 이론의 단점들을 보완하지 못한다는 것이다. 둘째 비판은 첫째 비판의 단순한 역이 아니라 〈단점들을 보완하는 경우 이들은 양립적이지 못하다〉라는 논리적 비판이라고 생각한다. 달리 말하여 첫째 비판에 대한 〈융합적 장점〉의 대답이 개연성을 갖지 못한다는 비판이다. 이 비판 역시 두 이론이 서 있는 발판이 이원론이고 그러한 존재론의 시각으로부터 제기된 비판이다. 〈심성내용의 음양론이 제안하는 몸과 마음이 맞물리는 신체성의 심성내용 개념〉은 심신 이원론의 구조에서 납득되지 않는다는 비판이다.

몸과 마음의 음양론은 몸가짐을 단순히 심성적인 것으로 보지도 않고 단순히 물리적인 것으로 해석하지도 않는다. 몸가짐은 몸과 마음이 음양적으로 맞물려 있는 전형적인 경우이다. 특정한 몸가짐은 개인에게서 표출되지만 그 의미는 1차적으로 사회적이고 2차적으로 개인적이다. 머리를 숙이는 몸가짐은 인사, 존중, 양보, 겸손이라는 사회적 의미를 가지고 있다. 어떤 개인이 인사, 존중, 양보, 겸손의 간절한 의지를 가지고 머리를 뒤로 아무리 세게 젖힌다고 해도 그것은 인사, 존중, 양보, 겸손을 나타낼 수 없다. 몸가짐은 1차적으로 사회가 구성한 문법이다. 몸가짐이 음양적인 의미에서 넓은 내용을 갖는 측면이다.

머리 숙이는 몸가짐이 개인에게서 표출될 때 개인의 참여는 없는가? 머리를 숙일 때 개인은 특정한 대상을 선정하여 그 대상과만 관계를 맺는다. 아무에게나 머리 숙이는 몸가짐을 갖는 것이 아니기 때문이다. 몸가짐은 사회적이지만 대상 선정은 개인이 하는 것이다. 그리고 몸가짐의 사회적 의미가 굵은 것이라면 개인은 그 사회적 의미의 테두리 안에서 섬세한 의미부여를 할 수 있다. 대상에 따라 머리 숙이는 몸가짐이 섬세하게 달라질 수 있는 것이다. 의례적일 수도 있고 간절한 것일 수도 있다. 좋아함의 표출일 수도 있고 존경의 표시일 수도 있다.

몸가짐이 1차적으로 사회적이고 2차적으로 개인적이라는 사실은 중요하다. 몸가짐이 갖는 몸과 마음의 음양적 구조가 단층적이 아니라 다층적이라는 것을 보이기 때문이다. 이 다층성은 이원론에서는 허용되지 않는 종류의 복합성이다. 고개 숙임의 첫째 단계는 자연사적이다. 〈한꺼번에 우산을 편다〉의 현상이 서울역 광장이나 연극의 무대에서 발생할 수 있지만 전자의 경우만 〈자연사적〉이라는 의미를 갖는다. 고개 숙임의 둘째 단계는 제도화이다. 자연사적 현상으로서의 개인들의 고개 숙임이 수렴적일 때 사회는 그 몸짓에 일정한 의미를 부여하는 것이다. 고개 숙임의 셋째 단계는 개인들이 제도화된 사회적 의미로서의 고개 숙임의 몸가짐을 채택하는 것이다. 첫째 단계와 셋째 단계는 피상적으로 구분하기 어려울 수 있지만 의미론적으로 차이를 갖는다. 그리고 이러한 세 가지의 각 단계에서 몸과 마음은 언제나 음양적으로 맞물려 있는 것을 알 수 있다. 의미의 단위인 것이다.

심성내용 음양론에 향해지는 셋째 비판은 〈몸가짐은 의미의 내용일 수 있지만 특별히 심성내용의 규정이라 하기 어렵다〉는 것이다. 고개 숙이는 몸가짐은 사회에 의하여 의미부여가 됐을 때 일종의 신체 언어로 편입된다고 볼 수 있다. 그리고 〈김씨는 지난 주말에 북한산으로 등산하였다〉와 같은 일상 문장도 김씨의 몸가짐이 특정한 시공상에서 이루어진 사태의 유형에 따라 의미부여를 갖는다고 보인다는 것이다. 그러나 몸가짐이 심리적 문장의 의미를 구성하거나 나타내는 근거일 수 있는가는 의문이라는 것이다.

이 비판은 심리적 문장과 비심리적 문장 간에 질적 차이를 설정할 수 있다는 가설에 근거한다. 그러나 이 가설은 수용하기 어렵다. 〈김씨는 지난 주말에 북한산으로 등산하였다〉와 같은 일상 문장도 누군가에 의해 발화되었고 발화의 내용은 쉽게 구체화될 수 있을 것이다. 〈김씨는 지난 주말에 북한산으로 등산하였다고 이씨는 확신하거나 추측한다〉가 한 후보이다. 어떠한 문장도 발화되지 않고서는 일상적 의미를 갖지 못한다. 화자에 의하여 사용된 문장만이 생명을 갖기 때문이다. 화자와 독립한 문장은 논리체계의 기호나열에 불과하기 때문이다. 〈2 + 3 = 5〉라는 문장도 대응적 진리를 나타내는 내용으로 해석되기보다는 〈많은 사람들은 이 문장이 산수체계의 참 문장이라고 믿는다〉로 이해하는 것이 보다 실질적이라고 생각한다.

또한 성(誠)의 개념에 근거한 반론도 시도할 수 있을 것이다. 이를 위해 먼저 동양 전통에 나타나는 합장(合掌)의 몸가짐을 살펴보자. 합장은 〈당신 안의 신적인 요소들의 번영을 빕니다〉, 〈성불이 되십시오〉 등의 여러 가지 해석에 열려 있지만 또 하나의 해석도 가능할 것이다: 〈당신의 성기성물을 기원합니다〉, 〈자기를 이루고 만물을 이루소서〉. 합장의 몸가짐은 이 명제의 발화이고 이 발화는 형식적이고 소외적인 인사일 수 없다. 〈당신의 성기성물과 나의 성기성물은 맞물려 있습니다〉는 일인칭적 참여의 간절한 내용이기 때문이다. 만물 연대의 선언이기 때문이다. 합장의 세밀한 의미들은 여러 가지 해석에 열려 있지만 이 몸가짐의 큰 얼개는 보편성의 소망이라는 점에서 분명하다.

보편성의 소망 또는 성기성물적 기원으로서의 합장은 사회적이다. 합장의 몸가짐이 사회적이라면 개인의 역할은 무엇일까? 여기에서 성(誠)의 개념에 호소할 수 있을 것이다. 개인은 사회적 구성 의미로서의 몸가짐이나 언어에 대해 성실(誠實)의 태도를 취한다는 것이다. 개인은 몸가짐이나 언어에 대한 사회가 구성한 판단을 따르고 온 인격을 다하여 따른다는 것이다. 사회의 언어를 이뤄 결실의 내용에 이른다는 것이다. 합장의 의미는 사회적이지만 개인의 합장 몸가짐은 그러한 사회적 의미의 합장에 참여하여 이를 성취하는 관계에 들어

가는 것이다. 성기성물적 기원으로서의 합장은 일상 문장과 심리 문
장의 유형 구분을 무시하는 것이다.

또 하나의 논의는 몸가짐 개념이 좁은 내용론과 넓은 내용론의 논
쟁에 어떤 조명을 할 수 있다는 가능성에서 구성된다. 지구의 김씨와
쌍둥이지구의 김씨가 〈물 한 잔을 마시고 싶다〉라고 했을 때 넓은
내용론과 좁은 내용론은 가기 다른 심성내용을 말한다. 넓은 내용론
은 두 사람의 심성내용이 다르다고 하고, 좁은 내용론은 동일하다고
한다. 넓은 내용론은 〈물〉이라는 단어가 지구에서는 H_2O를 지시하지
만 쌍둥이지구에서는 XYZ를 지칭하므로 두 사람은 상이한 심성내용
을 갖는다는 것이다. 좁은 내용론은 〈무엇을 마시고 싶습니까?〉라는
동일한 물음에 대해 두 사람의 대답으로서 발화된 명제가 동일한 역
할을 하고 있다는 것이다. 〈물〉이라 불리는 액체들의 화학 구조를
제외하고는 모든 것이 동일하다는 가정하에서 이 단어의 의미적 역
할이 동일하다는 것이다.

먼저 넓은 내용론이 제시하는 〈물〉이라는 단어의 의미는 설득력이
약하다고 생각한다. 넓은 내용론은 단어의 의미와 단어가 지시하는
대상의 지식을 혼동하고 있다고 믿는다. 지구에서 〈물〉이라는 단어의
의미가 H_2O라면 화학구조식이 밝혀지지 않았던 18세기의 조상들은
〈물〉이라는 단어의 의미를 잘못 가지고 있었다라고 말하여야 한다.
그러나 이것은 반직관적이다. 〈물〉이라는 단어의 의미는 변할 수 있
지만 18세기의 조상들이 그 의미를 오해하였다라고 해야 하는 구조
는 아니다.

넓은 내용론이 〈물〉의 의미를 H_2O라는 물의 사물성에서 찾고 있
다면 이에 대한 대안은 물의 사물성보다는 물의 신체성에서 찾을 수
있다고 믿는다. 지구의 〈물〉의 의미는 지구의 김씨가 〈물 한 잔을
마시고 싶다〉라고 말했을 때 김씨가 그 문맥에서 나타내는 물이라는
대상이다. 물의 사물성과 물의 신체성의 차이는 분명하다. 물의 사물

성은 화자 김씨와 독립하여 H_2O라는 물의 본질이다. 그러나 물의 신체성은 화자 김씨가 그 문장의 발화 문맥 안에서 나타내는 물이라는 대상과 색인사적으로 연결되어 있다라는 성질을 보이는 것이다. 물의 사물성은 시대에 따라 달리 규정되어야 하는 부담이 있지만 물의 신체성은 물에 대한 색인사적 관계만을 요구할 뿐 물의 지식의 성장이나 변경에 열려 있는 것이다.

좁은 내용론이 주장하는 〈물〉의 의미도 설득력이 약하다. 〈물 한 잔을 마시고 싶다〉라는 문장에 대한 김씨와 쌍둥이 김씨의 각각의 발화가 두 사람의 심리적 역할에서 동일하다는 구조에서 같은 의미를 갖는다는 설명은 부족하다. 어떠한 문장이건 동일한 심리적 역할에 들어가면 같은 의미라고 할 수 있는가? 이러한 단순한 심리주의를 수용할 준비가 없이 어떻게 좁은 내용론을 지지할 수 있을 것인가? 이것보다는 더 많은 말을 하여야 하지 않을까? 어떤 말이 필요할까? 물의 신체성이 보다 적극적으로 요청되어야 하지 않을까? 물의 신체성은 물의 사물성보다는 좁은 내용론에 훨씬 부드러운 중심적 역할을 할 수 있을 것이다.

물의 신체성으로 좁은 내용론의 주장을 조명할 수 있을 것이다. 김씨와 쌍둥이 김씨가 앞의 발화에서 같은 의미의 말을 하였다라고 할 수 있는 구조는 무엇인가? 〈동일 내용〉의 개념이 어떻게 작용하여야 하는가에 따라 이 구조는 달라질 수 있다고 생각한다. 물의 신체성 개념으로 시작하여 보자. 물의 신체성은 물에 대한 색인사적 관계만을 요구할 뿐 물의 본질의 지식을 조건으로 내세우지 않는다. 그렇다면 지구 김씨의 발화의 내용과 쌍둥이 김씨의 발화 내용이 동일한가의 물음에 직면하게 된다. 소위 〈동일 내용〉의 문제에 봉착하게 된다.

동일 내용의 개념은 상위적이다. 지구 김씨와 쌍둥이 김씨는 자신들의 발화 내용이 동일한가 그렇지 않은가에 대한 물음을 갖지 않는다. 철학자 또는 제3자가 이 발화내용을 비교 평가하면서 물음을 갖는 것이다. 그러나 어떤 기준으로 평가할 것인가? 물론 넓은 내용론자는 〈사물의 본질 개념으로 객관적으로 평가하자〉라고 할 것이고, 좁은 내용론자는 〈발화자의 심리적 역할에 의하여 평가하자〉라고 할 것이다. 이들은 이원론의 구분법에 의하여 화해할 수 없는 방식으로 분리되어 있다. 그러나 물의 신체성 관점은 하나의 출구를 시사한다고 믿는다.

〈지구 김씨와 쌍둥이 김씨는 각자의 발화에서 같은 심성내용을 갖는다〉라는 가설을 제안하고자 한다. 물의 신체성 관점에서 어떤 논변을 펼 수 있는가? 발화들의 평가자는 동일 내용 개념을 구사한다. 평가자가 주목하는 것은 물의 본질이 무엇인가가 아니고 이들의 단순한 심리적 역할도 아니여야 한다. 물의 본질의 지식과 〈물〉의 의미는 독립된 문제이고, 의미의 문제는 대상의 지식의 발전에 열려 있는 개방성을 유지해야 하기 때문이다. 평가자가 주목해야 하는 것은 두 가지이다. 첫째, 두 사람이 색인사적으로 갖는 관계의 대상에 대해 그들이 속하여 있는 공동체가 어떤 이해를 가지고 있는가이다. 공동체들이 같은 이해를 가지고 있는가의 여부에 따라 답은 쉽게 정해진다. 둘째, 평가자가 〈물〉이라 불리는 지구의 대상과 쌍둥이지구의 대상이 같은 대상이라고 알고 있는가 아니면 다른 대상이라고 알고 있는가이다. 두 대상들에 대한 평가자의 지식에 따라 그 답은 중요한 영향을 받을 것이다.

평가자가 지구의 대상과 쌍둥이지구의 대상이 다른 대상들이라고 아는 경우에도 나의 가설은 영향받지 않는다. 물의 신체성은 언제나 두 사람으로 하여금 각기의 대상에 대하여 색인사적 관계만을 요구할 뿐 〈나는 이것이 H_2O인 줄은 몰랐다〉라는 인정을 〈물〉의 의미 변화 없이 자유롭게 하도록 허용하기 때문이다. 〈지구 김씨와 쌍둥이 김씨는 각자의 발화에서 같은 심성내용을 갖는다〉라는 가설은 결국 두 사람이 속하여 있는 공동체의 이해에 따라 결정되기 때문이다. 물론 평가자의 지식이 두 공동체에 의하여 수용되었다면 문제 자체가 발생하지 않았을 것이다. 퍼트넘의 전제에 의하면 사람이 속하여 있는 공동체들의 구조나 세계이해도 동일하여야 하고 〈물〉이라 불리는 대상들에 대한 태도도 같아야 한다. 그렇다면 동일 내용의 개념을 물의 신체성 관점에서 볼 때 두 사람의 심성내용은 동일하다라고 해야 한다.

제19장
결론 : 내 마음, 사람들은 안다

언어는 신체적이고 마음은 공동체적으로 구성된 내용의 개인적 체험의 장이라는 것을 주장하고자 하였다. 개인은 공동체 안에서 존재한다고 생각한다. 나의 심성내용이 공동체적으로 구성된다면 그 심성내용이 체험되는 것은 나의 몸이지만 그 내용의 구성이나 구조 그리고 그 내용을 식별하는 방식은 공동체적으로 결정되는 것이다. 내 마음 내가 모를 수 있고 공동체의 다른 사람들이 내 마음을 알 수 있는 것이다. 나는 나와 가장 가까운 친구를 질투한다는 사실을 부인할 수 있고 내가 교만하다는 비난에 화낼 수 있다. 나는 내 마음을 모를 수 있는 것이다. 그러나 그러한 심성내용은 나의 몸에서 나타나고 있고 내가 속하여 있는 공동체의 성원들은 질투나 교만이 무엇인지를 규정하고 그러한 심성내용을 식별하는 방식을 가지고 있는 것이다.[1] 심성내용의 이러한 신체성은 여러 가지 함축을 가질 것이다. 여

---

1) 이병덕은 심성내용의 외재주의와 내성적 자기 지식과의 관계를 설명하기 위한 두 가지 후보를 고려하고, 스스로 오웬스의 양립불가능론보다는 비판하고 있는 워필드의 양립가능론을 선택한다. 그의 선택은 옳은 것이라 생각한다. 그러나 양립가능론은 외재주의가 성립하고 한 개인이 그의 생각내용들을 알지 못하는 스토

기에서는 언어관, 인간론, 문화이론의 세 주제가 갖는 가능한 함축들에 주목하고자 한다. 그러한 구체적 함축들의 정당성이나 옹호 가능성에 대해서는 아직 입장을 취할 단계가 아니다. 그러나 앞으로의 연구의 가능성을 열어둘 만하다고 생각한다.

제1절 넓은 내용의 신체성

이 책은 〈심성내용은 신체적이다〉라는 논제를 지지하기 위하여 여러 가지 작업을 하였다. 심성내용에 대한 프레게류의 논리적 접근, 드레츠키류의 존재론적 접근, 퍼트넘-버지류의 언어적 접근들을 주로 살펴보았다. 논리적 접근은 심성내용에서 동일률이나 배중율이 준수될 수 있는가를 탐색한 것이다. 그러한 논리적 법칙이 유지되지 않는 것은 지칭 개념의 불완정성 때문이 아닌가 하는 의문을 추적한 것이었다. 그러나 크립키는 심성내용의 논리성 의문은 지칭개념의 불완전성 때문이 아니라는 것을 보임으로써 논리적 접근의 어려움을 보였다.

존재론적 접근은 심성내용을 물리주의나 자연주의의 존재론적 체계 안에서 조명할 수 있는가를 살펴보는 것이었다. 한편으로 동일론, 행동주의, 수반론, 기능주의, 환원주의 등의 시도들이 형이상학적 관심으로부터 제안되어 왔고, 다른 한편으로 인지과정에 대한 인과론이나 진화론적 관점이 개진되었다. 그러나 차머스 등은 심성내용에 대한 물리주의 일원론적 접근의 어려움을 선명하게 보였다고 믿는다. 관점이나 느낌은 인과성으로 환원할 수 있는 기능적 구조나 대상이 아니라는 것이다.

리들을 구성할 수 있는 경우들을 배제하는 것은 아니다. 이병덕, 「워필드의 의미론적 반회의론 논변」, 《철학적 분석》, 제3집(2001년 봄).

제19장 결론 : 내 마음, 사람들은 안다

언어적 접근은 심성내용을 언어의 실재성이나 내재성을 통하여 접근할 수 있는 현상으로 보았다. 데이빗슨은 그의 사건론을 통하여 심성내용을 특정 사건의 심리적 기술로 이해하고 포돌은 심성내용이 인간의 두뇌 안에서 결정될 수 있어야 한다는 개인주의적 가설을 지지한다. 그러나 버지는 데이빗슨이나 포돌의 좁은 내용론을 반대하여 심성내용이 두뇌 밖에서 결정된다는 외부주의를 지지한다. 예를 들어 4 · 19 사건이나 5 · 16 사건에 대해 당시에는 권력이 해석하는 방식으로 믿었다가도 후에 역사적으로 재평가되는 방식대로 믿게 되는 경우에 주목할 수 있다. 잘못 믿는 경우들은 개인주의보다는 외부주의를 지지하는 경우가 될 것이다.

심성내용에 대한 위의 세 가지 접근들은 하나의 분명한 교훈을 준다. 그것은 심성내용이 언어적이거나 인과적이라는 가정이다. 달리 말하여 심성내용의 언어가 주관적이거나 심리주의적인 것이 아니라는 것이다. 심성내용을 개인주의적으로 해석하는 포돌의 경우에도 이것은 주관적이기보다는 인과성에 근거한, 두뇌 안에서 결정된다는 관점을 나타낸다. 세 접근들은 심리주의적 사적 언어로 빠지는 것을 방지하고 있다고 보인다. 세 입장이 심성내용의 언어성에 대해 각기 다른 관점을 보이고, 이 문제에 대해 어떤 경우 천착하고 있지 않다고 할 수 있다. 그러나 공통된 것은 심성내용을 안정적 관점에서 해석하고 있다는 점이다.

그러나 세 가지 접근들은 하나의 관점에서 평가될 수 있을 것이다. 논리적 접근은 진리론적 언어의 논리에 근기하고 존재본적 접근이 물리주의 언어에 기초한다면 언어적 접근도 외부주의로 기울면서 언어의 외연성에 의하여 지배를 받고 있다. 세 입장이 모두 데카르트의 사물성을 중심으로 구성된 언어관에 입각하여 있지 않는가라고 물을 수 있을 것이다. 세 입장은 이원론을 거부하면서도 이원론이 제시한 두 뿔 중 하나를 선택함으로써 결국 이원론의 함정에 빠지고 있다고 생각한다. 낭만주의가 이성 대신에 감성을 선택할 때 그들은 데카르트 합리주의를 배격한다고 생각하였지만, 그들은 이 합리주의가 전제하는 이원론을 수용하여 결국 그 합리주의의 오류를 그대로 답습하는 결과에 이른 것과 같다.

심성내용은 데카르트의 사물성보다는 신체성의 관점에서 접근될 수 있다고 주장하였다. 이러한 접근은 두 가지 명제로 요약될 수 있을 것이다. 첫째, 언어는 신체적이다. 언어는 진리나 지향성으로가 아니라 공동체의 생활양식에 의하여 의미를 부여받는다는 의미에서 신체적이라 특징지을 수 있을 것이다. 공동체가 생활양식으로 의미를 언어에 부여한다는 것은 신체성을 분할할 수 없는 기본 단위로 상정하고 있다는 것을 의미한다. 인격이라는 개념, 언어의 의미, 책임의 주체 등의 구조에서 신체성이 기본단위이고 그 이하로 분할할 수 없다는 뜻이다. 국무회의는 장관을 기본단위로 책정할 뿐, 예를 들어 국방장관을 일등병으로 환원하고 더 나아가 일등병들을 그 세포나 유전자로 환원하지 않는 것과 같다.

둘째, 마음은 공동체적으로 구성된 내용의 개인적 체험의 장이다. 첫째 명제를 수용한다면 둘째 명제는 이로부터 어떤 과정을 거쳐 추리될 수 있을 것이다. 마음이 개인적 체험의 논리적 공간으로만 이해되었을 때 마음은 쉽게 원자적 실체로 해석될 수 있었을 것이다. 심성내용에 대한 논리적 접근은 바로 그러한 시각을 드러내고, 존재론적 접근은 그 공간을 사물적인 공간과 일치시키고자 하는 시도일 수 있고, 언어적 접근은 사회적으로 구성된 사물적 내용을 그 공간에 부여하는 것으로 보인다. 나는 나의 신체성으로써 공동체의 성원이고 공동체에 속해 있는 한 공동체의 세계 해석의 틀로부터 벗어나기 어렵다고 믿는다. 내 마음대로 생각하고자 하는 경우에도 공동체적으로 구성한 억제조건이 배경을 이루고 있는 것이다. 인간은 사회적 동물이다라는 관점의 전통은 분명한 인간론적 근거가 있었던 것이다.

제2절 신체성의 함축

2.1 언어편재적 언어관

언어가 신체적이라면 마음은 공동체적으로 구성된 내용의 개인적 체험의 장이다. 이 책이 도달한 하나의 시각을 나타낸다. 언어는 공동체적 의사소통의 방식이라고 믿는다. 그렇다면 마음은 공동체 언어를 개인적 구체성의 상황에서 개인 언어로 문맥화하는 활동이라고 제안할 수 있을 것이다. 공동체 해석이 닿는 어떤 것도 언어적이라면 개인의 마음은 그 공동체 해석의 개별화 활동일 것이다. 그러한 활동 중에는 개인의 창의성이 포함될 것이다. 그러한 창의성은 공동체 언어가 지지하는 것일 수도 있고, 허용, 묵인 또는 주저, 반대하는 것일 수도 있다. 후자의 경우 어떤 긴장이 발생하면서 새로운 제도적 표현이나 언어의 가능성으로 열리게 될 것이다.

심성내용이 이렇듯 신체적이라면 이러한 결과는 여러 가지 함축을 가질 수 있다고 생각한다. 첫째 함축은 언어의 편재성 가설이다. 〈정보란 사태들의 통사적 구조이다〉라는 제안을 심각하게 수용한다면 정보의 편재성을 지지할 수 있을 것이다.[2] 데카르트의 사물론이 아니

---

2) 박이문은 언어 편재론을 비판한다. 〈모든 것은 기호이다(Pierre Guiraud)〉, 〈사물자체가 하나의 기호이다(Lambert)〉, 〈텍스트 밖에는 아무 것도 없다(Jacques Derrida)〉의 명제들을 〈우리가 서술하지 않고는 어떠한 존재에 대해서도 서술할 수 없다〉라는 말로 해석한다면, 이들은 존재론이 아니라 동어반복적인 인식론적인 명제라는 것이다. 이들은 공허할 뿐 아니라 언어 독립적 실재를 상정할 수 있는 동안 맞지 않는 명제라는 것이다. 그러기 때문에 그는 언어편재론을 버클리의 관념론과 유사성을 갖는 것으로 해석하였을 것이다. 박이문, 「기호와 의미: 의미의 형이상학」, 《기호학연구》, 한국기호학회, 제2집(1996), 11-34, 20쪽. 그러나 버클리가 일의적인 해석으로서의 관념을 존재와 일치시키고 있었다면, 이 명제들은 존재와 해석자 사이에 언어를 개입시켜 언어의 다양한 해석의 가능성을 열어두고 있는 것으로 볼 수 있을 것이다.

라 음양적 사물론을 받아들일 수 있다면 모든 사물들은 신체성의 사물이 된다. 사건들의 인과관계는 사건들이 들어 있는 특정한 논리적, 정보적 내용에 의하여 특정한 방식으로 구성되기 때문이다. 사물들의 음양관계는 그러한 인과관계를 포함한 요소들의 맞물림이고 이러한 맞물림은 데카르트 사물성이 전제하는 단순한 외연성의 맞물림일 수 없다. 데카르트의 단순한 외연적 맞물림이 있다면 그것은 폭력적이거나 신비스러운 것으로 보인다. 이러한 음양적 사물론은 사물의 이떤 심성성을 강하게 시사하는 것이다. 마음의 편재성 가설에 도달할 수 있는 길이 열리는 것이다.

언어 편재성은 문자적 사유에 매달렸던 전통을 반성하게 한다. 문자 언어만이 유일한 언어라는 문자 언어 유일론은 언어 편재성에 의하여 수정될 필요가 있는 것이다. 문자적 사유는 분석이나 비판 활동에 있어서 효과적인 역할을 하지만, 예를 들어 영상적 사유는 총체적 표현이나 즉각적 전달의 어떤 양식에서 중요한 역할을 한다고 믿는다. 여러 가지 언어들이 있는 것이고 이들은 각기 제 나름의 역할을 갖는 것으로 보인다.[3] 문자 언어가 그 동안의 학교 교육 언어로서 중요한 기여를 하였다. 그러나 앞으로는 다양한 언어의 개발을 통하여 또는 이미 활성화되고 있는 언어들, 예를 들면 영상언어의 교육 언어화를 고려할 수 있을 것이다.

2.2 성기성물적 인간론

만일 마음이 공동체적으로 구성된 내용의 개인적 체험의 장이라면 이 결과가 갖는 다른 하나의 함축은 성기성물(成己成物: 나를 이루는 것과 만물을 이루는 것이 맞물려 있다)적 인간론이 시사하는 그러한

---

3) 정대현, 「문자적 사유와 영상적 사유」, ≪비평≫, 비평이론학회, 생각의 나무, 2001(제4집), 32-79쪽.

것이다.[4] 성기성물적 인간론이 인간을 관계적으로 파악하고 있다면 인간을 원자적 개인으로 파악하고 있는 인간론은 지기지물(知己知物: 나를 아는 것과 만물을 아는 것은 맞물려 있다)적 인간론과 대조될 수 있을 것이다.[5]

〈너 자신을 알라〉라는 소크라테스의 명언은 이러한 지기지물적 인간론의 시작이라 할 것이고 〈나는 생각한다 고로 나는 존재한다〉라는 명제로 표현되는 데카르트의 모더니즘은 그러한 지성적 인간론의 완성이라 할 것이다. 이러한 인간론이 전제하는 원자적 실체로서의 개인은 개인주의의 존재론적 기초가 되는 것은 분명하다. 이러한 두 명제는 20세기 초까지의 서양 지성사에서 그 핵심을 이루는 근거라 할 것이다. 데카르트의 명제는 모든 것을 의심하고 나서 최종적으로 의심할 수 없는 명제로서 도달된 것이었다. 유일하게 확실한 그리고 확실할 수밖에 없는 명제로 보였다. 이렇듯 구성된 데카르트의 존재론적 기초와 논리적 확실성은 사유의 자유, 양심의 자유, 표현의 자유를 함축하는 것으로 보였을 것이다. 인간역사가 억압의 역사라는 역사 발전론의 관점에서 볼 때 데카르트의 인간론은 인권의 개념을

---

4) 박이문은 성기성물적 인간론의 방향에 서 있다고 보인다. 〈인식적 능력을 나타 내는 인간의 정신과 육체는 두 개의 다른 형이상학적 속성이 아니라 인간이라는 동물에서 나타나는 분할할 수 없는 단 하나의 인간의 양면에 불과하다. 그렇다면 인간의 의미현상은 따로 존재하는 인간의 속성이 아니라 어느 것으로도 분할할 수 없는 존재 일반의 두 차원, 즉 존재 차원과 의미차원 가운데의 의미차원을 지 칭함에 지나지 않는다.〉 박이문, 「기호와 의미· 이미의 형이싱학」, 《기호학연구》, 한국기호학회, 제2집(1996), 11-34, 31-32쪽.

5) 김세서리아는 〈유가철학에서 몸은 그 자체만으로 자기 완결적이지 않으며, 궁극 적인 몸의 완성은 내 몸을 천하(天下), 국(國), 가(家)로 은유하여 일체감을 형성 시킴으로써 이루어진다. 가, 국, 천하로 이어지는 일련의 은유처들은 몸이 완성되 기 위한 필수적인 과정〉이라고 적고 있다. 김세서리아, 「유가철학의 몸 은유 방식 을 통해 본 여성이해」, 『여성의 몸에 관한 철학적 성찰』, 한국여성철학회 엮음, 철학과 현실사, 2000, 144-170쪽; 이숙인, 「유가의 몸 담론과 여성」, 『여성의 몸에 관한 철학적 성찰』, 한국여성철학회 엮음, 철학과 현실사, 2000, 117-143쪽.

가시화하는 데 기여하였다고 보인다.

그러나 자유의 개념이 인간의 원자적 실체론을 정당화하는 것은 아니다. 설날 한 어린이가 이모에게서만 세뱃돈을 받았다고 하여 이모만 훌륭하다고 생각한다면 오류인 것과 같다. 자유의 개념을 가능하게 하는 전제들은 얼마든지 가능하다. 그리고 세뱃돈을 주지 않고서도 훌륭한 어른들은 얼마든지 가능한 것처럼 자유라는 단어 없이도 훌륭한 인간론이 가능한 것이다. 동북아시아는 성기성물론에 일찍이 도달하였기 때문에 관계적 인간론에 주목하였고 역할적 인간론에 의하여 사회가 구성되었다고 믿는다.[6] 〈개인〉이라는 단어를 강조하지도 않았고 〈자유〉라는 단어를 필요로 하지도 않았다. 동북아시아의 사회는 관계적 인간론에 의하여 역할을 제대로 수행하지 못하는 사람들을 권면하고 상소하고, 추궁하고 비판하며, 책임을 묻고 벌을 주었다. 〈동북아시아는 모더니즘의 개인주의의 단계를 거쳐야 한다〉는 주장은 여러 가지로 미흡한 판단이라고 믿는다.[7]

성기성물적 인간론은 종교의 윤리화 경향에서 지지될 수 있을 것이다. 전통 종교들이 초월론적이었다면 최근의 종교들은 내재적

---

6) 엄정식은 〈민족적 자아란 자기자신을 민족이라는 집단의 한 구성원으로 확인했을 때 생기는 자아개념이다〉라고 적고 있을 때 원자적 인간론보다는 관계적 인간론을 시사하는 것으로 보인다. 그의 민족적 자아는 집단적 자아가 아니라, 민족의 위기상황에서 그 위기에 민감성을 발휘하는 개인인 것이다. 그의 민족주의가 혈통에 근거하지 않고 위기의 상황에서 민족의 가치를 우선적으로 고려하는 태도로 규정하는 것도 같은 맥락이다. 이것은 그가 주장하는 대로 가족의 위기 상황에서 가족의 복지를 우선적으로 설정하는 것을 〈가족주의〉라고 하는 것과 같은 논리이다. 균형을 갖춘 설득력 있는 제안으로 보인다. 그러나 그의 논리를 일관되게 따르게 되면, 〈세계적 자아〉나 〈세계주의〉도 얻어지지만, 〈개인적 자아〉나 〈개인주의〉도 결과된다. 네 가지 주의를 동시에 수용할 때 결과되는 당혹성은 어떻게 극복할 수 있을까? 엄정식, 「민족문화와 민족적 자아」, 『철학하는 마음』, 철학과 현실사, 1990, 217-222쪽

7) 다음의 책은 이 주제에 대한 논의에 도움이 될 것이다. 『근대성과 한국 문화의 정체성』, 철학연구회 편, 철학과 현실사, 1998.

이고 따라서 윤리적으로 되고 있다고 보인다. 〈윤리적 종교도 종교인가〉라는 종교의 윤리화 경향에 대한 비판도 없지 않지만, 그러나 이러한 내재적 경향성은 점차 드러나고 있다. 이 경향성은 종교 언어에 대한 의미론 때문이라고 믿는다. 진리론적 의미론이나 관념론적 의미론이 지배적이던 시대에는 종교 언어가 어떤 초월론적 자리를 가질수 있는 여지가 있었다. 그러나 신체론적 의미론이 설득력을 갖는 시대에서 종교 언어는 내재적으로 이해될 것을 요구하고 있기 때문이다.

예를 들어보자. 〈인간의 본질은 욕심의 극복에서 완성된다〉 또는 〈인간은 신의 피조물이다〉라는 종교 언어의 경우는 어떻게 의미를 부여받을 것인가? 진리론적 의미론의 모델에 의존한다면 미완의 실재에서 현재 확인할 수 없지만 그러나 완성된 실재에서는 확인될 수 있는 그러한 진리의 조건에 의하여 이 문장들은 의미를 갖는다고 할 것이다. 일종의 투사적 진리 의미론이라 할 것이다. 또는 관념론적 의미론에 의하면 이러한 문장들을 들을 때 특정한 패러다임에서 어떤 이상적 관념을 떠올릴 수 있고 그것이 이 문장의 의미라는 것이다. 이러한 의미론에 입각한 종교 언어를 초월론적 언어라 한다면 여기에서는 쉽게 종교의 목표를 내세적 정의에 둘 수 있을 것이다. 현세의 고통이나 불의가 내세에 보상받을 것으로 쉽게 해석될 수 있다.

그러나 만일 종교 언어가 신체론적 의미론에 입각해 있다면 종교 언어는 초월론적이기보다는 윤리적 지향성을 가질 것이다. 보살 불교나 예수의 천국 비유는 모두 내세적이기보다는 내재적이라고 보인다. 나를 이루는 것과 만물을 이루는 것이 맞물려 있다는 내재성의 윤리라고 생각한다. 내세적인 종교일수록 개인주의적이라면 내재적인 종교일수록 인간 연대성을 강조할 것으로 생각한다.

2.3 만인표현적 문화관

언어가 신체적이고 마음은 공동체적으로 구성된 내용의 개인적 체험의 장이라면, 한 공동체의 성원들이 꾸미는 문화는 어떤 것일 수 있을 것인가를 생각하여 볼 수 있다. 세계를 형이상학적 실재로 파악했던 시대에는 그러한 실재의 특성에 따라 문화가 그러한 초월적 원리의 세계에 가까이 가는 것으로 규정되었다. 그러나 이제 세계를 공동체의 삶의 방식으로 이해한다면 이러한 공동체의 문화는 달라져야 할 것이다. 그러한 문화는 모든 사람의 자기 실현적 표현 문화여야 할 것이다.

이러한 착상을 조금 더 구체적으로 제시할 수 있다. 인간의 신체성의 단서는 데카르트의 원자적 실체성의 철학에 비교될 수 있다. 데카르트의 〈나는 생각한다. 고로 나는 존재한다〉라는 명제는 〈모든 것을 의심할 수 있지만 나의 존재는 의심할 수 없다〉라는 주장의 결론을 요약한 것이다. 그러나 데카르트가 존재의 확실성을 주장하는 논거의 구조는 비트겐슈타인이 시사하는 대로 사적 언어를 전제하거나 또는 이성 언어를 전제하는 것이다. 그러나 데카르트가 모든 것을 의심하면서 자신의 존재만을 의심할 수 없는 문맥이란 사적 언어의 문맥일 수밖에 없다.

그러나 언어는 공적인 기준을 전제하기 때문에 사적인 언어는 가능하지 않다. 한 개인이 그의 사적인 언어체계 안에서 실제로는 기준을 바꾸면서 자신은 기준을 바꾸고 있다는 것을 진지하게 의심하지 않을 수 있다는 것이다. 〈나는 규칙 r을 따른다〉와 〈나는 규칙 r을 따른다고 나는 생각한다〉의 두 문장은 사적 언어체계 안에서 구분될 수 없지만 공적인 언어체계 안에서 두 문장의 진리치 조건은 다르기 때문이다.

데카르트의 사유의 과정을 일관되게 재구성한다면 사적 논변은 설득력이 있다고 보인다. 그러나 데카르트의 관점은 오히려 이성 언어관을 전제한다고 할 수 있을 것이다. 인간은 이성적 존재이고 인간의 많은 지상의 언어들은 유일한 천상의 이성 언어를 닮아 가는 언어라야 한다는 믿음을 가지고 있는 것이다. 인간 언어는 인간 공동체가 구성하기보다는 주어진 질서를 반영하는 것이고 인간 이성 능력은 그러한 질서를 닮아갈 수 있는 능력이라고 믿는 것이다.

데카르트 모델이 사적 언어보다 이성 언어에서 나타난다고 가정하자. 그러면 데카르트가 문화론을 구성한다면 그것은 이성적 문화관이 될 것이다. 이성의 질서가 하나라면 선이나 미의 질서도 그러한 이성의 질서에 종속하거나 또는 단일한 질서의 부분으로 나타나야 하기 때문이다. 인간의 활동은 그러한 질서를 추구하거나 그것을 반영하는 그러한 종류의 활동이 될 것이기 때문이다. 데카르트의 이성은 유일 체계의 이성이고 논리중심주의의 이성이기 때문이다. 선이나 미의 의식은 그러한 합리주의의 억제조건에 의하여 구성되는 의식일 수밖에 없을 것이다.

인간 언어의 신체성 단서는 데카르트 모델과는 다른 방향에서 문화적 시각을 갖는다. 신체성 관점은 데카르트 명제를 뒤집어 놓은 모양을 갖는다. 〈나는 생각한다 고로 나는 존재한다〉라는 명제 형식은 〈나는 존재한다 고로 나는 생각한다〉라는 명제 구조로 바뀐다. 나는 언어 공동체 안에서 다른 성원들과 연결하여 삶을 살고 있기 때문에 나는 생각할 수 있고 말할 수 있고 의사 소통할 수 있는 것이다. 나의 존재는 원자론적 실체성의 존재가 아니라 공동체의 삶 속에서 구성되는 연대적 존재이고 나의 생각의 내용이나 생각의 가능성은 그러한 삶의 연대에서 비롯된다는 것이다. 심성내용은 신체적인 것이다.

심성내용의 신체성 모델에서는 언어가 공동체적이고 언어의 질서가 내재적이다. 이러한 언어관에서 개인들의 표현은 외부 질서를 반영하는 것이 아니라 언어의 질서를 구성하는 행위가 되고 발전시키는 계기가 된다. 개인들의 표현은 전체의 보다 나은 구성을 위하여 지속적으로 요구되는 것이다. 개인의 표현은 전체의 구성의 계기가 된다. 그래서 인간 사회의 모든 성원이 표현할 수 있어야 하고 그리고 표현하여야 한다. 표현은 도덕적 권리와 의무이기 전에 인간 언어의 구성 방식이고 인간 존재의 구조이다. 문화라는 것이 공동체의 삶의 방식이라면, 그렇다면 신체성 모델은 나의 이룸과 만물의 이룸이 맞물려 있다는 성기성물의 문화관을 구조적으로 반영하는 방법이 된다.

참고문헌

강동수, 「후설의 선험현상학에서 신체성 분석의 의의」, 『몸의 현상학』, 한국
　　현상학회 편, 철학과 현실사, 2000.

강영안, 「향유와 거주: 레비나스의 존재 경제론」, 《철학》, 1995 봄(43),
　　305-331쪽.

고인석, 「심신수반을 다시 생각한다」, 《한국철학자대회보: 2000》, 한국철학
　　회 편, 제3권(2000).

금장태, 「심학과 심경」, 『유학사상과 유교문화』, 전통문화연구회, 1995.

길희성, 「심성론」, 『지눌의 선사상』, 소나무, 2000.

길희성, 『印度哲學史』, 민음사, 1984.

김광수, 「하향적 인과작용」, 『수반의 형이상학』, 김재권 외, 철학과 현실사,
　　1994.

김기현, 「자연화된 인식론과 연결」, 『철학적 자연주의』, 한국분석철학회 편,
　　철학과 현실사, 1995.

김남두, 「소피스트 안티폰에 있어서 법과 자연」, 『서양고전학연구』, 1988(제2).

김도식, 「자연주의적 인식론의 한계」, 『철학적 자연주의』, 한국분석철학회
　　편, 철학과 현실사, 1995.

김동식, 「자연주의 인식론의 철학적 의의」, 『철학적 자연주의』, 한국분석철학
　　회 편, 철학과 현실사, 1995.

김말복, 「춤에 나타난 동서양의 사고」, 《무용예술학연구》, 제6집(2000 가을).

김상원, 「심리철학에서 심성내용의 외재론과 자기 인식의 문제」, 연세대학교
　　박사학위 논문, 1999.

김세서리아, 「유가철학의 몸 은유 방식을 통해 본 여성이해」, 『여성의 몸에 관한 철학적 성찰』, 한국여성철학회 엮음, 철학과 현실사, 2000.

김선희, 「의식의 주관성과 객관성」, ≪철학≫, 한국철학회, 57집(1998 겨울).

김선희, 「심성적 인과의 파라독스와 새로운 문제」, 『자아와 행위: 관계적 자아의 자율성』, 철학과 현실사, 1996.

김선희, 「무법칙적 일원론의 선험적 논증」, 『자아와 행위: 관계적 자아의 자율성』, 철학과 현실사, 1996.

김선희, 「성품 내재적 자아론과 자유의지」, 『자아와 행위: 관계적 자아의 자율성』, 철학과 현실사, 1996.

김성태, 「몸: 주체성의 표현형식」, ≪철학≫, 43(1995 봄), 37-59쪽.

김성환, 「데카르트의 물질론」, ≪철학연구≫, 제36집(1995 봄).

김세화, 「양상허구주의」, ≪철학적 분석≫, 한국분석철학회 편, 3(2001 여름), 113-128쪽.

김여수, 「환원적 분석」, 『언어와 문화』, 철학과 현실사, 1997.

김영건, 「사유주체와 인간: 셀라스와 칸트의 심리철학」, ≪철학≫, 40(1993), 292-429쪽.

김영정, 「수반개념의 철학적 분석」, 『심리철학과 인지과학』, 철학과 현실사, 1996.

김영정, 「마음이란 무엇인가」, 『심리철학과 인지과학』, 철학과 현실사, 1996, 11-64쪽.

김영정, 「감각질 문제에 대한 비판적 고찰」, 『심리철학과 인지과학』, 철학과 현실사, 1996.

김영정, 『언어 논리 존재』, 철학과 현실사, 1997.

김용호, 『몸으로 생각한다』, 민음사, 1997.

김재권 지음, 하종호·김선희 옮김, 『심리철학』, 철학과 현실사, 1997.

김재권, 『물리계 안에서의 마음』, 하종호 옮김, 철학과 현실사, 1999, 48쪽.

김재권 외, 『수반의 형이상학』, 철학과 현실사, 1994.

참고문헌

김태길,『유교적 전통과 현대 한국』, 철학과 현실사, 2001, 213쪽.

김혜숙,「음양적 사유와 인과적 사유」,≪철학적 분석≫, 한국분석철학회 편, 창간호(2000 봄).

김형효,『메를로-뽕띠와 애매성의 철학』, 철학과 현실사, 1996.

김홍우,『현상학과 정치철학』, 문학과 지성사, 1999.

김효명,「흄의 자연주의」,『철학적 자연주의』, 철학과 현실사, 1995.

김희옥,「심리물리적 수반론의 존재론적 기초」, 이화여자대학교 석사학위 논문, 1992.

남경희,「자연언어와 심신문제」,『언어철학연구 I: 비트겐슈타인과 언어』, 박영식 외 편, 현암사, 1995.

남기창,「크루소의 언어는 사적 언어인가?」,『언어철학연구·I: 비트겐슈타인과 언어』, 박영식 외 편, 현암사, 1995, 211-252쪽.

노양진,「이성의 이름」,『철학적 분석』, 한국분석철학회 편, 제3집(2001 봄).

민찬홍,「자연주의와 심적 표상」,『철학적 자연주의』, 한국분석철학회 편, 철학과 현실사, 1995.

민찬홍,「믿음: 명제태도의 일반이론을 위한 연구」, 서울대학교 박사학위 논문, 1994.

박병철,「검증과 시간」,≪철학≫, 48(1996 가을), 239-274쪽.

박소정,「지향성의 생물학적 근거: 밀리칸의 고유기능론을 중심으로」, 이화여자대학교 석사학위 논문, 1993.

박영식,「논리철학논고에서의 철학개념」,『비트겐슈타인과 분석철학의 전개』, 한국분석철학회 편, 철학과 현실사, 1991, 52-71쪽.

박영식 외편,『언어철학연구』현암사, 1995.

박우석·김혜련,「사고실험의 논리」,≪철학≫, 58(1999).

박이문,「기호와 의미: 의미의 형이상학」,≪기호학연구≫, 한국기호학회 편,

제2집(1996).

백도형, 「김재권의 새로운 심신 동일론」, ≪철학적 분석≫, 한국분석철학회
    편, 2호(2000 겨울).

백종현, 「실재와 경험적 인식」, ≪철학≫, 34(1990 가을), 77-100쪽.

백종현, 「칸트의 현상존재론」, 『서양근대철학』, 철학과 현실사, 2001, 107-
    130쪽.

반 퍼슨 지음, 손봉호·강영안 옮김, 『몸 영혼 정신: 철학적 인간학 입문』,
    서광사, 1985.

서정신, 「프레게의 뜻개념과 혼합론적 해석의 필요성」, 『언어철학연구 II: 현
    대언어철학』, 박영식 외 편, 현암사, 1995.

선우환, 「믿음에 대한 퍼즐, 명제, 그리고 직접적 지시」, ≪한국철학자대회보
    2000≫, 한국철학회 편, 2000/11/24-25, 제3권.

소흥렬, 『문화적 자연주의』, 소나무, 1987.

소흥렬, 『자연주의적 유신론: 우주의 마음, 사람의 마음, 컴퓨터의 마음』, 서
    광사, 1992.

손병홍, 「치즘의 역리」, ≪한국철학자대회보 1990≫, 한국철학회 편, 324-
    332쪽.

손봉호, 『고통받는 인간: 고통문제에 대한 철학적 성찰』, 서울대학교 출판부,
    1995.

송하석·이승종, 「진리수행론과 의미론적 역설」, ≪철학≫, 60(1999).

심재룡, 『부처님이 올 수 없는 땅』, 도서출판 세계사, 1990.

심재룡 편저, 「유식종: 모두 마음뿐」, 『중국불교철학사』, 철학과 현실사,
    1994.

양은석, 『논리와 철학』, 동과서, 1999, 139-180쪽.

양해림, 「메를로 퐁티의 문화 현상학」, 『몸의 현상학』, 한국현상학회 편, 철

학과 현실사, 2000.

엄정식, 「민족문화와 민족적 자아」, 『철학하는 마음』, 철학과 현실사, 1990.

엄정식, 「비트겐슈타인의 철학관」, 『비트겐슈타인과 분석철학의 전개』, 한국 분석철학회 편, 철학과 현실사, 1991, 24-51쪽.

우에다 요시부미 지음, 박태원 옮김, 「심에 대하여」, 『대승불교의 사상』, 민족사, 1989.

윤보석, 「지향성과 자연주의」, 『철학적 자연주의』, 철학과 현실사, 1995.

윤보석, 「물리주의와 의미의 설명적 기능」, ≪철학연구≫, 2001년 봄.

윤사순, 「심성설 위주의 이론 탐구」, 『동양사상과 한국사상』, 을유문화사, 1984.

윤혜린, 「포돌의 심성실재성 이론」, 이화여자대학교 석사학위 논문, 1993.

은정희, 『대승기신론 소・별기』, 일지사, 1991.

이기상, 「흔들릴 수 없는 인간실존의 토대: 고통」, ≪철학≫, 4(1995).

이명현, 『신문법서설: 다차원적 사고의 열린 세계를 향하여』, 철학과 현실사, 1997.

이명현, 「근대성과 한국문화의 정체성」, 『근대성과 한국 문화의 정체성』, 철학연구회 편, 철학과 현실사, 1998.

이봉재, 「지식으로서의 과학: 기술과학 테제에 대한 반론」, ≪철학연구≫, 49(2000 여름), 217-234쪽.

이병덕, 「워필드의 의미론적 반회의론 논변」, 『철학적 분석』, 제3집(2001년 봄).

이상은, 「인성과 물성의 문제」, 『유학과 동양문화』, 범학도서, 1976.

이선희, 「명제태도에 관한 연구」, 이화여자대학교 석사학위 논문, 1987.

이숙인, 「유가의 몸 담론과 여성」, 『여성의 몸에 관한 철학적 성찰』, 한국여성철학회 엮음, 철학과 현실사, 2000.

이승종, 「비트겐슈타인의 모순과 크립키의 역설」, ≪철학≫, 41(1994).

이승종, 「비트겐슈타인의 색채개념분석」, ≪철학연구≫, 1996 봄(38), 147-170쪽.

이승환, 「눈빛, 낯빛, 몸짓」, 『감성의 철학』, 정대현·이승환 외 편, 민음사, 1996.

이영철, 「이해와 합리성」, 『합리성의 철학적 이해』, 한국분석철학회 편, 철학과 현실사, 1998.

이익환, 「Jon Barwise and John Perry, Situations and Attitudes」, 『언어』, 제11권 제2호(1986년 12월).

이정모, 「연결주의: 이론적 특성과 문제점」, 『인지심리학의 제문제(1): 인지과학적 연관』, 이정모 편, 도서출판 성원사, 1996.

이정우, 「탈근대성의 계열들과 문턱들」, 『근대성과 한국 문화의 정체성』, 철학연구회 편, 철학과 현실사, 1998.

이종관, 「몸의 현상학으로 본 영상문화」, 『몸의 현상학』, 한국현상학회 편, 철학과 현실사, 2000.

이종왕, 「정신인과와 수반논변의 딜레마」, ≪철학연구≫, 한국철학연구회 편, 2001 봄.

이좌용, 「인과성과 합리적 설명」, 『수반의 형이상학』, 김재권 외 편, 철학과 현실사, 1994.

이좌용, 「자연성, 인과성, 심성 그리고 가능성」, 『철학적 자연주의』, 한국분석철학회 편, 철학과 현실사, 1995.

이주향, 「비개성주의와 주체」, ≪한민족철학자대회보 1995≫, 한국철학회 편, 제2권.

이주향, 「심성상태의 인과력과 비개인주의」, ≪철학≫, 한국철학회 편, 1994 봄.

이주향, 「주체의 관점에서 본 서구적 근대와 우리의 근대」, 『근대성과 한국 문화의 정체성』, 한국철학연구회 편, 철학과 현실사, 1998.

이지애, 〈크바르트: 자연-분지 유형 반사실문의 진리조건〉, 「반사실문 분석을 통한 본질 개념의 해석」, 이화여자대학교 석사논문, 1989.

이진우, 「니체의 반역적 사유: 의식의 이성과 몸의 이성」, ≪철학≫, 제48집(1996 가을).

참고문헌

이태수, 「플라톤 철학에 있어서 지각의 문제」, 《철학연구》, 제36집(1995).

이태수, 「조요한: 아리스토텔레스 철학연구」, 《철학》, 제29집(1988 봄).

이초식, 「인공지능의 철학」, 고려대학교 출판부, 1993.

이한구, 「수반과 설명」, 『수반의 형이상학』, 김재권 외 편, 철학과 현실사, 1995.

이희승, 『국어대사전』, 민중서림, 1961-1986.

임일환, 「수반, 존재론적 의존성과 환원」, 『수반의 형이상학』, 김재권 외 편, 철학과 현실사, 1995.

정대현, 「길버트 라일의 철학적 분석」, 《철학연구》, 고려대학교 철학과 편, 제5집(1978).

정대현, 「서평: 라일 지음, 이한우 옮김, 『마음의 개념』(문예출판사, 1994, 430면)」, 《중앙일보》, 1994/4/14.

정대현, 「문자적 사유와 영상적 사유」, 《비평》, 비평이론학회 편, 생각의 나무, 제4집(2001).

정대현, 「여성문제의 성격과 여성학」, 《한국여성학》, 한국여성학회 편, 창간호(1985).

정성호, 「대상 지칭: 현시와 표상」, 『수반의 형이상학』, 김재권 외 편, 철학과 현실사, 1994.

정성호, 「포도어의 심적 표상론」, 《철학》, 53(1997), 237-284쪽.

정성호, 「지향성에 대한 데넷의 탐구전략」, 《철학》, 63(2000), 277-304쪽.

정인교, 「진리값들의 사이와 블랙홀」, 《한민족철학자대회보 1991》, 한국철학회 편, 《대회보 2》, 339-354쪽.

정호근, 「분화와 물화: 긴장의 장으로서의 근대성」, 『근대성과 한국 문화의 정체성』, 한국철학연구회 편, 철학과 현실사, 1998.

조관성, 「인격적 자아의 실천적 삶과 행위 그리고 신체」, 『몸의 현상학』, 한국현상학회 편, 철학과 현실사, 2000.

조승옥, 「존재론적 환원주의와 인식론적 환원주의」, 『수반의 형이상학』, 김재
    권 외 편, 철학과 현실사, 1994.
조요한, 「심신의 관계」, 『아리스토텔레스의 철학』, 경문사, 1988.
존슨 지음, 노양진 옮김, 『마음속의 몸』, 철학과 현실사, 2000.
존슨 레어드 지음, 이정모·조혜자 옮김, 「병열분산처리」, 『컴퓨터와 마음』,
    민음사, 1991.

철학연구회 편, 『근대성과 한국 문화의 정체성』, 철학과 현실사, 1998.
최세만, 「비트겐슈타인의 과학비판」, 『언어철학연구 I: 비트겐슈타인과 언
    어』, 박영식 외 편, 현암사, 1995, 139-166쪽.
최순옥, 「콰인의 자연주의적 인식론에 관환 논의」, 한국분석철학회 편, 『철학
    적 자연주의』, 철학과 현실사, 1995.
최순옥·이필렬·홍윤기, 「정보화 사회의 생활세계와 사회적 가치구조의 형
    태변화에 대한 인문학적 연구」, ≪철학연구≫, 43(1998 가을).
최이선, 「기능주의의 존재론적 문제: 김재권의 기능적 환원론을 중심으로」,
    이화여자대학교 석사학위 논문, 1999.
최지원, 「심신이론에서의 창발과 하향인과」, 이화여자대학교 석사학위 논문,
    1999.

콰인 지음, 허라금 옮김, 『논리적 관점에서』, 서광사, 1993.
크립키 지음, 정대현·김영주 옮김, 『이름과 필연』, 서광사, 1986.

페리, 존(John Perry), 〈본질적 지시사의 문제〉, 『지칭』, 정대현 편, 문학과
    지성사, 1987.
퐁티, 메를로 지음, 오병남 옮김, 『현상학과 예술』, 서광사, 1983.

하종호, 「무법칙적 일원론과 심성인과」, 『수반의 형이상학』, 김재권 외 편,

참고문헌

철학과 현실사, 1994.

한국분석철학회 편, 『철학적 자연주의』, 철학과 현실사, 1995.

한자경, 『자아의 탐색』, 서광사, 1997.

한자경, 「메를로 퐁티: 신체성의 자아」, 『자아의 연구』, 서광사, 1997.

한전숙 · 차인석, 『현대의 철학 I』, 서울대학교 출판부 1980.

Antony, Louis and Joseph Levine, "The Nomic and the Robust", *Meaning in Mind: Fodor and his Critics,* eds., Barry Lower Georges Rey, Blackwell, 1991.

Aydede, Murat, "Has Fodor Really Changed His Mind on Narrow Content", *Mind & Language,* 1997.

Baker, Lynne Rudder, "Has Content Been Naturalized?", *Meaning in Mind: Fodor and his Critics,* eds., Barry Lower and Georges Rey, Blackwell, 1991.

Baker, Lynne Rudder, "Metaphysics and Mental Causation", *Mental Causation,* eds. Heil, John and Mele, Alfred, Oxford: Clarendon, 1993.

Barrett, Johathan, "Individualism and The Cross Contexts Test", *Pacific Philosophical Quarterly,* 1997.

Barrs, B. J. A *Cognitive Theory of Consciousness,* Cambridge University Press, 1988.

Barwise, Jon and Perry, John, *Situations and Attitudes,* MIT Press, 1983.

Block, Ned, "Can the Mind Change the World?", *Meaning and Method,* George Boolos, ed., Cambridge University Press, 1990.

Block, Ned and Jerry, Fodor, "What Psychological States Are Not",

Philosophical Review, 1972.

Bogdan, Radu, ed., *Belief,* Oxford University Press, 1986.

Boghossian, Paul A., "The Status of Content", *The Philosophical Review,* April 1990.

Boghossian, Paul A., "The Rule-Following Considerations", *Mind,* October 1989.

Burge, Tyler, "Philosophy of Language and Mind: 1950-1990", *Philosophical Review,* 1992(101).

Burge, Tyler, "Individualism and the Mental", *Midwest Studies in Philosophy,* 1979(4).

Burge, Tyler, "Individuation and causation in psychology", *Pacific Philosophical Quarterly,* 1989.

Burge, Tyler, "Intellectual norms and the foundations of mind", *Journal of Philosophy,* 1986(83).

Burge, Tyler, "Individualism and Psychology", *Philosophical Review,* 1986.

Burge, Tyler, "Belief De Re", *Journal of Philosophy,* 1977(74).

Chalmers, David J., *The Conscious Mind: In Search of a Fundamental Theory,* New York: Oxford University Press, 1996.

Clark, Andy & David Chalmers, "The Extended Mind", Unpublished.

Cornman, James W., *Materialism and Sensations,* Yale University Press, 1971.

Crick, F. H. C. and C. Koch, *The Astonishing Hypothesis: The Scientific Search for the Soul,* New York: Scribner, 1990.

Davidson, Donald, "Knowing one's Own Mind", *Proceedings and*

참고문헌

Addresses of the American Philosophical Association, 1986.

Davidson, Donald, "Mental Events", *Essays on Actions and Events,* Oxford: Clarendon Press, 1980.

Davidson, Donald, "Actions, Reasons, and Causes", *Essays on Actions and Events,* Oxford: Clarendon Press, 1980.

Davidson, Donald, "Causal Relations", *Essays on Actions and Events,* Oxford: Clarendon Press, 1980.

Davidson, Donald, "The Logical Form of Action Sentences", *Essays on Actions and Events,* Oxford: Clarendon Press, 1980.

Davidson, Donald, "The Individuation of Events", *Essays on Actions and Events,* Oxford: Clarendon Press, 1980.

Davidson, D. eds., & J. Hintikka, *Words Objections,* Dordrecht, Reidel, 1969.

Donnellan, Keith S., "Belief and the Identity of Reference", *Midwest Studies in Philosophy,* 1989(XIV).

Dretske, Fred, "Misrepresentation", *Belief,* ed. Radu Bogdan, Oxford University Press, 1986.

Dretske, Fred, *Explaining Behaviour: Reasons in a World of Causes,* MIT Press, 1988.

Dretske, Fred, "Precis of Explaining Behaviour: Reasons in a World of Causes", *Philosop   hy and Phenomenological Research,* June 1990(Vol. L, No. 4).

Dretske, Fred, "Reply to Reviewers", *Philosophy and Phenomenological Research,* June 1990(Vol. L, No. 4).

Egan, Francis, "Narrow Psychology and Wide Content", Unpublished.

Egan, Francis, "Folk Psychology and Cognitive Architecture", *Philo-*

    sophy of Science, 1995(62).

Egan, Francis, "Computation and Content", *The Philosophical Review*, April 1995(Vol. 104, No. 2).

Egan, Francis, "A Pragmatic Account of Mental Content", Unpublished.

Frege, G., *Translations From The Philosophical Writings of Gottlob Frege*, ed. & tr., Peter Geach & Max Black, Oxford : Blackwell, 1952.

Frege, G., "The Thought", *Logical Investigations*, ed. & tr., Peter Geach, Oxford : Blackwell, 1977.

Farah. M. "Visual Perception and Visual Awareness after Brain Damage", *Consciousness and Nonconscious Information Processing*, MIT Press, 1994.

Fodor, Jerry, *The Elm and the Expert: Mentalese and Its Semantics*, MIT Press, 1994.

Fodor, Jerry, *Psychosemantics*, MIT Press, 1987.

Fodor, Jerry, "A Modal Argument for Narrow Content", *Journal of Philosophy*, 1991.

Fodor, Jerry, "Propositional Attitudes", *Readings in Philosophy of Psychology*, ed., N. Block, Methuen, 1981, vol. II.

Fodor, Jerry A., *A Theory of Content*, MIT Press, 1990.

Hare, R. M. *Freedom and Reason*, New York: Oxford University Press, 1963.

Kaplan, David, "Quantifying In", *Words Objections*, eds., D. Davidson & J. Hintikka, Dordrecht, Reidel, 1969.

참고문헌

Kenny, Anthony, *Action, Emotion and Will,* London: Routledge, 1963.

Kim, Jaegwon, "Psychopysical Laws", *Supervenience and Mind,* Cambridge University Press, 1993.

Kim, Jaegwon, "Multiple Realization and the Metaphysics of Reduction", *Philosophy and Phenomenological Revieiw,* March 1992.

Kim, Jaegwon, "Downward Causation in Emergentism & Nonreductive Physicalism", *Emergence or Reduction?*, eds., A. Beckermann, et al, Berlin: De Gruyter, 1992.

Kim, Jaegwon, *Mind in a Physical World,* MIT Press, 1998,

Kim, Jaegwon, "On the Psycho-Physical Identity Theory", *American Philosophical Quarterly*, 1966.

Kim, Jaegwon, "Causation, Emphasis and Events", *Midwest Studies in Philosophy*, 1977.

Kim, Jaegwon, "Causation, Nomic Subsumption & the Concept of Event", *Journal of Philosophy,* 1973.

Kim, Jaegwon, "Ephiphenomemal and Supervenient Causation"; "Concepts of Supervenience", *Supervenience and Mind,* Cambridge University Press, 1993(1984).

Kim, Jaegwon, "Psychophysical Supervenience", *Supervenience and Mind,* New York: Cambridge University Press, 1993(1982).

Kim, Jaegwon, "Supervenience and Nomological Incommensurables", *American Philosophical Quarterly*, 1978.

Kripke, Saul, *Wittgenstein on Rules and Private Language*, Cambridge: Harvard University Press, 1982.

Kripke, Saul, *Naming and Necessity,* Cambridge: Harvard University Press, 1980.

Kripke, Saul, "A Puzzle About Belief", *Meaning and Use,* ed., A.

Margalit, Dordrecht: Reidel, 1979.

Kvart, Igal, "Quine and Modalities De Re: A Way Out", *Journal of Philosophy*, 1982.

Lepore, Ernest and Barry Lower, "Mind Matters", *Journal of Philosophy*, 1987.

Lewis, David K., "Psychophysical and Theoretical Identifications", *Australasian Journal of Philosophy*, 1972.

Libet, B. "The Neural Time Factor in Conscious and Unconsious Events", *Experimental and Theoretical Studies of Consciousness*, Ciba Foundation Symposium 174, New York: Wiley, 1993.

Loar, Brian, "Phenomenological Intntionality as the Basis of Mental Content", http://www.nyu.edu/gsas/dept/philo/courses/concepts/loar.html.

Loar, Brian, "Can we explain intentionality?", *Meaning in Mind: Fodor and his Critics*, eds., Barry Lower and Georges Rey, Blackwell, 1991.

Lower, Barry and Georges Rey, eds., *Meaning in Mind: Fodor and his Critics*, Blackwell, 1991.

Lycan, William, ed., *Mind and Cognition: A Reader*, Blackwell, 1990.

Margalit, A., ed., *Meaning and Use*, Dordrecht: Reidel, 1979.

Markus, Ruth Barcan, "Rationality and Believing the Impossible", *Journal of Philosophy*, 1983.

Marr, David & H. Keith Nishihara, "Visual Information Processing: Artificial Intelligence and the Sensorium of Sight", *Technology Review*, October 1978.

참고문헌

Martinich, A. P. ed., *The Philosophy of Language*, Oxford University, 1985.

Matthews, Robert J., "The Measure of Mind", *Mind,* April 1994(Vol. 103. 410).

Matthews, Robert J., "Is there vindication through representational-ism?", *Meaning in Mind: Fodor and his Critics,* eds., Barry Lower and Georges Rey, Blackwell, 1991.

McGinn, Colin, *Mental Content,* Blackwell, 1989.

McLaughlin, Brian, ed., *Dretske and His Critics*, Blackwell, 1991.

McLaughlin, Brian, "Belief Individuation and Dretske on Naturalizing Content", *Dretske and His Critics*, ed., Brian McLaughlin, Blackwell, 1991.

Millikan, Ruth Garrett, "Biosemantics", *White Queen Psychology and Other Essays for Alice*, MIT Press, 1993.

Millikan, Ruth Garrett, "Compare and Contrast Dretske, Fodor and Millikan on Teleosemantics", *White Queen Psychology and Other Essays for Alice*, MIT Press, 1993.

Millikan, Ruth Garrett, "White Queen Psychology; or, The Last Myth of the Given", *White Queen Psychology and Other Essays for Alice*, MIT Press, 1993.

Moore, G. E. *Ethics*, London: Oxford University Press, 1912.

Owens, J. Pierre, "Cognitive Access and Contradictory Beliefs", An Unpublished Paper, March 1987, Department of Philosophy, University of Minnesota.

Putnam, Hilary, *Mind, Language, and Reality: Philosophical Papers,* vol. 2, Cambridge: Cambridge University Press, 1975.

Putnam, Hilary, "Is Semantics Possible?", *Naming, Necessity and Natural Kinds,* ed., S. P. Schwartz, Ithaca: Cornell University Press, 1977.

Putnam, Hilary, "Meaning and Reference", *Naming, Necessity and Natural Kinds,* ed., S. P. Schwartz, Ithaca: Cornell University Press, 1977.

Putnam, Hilary, "Analyticity and A priority: Beyond Wittgenstein and Quine", *Midwest Studies in Philosophy,* 1979(IV).

Quine, W.V.O., "Quantifiers and Propositional Attitudes", *Journal of Philosophy,* 1956(53).

Quine, W.V.O., *From a Logical Point of View*, Harper, 1953.

Quine, W.V.O., "Epistemology Naturalized", *Ontological Relativity and Other Essays,* Columbia University, 1969.

Quine, W.V.O., *Word and Object,* Wiley, 1960.

Quine, W.V.O., *Ways of Paradox,* Random House, 1966.

Quine, W.V.O., *Ontological Relativity,* Columbia University Press, 1969.

Rosenthal, David, "Identity Theories", *A Companion to the Philosophy of Mind,* ed., Samuel Guttenplan, Blackwell, 1995.

Russell, Bertrand, *Introduction to Mathematical Philosophy*, London: George Allen, 1919.

Russell, Bertrand, "Descriptions", *The Philosophy of Language*, ed., A. P. Martinich, Oxford University, 1985.

Sainsbury, R. M., "Fregean Sense", Unpublished.

참고문헌

Searle, John, "Collective Intentionality", A Seoul Lecture, 1987.

Shaffer, Jerome, *Philosophy of Mind,* Englewood Cliffs: Prentice Hall, 1968.

Shannon, C. E., "A Mathematical Theory of Communication", *Bell Systems Technical Journal,* 1948(27).

Sleigh, Robert, "On a Proposed System of Epistemic Logic", *Nous,* 1968.

Smart, J. J. C., "Sensations and Brain Processes," *The Philosophical Review,* 1959(68).

Stich, Stepehn, "Autonomous Psychology and the Belief-Desire Thesis", *Monist,* 1978(61).

Stich, Stepehn, *From Folk Psychology to Cognitive Science,* Bradford Books, MIT Press, 1983.

Stich, Stepehn, "Narrow Content meets Fat Syntax", *Meaning in Mind: Fodor and his Critics,* eds., Barry Lower and Georges Rey, Blackwell, 1991.

Van Gulick, Robert, "Three Bad Arguments for Intentional Property Epiphenomenalism", *Erkenntnis,* 1992(36).

Wittgenstein, Ludwig, *The Blue and Brown Books*, Oxford : Blackwell, 1958.

Wittgenstein, Ludwig, *Lectures and Conversations,* ed., Cyril Barrett, Oxford: Basil Blackwell, 1966.

Wright, Crispin, "Wittgenstein's Rule-Following Considerations and the Central Project of Theoretical Linguistics", *Reflections on Chomsky*, ed., A. George, Oxford: Basil Blackwell, 1989.

■찾아보기

481

찾아보기

찾아보기

483

찾아보기

찾아보기

찾아보기

찾아보기

정대현

고려대(학사, 석사, 박사), 미국 웨스트민스터 신학대학(학사), 템플대학교에서 수학하고, 1977년
이후 이화여자대학교에서 인식론, 언어철학, 심리철학을 강의하고 있다. 저서로 『맞음의 철학 :
진리와 의미를 위하여』(1997), 『필연성의 문맥적 이해』(1994), 『지식이란 무엇인가 : 지식개념의
일상언어적 분석』(1990), 『한국어와 철학적 분석』(1985), 『표현 인문학』(2000, 공저)이 있다.
최근에는 모호성, 영상언어론 등에 관심을 가지고 있다.

심성내용의 신체성

대우학술총서 528 · 논저

1판 1쇄 펴냄 2001년 11월 20일
1판 2쇄 펴냄 2002년 10월 15일

지은이 • 정대현
펴낸이 • 김정호
펴낸곳 • 아카넷

출판등록 2000년 1월 24일(제2-3009호)
100-802 서울 중구 남대문로 5가 526 대우재단빌딩 15층
대표전화 6366-0511 / 팩시밀리 6366-0515
www.acanet.co.kr

ⓒ 정대현, 2001
철학 · 의미, 해석, 해석학 / KDC 115.68

Printed in Seoul, Korea.

ISBN 89-89103-65-7 94160
ISBN 89-89103-00-2 (세트)